“ “महाराज, मैं आपको अपनी चिलम नहीं दे सकता।” वह बोला।
“क्यों भाई?” स्वामीजी ने चौंककर कहा।
“क्योंकि मैं जाति का भंगी (मेहतर) हूं। आप कुलीन वंश के संन्यासी और...।”
स्वामीजी का हाथ स्वयं ही पीछे हट गया और वे अपने रास्ते पर बढ़ चले। अभी वे दस कदम ही चले थे कि मस्तिष्क में विस्फोट-सा हुआ। *‘जिसे जाति-कुल और धन का अभिमान हो, वह कभी संन्यासी नहीं हो सकता।’* परमहंस के शब्द जैसे उन्हीं के स्वर में चेतना से टकरा रहे थे। ‘यह मैंने क्या किया! जाति का अभिमान तो मुझमें शेष रह गया, तभी तो मैंने उस अछूत की चिलम न पकड़ी। मेरा ज्ञान और गुरु का उपदेश मुझे कैसे विस्मृत हो गया? ठहर आत्माभिमान! अभी तुझे ठीक करता हूं।’
स्वामीजी तत्काल उस मेहतर के पास पहुंचे और उसके पास बैठकर बड़े आराम से चिलम पी और आत्माभिमान का दमन किया। ”

पुनर्संस्करण: 2023

FiNGERPRINT! HINDI
प्रकाश बुक्स इंडिया प्राइवेट लिमिटेड का एक प्रकाशन

113/ए, दरियागंज,
नई दिल्ली–110002
ईमेल: info@prakashbooks.com/sales@prakashbooks.com

facebook www.facebook.com/fingerprintpublishing
twitter www.twitter.com/FingerprintP
www.fingerprintpublishing.com

ISBN: 978 93 8905 316 6

भारत में प्रसंस्कृत और मुद्रित

विश्वगुरु
विवेकानंद

लघु मानव से महामानव और सामान्य संन्यासी से विश्वगुरु महासंन्यासी बनने वाले विलक्षण व्यक्तित्व की महागाथा!

लेखक

एम.आई. राजस्वी

(उ.प्र. हिंदी संस्थान से सम्मानित)

FiNGERPRINT!

"राति में प्रथम प्रहर के बाद नरेंद्र काली माता के मंदिर की ओर बढ़ गए। मंदिर के अंदर जाकर उन्होंने प्रतिमा की ओर देखा तो उसकी आंखों से अलौकिक रश्मियां निकलकर उनके नेत्रों से टकराईं। वे भूल गए कि गुरु श्रीरामकृष्ण परमहंस के आग्रह पर वे वहां परिवार के लिए धन-संपदा मांगने आए थे। एकाएक उनके मुख से कुछ और ही निकला-"हे मां! मुझे भक्ति दो! ज्ञान दो! वैराग्य दो! विवेक दो!"

नरेंद्र फिर लपककर बाहर गुरुदेव के पास आए। परमहंस ने मुस्कराते हुए पूछा कि क्या-क्या मांगा तो नरेंद्र ने सब सच-सच बता दिया।

परमहंस ने माथे पर हाथ मारकर कहा-"अरे, इन चीजों को परिवार खाएगा क्या? द्रव्य मांग, सोना, चांदी, हीरे, जवाहरात मांग! फिर से जा-गलती सुधार।"

नरेंद्र तीन बार गए, पर एक बार भी उनके मुख से धन संबंधी मांग नहीं निकली। हर बार उन्होंने विवेक, वैराग्य, ज्ञान और भक्ति की ही मांग की।"

समर्पित

यह पुस्तक **'विश्वगुरू विवेकानंद'** सादर समर्पित है, उस अनुपम और दिव्य भारतीय ज्ञान एवं दर्शन को, जो आस्था, परंपरा और रूढ़ियों से उठकर सत्य, सदाचार व न्याय का पक्ष लेकर प्रमाणों एवं तथ्यों के आधार पर तार्किकता के साथ अपना पक्ष प्रस्तुत करता है!

विश्ववेत्ता स्वामी विवेकानंद

आज इस धराधाम का जो आधुनिक स्वरूप दिखाई दे रहा है, उसका कारण भौतिकवाद नहीं, अपितु ज्ञान-विज्ञान और उच्च कोटि का आध्यात्मिक दर्शन है। इन्हीं के बल पर मानव ने प्रकृति के भौतिक संसाधनों की खोज की और इनका उपयोग सीखा है। यह ज्ञान-विज्ञान और उच्च कोटि का आध्यात्मिक दर्शन मानव जाति को हर युग में जन्म लेने वाले उन मनीषियों ने दिया जिनका जीवन मानव जाति की उन्नति के लिए समर्पित था। यदि ऐसे ज्ञान के सूर्य उदय न होते तो आज भी मानव आदिमानव बना कंदराओं के अंधेरों में कंद-मूल खाकर पशुवत् जीवन व्यतीत कर रहा होता।

भारतवर्ष को एक सूत्र में बांधने वाले कौटिल्य हों या विकृत हो चले समाज को परिष्कृत करने वाले गौतम और महावीर हों—इन सभी में मानवता के उत्थान का दिग्दर्शन होता है। संत-परंपरा में तो ऐसे अनेक ऋषि हुए जिनके अतीव ज्ञान से जन-कल्याण हुआ है, हालांकि वह सीमित क्षेत्र में हुआ। वैश्विक स्तर पर मानव-कल्याण के इस संकल्प को धारण करने वाले युवा योगी, विश्ववेत्ता स्वामी विवेकानंद का नाम विशेष रूप से उल्लेखनीय है।

स्वामी विवेकानंद का जन्म उस संक्रमण काल में हुआ था, जब विश्व साम्राज्यवाद के क्रूर दंश से पीड़ित था और भारत गुलामी के अंतहीन शोषण से। जातिभेद, अंधविश्वास, बाल-विवाह, सती प्रथा, तंत्र-मंत्र, अफवाहों आदि से

भारतीय समाज घोर अज्ञान के अंधकार में जीवन व्यतीत कर रहा था। भूखे सोने वालों और फिर कभी न जागने वालों की संख्या में निरंतर वृद्धि हो रही थी। भारत, जिसका प्राचीन गौरव अवर्णनीय था, उस समय जैसे शापित हो गया था।

पूर्णतया प्रतिकूल परिस्थितियों में विश्वगुरु विवेकानंद ज्ञान के ऐसे तीक्ष्ण शर लेकर प्रकट हुए कि अज्ञानता को छुपने के लिए स्थान ढूंढना कठिन हो गया! वेदांत का ऐसा सूर्य लेकर जिसके प्रकाश ने भारत और यूरोप को ही नहीं, बल्कि संपूर्ण विश्व को ज्ञान के प्रकाश से चकाचौंध कर दिया।

विश्वगुरु विवेकानंद एकमात्र ऐसे संत रहे हैं जिनके द्वारा स्थापित संघ आज भी निर्विवाद रूप से जन-कल्याण के व्रत का निर्वाह कर रहा है। यह पुस्तक **'विश्वगुरु विवेकानंद'** ऐसे ही लघु मानव से महामानव और सामान्य संन्यासी से महासंन्यासी बनने वाले विलक्षण व्यक्तित्व के दर्शन कराती हैं।

प्रस्तुत पुस्तक का मुख्य उद्देश्य पाठकों को सहज और सरल भाषा में विश्वगुरु के आदर्श जीवन-चरित्र, प्रभावशाली व्यक्तित्व एवं उनके विचारों व दिखाए गए पथ से परिचित कराना है। इस पुस्तक को सुरुचिपूर्ण स्वरूप देने में रामकृष्ण मठ, नागपुर से प्रकाशित श्रीरामकृष्ण-विवेकानंद साहित्य से मुझे अत्यंत सहायता मिली। विश्वगुरु के व्याख्यानों एवं कुछ अन्य सामग्री इस पुस्तक हेतु ग्रहण करने के कारण मैं रामकृष्ण मठ का हृदय से आभारी हूं। प्राय: दैनिक जागरण, दैनिक भास्कर, राष्ट्रीय सहारा एवं हिंदुस्तान जैसे समाचार पत्रों एवं कई अन्य विभिन्न साहित्यिक कृतियों में विवेकानंद पर प्रकाशित हुए लेखों से मुझे विवेकानंद के व्यक्तित्व एवं कृतित्व को समझने में बहुत सहायता मिली है। मैं इनका तथा उन सभी पत्र-पत्रिकाओं एवं लेखकों का हृदय से आभारी हूं, जिनका इस पुस्तक के लेखन में मुझे सहयोग मिला है।

मुझे आशा ही नहीं, बल्कि पूर्ण विश्वास है कि यह पुस्तक पाठकों के लिए अत्यंत प्रेरणादायी सिद्ध होगी।

–एम.आई. राजस्वी
m.i.rajasve@gmail.com

अनुक्रमणिका

खंड-1

विवेकानंद से विश्वगुरु तक

खंड-2

व्याख्यानमाला

खंड-3

पत्रावलियां

खंड-4

कवितावलियां

परिशिष्ट

खंड-1

विवेकानंद से विश्वगुरु तक

भारत के महासंन्यासी विवेकानंद ने विश्व को भारतीय दर्शन, वेदांत एवं सनातन सत्य का ऐसा पाठ पढ़ाया कि विश्व ने उन्हें 'विश्वगुरु' के रूप में प्रतिष्ठापित कर दिया।

“ शिकागो विश्व-धर्म सम्मेलन में सम्मिलित होने के लिए प्रस्थान करते समय स्वामीजी का व्यक्तित्व बड़ा ही आकर्षक लग रहा था। रेशमी वस्त्रों और साफे से वे किसी रियासत के राजकुमार लग रहे थे। समुद्र तट पर अनेक लोग उस भव्य संन्यासी को एकटक देख रहे थे। दिव्य तेज और आभा से युक्त मुखमंडल को देखकर जहाज के यात्री भी स्वयं को धन्य मान रहे थे कि वह तेजस्वी संन्यासी उनका सहयात्री होगा। ”

1

पारिवारिक पृष्ठभूमि

मानव समाज का उत्तरोत्तर विकास अनेक महापरिवर्तनकारी घटनाओं के द्वारा आधुनिक स्वरूप में पहुंचा है। विश्व के इतिहास में ऐसी अनेक घटनाओं का विवरण अंकित है जिनके परिणामस्वरूप समाज में आमूल-चूल परिवर्तन हुए हैं। कुछ घटनाएं क्षेत्रीय या प्रादेशिक अथवा राष्ट्रीय स्तर पर समाज में अच्छे या बुरे परिवर्तन लाने की जिम्मेदार होती हैं तो कुछ घटनाएं विश्व-भर को परिवर्तन की धारा में धकेलने में सक्षम मानी जाती हैं। पंद्रहवीं सदी में यूरोप में हुए पुनर्जागरण को भी ऐसी अभूतपूर्व और विकासपरक घटना माना जाता है जिसने कालांतर में मानव समाज को नई दिशा की ओर अग्रसर किया।

ऐसी ही एक महान परिवर्तनकारी घटना भारतीय परिप्रेक्ष्य में उन्नीसवीं सदी के उत्तरार्द्ध में हुई जिसने विश्व-भर को एक महान व्यक्तित्व से परिचित कराया। इस महान व्यक्तित्व ने अपने अध्यात्म ज्ञान के विपुल भंडार से मानव जगत को ऐसी शक्तियां प्रदान कीं जिनसे कोई भी व्यक्ति भौतिक और आध्यात्मिक उन्नति के शिखर पर सरलता से पहुंच सकता है।

ये अद्‌भुत व्यक्तित्व थे–विश्वगुरु विवेकानंद। उन्होंने ऐसे समय में भारतीय दर्शन एवं ज्ञान का शंखनाद किया था, जब समाज पतन की गहरी

खाई में डूबता जा रहा था। हजारों वर्षों से अनपेक्षित परिवर्तनों से ग्रस्त होकर भारतीय समाज वेदांत की शक्ति को विस्मृत कर चुका था। पुरुषार्थ और कर्म से अपनी उच्चता और श्रेष्ठता सिद्ध करने वाला मनुष्य अब भाग्य और भगवान पर आश्रित हो गया था। इसका लाभ ऐसे छली-कपटी, व्यभिचारी और कुटिल लोग उठा रहे थे जिनमें दमन और शोषण की निर्दयता समाई हुई थी। मानव, मानव को दास बनाकर मानवता को पददलित कर रहे थे। साम्राज्यवादी शक्तियों का तंत्र विश्व के अधिकतर देशों को शोषित कर रहा था। भारत भी ब्रिटिश साम्राज्य की दासता में अधोगति की ओर गिरता जा रहा था। भूख, बीमारी, अत्याचारों से त्रस्त साधारण जन जैसे जीवन का अर्थ ही भूल गया था। भाग्यवाद पैर पसार चुका था और लोग अपने कष्टों को पिछले जन्म का कर्मफल मानकर अर्धजीवित थे। ब्राह्मणवाद ने लोक-परलोक, पाप-पुण्य का जाल फैलाकर लोगों को और भी भयभीत व संशयग्रस्त कर दिया था। विभिन्न प्रकार के अत्याचारों एवं करों का जाल फैलाकर लोगों को छला जा रहा था। इस स्थिति में देश का अस्तित्व ही खतरे में पड़ गया था।

ऐसे संक्रमण काल में स्वामी विवेकानंद का अवतरण जैसे पीड़ितों, शोषितों और निर्बलों के उस विश्वास का प्रतिफल था जिसे भारत-भूमि पर आस्था माना जाता है। भारतीय जनमानस की श्रद्धा का पात्र बने स्वामी विवेकानंद ने यद्यपि अल्पकाल के लिए पृथ्वी पर वास किया, तथापि इसी अल्पजीवन में उन्होंने जन-जागरण का ऐसा बिगुल बजाया कि मानव समाज में नई चेतना, नए प्राण समा गए।

स्वामी विवेकानंद का जन्म उन्नीसवीं सदी के उस उद्धारक दशक में हुआ, जब देश के सुषुप्त भाग्य को जगाने हेतु कई भारतीय पुण्यात्माओं का भारत-भूमि पर पदार्पण हुआ था। पराधीनता की बेड़ी में जकड़े भारतवर्ष ने ब्रिटिश शासन के विरुद्ध पहली विद्रोही अंगड़ाई सन् 1857 में ली थी, जो असंगठित और अनियोजित होने के कारण पूर्ण सफल तो नहीं हुई थी, पर यह साम्राज्यवादियों को ऐसे संकेत अवश्य दे गई थी कि बहुत समय तक उस शोषक शासन को जमाए नहीं रखा जा सकता था। अगले ही दशक में कई ऐसे महापुरुषों का जन्म हुआ जिन्होंने आगे चलकर भारत की सर्वांगीण स्वतंत्रता के संग्राम को विभिन्न क्षेत्रों में भिन्न-भिन्न तरीकों से नेतृत्व दिया। धर्म एवं कर्मयुद्ध का शंखनाद करने वाले ओजस्वी संन्यासी स्वामी विवेकानन्द का जन्म बंगाल प्रेसीडेंसी और भारत की तत्कालीन राजधानी कलकत्ता में 12 जनवरी, 1863 को हुआ था।

इनकी पारिवारिक पृष्ठभूमि बड़ी सशक्त और कुलीन थी। समाज में अपना

विशिष्ट स्थान रखने वाले दत्त परिवार की ख्याति उनके पुरखों की विद्वता और व्यवहार से स्थापित हुई थी। कलकत्ता (वर्तमान कोलकाता) बुद्धिजीवी और देशभक्तों की उर्वर भूमि के रूप में विख्यात रहा है। इसी महानगर के उत्तरी क्षेत्र में सिमुलिया नाम का एक प्रसिद्ध मोहल्ला था। शानदार हवेलियों की अवस्थिति से इस मोहल्ले का वैभव और ऐश्वर्य द्विगुणित हो जाता था। यहीं दत्त परिवार की पुश्तैनी और विशाल हवेली थी जिसके मुखिया नगर के गणमान्य और कलकत्ता सुप्रीम कोर्ट के प्रसिद्ध अधिवक्ता श्री राममोहन दत्त थे। जमीन-जायदाद से संपन्न और न्याय कर्म से अधिकाधिक धनोपार्जन करने वाले श्री राममोहन दत्त संपन्नता के अनुरूप ही खर्च भी करते थे। उनकी हवेली पर प्रतिदिन ही उत्सव जैसा वातावरण रहता था। मित्रमंडली की महफिलें नित्य ही जमती थीं।

गौरमोहन मुखर्जी स्ट्रीट की इस हवेली में रास-रंग, गोष्ठियां और विभिन्न बौद्धिक व सांस्कृतिक कार्यक्रम होते ही रहते थे। श्री राममोहन दत्त का मित्र वर्ग भी सभ्य, सुशिक्षित और कुलीन था। कई बार तो ऐसे आयोजन उनकी विलासप्रियता को दर्शाते थे।

श्री राममोहन दत्त के सुपुत्र दुर्गाचरण दत्त भी अपने पिता की भांति प्रखर बुद्धि के स्वामी और व्यवहार-कुशल थे। बहुभाषी और मृदुभाषी दुर्गाचरण दत्त ने भी शिक्षा प्राप्त करने के पश्चात् वकालत को ही जीविका का साधन चुना। यह उनका स्थापित और सम्मानित पेशा था और उनके सामने धनोपार्जन की कैसी भी

समस्या नहीं थी। उन्हें भी अपना स्थान बनाने में कठिनाई नहीं हुई। द्रव्योपार्जन में वे अपने पिता की भांति कुशल थे, पर प्रवृत्ति में भिन्न थे। विलासिता उन्हें छू भी नहीं गई थी। उनमें धर्मानुराग भी बहुत अधिक था। संतजनों की संगत में प्राय: धर्म-लाभ प्राप्त कर लेते थे और ऐसा अवसर प्राप्त होने पर स्वयं को धन्य समझते थे। हिंदी भाषा का ज्ञान होने के कारण उन्हें हिंदी भाषी संत-संन्यासियों के साथ धर्मचर्चा करने का अवसर भी मिलता था। यथासंभव लोगों की सहायता करना उन्हें अच्छा लगता था। साधुजनों की सेवा और गरीब-गुरबा की आर्थिक सहायता करने में उन्हें कभी संकोच नहीं रहा।

दुर्गाचरण की इस दान-प्रवृत्ति को उनके पिता फिजूलखर्ची के रूप में देखते थे और कई बार उन्हें समझाते भी थे कि धन का सदुपयोग ऐश्वर्य-भोग और शान-शौकत बनाए रखने हेतु किया जाना चाहिए। दुर्गाचरण धन-सदुपयोग की इस परिभाषा से न तो सहमत थे और न इस पर ध्यान ही देते थे। पिता की टोका-टाकी बढ़ जाने पर उनके मन में विरक्ति उत्पन्न हो गई। उनकी अध्ययन में रुचि भी थी और साधु जीवन का निष्कंटक मार्ग भी उन्हें प्रिय था। मोह-माया से दूर, धर्मचर्चा से ज्ञान-पिपासा शांत करने का पावन अवसर उन्हें सदैव आकर्षित करता था। अभी दुर्गाचरण पच्चीस वर्ष के हुए थे कि उन्होंने संन्यास ग्रहण कर लिया। गौतम बुद्ध की भांति पत्नी और पुत्र विश्वनाथ को छोड़कर उन्होंने संन्यासी जीवन में प्रवेश किया।

दत्त परिवार के लिए यह आघात था, पर किया भी क्या जा सकता था! अब पौत्र विश्वनाथ ही श्री राममोहन दत्त का उत्तराधिकारी और आशादीप था। पारिवारिक संस्कार और अनुकूल परिवेश में पालन-पोषण होने के कारण बालक विश्वनाथ दत्त बड़ा होते-होते अत्यंत मेधावी और सुसंस्कृत निकला। कई भाषाओं पर प्रभुत्व प्राप्त कर उन्होंने दत्त परिवार की विद्व-परिपाटी को बरकरार रखा। उन्होंने वेद-शास्त्रों के साथ कुरान, बाइबिल आदि का भी अध्ययन-मनन किया। परंपरा के अनुसार उन्होंने भी वकालत की ही पढ़ाई की और एक अच्छे वकील के रूप में स्थापित हो गए। उनकी परवरिश उनके दादाजी की देख-रेख में हुई थी तो उनकी ही भांति उनमें भी ऐश्वर्य-विलास से परिपूर्ण जीवन की प्रवृत्ति पैदा हो गई थी। एक बार फिर से उस हवेली में वैसी ही चहल-पहल होने लगी थी, जैसी कभी श्री राममोहन दत्त के समय में रहती थी।

विश्ववनाथ दत्त का विवाह हो गया था। उनकी पत्नी श्रीमती भुवनेश्वरी देवी धार्मिक और सुशील प्रवृत्ति की महिला थीं। उनके दिन की शुरुआत ही गीता-पाठ, चौपाइयों और भजनों से होती थी।

2

नरेंद्रनाथ दत्त का जन्म

विश्वनाथ दत्त का अधिकतर समय अपने काम में अथवा मित्रों के साथ व्यतीत होता था, फिर भी यह नहीं कहा जा सकता कि वे अपनी गृहस्थी के प्रति गंभीर और जिम्मेदार नहीं थे। उनकी पत्नी भुवनेश्वरी देवी सरल, सुघड़ और शिक्षित महिला थीं, जो जीवन को सात्विक दृष्टिकोण से देखती थीं और चाहती थीं कि उनके पति भी इसका महत्त्व समझें। इसके लिए वे सप्रेम प्रयास करती थीं क्योंकि किसी प्रकार का प्रतिबंध या वैचारिक दृष्टिकोण थोपने को वे सर्वदा गलत समझती थीं। यद्यपि उस समय कुलीन वर्ग में पुरुषवादी विचारधारा प्रवाहित थी, तथापि दत्त परिवार में नारी का स्थान सम्मानित था।

भुवेनश्वरी देवी को कभी किसी प्रकार की समस्या का सामना नहीं करना पड़ा था। विश्वनाथ दत्त भी सुलझे हुए विचारशील और सुशिक्षित व्यक्ति थे और अपनी पत्नी के विचारों और इच्छाओं का सम्मान करते थे। यही कारण था कि व्यस्तता के बावजूद वे अपनी पत्नी को भरपूर समय देते और गंभीरता से उनके साथ धार्मिक मुद्दों पर विचार-विमर्श करते रहते थे।

विवाह के काफी समय पश्चात् भी दत्त परिवार को पुत्र-रत्न की

प्राप्ति नहीं हुई थी। यद्यपि विश्वनाथ दत्त इस विषय को लेकर चिंतित नहीं थे और अपनी पत्नी को भी सांत्वना देते ही रहते थे कि ईश्वर की इच्छा के बिना और समय से पहले किसी को कुछ नहीं मिलता।

भुवनेश्वरी देवी भी ईश्वर में बड़ी आस्था रखती थीं और इस बात से सहमत भी थीं, पर उनके अंदर एक स्त्री की कोमलता भी थी। उस समय का समाज बड़ा ही रूढ़िवादी और अंधविश्वासी था। घर में दर्जनों नौकरानी थीं, जो अभी तक तो सम्मान में तत्पर रहती थीं, पर स्त्री ही स्त्री की आलोचक होती है, यह बात भी सत्य ही थी। आगे-पीछे होने वाली खुसर-फुसर का विषय चाहे जो रहता हो, पर संदेह तो यही होता था कि वे इसी विषय में बात कर रही हैं। नारी मन को आहत होने के लिए आधार से अधिक अपनी शंका से सहायता मिलती है।

भुवनेश्वरी देवी की भगवान शिव में अगाध आस्था थी। वे शिव-पूजा में अपना अधिक समय गुजारती थीं। सूनी गोद से व्यथित होकर वे भगवान शिव से बारंबार अर्चना-अभ्यर्थना करती रहतीं। कठोर उपवास करतीं, कभी-कभी तो पूजा-कक्ष में वे इतनी ध्यानमग्न हो जातीं कि उन्हें समय का भी ध्यान नहीं रहता। एक दिन तो हद ही हो गई। वे प्रातः पूजा के लिए पूजा-कक्ष में घुसीं तो शाम हो गई। नौकरानियों के लिए यह कोई विशेष बात नहीं थी, पर फिर भी उत्सुकता तो बनी ही रहती थी। संध्यावंदन के बाद जब वे कक्ष से बाहर आईं तो उनके मुख पर एक अलग ही तेज था।

प्रसन्नचित्त मालकिन को देखकर नौकरानियां भी कौतूहल से घिर गईं, पर किसी को साहस नहीं था कि इस विषय पर कोई प्रश्न पूछ सके। भुवनेश्वरी देवी की प्रसन्नता का आलम यह था कि उन्होंने स्वयं ही इसका रहस्य खोल दिया।

"आज मेरी साधना सफल सिद्ध हुई। मेरी भक्ति का सार्थक फल प्राप्त हो गया। भगवान शिव ने मुझ दुखियारी की पुकार सुन ली। आज दोपहर को जब मैं ध्यानावस्था में थी कि न जाने कैसे मेरी आंख लग गई। स्वप्न में मैंने देखा कि कोई दिव्य तेज एकाएक मेरे सम्मुख प्रकट हुआ और मेरे देखते-ही-देखते वह पुत्र रूप में परिवर्तित होकर मेरी गोद में आ बैठा। अब तुम्हीं सब बताओ, इस स्वप्न का अर्थ क्या है?"

सभी ने वही अर्थ बताया, जो अपेक्षित था। अब किसी को संशय नहीं रह गया था कि उस आंगन में नन्हें पुत्र की किलकारी शीघ्र ही गूंजेगी और उन सबको उपहार मिलेंगे। भुवनेश्वरी देवी की आस्था ने प्रबल आशा का रूप धारण कर लिया था। उनके मुख पर प्रसन्नता स्थायी हो गई थी। विश्वनाथ दत्त ने भी पत्नी के स्वप्न को सुनकर प्रसन्नता व्यक्त की। हवेली में अब पहले से अधिक खुशियां

नजर आने लगी थीं। गुमसुम रहने वाली भुवनेश्वरी देवी अब चहकी-चहकी रहती थीं। यह एक सार्थक परिवर्तन था।

समय बीतने लगा और शीघ्र ही देवकृपा हुई। भुवनेश्वरी देवी के गर्भ में नवजीवन पलने के लक्षण प्रकट होने लगे। इस समाचार ने सभी को आनंदित कर दिया। विश्वनाथ तो फूले न समाए। पहले अकारण भी मित्रमंडली को भोज मिलते रहते थे और अब तो कारण भी था। धन-दौलत की कोई कमी नहीं थी। उदारता में भी किसी प्रकार का अभाव न था। कई दूर और नजदीक के रिश्तेदार तो उनकी उदारता से हवेली में ही जीवनयापन कर रहे थे। कुछ संबंधी और भी आ गए थे। भुवनेश्वरी देवी की देखभाल करने वालों की कमी नहीं थी। घर की नौकरानियों को भी उनके पास नहीं आने दिया जाता था। तर्क यह था कि इतने रिश्तेदारों और परिजनों के होते हुए भी नौकरानी की क्या जरूरत है! पर इतनी बड़ी हवेली की साफ-सफाई और इतने सारे लोगों के भोजन आदि की व्यवस्था हेतु उन्हें रखना आवश्यक था।

समय मंथर गति से चलता रहा और अंतत: वह शुभ घड़ी भी आ गई जिसकी सबको बड़ी बेसब्री से प्रतीक्षा थी। प्रार्थना और हवन-पूजन करके पुत्र-रत्न की कामना तथा आशा करने वाले हितैषियों की कोई कमी नहीं थी। कुछ तो ऐसी अति उत्साही पारिवारिक स्त्रियां भी थीं, जो शिशु के जन्म से संभावित हफ्ते-भर पहले से ही कठोर व्रत कर रही थीं। यह अलग बात है कि उनकी भावनाओं की कद्र करते हुए विश्वनाथजी ने फलाहार और मिष्टान्न की कमी नहीं रहनी दी।

12 जनवरी, 1863 को चंद्रदेव ने अस्ताचल की ओर बढ़ते हुए अपनी निशा यात्रा पूरी कर ली थी, जबकि सूर्यदेव के सारथी अरुण उदय होने से पूर्व ही दिग-दिगंतों में अरुणिमा फैला रहे थे। इसी सुंदर समय में सूर्योदय से छह मिनट पूर्व 6 बजकर, 33 मिनट पर भुवनेश्वरी देवी को प्रसव पीड़ा की सुखद अनुभूति हुई और शिशु रूप में पुत्र-रत्न ने जन्म लिया। हवेली में प्रसन्नता से कोलाहल होने लगा।

सूर्य की पहली किरण ने ज्यों ही धरा का स्पर्श किया तो शिशु का प्रथम रुदन सुखद संगीत की भांति गूंज उठा। विश्वनाथजी ने मारे खुशी के सिक्कों की बरसात कर दी। गौरमोहन स्ट्रीट में लोग जाग गए और बधाइयां देने आने लगे। मिठाइयां बंटने लगीं। नगाड़े बजाए जाने लगे। बड़ी हवेली का बड़ा आंगन आस-पड़ोस की स्त्रियों से भर गया और उनके सम्मिलित मंगलगान से घर का कोना-कोना गूंज उठा।

हवेली में खुशियों का आगमन हुआ तो विश्वनाथ दत्त की शाहखर्ची ने उनके

स्वागत में कोई कसर नहीं उठा रखी थी। मांगने आने वाले याचकों को भी दान दिया जा रहा था। आखिर बड़े घराने में वर्षों की प्रतीक्षा के बाद यह शुभ अवसर आया था। नौकर-नौकरानियों की मौज आ गई थी।

जब नामकरण संस्कार का उत्सव हुआ तो उसकी शोभा देखने लायक थी। शहर के गणमान्य लोग शिशु को आशीर्वाद देने पधार रहे थे। शिशु के नाम पर विचार होने लगा था और कई लोगों का मानना था कि उस शिशु का नाम उसके पितामह दुर्गाचरण दत्त के नाम पर दुर्गादास रखा जाए। विश्वनाथजी इस विषय में अपनी पत्नी की राय भी जानना चाहते थे, क्योंकि पुत्र के जन्म से पूर्व कई बार वे कह चुकी थीं कि शिशु का जन्म भगवान शिव के वरदानस्वरूप हुआ है, इसलिए उसका नाम भी उनके ही नाम पर रखा जाना ठीक होगा।

जब भुवनेश्वरी देवी से इस बारे में पूछा गया तो उन्होंने शिव को नमन करते हुए अपने नवजात पुत्र का नाम वीरेश्वर रखने की बात कही। उनकी इच्छा को ध्यान में रखते हुए इसी नाम के घरेलू संस्करण के रूप में शिशु को 'बिले' कहकर पुकारा गया। बालक सभी का बड़ा प्रिय था, इसलिए बारी-बारी से सभी परिजनों को उसे गोद में खिलाने का समुचित समय निर्धारित करना पड़ा था। गोल-मटोल, चंद्रमा-सा मुख, गोरा-चिट्टा वह बालक अपने नेत्रों से जैसे परस्पर मानवीय संबंधों का गहन निरीक्षण करता था।

जब अन्नप्राशन संस्कार हुआ तो विधि-विधान से बिले का नाम नरेंद्रनाथ दत्त रखा गया। वह साधारण बालक नहीं था, यह तो उसके मुखमंडल को देखकर सहज ही अनुमान हो जाता था, पर जैसे-जैसे वह बड़ा होता गया, वैसे-वैसे उसकी विशिष्टता परिलक्षित होने लगी थी।

समय बीतने पर भुवनेश्वरी देवी ने नरेंद्रनाथ दत्त के अलावा अन्य आठ संतानों को जन्म दिया।

3

नरेंद्र की निर्भीकता एवं त्वरित निर्णय क्षमता

बालक नरेंद्रनाथ का बचपन भी कम कौतूहल से पूर्ण नहीं था। साधारण बालक से इतर उनके व्यवहार में त्वरित प्रतिक्रिया और जिज्ञासा का भाव था। अपने आसपास के वातावरण को बड़े ध्यान से देखकर वे प्रतिक्रिया देते थे। उनमें बाल-सुलभ चंचलता तो थी ही, पर साथ ही हमउम्र बच्चों में सबसे अधिक नटखट भी वही थे, किंतु उनकी गंभीरता भी दर्शनीय थी।

जब माता उन्हें रामायण, महाभारत और पुराणों के रोचक प्रसंग सुनातीं तो वे बड़े ध्यान से सुनते थे। बीच-बीच में प्रश्न भी करते रहते थे। कई बार तो वे ऐसे प्रसंगों की अतिरंजिता पर भी प्रश्न उठा देते थे और कई बार किसी असंभव-सी बात को सुनकर हठ पकड़ लेते थे कि वैसा कैसे हो सकता था?

नरेंद्र की जिद ऐसी थी कि उनकी संतुष्टि न होने पर वे सारा घर सिर पर उठा लेते थे और बहुत प्रयासों के बाद भी शांत नहीं होते थे। उनकी इस जिद पर जब माता उन्हें पिटाई करने के लिए पकड़ने जाती

तो वे तरह-तरह की लीलाएं दिखाते। जैसे कृष्ण यशोदा को तंग करते थे, वैसे ही नरेंद्र भी अपनी माता और बहनों को तंग करते।

जिज्ञासु इतने थे कि कई बार विचित्र दुस्साहस दिखा जाते थे। वे देखते थे कि उनके आसपास के लोगों के व्यवहार में गहरी असमानता थी। घर में बहुत से नौकर-नौकरानियां थीं और इनमें से कई को तो घर के दालान तक में जाने की अनुमति नहीं थी। रसोईघर में तो एक-दो जने ही जाते थे। उस पर भी स्वच्छता के ऐसे नियम लागू थे कि नरेंद्रनाथ हैरान रह जाते थे।

एक दिन रसोई बनाने वाले महाराज स्नान आदि करके रसोई की ओर जा रहे थे तो उन्होंने देखा कि घर का कूड़ा बाहर ले जाने वाली नौकरानी की साड़ी का पल्लू महाराज को छू गया तो वह रसोई में न जाकर फिर से स्नान करने चले गए। नरेंद्र को यह बड़ा विचित्र लगा।

अभी-अभी नहा-धोकर निकले आदमी को फिर से नहाने की क्या जरूरत पड़ गई? माताजी से पूछा तो पता चला कि यह जाति-भेद का बंधन था और इसे निभाना ही पड़ता था, इसे शुचिता कहते हैं।

नरेंद्र इस तर्क को नहीं मानते थे। उनकी समझ में यह समाज का अपना बनाया बंधन था, जो अन्य तर्कों की कसौटी पर खरा नहीं उतरता था। इसके साथ ही उन्होंने एक ओर विचित्र बात देखी। उनकी बैठक में जहां कि प्रतिदिन बहुत से लोग आते थे और वे अलग-अलग जातियों व धर्मों के होते थे, पिताजी ने उनके लिए अलग-अलग हुक्के रखे हुए थे। चटर्जी अंकल का अलग, मुखर्जी अंकल का अलग और अन्य वर्गों के अतिथियों के भी अलग-अलग। नरेंद्र को इससे बड़ा कौतूहल होता था कि कोई एक व्यक्ति किसी दूसरे का हुक्का नहीं पी सकता था। जरूर इसमें कोई भेद था।

जिज्ञासु नरेंद्र ने एक दिन बैठक में आकर उस समय सभी हुक्कों में एक-एक घूंट लगाया, जब वहां कोई नहीं था। सभी हुक्कों से एक ही प्रकार की आवाज और एक ही प्रकार की कसैली हवा निकली। अंतर तो कहीं कुछ नहीं था। वे सोच में पड़ गए।

एकाएक नरेंद्रनाथ के पिताजी का वहां आगमन हुआ। उन्होंने सोच में पड़े हुए नरेंद्रनाथ को देखकर स्नेह से पूछा–"क्या कर रहे हो नरेन? किस सोच में डूबे हुए हो"

अन्य कोई बालक होता तो भय से कांप जाता, पर नरेंद्र तो अलग ही मिट्टी के बने थे। उन्होंने सहज स्वर में उत्तर दिया–"पिताजी! मैं इन हुक्कों में किसी अंतर का परीक्षण कर रहा था, पर मुझे तो सभी एक जैसे ही लगे। अब प्रश्न

उठता है कि जब सभी हुक्के एक जैसे ही हैं तो बनर्जी अंकल, मुखर्जी अंकल, चटर्जी अंकल—इन सबका हुक्का अलग-अलग क्यों है?"

"अपनी माता से पूछो। वे ही तुम्हें इस प्रश्न का उत्तर देंगी।" विश्वनाथजी हंसकर वहां से चले गए।

नरेंद्र ने यही प्रश्न अपनी माता से पूछा।

"बिले, यह जातिगत पद्धति है।" माता ने नरेंद्र के सिर पर स्नेह से हाथ रखते हुए समझाया—"भारतीय समाज में वर्ण व्यवस्था है। अलग-अलग जाति होने से निम्न व उच्च जाति के अपने-अपने मानक हैं। कोई किसी अन्य जाति का हुक्का कैसे पी सकता है?"

"यदि कोई एक दूसरे का हुक्का पी ले तो क्या वह पतित हो जाता है? अपराधी हो जाता है?"

माता के पास इस प्रश्न का स्पष्ट उत्तर नहीं था तो वे एक क्षण के लिए मौन रह गईं। बालक को उस जटिल जाति-व्यवस्था को समझाना अत्यंत दुष्कर कार्य था।

"बेटा! यह जाति का बंधन है। सामाजिक व्यवस्था बनाए रखने के लिए इसका पालन करना ही पड़ता है।"

"यदि मैं इस तरह के बंधनों को न स्वीकार करूं तो मेरा क्या होगा?" नरेंद्र ने गंभीरता से पूछा।

"तुम अभी छोटे हो। इन बातों को अभी समझ नहीं पाओगे। जब बड़े हो जाओगे तो खुद समझ जाओगे। अभी जाकर खेलो।"

नरेंद्र समझ गए कि अवश्य उन जातिगत बंधनों का कोई ठोस आधार नहीं था, अन्यथा माता-पिता ऐसे टालने वाले उत्तर नहीं देते।

वास्तव में नरेंद्र किशोरवय से ही तर्क और प्रमाण के आधार पर ही किसी बात की सत्यता को मानने में विश्वास करने लगे थे। इससे उनमें निर्भीकता का भाव भी आ गया था, जो कि हमउम्र बच्चों में नहीं था। वे कही हुई बातों पर जल्दी से विश्वास न करते थे और उसके लिए प्रमाण मांगते थे।

नरेंद्र के एक पड़ोसी मित्र के घर के आंगन में एक चंपक का पेड़ था। अक्सर कई बच्चे उनके साथ वहां खेलते भी थे। नरेंद्र ठहरे नटखट और चुलबुले। वे पेड़ पर चढ़ जाते और शाखाओं पर झूलने लगते। उन्हें ऐसा करते देख अन्य बच्चे भय से ग्रस्त हो जाते। इसका कारण एक भ्रांति थी, जो उस घर के बुजुर्ग दादाजी ने इसलिए फैला रखी थी कि घर अथवा पड़ोस का कोई बच्चा उस पेड़ पर न चढ़े।

दादाजी ने सबको यह कहकर डरा रखा था-"बच्चो, इस पेड़ पर एक ब्रह्मराक्षक का निवास है। तुम लोग इस पर कभी मत चढ़ना, वरना वह ब्रह्मराक्षक क्रोधित होकर तुम्हें हानि पहुंचा सकता है।"

दादाजी का यह टोटका अन्य बच्चों पर तो काम करता था, पर नरेंद्र कभी इसके झांसे में नहीं आए। एक दिन दादाजी ने उन्हें पेड़ की शाखा पर झूलते देखा तो टोक दिया।

"बेटा! इस पेड़ पर मत चढ़ो। तुम्हें पता है, इस पर एक ब्रह्मराक्षस रहता है। वह नाराज होकर तुम्हें पेड़ से धक्का दे सकता है और ऊपर से गिरने पर तुम्हें गहरी चोट लग सकती है।"

"दादाजी, यह ब्रह्मराक्षस क्या होता है?" नरेंद्र ने सवाल कर दिया।

"यह एक भयानक भूत होता है, जो अन्य साधारण भूतों की तरह न होकर राक्षस जैसा दिखाई देता है। बड़े-बड़े नाखून, डरावनी शक्ल और लंबे दांत! वह देखने में किसी जानवर जैसा हो सकता है और बहुत क्रोधी होता है। उसके आराम में कोई व्यवधान डाले तो उसे क्रोध आ जाता है। उसमें तनिक भी दया नहीं होती।"

"पर मैं तो रोज ही इसी पेड़ पर झूलता हूं। अभी तक उसे क्रोध क्यों नहीं आया?"

दादाजी सकपकाकर रह गए, पर एक बच्चे के सामने वे हार किस प्रकार मान लेते!

"बेटा, अभी वह तुम्हें मासूम जानकर क्षमा कर रहा है।"

"पर आप तो कह रहे थे कि उसमें जरा भी दया नहीं होती, फिर वह मुझ पर इतनी दया क्यों दिखा रहा है? क्या इसलिए कि मैं बालक हूं?"

"यही बात है। वह क्या है कि बच्चों के प्रति सभी में दया-भाव होता है।"

"फिर तो मेरे सभी साथी भी बच्चे ही तो हैं।"

दादाजी जानते थे कि उस निर्भीक किशोर की प्रश्नोत्तरी कठिन थी और उसे संतुष्ट करने के लिए प्रमाण देना पड़ सकता था, जो उनके पास नहीं था। अतः दादाजी कोई बहाना बनाकर मौन हो गए।

नरेंद्र में निर्भीकता के साथ त्वरित निर्णय क्षमता भी अधिक थी। वे समय और परिस्थिति का क्षण-भर में आकलन करके निर्णय ले लेते थे। एक बार वे अपने बाल-मंडल के साथ मेला देखने गए थे। वहां से उन्होंने भगवान शिव की कुछ सुंदर मूर्तियां खरीदीं। अपने साथियों के साथ वे हंसते-खेलते घर लौट रहे थे। अपनी मूर्तियों को दुलारते-पुचकारते और साथियों को शिव महिमा की कथाएं सुनाते नरेंद्र बड़े प्रसन्न थे।

एकाएक नरेंद्र ने देखा कि उनका एक साथी फुटपाथ से फिसलकर सड़क पर गिर पड़ा और एक घोड़ा-गाड़ी उसकी ओर दौड़ी चली आ रही थी। सबके हाथ-पैर फूल गए थे, पर नरेंद्र ने बड़ी फुर्ती से हाथ में पकड़ी हुई मूर्तियां एक ओर फेंक दीं और अपने गिरे हुए साथी को पकड़कर घोड़े के पैरों से कुछ ही दूरी पहले खींच लिया। इस कार्य में उन्हें खुद भी गंभीर चोट लग सकती थी, पर उनका आकलन, निर्णय और फुर्ती का अद्‌भुत मिश्रण रहा, जिसे देखने वाले भी स्तब्ध रह गए।

इस घटना की कुछ धर्मभीरु लोगों ने यह कहकर कटु आलोचना की कि

नरेंद्र ने भगवान शिव की मूर्तियों को फेंककर उनका घोर अपमान किया है। उस बालक को तो महादेव स्वयं बचा लेते, लेकिन नरेंद्र को किसी भी कारण से उनका अपमान नहीं करना चाहिए था।

"किसी मनुष्य के प्राण बचाना सबसे बड़ा धर्म है।" यह कहकर नरेंद्र ने इस अनावश्यक आलोचना का उत्तर दिया।

यह घटना जिसने भी सुनी, वही उनकी प्रशंसा किए बिना न रह सका। मानवता, मित्रता और धर्म का ऐसा संगम दुर्लभ था।

4

संहिता और दर्शन से प्रथम परिचय

नरेंद्र किशोर उम्र से ही अपने आसपास के वातावरण और परिवेश से ज्ञान अर्जन करने लगे थे। यह वह समय था, जब भारत अंग्रेजों की घोर शोषण नीति से त्रस्त था और चारों ओर अत्याचार व अनाचार का बोलबाला था। वे देखते थे कि अपने ही देश में भारतीय दासों की तरह रह रहे थे, जबकि उन्होंने अपनी माता से प्राचीन भारत की गौरव गाथाएं सुनी थीं। राम, कृष्ण और बुद्ध की जन्मभूमि किस कारण अपने गौरव को खोती जा रही थी, यह अभी उनके किशोर मन की समझ में नहीं आ रहा था। वीर आर्यों के वंशज आज कैसे दीन-हीन और असहाय हो गए थे! वे जब भी घर से बाहर जाते तो ऐसे दृश्य देखने को मिलते थे कि उनकी शिराएं झनझना जाती थीं। अंग्रेजी शासन के विरुद्ध खुदीराम बोस, चापेकर बंधु और 1857 के शहीदों के स्मरणीय प्रयासों को सुनकर नरेंद्र भी भाव-विभोर हो जाते थे।

नरेंद्र ने कई बार अपनी बैठक में भी ऐसी चर्चाओं को सुना था और वे जिज्ञासा भरे प्रश्नों से लोगों को चकित भी कर देते थे। धार्मिक आस्था

उन्हें अपनी माता से विरासत में मिली थी। वेदों, पुराणों, उपनिषदों आदि ग्रंथों के प्राचीन प्रेरणामयी चरित्रों का वर्णन वे बचपन से सुनते आए थे। भगवान श्रीराम के आदर्शों पर उनकी बड़ी श्रद्धा थी। इसके साथ ही वे भगवान शिव के नाना चरित्रों से भी बहुत प्रभावित थे। वे मेले से राम-परिवार की सुंदर मूर्तियां लाए थे और उनकी पूजा करते थे, फिर वे भगवान शिव की भी पूजा करने लगे। पूजा करते समय वे इतने ध्यानमग्न हो जाते थे कि उन्हें अपनी स्थिति का भी कुछ ध्यान न रहता था। एक दिन वे कुछ इसी प्रकार ध्यानमग्न थे, तभी वहां कहीं से एक विषधर आ गया, जो उनके समीप ही रेंगने लगा। उनके मित्रों ने जब यह दृश्य देखा तो भय से शोर मचाने लगे, पर नरेंद्र स्थिर चित्त से ध्यानमग्न रहे। सारा परिवार वहां आ गया था और सबके होश उड़े हुए थे। नाग और नरेंद्र के बीच अधिक फासला नहीं था। नरेंद्र उस स्थिति में भी जैसे उस गंभीर संकट से अनभिज्ञ थे। किसी प्रकार की मदद का प्रयास उस नाग को हमले के लिए भड़का सकता था।

अचानक ही नाग वहां से रेंगते हुए कमरे में ही कहीं लुप्त हो गया। सबने राहत की सांस ली। माता झपटकर अपने पुत्र को अंकपाश में लेकर रोने लगीं। नरेंद्र समाधि से बाहर आए। वे अपने आसपास परिजनों व मित्रों को बदहवास खड़े देखकर चकित रह गए और बड़े भोलेपन से अपनी माता से इसका कारण पूछा।

"मां, क्या हुआ? सब लोग इतने परेशान क्यों हैं?"

"बिले बेटा! आज भगवान शिव की बड़ी कृपा हुई, जो तुम्हारा जीवन सुरक्षित रहा। एक भयानक नाग तुम्हारे पास आ गया था। तुमने अच्छा किया, जो जरा भी हिले-डुले नहीं, अन्यथा वह नाग तुम पर झपट पड़ता।"

"मां, मुझे तो अपने पास नाग के होने का आभास तक नहीं था। मैं तो शिव के ध्यान में आनंदमग्न था। वैसे भी नाग तो शिव के ही कंठमाल होते हैं। वह मुझे क्यों हानि पहुंचाता? आप चिंतित क्यों हैं?" नरेंद्र ने सहज स्वर में कहा।

नरेंद्र शिव-भक्ति में ऐसे लीन हो जाते थे कि कई बार तो वह महाप्रभु चैतन्य की भांति आनंद से सराबोर होकर नृत्य करने लगते। ये एक महायोगी के आरंभिक लक्षण थे, जो नरेंद्र में बाल्यकाल से ही दिखने लगे थे। माता-पिता उनकी ऐसी दशा पर चिंतित हो उठते थे और उन्हें रोकने व समझाने का प्रयास भी करते थे, पर नरेंद्र के मुख की आभा देखकर जैसे कोई सम्मोहन उन्हें जकड़ लेता था।

नरेंद्र विद्यार्थी के तौर भी पारंपरिक नहीं थे। आरंभ में जब उन्हें प्राथमिक शिक्षा मिली तो शिक्षक उन्हें पढ़ाने घर पर ही आते थे। शिक्षक परंपरा के पक्के थे, पर नरेंद्र की जिज्ञासाएं व चेष्टाएं शिक्षकों के लिए परेशानी का कारण बन

जाती थीं। आमतौर पर पारंपरिक शिक्षा में छात्र पर अनुशासनात्मक दबाव बनाने के प्रयास किए जाते हैं जिसमें शिक्षक दंडात्मक विधि अपनाता है। नरेंद्र ऐसी किसी विधि को नहीं मानते थे और शिक्षक को विवश होकर उनके अनुसार ही पढ़ाना पड़ता था। जब उन्हें विद्यालय भेजा गया तो भी उनका स्वभाव वैसा ही रहा। वे बंदिशों के आदी न थे। देर तक विद्यालय में रहना उन्हें बंदी की तरह लगता था और इसके विरोध में वे उत्पात भी कर डालते थे। धीरे-धीरे उनमें परिपक्वता आई, तब जाकर उनकी उग्रता में कमी आई।

नरेंद्र जब चौदह वर्ष के हुए तो एक दिन उनके पेट में तेज दर्द होने लगा, जो किसी भी दवा से नहीं जा रहा था। वैद्यों की सलाह पर उन्हें हवा-पानी बदलने के लिए बाहर ले जाया गया। उनके पिता विश्वनाथजी रायपुर में थे। अतः नरेंद्र भी परिजनों के साथ रायपुर ही चले आए। यात्रा के सुंदर प्राकृतिक दृश्यों और सुखद अनुभवों से नरेंद्र के स्वास्थ्य में सुधार हुआ। यहां कोई विद्यालय न होने के कारण नरेंद्र को उनके पिता ने ही पढ़ाया। यहीं संहिता और दर्शन से उनका प्रथम परिचय हुआ और उनका बौद्धिक विकास भली-भांति होने लगा।

रायपुर प्रवास में पिता के साथ रहने से नरेंद्रनाथ शिक्षा तो प्राप्त कर ही रहे थे, साथ ही पारिवारिक विषयों पर बातचीत होने लगी थी। नरेंद्र अपने पिता द्वारा धन अपव्यय पर कई बार प्रश्न पूछ लेते थे, जो वाद-विवाद का कारण भी बन जाते थे। वास्तव में नरेंद्र के प्रश्न भी अनुचित नहीं होते थे।

दत्त भवन में विश्वनाथजी के दूर और नजदीक के संबंधियों के परिवार रहते थे, जो पूरी तरह उन्हीं पर आश्रित थे। नरेंद्र के पिता के पास धन की कोई कमी नहीं थी और अपने आलसी आश्रितों की सभी जरूरतों को वे आंख बंद करके पूरा करते थे। इन आलसी संबंधियों में कई तो ऐसे भी थे, जो काम के नाम पर तिनका भी नहीं तोड़ते थे और व्यसन कई-कई पाले बैठे थे। नरेंद्र को यह सब अच्छा नहीं लगता था। इससे घर का पैसा फिजूलखर्ची में जा रहा था। जब नरेंद्र ने अपने पिता से इस विषय में प्रश्न किया तो उन्होंने इसे टाल दिया।

"अभी तुम छोटे हो। यह सब तुम्हारी समझ में नहीं आएगा।"

नरेंद्र इतनी आसानी से संतुष्ट हो जाने वाले नहीं थे।

"आप समझाइए तो सही कि इसमें हमें क्या पुण्य लाभ मिल रहा है?"

"बेटा, यह प्रारब्ध और संचित कर्मों का फल है। इनके द्वारा ही इंसान को इंसान की सेवा का अवसर मिल पाता है। जरूरतमंद की सहायता करना अच्छा काम है। समय सभी पर एक जैसा नहीं रहता। आज हमारे पास धन है तो हम ईश्वर का धन्यवाद करते हुए उसे बांट रहे हैं। कल क्या होगा किसने जाना है!"

नरेंद्र ने गौर से सुना। मानवीय तौर पर उनके पिता के विचार उच्च कोटि के थे, पर पारिवारिक दायित्वों में उन विचारों को स्थान कैसे मिले!

"इस प्रकार रिश्तेदारों पर धन खर्च करके आप हमारे लिए क्या छोड़ रहे हैं? आखिर यह भी तो आपका ही दायित्व है।"

विश्वनाथजी को इस प्रश्न पर क्रोध आना स्वाभाविक ही था, पर वे बहुत सुलझे हुए विद्वान व्यक्ति थे। उन्होंने दर्पण उठाया और नरेंद्र के चेहरे के सामने रख दिया।

"तुम्हारे लिए मैं यह छोड़ रहा हूं। एक ऐसी अमूल्य निधि जिसके सामने संसार का राजकोष भी कम पड़ जाएगा।"

नरेंद्र उस गूढ़ मंतव्य को समझ गए थे। उनके पिता सही अर्थों में उन्हें समझा चुके थे कि जीवन का अर्थ क्या है।

"मैं एक महान पिता का पुत्र हूं।" यही विचार नरेंद्र के मस्तिष्क में उपजा।

5

ब्रह्म समाज की सदस्यता

नरेंद्र के लिए रायपुर प्रवास स्वास्थ्य और परिपक्वता की दृष्टि से बड़ा लाभकारी सिद्ध हुआ। पिता और प्रकृति के सान्निध्य में रहकर उन्होंने पर्याप्त रूप से व्यावहारिक ज्ञान अर्जित कर लिया था। अब उनमें हठधर्मिता भी नहीं रह गई थी और जीवन के प्रति एक नया दृष्टिकोण उत्पन्न हो गया था। वे समझ गए थे कि शिक्षा का जीवन में कितना महत्त्व है। स्वास्थ्य के प्रति भी उनकी सजगता में वृद्धि हुई थी। नियमित व्यायाम आदि करना उनकी दिनचर्या में शामिल था। जब वे रायुपर से लौटे तो अपने बलिष्ठ शरीर के कारण पहलवान की भांति लग रहे थे। अभी उनकी आयु मात्र सोलह वर्ष थी, पर मजबूत देहयष्टि से बीस वर्ष के युवा जान पड़ते थे। रायपुर से कलकत्ता (अब कोलकाता) लौटकर उन्होंने नियमित व्यायामशाला जाना शुरू कर दिया और उसी वर्ष के मेले में मुक्केबाजी में प्रथम स्थान पाकर संकेत दे दिया था कि वे अब पूर्ण रूप से स्वस्थ और सक्षम हैं। खेलों में उनकी खूब रुचि थी और प्रायः सभी में दक्षता भी प्राप्त थी।

नरेंद्र के शारीरिक हाव-भाव व खेलों के प्रति उनकी रुचि देखकर उनके कुछ मित्रों नें उन्हें इसी क्षेत्र में कुछ कर दिखाने की सलाह दी,

पर नरेंद्र अब पढ़ाई की ओर ध्यान देना चाहते थे। पहले ही बीमारी की वजह से उनके दो साल बरबाद हो गए थे। इसका एक और प्रतिकूल प्रभाव यह हुआ कि विद्यालय में अधिक अनुपस्थिति के कारण उन्हें पुनः प्रवेश में समस्या आने लगी। शैक्षिक नियमों के अनुसार उन्हें प्रवेश मिल पाना कठिन था। यहां नरेंद्र का सौम्य स्वभाव, प्रखर मस्तिष्क और उनके छात्र-व्यवहार ने मदद की और विद्यालय समिति ने विशेष नियमों के अंतर्गत उनको प्रवेश दे दिया। नरेंद्र ने गुरुजनों और समिति के विश्वास को कायम रखते हुए अथक परिश्रम किया और पिछले दो वर्ष के छूटे पाठ्यक्रम को भी उसी वर्ष कवर कर लिया। जब परीक्षाफल आया तो सब हर्ष से झूम उठे। उन्होंने प्रथम श्रेणी से परीक्षा पास की थी, जो एक रिकॉर्ड भी था। दो वर्ष किताबों और विद्यालय से दूर रहकर ऐसी उपलब्धि प्राप्त करना साधारण बात नहीं थी।

नरेंद्र ने दिखा दिया था कि जब व्यक्ति कुछ करना चाहता है तो उसकी लगन और परिश्रम से अच्छे परिणाम प्राप्त किए जा सकते हैं। मित्रों, परिजनों और गुरुजनों ने अपने इस मेधावी छात्र को शुभकामनाएं दीं।

प्रवेश परीक्षा उत्तीर्ण करने के बाद नरेंद्र ने प्रेसीडेंसी कॉलेज में नामांकन कराया, पर उन्हें उसी वर्ष मलेरिया ने जकड़ लिया। इससे उनकी पढ़ाई बाधित हो गई और वह साल भी व्यर्थ हो गया। अगले वर्ष उन्होंने जनरल असेंबली इंस्टीट्यूशनल में प्रवेश लिया और एफ.ए. की पढ़ाई करने लगे। पढ़ने में तो वे कुशाग्र थे ही, साथ ही उनकी स्मरणशक्ति भी गजब की थी। उनकी नैसर्गिक प्रतिभा और संतुलित व्यवहार के कारण सहपाठी और गुरुजन भी उनका बहुत सम्मान करते थे।

कॉलेज में नरेंद्र ने देखा कि कुछ छात्र शिक्षा का महत्त्व न समझते हुए कॉलेज को मनोरंजन का घर समझते थे। कई छात्र धनी थे और विलासी भी थे जिससे कॉलेज का वातावरण प्रभावित होता था। नरेंद्र ऐसे लड़कों को प्यार से भी समझाते और आवश्यकता पड़ने पर कठोरता भी करते थे। उनका मानना था कि बुराई का सामना डटकर करना चाहिए। उनके इस विचार से कई छात्र भी सहमत थे और इस प्रकार उनके समर्थन में सांख्यबल होने से विलासी और लापरवाह छात्र भी उनकी बात सुनने लगे थे।

नरेंद्र ने पढ़ाई पर अपना पूरा ध्यान केंद्रित रखा। एफ.ए. की परीक्षा की अच्छी तैयारी के लिए वे एक सामान्य छात्र से अधिक परिश्रम करते थे। साहित्य की अच्छी और ज्ञानवर्द्धक पुस्तकों के साथ ही उन्होंने दर्शनशास्त्र के भी अनेक ग्रंथ पढ़े और उन पर मनन-चिंतन किया। वे भारतीय दर्शन के अलावा पश्चिमी दार्शनिकों को भी पढ़ चुके थे। डेकार्ट के अहंवाद, डार्विन के विकासवाद, स्पेंसर

के अज्ञेयवाद, बेन के नास्तिकवाद और मिल के मतवाद ने उन्हें दर्शनशास्त्र के विभिन्न दृष्टिकोणों से परिचित कराया। इस अध्ययन में उन्हें अपने ही कॉलेज के विद्वान प्राचार्य और दार्शनिक सर विलियम हेस्टी से बहुत मदद मिली। प्रोफेसर हेस्टी नरेंद्र को दर्शनशास्त्र का गूढ़ ज्ञाता मानते थे और उनका कहना था कि नरेंद्र जैसा मेधावी, विचारक और दार्शनिक छात्र पश्चिम और यूरोप के विश्वविद्यालयों में भी नहीं है। वे अपने परम शिष्य को परम विद्वान की श्रेणी में रखते थे।

सर हेस्टी और नरेंद्र के बीच घंटों विभिन्न विषयों पर वार्तालाप होता रहता था, जो गहरी बहस में बदल जाता था। जीव और जगत के अस्तित्व व संचालन पर नरेंद्र के प्रश्न बड़े जटिल होते थे और प्रोफेसर हेस्टी भी उनमें उलझ जाते थे। नरेंद्र को संतुष्ट करना सरल नहीं था। वे अपनी जिज्ञासा के गहरे समुद्र में डूबते-उतरते रहकर नए-नए प्रश्न खोजकर लाते थे।

नरेंद्र की ज्ञान-पिपासा बढ़ती जा रही थी और उसी अनुपात में उनके प्रश्न भी जटिल बनते जा रहे थे। ईश्वर द्वारा जगत संचालन की बात को नरेंद्र कुछ अधिक ही गंभीरता से लेते थे। जब भी कोई विद्वान विचारक या धर्मज्ञ उन्हें मिलता और ईश्वर की सत्ता का महिमामंडन करता तो नरेंद्र का एक ही प्रश्न उसे विचलित कर देता था।

"क्या आपने कभी ईश्वर के साक्षात् दर्शन किए हैं?"

इस प्रश्न का उन्हें किसी ने उत्तर नहीं दिया था, अतः उनकी पिपासा में यह प्रश्न अधिक गुंथा रहता था। आचार्यों, धर्माचार्यों और विभिन्न ग्रंथों के विद्वान दार्शनिकों के प्रति उनकी शंकाएं बलवती हो उठतीं कि कहीं सभी लोग परिपाटी के आधार पर ही तो अपने विचारों का प्रतिपादन नहीं करते, क्योंकि प्रत्यक्ष अनुभव की बात कोई नहीं करता था। इसी क्रम में उन्होंने ब्रह्म समाज की सदस्यता भी ली और अनेक विद्वानों से संपर्क भी हुआ, पर नरेंद्र इससे भी कभी संतुष्ट नहीं हो सके। उनका चित्त अशांत होता गया। कहीं से भी उन्हें यह उत्तर नहीं मिला कि किसी ने ईश्वर को देखा है!

नरेंद्र को बढ़ती ज्ञान-पिपासा और अध्ययन प्रवृत्ति से अब अपने घर में ही असुविधा होने लगी। घर में अत्यधिक शोर-शराबा रहता था तो उन्होंने अपने रहने की व्यवस्था अलग कर ली। माता-पिता ने भी उनकी आवश्यकता को समझा और आज्ञा दे दी। निकट ही उनकी नानी का एक मकान था, नरेंद्र ने उसी में एक कमरा ले लिया। यह उनके आध्यात्मिक चिंतन के लिए उपयुक्त स्थान था। अब अतिथियों के आने-जाने और हवेली में होने वाले शोर-शराबे से मुक्ति मिल गई थी। मोटे-मोटे साहित्यिक ग्रंथ ही उनके साथी होते थे। ब्रह्म समाज का सदस्य होने से कुछ परिचित और जिज्ञासु मित्र भी उनके पास आ जाया करते थे। देर रात तक दर्शन और अध्यात्म पर चर्चा होती रहती थी। ऐसे ही एक सज्जन सुरेंद्रनाथ थे, जो नरेंद्र की विद्वता से बड़े प्रभावित थे और अक्सर उनसे मिलने आते रहते थे।

नरेंद्र सर्वगुणसंपन्न थे और उनके पास अथाह ज्ञान का भंडार भी था। वे भगवद्-भजन बड़े ही सुमधुर कंठ से गाते थे और प्रायः आसपास होने वाले भजन-कीर्तन में सम्मिलित होकर श्रोताओं को मंत्रमुग्ध कर देते थे। एक दिन उनके मित्र सुरेंद्रनाथजी के घर पर एक उत्सव था जिसमें उस समय के विख्यात संत परमहंस श्रीरामकृष्णदेव भी आने वाले थे। सौभाग्य का क्षण समीप आ रहा था, इसकी भनक नरेंद्रनाथ को नहीं थी, पर कालचक्र संभवतः विधि का विधान रच चुका था।

6

सद्गुरु श्रीरामकृष्ण परमहंस

भारतीय अध्यात्म की समृद्धि का अनुमान इसी से लगाया जा सकता है कि इसने विश्व-भर में भारतीय गौरव को बढ़ाया है। समय-समय पर भारत-भूमि पर आध्यात्मिक महापुरुषों ने जन्म लेकर भारत को ही नहीं, बल्कि विश्व को भी भारतीय दर्शन के महत्त्व को समझाया है। इन महापुरुषों के अथाह ज्ञान ने भारत का मान तो बढ़ाया ही, साथ ही वैश्विक स्तर पर मानव जीवन का दृष्टिकोण भी बदलकर रख दिया। इन आध्यात्मिक प्रणेताओं की श्रृंखला में एक से बढ़कर एक श्रेष्ठ महापुरुष हुए हैं। इनमें से यदि किसी एक का नाम लिया जाए तो अनायास ही श्रीरामकृष्ण परमहंस का नाम लिया जा सकता है। उनके जैसे आध्यात्मिक महापुरुष बिरले ही हुए, जिनका जीवन निर्विवाद रूप से संत श्रृंखला की अनमोल धरोहर और प्रेरक गाथा के रूप में माना जाता है। नितांत सात्विकता और सहज समर्पण का अनन्य भाव उनके अतिरिक्त सरलता से कहीं नहीं देखा गया।

एक साधारण निर्धन ब्राह्मण के घर जन्मे गदाधर (रामकृष्ण परमहंस) बचपन से ही अध्यात्म की ओर आकृष्ट हो गए थे। पाठशाला की शिक्षा को महत्त्व न देकर उन्होंने आध्यात्मिक ज्ञान प्राप्त करने का संकल्प लिया।

इससे उनके परिजन बहुत चिंतित रहने लगे। निर्धन ब्राह्मण का अशिक्षित रह जाना उसके सुखद भविष्य पर गंभीर प्रश्नचिह्न लगाता था। बड़े भाई और पिता अपने ज्ञान के कारण ही तो परिवार का जीवनयापन कर रहे थे। गदाधर को शिक्षा से विमुख देखकर उन्हें चिंता सताने लगी थी। उन्होंने समझाने का भी बहुत प्रयास किया था। अध्यात्म में रम चुके और शक्तिदात्री माता काली की आराधना में स्वयं को भी भूल चुके गदाधर अध्यात्म की गंगा में गोते लगा रहे थे।

उस युवा मस्तिष्क में भी जीव-जगत के संचालनकर्त्ता के संबंध में ही जटिल प्रश्न घुमड़ते रहते थे। यहां नरेंद्र और गदाधर में अंतर इतना था कि नरेंद्र जहां ईश्वर को ब्रह्मांड का संचालक समझ रहे थे, वहीं परमहंस की खोज का केंद्र जगदंबा काली थीं। इधर घरवाले परेशान थे। गदाधर के बड़े भाई कलकत्ता के दक्षिणेश्वर में पंडिताई करते थे। वहां एक धनाढ्य महिला ने एक भव्य मंदिर का निर्माण कराया और उनके लिए पुजारी की व्यवस्था की जिम्मेदारी उनके अग्रज को ही सौंपी। अग्रज ने अपने भाई को समझाकर उस मंदिर का पुजारी बना दिया। यहीं से गदाधर के जीवन में भक्ति-भाव अपने चरम की ओर जाने लगा। वे नियमित विधि-विधान से पूजा-पाठ के साथ चिंतन-मनन भी करने लगे और उत्तरोत्तर उनका मन उच्च अवस्था की ओर अग्रसर होने लगा। उनके मन में माता काली के दर्शनों की उत्कंठा दिन-प्रतिदिन बढ़ने लगी थी और आध्यात्मिक शक्ति का विकास होने लगा था। यद्यपि अभी जगत्माता के दर्शनों की इच्छा पूरी नहीं हो सकी थी, पर अपने गहन अध्ययन-अभ्यास से वे ख्यातिलब्ध हो गए थे।

भारतीय समाज में उन दिनों धर्म-सुधार आंदोलन ने गति पकड़ी हुई थी और विभिन्न धर्म-समूह इस दिशा में प्रयासरत थे। ब्रह्म समाज इनमें प्रमुख था, लेकिन उसके सिद्धांत भारतीय दर्शन से मेल नहीं खाते थे। इस संस्था पर मिशनरीज का प्रभाव स्पष्ट रूप से झलकता था। इससे ब्रह्म समाज में आंतरिक फूट भी पड़ गई थी। केशवचंद्र सेन इसके अभिन्न अंग थे और 'सुधार युग' के नाम से समाज में नवजागरण की दिशा में प्रयासरत थे। जब मूर्तिपूजा के घोर विरोधी केशवचंद्र की मुलाकात रामकृष्ण से हुई तो उनके विचारों में आमूल-चूल परिवर्तन हुआ और उनके चित्त को बड़ी शांति मिली। यह लोगों के लिए आश्चर्य का विषय था कि कभी ईसाई धर्म का बखान करने वाले केशवचंद्र सेन ने इस विषय में जो कहा, वह रामकृष्ण की आध्यात्मिक महत्ता को सिद्ध करने वाला था–

"यदि शांति चाहते हो तो दक्षिणेश्वर के महापुरुष की शरण में चले जाओ।"

इससे रामकृष्ण परमहंस की ख्याति और भी बढ़ गई थी। ब्रह्म समाज के बड़े नेता भी रामकृष्ण से प्रभावित होकर उनके साथ आध्यात्मिक चर्चा करने आने

लगे थे। 'जतो मत ततो पथ' के महामंत्र से अध्यात्म के गूढ़ज्ञान को सहज ही प्रकट कर देने वाले रामकृष्ण साधारण योगी नहीं थे। जीवन के कई उतार-चढ़ाव के उपरांत उन्होंने यह दिव्यता प्राप्त की थी।

जगन्माता के दर्शनों के लिए उनकी व्याकुलता चरम सीमा लांघ गई थी। कहते हैं कि जब माता के दर्शन न होने से वे घोर निराश हो गए थे। एक दिन मंदिर में माता के खड्ग से अपना सिर काटने दौड़े तो एकाएक मां काली ने प्रत्यक्ष रूप में प्रकट होकर उन्हें दर्शन दिए। वह दृश्य बहुत सुंदर था। स्वयं परमहंस ने इसकी दिव्यता और भव्यता का वर्णन किया है–

"मां का दर्शन न होने से हृदय पीड़ित होने लगा था और जीवन का कोई अर्थ नहीं रह गया था, तब मैंने स्वयं को माता के चरणों में समर्पित कर देने का निर्णय लिया। खड्ग उठाई ही थी कि बिजली कौंध गई। मंदिर की दीवारें, दरवाजे, खिड़कियां जैसे कहीं पिघलकर बह गए। चारों ओर सागर-सा लहरा रहा था और जैसे स्वर्ण-रश्मियां तैर रही थीं। उन रश्मियों ने मुझे अपने अंदर समेट लिया और मेरा अस्तित्व उन्हीं में समा गया। इसी दशा में माता से मेरा भव्य साक्षात्कार हुआ।"

माता के दर्शन होने के पश्चात् तो रामकृष्ण की स्थिति जैसे बिलकुल ही पागलों जैसी हो गई थी और उनके परिचित उनकी इस दशा से चिंतित होने लगे थे। क्षण-क्षण में गहन समाधि में चले जाना और 'मां-मां' कहकर भाव-विह्वल होकर रोना–उनका माता काली के प्रति गहन श्रद्धा-भाव दर्शाता था।

निरंतर अध्यात्म के गहरे समंदर में डूबते जाते रामकृष्ण को उस अवस्था से बाहर निकालने के लिए एक भौतिक तरीका अपनाया गया। गहन विचार-मंथन के पश्चात् रामकृष्ण का विवाह कर दिया गया, पर विवाह के पश्चात् भी रामकृष्ण जैसा ब्रह्मचारी सद्‌गुरु अध्यात्म परंपरा में दूसरा नहीं मिलता। इससे भी धन्य वे साक्षात् जगद्‌माता शारदा देवी थीं जिन्होंने दांपत्य जीवन का ऐसा उदाहरण प्रस्तुत

किया जिसकी मिसाल दूसरी नहीं मिलती। रामकृष्ण ने पत्नी को मातृतुल्य मानकर काम-वासना पर जैसे विजय पाई, उसका भी उदाहरण मिलना कठिन है।

रामकृष्ण परमहंस को गुरुमंत्र देने वाली श्रीजगत्माता थी, जो शाक्तांबरी योगेश्वरी के रूप में भैरवी बनकर उनके पास आई। रामकृष्ण ने अपने सहज, सरल और समर्पित व्यवहार से उन्हें भी प्रसन्न किया। रामकृष्ण यूं ही ख्यातिलब्ध नहीं हुए। एक बार दक्षिणेश्वर के दो परम विद्वान धर्माचार्य उनके पास पधारे, जिनमें एक तो वैष्णव संप्रदाय के महागुरु थे। दूसरे विद्वान तंत्र-मंत्र के प्रकांड आचार्य थे। जब तीनों का वार्तालाप हुआ तो रामकृष्ण की परीक्षा का कठिन कार्य आरंभ हुआ। महागुरु ने स्वयं को अवतार कहकर पुकारा तो रामकृष्ण ने सहज भाव से अस्वीकार कर दिया, फिर तांत्रिक श्रेष्ठ ने अपनी संचित सिद्धियों में से 'नाद' नामक सिद्धि का प्रदर्शन किया। हर-हर का विराट घोष करके वे दिशाओं को गुंजायमान कर रहे थे। अभी तक उनके समान घोर कंठ-गर्जन करने वाला संसार में कोई पैदा नहीं हुआ था, ऐसा उनका विचार भी था।

तांत्रिक महोदय ने भीषण नाद किया जिससे वहां उपस्थित अन्य लोगों को कर्णपटह बंद कर लेने पड़े, पर रामकृष्ण पर उसका कोई प्रभाव नहीं पड़ा। तांत्रिक ने स्वर का स्तर बढ़ा दिया, पर रामकृष्ण यथावत् रहे। तांत्रिक महोदय ने संपूर्ण सिद्धि शक्ति लगा दी, पर इच्छित परिणाम न मिला, फिर जब रामकृष्ण ने उसी नाद को अपने मुख से निकाला तो लगा, जैसे विस्फोट हो गया। तांत्रिक महोदय को अपने कान के परदे फटते प्रतीत होने लगे। आश्चर्य तो यह था कि रामकृष्ण ने कभी कोई तंत्र सिद्धि नहीं की थी। विद्वान धर्माचार्य नतमस्तक हो गए और रामकृष्ण परमहंस को अवतार स्वीकार करके गए।

रामकृष्ण परमहंस ने निर्विकल्प समाधि के उन सोपानों का स्पर्श कर लिया था, जहां साधारण तो क्या असाधारण साधक भी नहीं पहुंच पाता है। धर्मनिरपेक्षता का जैसा सहज प्रदर्शन उनका था, आज तक किसी सद्गुरु में नहीं देखा गया। वे इस्लाम के अनुभव जानने के लिए मुस्लिम भी बने और इंच मात्र भी उनसे विलग न रहे। उनका कहना था कि जानना है तो गहराई में, समर्पण से कूद जाओ। उन्होंने मुसलमान बनकर घोर साधना करके घोषणा की–'इस्लाम धर्म वेदांत के बहुत समीप है।'

काली मां के इसी महासाधक की अनुकंपा से विश्व को एक वैचारिक योद्धा और विशिष्ट विश्वगुरु प्राप्त हुआ।

7

ईश्वर के साक्षात् दर्शन की अभिलाषा

नरेंद्रनाथ का पहला साक्षात्कार अपने भविष्य निर्माता से जब हुआ तो उन्हें भी किंचित-मात्र यह आभास तक नहीं था कि दिखने में कृशकाय और साधारण-सा वह संत उनके जीवन की धारा को ऐसी दिशा में मोड़ देगा, जहां से वे समुद्र लांघ जाने की असीमित शक्ति प्राप्त कर सकेंगे। यद्यपि प्रथम भेंट पर कुछ विशेष घटित न हुआ। नरेंद्र को भी कोई नवीन अनुभव नहीं हुआ, पर परमहंस ने इस भेंट में अवश्य ही अपने उत्तराधिकारी की पहचान कर ली। इसी कारण एक साधारण-सी मुलाकात में उस प्रखर महासाधक ने एक युवा, उद्विग्न और घोर जिज्ञासु को पहचानकर उनसे पुनः भेंट करने के लिए उन्हें दक्षिणेश्वर आने का सविनय आमंत्रण दे दिया।

नरेंद्र के मित्र सुरेंद्रनाथ के घर दक्षिणेश्वर के महासाधक का आना हुआ था तो स्वाभाविक रूप से उनके अनुयायी भी बड़ी संख्या में आए थे। शाम को सुरेंद्रनाथ ने अपने गुरुदेव का मन बहलाने के लिए भजन कार्यक्रम का आयोजन किया और अपने मित्र नरेंद्र को भी बुलाया। नरेंद्र

का कंठ बड़ा सुमधुर था और वे बड़े भक्ति-भाव से भजन भी गाते थे। नरेंद्र सहज प्रवृत्ति से इस कार्यक्रम में पहुंचे और पूरे समर्पण से भजन सुनाए। उनके भजन सुनकर रामकृष्ण परमहंस भाव-विभोर होकर एकटक उन्हें ही देखते रहे। जब जाने का समय हुआ तो सद्गुरु ने उस नवोदित युवा गायक के सुमधुर कंठ और भावस्थ समर्पण की प्रशंसा की। उन्होंने विनयपूर्वक नरेंद्र को दक्षिणेश्वर आने का आमंत्रण दिया जिसे सहज भाव से नरेंद्र ने भी स्वीकार कर लिया। यह एक संक्षिप्त और औपचारिक भेंट थी।

इसके पश्चात् नरेंद्र ने अपनी पढ़ाई में ध्यान लगाया, पर इसके साथ ही उनकी वैचारिक व्यावहारिकता में तीव्रता से वृद्धि होने लगी थी। एकाएक अब वे विरक्ति की ओर झुक गए थे। माता-पिता उनकी इस दशा पर चिंतित होने लगे थे, तब उनके विवाह की बात चलाई गई।

नरेंद्र सर्वगुणसंपन्न थे और इस आयु में ही उनकी सच्चरित्रता की कीर्ति भी फैल गई थी। संपन्न घराने का ऐसा सुयोग्य वर पाने की लालसा किस युवती में न होगी और किस युवती का पिता ऐसे युवक को दामाद के रूप में पाकर हर्ष से न भर उठेगा! विवाह के प्रस्ताव आने लगे। प्रतिष्ठित और धनवान घरानों के अनेक प्रस्ताव आए। विश्वनाथ दत्त भी पुत्र के विवाह हेतु उत्सुक तो थे, पर वे उसकी सहमति अवश्य लेना चाहते थे।

जब पिता ने पुत्र से विवाह की बात चलाई तो नरेंद्र क्षण-भर मौन रहे।

"पिताजी! मुझे क्षमा करें। मैं विवाह नहीं कर सकता। मेरा लक्ष्य जीवन के इस पारंपरिक मार्ग पर चलना नहीं, अपितु कुछ नए मार्गों की खोज करना है—स्वमुक्ति से सर्वमुक्ति के मार्ग की खोज करना है।"

विश्वनाथजी ऐसे पिता नहीं थे, जो सुयोग्य पुत्र पर अपने विचार थोपते या किसी प्रकार का दबाव बनाते। अतः उन्होंने अधिक कुछ न कहकर उनके निर्णय को अर्ध स्वीकृति दे दी। यद्यपि अन्य परिजनों और मित्रों के द्वारा नरेंद्र को समझाने के प्रयास उन्होंने फिर भी किए।

नरेंद्र विवाह के पक्ष में नहीं थे और इसका मुख्य कारण उन्हें बचपन में ही विवाह के विरुद्ध तर्कों द्वारा संतुष्ट कर दिया जाना था। यह कार्य उनके एक कोचवान द्वारा किया गया था, जो स्वयं विवाह का विरोधी था और बालक नरेंद्र के विचारों में अपने विचार मिलाने में सफल रहा था।

एक प्रसंग के अनुसार, नरेंद्र ने राम-सीता की पूजा इसलिए ही छोड़ दी थी कि उन्होंने विवाह किया था। यद्यपि यह उचित नहीं जान पड़ता। नरेंद्र इतने मतभेदी कभी नहीं रहे कि शिव और श्रीराम में अंतर करते, लेकिन उन्होंने स्पष्ट

कर दिया था कि वे विवाह नहीं करेंगे। जब चहुं ओर से दबाव पड़ने लगा तो नरेंद्रनाथ की मानसिक शांति भी भंग हो गई थी। उनके एक मित्र रामचंद्र दत्त थे, जो पेशे से चिकित्सक थे और रामकृष्ण परमहंस के शिष्य भी थे। उन्होंने नरेंद्रनाथ की मानसिक स्थिति को भांप लिया और उन्हें वह सलाह दी, जो उनके मनो-मस्तिष्क से निकल भी चुकी थी।

"नरेंद्र, यदि शांति चाहते हो तो दक्षिणेश्वर चले जाओ। तुम्हें सत्य की खोज करनी है तो उसके लिए माध्यम की आवश्यकता होगी और वह तुम्हें दक्षिणेश्वर में ही प्राप्त होगा।"

नरेंद्र को इस बात ने कुछ शांति की अनुभूति अवश्य कराई थी, पर वे इस बात से आश्वस्त नहीं थे कि साधारण संत सत्य की खोज का माध्यम बन सकता है, फिर भी उन्होंने दक्षिणेश्वर जाने का निर्णय लिया। एक दिन कुछ मित्रों के साथ वे वहां जा पहुंचे। वहां रामकृष्ण परमहंस कुछ शिष्यों के साथ चर्चा में व्यस्त थे। जब उन्होंने नरेंद्र को देखा तो प्रसन्नता से उनके नेत्र चमक उठे और बड़े अनुराग से उन्होंने नरेंद्र को अपने पास बिठाकर उनसे बात की। नरेंद्र आश्चर्य में थे कि वह संन्यासी कैसे उससे इस प्रकार बतिया रहा था, जैसे वर्षों से परिचित हो, पर अभी तो आश्चर्य और भी होने थे।

जब रामकृष्ण उन्हें एकांत में ले गए तो उनका हाथ पकड़कर भाव-विभोर होकर कहने लगे-"तुम इतने दिनों पश्चात् क्यों आए? मैं तुम्हारे आगमन की प्रतीक्षा कर रहा था। यह भीड़ देख रहे हों, इनसे बातें करते-करते मैं उकता गया हूं। इनकी बातों में कोई तत्त्व ही नहीं है। अब तुमसे बातें करके मेरे मन को अवश्य ही शांति मिलेगी। तुम मेरे संतप्त हृदय पर वर्षा की बूंद की भांति गिरो।"

नरेंद्र उस व्यवहार पर किंकर्तव्यविमूढ़ थे। संत के नेत्रों से निरंतर अश्रु गिर रहे थे, जिनकी शीतलता उन्हें और भी चकित कर रही थी।

"तुम नहीं जानते कि तुम कौन हो? मैं जानता हूं-तुम सप्त ऋषिमंडल के ऋषि हो। इस संसार को आलोकित करने वाले सूर्य हो। तुम ही वह नर रूपी नारायण हो, जो जीव-कल्याण हेतु अवतरित हुए हो।"

नरेंद्र बहुत व्यावहारिक थे और सहज ही किसी बात पर विश्वास कर लेना उन्हें स्वीकार नहीं था। उन्हें रामकृष्ण की बातों में बनावट और अतिशयोक्ति के अतिरिक्त कुछ नहीं लगा। लगा कि यह आदमी पागल है, जो ऐसी बेसिर-पैर की बातें कर रहा है, पर उन्हें तब और भी चकित हो जाना पड़ा, जब उन्होंने लोगों के बीच रामकृष्ण को सहज वार्तालाप करते देखा। अब वह पागलपन कहां चला गया? यह तो पाखंड जैसा व्यवहार था, परंतु उनकी बातों में जो गूढ़ता थी, जो प्रभाव था,

वह भी नकारा नहीं जा सकता था। शिष्यमंडली में विद्वान, विचारक और चिंतक मौजूद थे। इतने लोगों को पाखंड के सहारे भ्रमित नहीं किया जा सकता था, फिर भी नरेंद्र इतने कमजोर नहीं थे कि सहज समर्पण कर देते। इसके लिए परख अत्यंत आवश्यक थी और इसके लिए उनका निरंतर दक्षिणेश्वर आना-जाना लगा रहा।

वहां उन्होंने देखा कि ब्रह्म समाज के वरिष्ठ सदस्य राखालचंद्र घोष श्रीरामकृष्ण के अनन्य शिष्य थे। नरेंद्र ने आश्चर्य व्यक्त किया कि राखालचंद्र घोष जो कि ब्रह्म समाज के निष्ठावान सदस्य थे, कैसे वचन भंग करके वहां आने लगे थे? निराकार ब्रह्म में अपार श्रद्धा रखने वाले राखालचंद्र घोष अब साकार की पूजा क्यों करने लगे थे? नरेंद्रनाथ ने रामकृष्ण और अन्य लोगों के सामने ही राखालचंद्र को लज्जित किया, तब रामकृष्ण ने सहज भाव से उन्हें उत्तर दिया।

"नरेंद्र, यदि उसे साकार में भक्ति है तो उसे ऐसा करने का अधिकार है। तुम्हें नहीं है तो तुम पर ऐसी कोई बाध्यता नहीं है। सब स्वतंत्र हैं और अपने विश्वास के अनुरूप साधक बन सकते हैं।"

नरेंद्र उनके विरोधाभासी व्यवहार को समझ नहीं पा रहे थे। रामकृष्ण उन्हें तो निराकार का उपदेश ही देते थे और राखाल बाबू के लिए साकार भाव का समर्थन कर रहे थे। क्या अर्थ था इसका? 'जतो मत ततो पथ'। नरेंद्र उस अद्‌भुत संत को समझने का निरंतर प्रयास कर रहे थे, पर कई बार उनकी बातों में गूढ़ता या निरर्थकता का भी आभास करते थे।

एक दिन रामकृष्ण परमहंस अपनी शिष्यमंडली के साथ बैठे हुए थे। नरेंद्र भी अपनी जिज्ञासा शांत करने हेतु वहां उपस्थित थे।

"मैंने समाधिस्थ भाव से जाना है कि जिस एक शक्ति से केशवचंद्र सेन ने प्रतिष्ठा प्राप्त की है, नरेंद्र में उसके जैसी अट्‌ठारह शक्तियां हैं। केशव यदि ज्ञान का दीपक है तो नरेंद्र को ज्ञान का सूर्य समझो।" रामकृष्ण ने कहा।

सभी ने प्रशंसा भरी दृष्टि से नरेंद्र को देखा, जो निर्विकार थे। कोई अन्य शायद इस प्रशंसा पर फूला न समाता, पर नरेंद्र के लिए यह केवल अतिशयोक्ति थी, जो रामकृष्ण स्नेहवश यदा-कदा करते रहते थे।

"यह आप कैसी बात कर रहे हैं?" नरेंद्र ने तत्काल प्रतिवाद किया–"यह भी कोई मानने वाला तथ्य है–मैं इन विश्वविख्यात विद्वानों की तुलना में कैसे आगे आ सकता हूं? आप ऐसी अतिशयोक्तिपूर्ण बातें न किया करें।"

"इसमें मेरा क्या दोष! मुझे तो जगत्माता ने जो दिखाया, वह बता दिया। उन्होंने ही दिखाया है कि जीव-कल्याण हेतु विशेष कार्य सिद्ध करने के लिए तुम्हारा अवतरण हुआ है। जो मां ने कहा है, वह मैंने बोल दिया।"

"मैं यह कैसे मान लूं कि यह आपको माता ने बताया है या आपके अपने ही दिमाग से उपजा विचार है? मां के साथ वार्तालाप मस्तिष्क का भ्रम भी तो हो सकता है। इसी कारण कदाचित् आपको लोग पागल न कहने लगें!"

परमहंस मुस्कराए। नरेंद्र का यही प्रतिवाद तो उनमें इस विश्वास को दृढ़ करता था कि एक दिन वह उस लय का संधान अवश्य कर लेगा, जिस हेतु जगत्माता ने उसे नियुक्त किया है। नरेंद्र बड़ी उलझन में रहते थे। उनका मन-मस्तिष्क दो दिशाओं में भटक रहा था। एक मन रामकृष्ण की शिशु तुल्य निष्काम भावना पर श्रद्धानवत था तो दूसरा उनकी मानसिक स्थिति को संदिग्ध कहता था। इस उहापोह की स्थिति में वे एक दिन प्रकांड विद्वान महर्षि देवेंद्रनाथ ठाकुर से भी जाकर मिले जिनके बारे में विख्यात था कि अध्यात्म पर उनका पूर्ण प्रभुत्व है। उन्हें आशा थी कि देवेंद्रनाथ अवश्य ही उनकी दुविधा दूर करने में सफल होंगे।

महर्षि देवेंद्रनाथ उन दिनों गंगा नदी में नौका प्रवास कर रहे थे। महर्षि उस समय ध्यानमग्न थे, जब नरेंद्र ने वहां पहुंचकर उनका ध्यान भंग किया।

"महर्षि! क्या कभी आपने ईश्वर के साक्षात् दर्शन किए है?" नरेंद्र ने सीधा प्रश्न किया।

महर्षि मौन थे। प्रश्न सीधा था, पर उत्तर कठिन था। प्रत्यक्ष देखने का सौभाग्य तो विरलों को ही मिलता है और वे उनमें से नहीं थे, पर एक युवा जिज्ञासु को नकारात्मक उत्तर देना भी उचित नहीं था। असत्य बोलना घोर अपराध था। अतः महर्षि ने बीच का सरल रास्ता चुना।

"नरेंद्र, तुम्हारे नेत्रों का तेज कह रहा है कि तुम योगी हो और यदि तुम नित्य नियम साध लो तो ब्रह्मज्ञानी बन सकते हो।"

"यह मेरे प्रश्न का उत्तर नहीं है महर्षि!"

महर्षि सीधे, स्पष्ट उत्तर से बचते रहे, हालांकि अन्य बहुत-सी चर्चा और विचार-विनिमय हुआ।

नरेंद्र वहां से असंतुष्टि का भाव मन में लिये चले आए। उन्हें निराशा ने घेर लिया कि जब इतने बड़े विद्वान महर्षि को ईश्वर के दर्शन नहीं हुए तो किसी और को क्या हुए होंगे? ईश्वर तक पहुंचने का कोई मार्ग नहीं है, ऐसा विचारकर उन्होंने अपनी सभी पुस्तकों को बक्से में बंद कर दिया। उन्हें कहीं भी आना-जाना व्यर्थ ही लगने लगा। नरेंद्र ने अब स्वयं को जैसे उस मार्ग से ही हटा लिया। बहुत समय तक वे निर्विकार, निराश और निष्प्रयोजन भटकते रहे, पर मन का विचलन तो टिकने नहीं देता था। मस्तिष्क में घुमड़ते प्रश्न शिराओं को मसल रहे थे। अंततः एक निर्णायक प्रश्न लेकर नरेंद्र पुनः दक्षिणेश्वर पहुंच गए। वे काफी दिनों के बाद

दक्षिणेश्वर गए थे तो उन्हें वहां देखकर सभी बड़े प्रसन्न हुए। रामकृष्ण के नेत्रों से अनुराग बरस पड़ा था। नरेंद्र के नेत्रों में प्रश्न की छाया थी और नैराश्यपूर्ण दृढ़ता से उनका मुख कांतिमय हो गया था।

"महाराज, क्या आपने ईश्वर के दर्शन किए हैं?" नरेंद्र ने तीक्ष्ण प्रश्न किया।

"अवश्य!" रामकृष्ण ने अविलंब सहज और शांत भाव से उत्तर दिया–"मैंने ईश्वर के दर्शन किए हैं। ठीक उसी तरह जैसे मैं तुम्हें देख रहा हूं। क्या तुम भी ईश्वर के ऐसे ही दर्शन करना चाहोगे? यह असंभव नहीं है। कठिन अवश्य है, पर असंभव नहीं! इसके लिए तुम्हें कुछ नियमों का पालन करना होगा।"

नरेंद्र के अति व्याकुल मन को थोड़ी शांति अवश्य मिली, क्योंकि जिस दृढ़ता और विश्वास से रामकृष्ण ने ईश्वर से साक्षात्कार की बात कही थी, ऐसी दृढ़ता से आज तक किसी विद्वान ने नहीं कहा था, फिर भी नरेंद्र अभी तक रामकृष्ण परमहंस को गुरु के रूप में स्वीकार नहीं कर सके थे।

8

सद्‌गुरु में आस्था और विश्वास

रामकृष्ण देव ने पथ-प्रदर्शक बनकर पथ सुझा दिया था, पर अभी पथिक संदेहग्रस्त था और पथ पर चलने में अभी आनाकानी कर रहा था। गुरुदेव जानते थे कि यह संदेह और आनाकानी एक सच्चे साधक का प्रारंभिक गुण होता है, जो गुरु-परीक्षा लेकर ही संतुष्ट होता है। पथिक की व्याकुलता और असंतुष्टि का यह हाल था कि वह अगले कुछ माह तक दक्षिणेश्वर आया ही नहीं। परमहंस विचलित हो उठे। उन्होंने भावस्थ होकर जान लिया कि उद्विग्न नरेंद्र अब शांति और सत्य की खोज में ब्रह्म समाज की धर्मसभा में जाने लगा है। शिष्य से मिलने की आतुरता बढ़ गई तो स्वयं परमहंस उनकी ओर चल पड़े।

ब्रह्म समाज की यज्ञवेदी प्रज्वलित थी और आचार्य वेदी के पास बैठे व्याख्यान दे रहे थे। नरेंद्र भी उनके समीप ही बैठे थे। परमहंस यज्ञवेदी के पास पहुंचकर क्षणिक रुक गए, फिर इधर-उधर ध्यानपूर्वक देखते हुए वे भाव-विभोर होकर नरेंद्रनाथ की ओर बढ़े। नरेंद्र को एक बात का आश्चर्य हो रहा था कि इतने महान और प्रसिद्ध सद्‌गुरु के आगमन पर किसी ब्रह्मसमाजी ने उनका स्वागत तो किया ही नहीं था, उल्टे वे लोग नाक-भौं सिकोड़ रहे थे। परमहंस इससे अनभिज्ञ भाव-विह्वल होकर समाधिस्थ हो

गए तो कुछ लोगों ने उसे धार्मिक हस्तक्षेप कहकर वहां की लाइटें बंद कर दीं। इससे वहां पर अफरा-तफरी मच गई।

नरेंद्र तत्काल परमहंस को वहां से निकालकर बाहर लाए और उन्हें दक्षिणेश्वर भेज दिया। वे जान गए कि परमहंस के साथ ब्रह्म समाज की सभा में जो अशिष्ट व्यवहार हुआ था, वह इस कारण हुआ था कि वे वहां नरेंद्र से मिलने पहुंचे थे। उन्हें यह अशिष्टता बहुत बुरी लगी। परमहंस का मत भले ही ब्रह्म समाज से भिन्न हो, परंतु फिर भी ब्रह्म समाज के अनुयाइयों को उनका सम्मान करना चाहिए था। इसी कारण अब नरेंद्र ने ब्रह्म समाज में जाना छोड़ दिया और दक्षिणेश्वर जाना आरंभ कर दिया। अब उन्होंने गुरु-परीक्षा के लिए आश्रम-प्रवास करना शुरू कर दिया।

नरेंद्र का आश्रम-प्रवास वहां के कुछ शिष्यों के लिए कष्टकारी बन गया था। कारण यह था कि नरेंद्र ऐसे साधकों से चिढ़ते थे, जो पाखंडी चेष्टाओं से स्वयं को उच्च कोटि का साधक सिद्ध करने के प्रयास करते थे। कुछ तो ऐसे थे, जो निराहार साधना का दावा करते थे, पर वास्तव में अवसर देखकर खूब खाते थे। कुछ अकारण रोने लगते थे, जैसे प्रभु-भक्ति में परमहंस का व्यवहार था। कुछ ने परमहंस से उनकी शिकायत कर दी तो वे मुस्कराकर रह गए। वे जानते थे कि नरेंद्र को सत्य में मिलावट स्वीकार नहीं थी और मुंह पर बात कर देना उनके व्यक्तित्व का विशेष गुण था। इस प्रवास में नरेंद्र की भी गुरुदेव के प्रति आस्था जाग्रत हुई और गुरु को भी सत्य का आभास हो गया कि नरेंद्र भी दैवी शक्ति से संपन्न विशुद्ध साधक है जिसकी संसार प्रतीक्षा कर रहा है।

अब परमहंस अपने प्रिय शिष्य को उन दिव्य अनुभूतियों से परिचित कराने का विचार बना चुके थे, जो उनके हृदय में अवस्थित सभी शंकाओं को छिन्न-भिन्न करने की सामर्थ्य रखती थीं। नरेंद्र के मन में परमहंस के लिए श्रद्धा थी, पर गुरुदेव में उनकी स्वीकार्यता अभी नहीं हुई थी। एक दिन परमहंस ने यही किया।

उस दिन नरेंद्र कुछ माह के बाद दक्षिणेश्वर पहुंचे थे तो परमहंस विह्वल होकर उनसे लिपट गए और उन्हें एकांत में ले जाकर तख्त पर अपने पास बिठा लिया। अचानक ही उनके दाएं पैर ने नरेंद्र का स्पर्श किया। एकाएक जैसे उल्कापात हुआ। नरेंद्र के मनो-मस्तिष्क में हजारों उल्कापिंड तेज प्रकाश के साथ टूट-टूटकर बिखर रहे थे। आंखें खुली थीं और जो घटित हो रहा था, वह दिख रहा था। दीवारें, दरवाजे जैसे अणुओं में बदलकर विलीन हो रहे थे। एक महाशून्य प्रकट हो गया था जिसमें सब समाए जा रहा था। स्वयं नरेंद्र भी स्वयं को कणों में बदलता महसूस कर रहे थे। यकायक वे चिल्ला उठे। एक अज्ञात भय से!

"अरे, मैं मरा! यह आपने क्या कर डाला? मेरे माता-पिता...।"

"अच्छी बात है।" रामकृष्ण हंसकर बोले–"एक बार में यह होने वाला भी नहीं है। समय आने पर हो जाएगा। सचेत हो जा।"

नरेंद्र सचेत हो गए और अपलक उन्हें देखने लगे। यह कौन-सा जादू या सम्मोहन मंत्र था। वे अपनी इच्छाशक्ति पर बहुत विश्वास करते थे, पर आज एक स्पर्श ने उन्हें सोचने पर विवश कर दिया था। वह दिव्य अनुभूति तन-मन को झंकृत कर गई थी। क्षण-भर और उस दशा में रहने की इच्छाशक्ति दिखाई होती तो निश्चय ही कुछ ऐसा अद्‌भुत घटित होता कि जीवन में प्रचंड परिवर्तन आ चुका होता। चूक हो गई थी। भय हावी हो गया था, जो कि नहीं होना था।

विचारों की नई शृंखला और नवीन अनुभूतियों के साथ नरेंद्र घर लौटे तो उस दिव्य स्पर्श और उससे हुई अलौकिक प्रतिक्रिया के विषय में ही सोचते रहे। पुनः उस अनुभूति को अभय होकर प्राप्त करने की इच्छा हुई। अगले सप्ताह ही वे पुनः दक्षिणेश्वर पहुंच गए। परमहंस प्रसन्न हो गए और उन्हें अपने साथ मंदिर के समीप उद्यान में ले आए। कुछ इधर-उधर की बातें हुईं।

नरेंद्र उस दिव्य स्पर्श की आशा में उनके अति समीप बैठे थे। परमहंस समझ गए कि आज वह अभय है और इच्छाशक्ति को प्रबल करके आया है। समय समीप आ गया था और परमहंस ने अपने उस दिव्य स्पर्श का पुनः नरेंद्र को अनुभव कराया। पुनः वही सब हुआ।

नरेंद्र की चेतना ही लुप्त हो गई और उन्होंने स्वयं को आकाशगंगा के अनंत विस्तार में अनुभव किया। सप्त ऋषिमंडल की धवल छटा में वहां का जो दृश्य था, उसने जाने कितने रहस्य प्रकट किए और कितने नवीन उत्पन्न कर दिए। नरेंद्र ने कालांतर में अपने उस दिव्य अनुभव का वर्णन अपने शिष्यों से किया था। उनके अनुसार–"उस स्पर्श ने मुझे शून्य कर दिया था और उस अचेतन अवस्था में मैं जाने क्या-क्या प्रश्न पूछ रहा था। मैं कौन हूं? मेरा जन्म हेतु क्या है? मैं धरती पर कब तक रहूंगा? कोई मेरे प्रश्नों का उत्तर दे रहा था। गूढ़ उत्तर! जो स्वयं को जान गया, वह इस लोक में क्यों रहेगा? कोई कह रहा था कि तुम सप्त ऋषिमंडल के एक ऋषि और ध्यानसिद्ध महापुरुष हो।"

इस घटना से नरेंद्र के जीवन में आमूल-चूल परिवर्तन आ गया था। अब सद्गुरु में आस्था और विश्वास दृढ़ हो गए थे। अब अनुभव हो गया था कि ठाकुर (परमहंस) स्वयंसिद्ध महापुरुष हैं और निश्चय ही ईश्वर से साक्षात्कारी हैं। उनका पागलों जैसा व्यवहार वास्तव में उनकी शिशुतुल्य निश्छलता का प्रतीक था, न कि उनके मानसिक दोष का। नरेंद्र अब पूरी तरह गुरु को समर्पित हो गए थे। शंकाएं नष्ट हो गई थीं। हृदय शांत हो गया था और अंतर्कपाट खुल गए थे।

अब नरेंद्र अपनी पढ़ाई पर भी ध्यान देने लगे थे। बी.ए. में प्रवेश लेने के साथ ही वे अपने पारिवारिक व्यवसाय को भी सीखने लगे थे। वे प्रसिद्ध वकील निमाईचरण बोस के सान्निध्य में वकालत सीखने लगे। पढ़ाई-लिखाई के साथ-साथ अध्यात्म पर भी उनकी पकड़ मजबूत होती जा रही थी। किराए के कमरे में रहकर वे अपने व्यक्तित्व को निखार रहे थे। कई बार ठाकुर भी वहां आ जाते और अपने प्रिय शिष्य को सदुपदेश से लाभान्वित कर जाते, हालांकि नरेंद्र के माता-पिता और अन्य परिजन रामकृष्ण से उनके मेल-जोल पर एतराज उठाते थे।

समाज में कुछ ऐसे लोग भी पाए जाते हैं, जो अज्ञान के कारण किसी भी बात का बतंगड़ बना देते हैं। बातें चलने लगी थीं, अतः माता-पिता का परेशान होना स्वाभाविक ही था। नरेंद्र को समझा पाना भी तो आसान नहीं था। शिक्षित युवा स्वतंत्र निर्णय लेने वाले होते हैं और नरेंद्र तो बचपन से ही अलग दृष्टिकोण रखते थे, अतः किसी बंदिश या हस्तक्षेप को नरजरंदाज करके वे अपने गुरु से अध्यात्मिक ज्ञान अर्जित करते रहे और अपनी पढ़ाई पर भी पूरा ध्यान देते रहे।

9

भक्ति, ज्ञान, वैराग्य और विवेक की अरदास

नरेंद्र ने बी.ए. की परीक्षा उत्तीर्ण कर ली थी और अब बी.एल. में प्रवेश ले लिया था। यह फरवरी, 1884 का एक दिन था। नरेंद्र उस दिन अपने एक मित्र के घर गए हुए थे। उनकी मित्रमंडली भी वहां मौजूद थी। प्राय: उनके बीच शिक्षा, धर्म, राजनीति और गीत-संगीत पर व्यापक चर्चा होती रहती थी। उस दिन भी ये सारे कार्य हुए और गीत-संगीत का अंतिम दौर चल रहा था। नरेंद्र के सुमधुर कंठ से एक कर्णप्रिय भजन सुनाया जा रहा था कि नरेंद्र के घर से एक व्यक्ति ने आकर दुख भरा समाचार दिया कि उनके पिता विश्वनाथ दत्तजी का आकस्मिक निधन हो गया। नरेंद्र के लिए यह वज्रपात था। वे दौड़े-दौड़े घर पहुंचे तो वहां करुण क्रंदन हो रहा था। माता, भाई-बहन और अन्य परिजन पिता के पार्थिव शरीर से लिपटे रो रहे थे। नरेंद्र वैसे तो बहुत धैर्यवान थे, पर पिता का पार्थिव शरीर देखकर उनकी आंखें छलक उठीं। उन्होंने स्वयं को संभाला और पिता का विधि-विधान से अंतिम संस्कार किया।

दत्त परिवार के लिए घर के मुखिया का चले जाना भीषण आघात

से कम नहीं था। इतने बड़े परिवार के इकलौते कमाने वाले वही तो थे। उन्होंने द्रव्योपार्जन तो बहुत किया था, पर खुले हाथों से खर्च करने के कारण उनके पास जमा-पूंजी नहीं रही थी। ऊपर से कुछ ऋण और निकल आया। कहते हैं, निकट संबंधियों ने भी ऐसे समय में संबंध विच्छेद कर लिये। मुसीबत अभी कम नहीं हुई थी कि एक और संकट आ पड़ा। नरेंद्र के एक पारिवारिक चाचा ने उनका मकान हड़पने की नीयत से उन पर मुकदमा दायर कर दिया। इन परेशानियों से इस परिवार को खाने-पीने की भी किल्लत होने लगी थी।

नरेंद्र घर में बड़े थे, अतः सब दायित्व उन्हीं के कंधों पर था। पहले पिता के समय कितनी निश्चिंतता और आजादी थी, पर अब पारिवारिक दायित्व उठाने का समय आ गया था। यद्यपि कुछ मित्र आर्थिक सहयोग करने को भी तैयार थे, पर नरेंद्र का स्वाभिमान आड़े आ गया। घर में फाके हो रहे थे। छोटे भाई-बहन जब भूख से तड़पते तो नरेंद्र का हृदय कांप उठता। उन्होंने नौकरी की तलाश की, पर दुर्भाग्य पीछे पड़ा था, तभी तो नरेंद्र को कहीं नौकरी भी नहीं मिल पा रही थी।

हताश-निराश और पारिवारिक दायित्व के बोझ से दबे नरेंद्र को अब एक ही आसरा था–अपने सद्‌गुरु का। विपत्ति में गुरु ही मार्गदर्शन करते हैं, यह विचारकर नरेंद्र ने निर्णय लिया कि अब समय निकालकर दक्षिणेश्वर जाना ही होगा। दायित्वों के कारण व्यस्तता इतनी बढ़ गई थी कि ध्यान और अध्यात्म विस्मृत हो चले थे। कोर्ट-कचहरी और परिवार का भरण-पोषण इतनी फुरसत कहां देता था? वे यह भी जानते थे कि ठाकुर उनसे मिलने को व्याकुल होंगे। अभी पिछले कुछ दिनों से आश्रम से कोई-न-कोई आकर उनकी खैर-खबर ले जाता था जिससे साफ पता चलता था कि गुरु भी उनकी ओर से बेखबर नहीं हैं। नरेंद्र समय निकालकर दक्षिणेश्वर जाने का विचार बना ही रहे थे कि खबर मिली, गुरुदेव खुद कलकत्ता पधार रहे हैं।

काफी समय पश्चात् गुरु-शिष्य की भेंट तो हुई, पर भीड़ के कारण बातें नहीं हो पाईं। तय हुआ कि नरेंद्र शीघ्र ही दक्षिणेश्वर जाएंगे। कुछ समय बाद नरेंद्र ने समय निकाला और दक्षिणेश्वर पहुंच गए। वहां एकांत में गुरु ने शिष्य की व्यथा सुनी तो जाना कि पारिवारिक समस्याओं ने एक विशुद्ध साधक को दिग्भ्रमित कर दिया है। रामकृष्ण ने उन्हें बड़े प्रेम से समझाया। उस रात्रि नरेंद्र को पिछले दिनों की अपेक्षा अधिक शांति का अनुभव हुआ। वे एक नई ऊर्जा के साथ अपने घर लौटे। गुरु के आशीर्वाद और अपने प्रयासों से उन्होंने समस्याओं को अधिक महत्त्व न देकर उनके हल खोजने शुरू कर दिए। शीघ्र ही परिणाम भी अच्छे आने लगे। उनके घर के स्वामित्व का जो मुकदमा चल रहा था, उसकी पैरवी उन्होंने खुद

की और तर्कों एवं साक्ष्यों के आधार पर विपक्ष के वकील की बोलती बंद कर दी। न्यायाधीश ने निर्णय नरेंद्र के पक्ष में सुनाया। यह नरेंद्र को सत्य की जीत का प्रथम व्यावहारिक व व्यक्तिगत अनुभव हुआ।

मकान की समस्या खत्म हो गई थी, पर भोजन की समस्या जस-की-तस बनी हुई थी, फिर से गुरुदेव का स्मरण हो आया। आशा बंधी कि गुरु की कृपा से इस दिशा में भी अवश्य ही कोई उपाय निकलेगा। नरेंद्र दक्षिणेश्वर पहुंचे और गुरु-चरणों में सिर झुकाकर आशीर्वाद प्राप्त किया, फिर बातें होने लगीं तो नरेंद्र के परिवार की आर्थिक समस्या की बात आई।

"भूखे पेट ज्ञान-ध्यान में मन कैसे लगे?" नरेंद्र दुखी स्वर में बोले-"अपनी बात हो तो देखा भी जाए। परिवार को भूखे देखकर स्वयं पर लज्जा आती है कि मैं बड़ा होकर भी परिवार का बोझ नहीं उठा पा रहा हूं।"

"जैसी मां की इच्छा!" रामकृष्ण सहज भाव से बोले।

"मेरे परिवार को दो वक्त की रोटी चैन से मिल जाए, इसकी कोई व्यवस्था हो जाए तो मन को शांति मिले। आप अपनी मां से ही इस विषय में कुछ अनुरोध कीजिए न!" नरेंद्र ने आशापूर्ण स्वर में कहा।

रामकृष्ण ने आश्चर्य से नरेंद्र की ओर देखा और फिर गंभीर हो गए।

"मैंने मां से कभी कुछ नहीं मांगा। मैं तेरे लिए अनुरोध कैसे करूं और फिर तू तो माता को मानता भी नहीं? एक अविश्वासी के लिए वे अनुरोध स्वीकार क्यों करने लगीं?" रामकृष्ण ने कहा।

नरेंद्र मौन रह गए। अभी तक वे निराकार का ही अनुसरण करते थे। साकार में उनका विश्वास नहीं था। गुरु भी दुविधा में थे। शिष्य ने पहली बार कुछ मांगा था, वह भी अपने लिए नहीं, बल्कि परिवार के लिए। सहायता तो करनी ही चाहिए। अंततः उन्होंने एक मार्ग खोज निकाला।

"नरेंद्र! एक काम कर! आज मंगलवार है। आज तू मां काली की शरण में जा और विनयपूर्वक जो चाहे मांग ले। मेरा विश्वास है कि आज माता तेरी हर इच्छा पूरी करेगी।"

नरेंद्र को संतुष्टि नहीं मिली। प्रस्तर-प्रतिमा में उनका विश्वास नहीं था, पर आज गुरु की परीक्षा का ऐसा अवसर मिला था कि भविष्य में गुरु के द्वारा 'माता-माता' का प्रलाप तो सुनने को नहीं मिलेगा। कुछ विचारकर उस रात्रि के दूसरे प्रहर में नरेंद्र काली माता के मंदिर की ओर बढ़ गए। मंदिर के अंदर जाकर उन्होंने प्रतिमा की ओर देखा तो उसकी आंखों से अलौकिक रश्मियां-सी निकलकर उनके नेत्रों से टकराईं। वे भूल गए कि गुरु श्रीरामकृष्ण परमहंस के आग्रह पर वे वहां परिवार के लिए धन-संपदा मांगने आए हैं।

एकाएक उनके मुख से कुछ और ही निकला-"हे मां! मुझे भक्ति दो! ज्ञान दो! वैराग्य दो! विवेक दो!"

माता से अरदास लगाने के बाद नरेंद्र बाहर गुरुदेव के पास आए।

परमहंस ने मुस्कराकर पूछा कि क्या मांगा, तो नरेंद्र ने सब सच बता दिया।

परमहंस ने माथे पर हाथ मारकर कहा-"अरे! इन चीजों को परिवार खाएगा क्या? द्रव्य मांग, सोना, चांदी, हीरे, जवाहरात मांग! फिर से जा-गलती सुधार।"

नरेंद्र तीन बार गए, पर एक बार भी उनके मुख से धन संबंधी मांग नहीं निकली। हर बार विवेक, वैराग्य, ज्ञान और भक्ति की ही मांग की।

"तेरे भाग्य में सांसारिक सुख ही नहीं है नरेंद्र! तेरे हृदय में इनके लिए स्थान नहीं है।" रामकृष्ण गंभीर स्वर में बोले-"जा, मां की कृपा से तेरे परिवार को भोजन और वस्त्र की कभी कमी नहीं होगी।"

नरेंद्र स्वयं अचंभित थे कि मंदिर में जाकर उन्हें क्या हो जाता था कि वे मां के सामने अपनी मूल मांग नहीं रख पाए थे।

10

आध्यात्मिक अनुभूतियों की प्राप्ति

मां काली की कृपा और गुरु के आशीर्वाद फलीभूत हुए और नरेंद्रनाथ को अटॉर्नी ऑफिस में नौकरी मिल गई। इसके साथ ही कुछ पुस्तकों का अनुवाद कार्य भी उन्हें मिल गया। इससे परिवार के भरण-पोषण की समस्या का कफी हद तक समाधान हो गया। अब मां काली में नरेंद्र की श्रद्धा भी बढ़ गई।

मई, 1884 में नरेंद्र को ईश्वरचंद्र विद्यासागर के मेट्रोपोलेटिन स्कूल में प्रधानाध्यापक के पद पर नियुक्ति मिल गई।

अब नरेंद्र नौकरी करते और वेतन घर पहुंचाकर दक्षिणेश्वर आश्रम में ही रहते। आवश्यकता पड़ने पर वे घर आ जाते थे। आश्रम में गुरुदेव उन्हें ज्ञान-विज्ञान के नाना रहस्यों से परिचित करा रहे थे। सहज भाषा में और सरल उदाहरणों से मानव-कल्याण के लिए धर्म के उपयोग की विधियां बता रहे थे। गुरुदेव का एक महामंत्र नरेंद्रनाथ ने स्वयं में समाहित कर लिया था। भावावस्था में एक बार परमहंस ने कहा था–*'जीव पर दया नहीं, बल्कि शिवज्ञान से जीव की सेवा करो।'*

सब कुछ ठीक चल रहा था। अब नरेंद्र परिवार की ओर से चिंतित नहीं थे, बल्कि वे गुरु के ज्ञानामृत की वर्षा में किलोल कर रहे थे, पर संभवत: समय को कुछ और ही स्वीकार था। एकाएक परमहंस के गले में कुछ तकलीफ होने लगी, जो धीरे-धीरे बढ़ने लगी थी। उनकी आवाज में परिवर्तन हो चला था। आरंभ में तो मौसम का कोई प्रभाव जानकर परमहंस भी इसे साधारण बीमारी मानते रहे और दीक्षा, प्रवचन आदि करते रहे, मगर जब अधिक परेशानी हुई और चिकित्सक को दिखाया तो गले के कैंसर की पुष्टि हुई। सभी शिष्य स्तब्ध रह गए। नरेंद्र पर तो जैसे वज्रपात हो गया और वे सुनकर गुरु की सेवा में दौड़े चले आए। भाव विह्वल होकर नरेंद्र रोने लगे तो परमहंस ने उनके सिर पर हाथ रखकर सांत्वना दी। चिकित्सकों ने उन्हें कम बोलने का परामर्श दिया था, पर परमहंस अपने शिष्यों को धर्मोपदेश देना कैसे छोड़ देते! वे किसी पीड़ा या मृत्यु से भयभीत होने वाले सिद्धपुरुष नहीं थे। इसका परिणाम प्रतिकूल हुआ और उनकी स्थिति दिन-पर-दिन बिगड़ती चली गई। उन्हें दक्षिणेश्वर से कलकत्ता लाया गया और फिर वहां से काशीपुर ले जाया गया। यहां एक बगीचे वाला मकान किराए पर लिया गया और अनेक शिष्य उनकी सेवा करने वहां आ गए। नरेंद्र भी पढ़ाई-लिखाई और नौकरी छोड़कर आ गए। गुरुदेव अपने इस प्रिय शिष्य से सेवा नहीं कराते थे। अत: उन्हें ऊपरी देखभाल का काम संभालने की जिम्मेदारी मिली।

नरेंद्र गुरु की सेवा के साथ अपने आध्यात्मिक विकास में जुट गए। वे कठोर इंद्रिय-निग्रह के द्वारा सत्य को प्राप्त करने के प्रयास में लगे रहे। रामकृष्ण अपने शिष्य के इन कठोर प्रयत्नों से बड़े प्रसन्न हुए और एक दिन उन्होंने नरेंद्र को अपने पास बुलाया—"नरेन! जब मैंने साधना की थी तो मुझे माता की कृपा से अष्ट सिद्धियां प्राप्त हुई थीं। मैं आज तक उनका कोई उपयोग नहीं कर सका। मैं चाहता हूं कि तू इन सिद्धियों को ले ले। भविष्य में ये तेरे बहुत काम आएंगी।"

"गुरुदेव, क्या इन सिद्धियों से मुझे ईश्वर-प्राप्ति में कोई सहायता मिलेगी?"

"नहीं, ऐसा तो नहीं होगा, परंतु इनसे तुम्हारी इस लोक में सभी इच्छाएं पूर्ण हो जाएंगी।" रामकृष्ण अपलक उन्हें देखकर बोले।

"नहीं महाराज, मैं ऐसी सिद्धियों का क्या करूंगा?" नरेन्द्र ने सहजता से कहा।

रामकृष्ण मन-ही-मन बड़े प्रसन्न हुए। उस अद्‌भुत शिष्य से उन्हें यही आशा थी। उनके स्थान पर यदि कोई और होता तो इस अवसर को न चूकता। रामकृष्ण कहते भी थे कि आध्यात्मिक साधना के पथ पर बढ़ने वाले 80 प्रतिशत लोग ठग और 15 प्रतिशत लोग उन्मादी बन जाते हैं। केवल 5 प्रतिशत लोग ही अपने वास्तविक लक्ष्य को प्राप्त करते हैं।

उधर रामकृष्ण परमहंस की स्थिति में कोई सुधार नहीं हो रहा था और उनका रोग निरंतर बढ़ता जा रहा था, लेकिन शिष्यों को उपदेश देना निरंतर जारी था।

एक दिन नरेंद्रनाथ ने गुरु के समक्ष अपनी चिर-संचित इच्छा व्यक्त कर दी।

"महाराज, मेरी इच्छा है कि मैं लंबी अवधि की समाधि में अभ्यस्त हो जाऊं और यदा-कदा भोजन के लिए ही उठूं।" नरेंद्र ने कहा।

"यह साधारण अवस्था है। तुझे इससे भी ऊंची अवस्था प्राप्त करनी है। तू अपने परिवार की उचित व्यवस्था करके आ, तब देखते हैं।"

नरेंद्र ने सिर झुकाकर धीरे से पुनः अपना मंतव्य प्रकट किया–"फिलहाल तीन-चार दिन की समाधि ही पर्याप्त होगी।"

"मूर्ख मत बन। तू केवल अपनी मुक्ति का साधन चाहता है, जबकि तुझे तो करोड़ों का मुक्तिदाता बनना है। छोटे तालाब की भांति व्यवहार न कर, क्योंकि तू तो महानद है। अपने लक्ष्य को संकुचित मत कर।"

नरेंद्र को अपनी भूल का पछतावा हुआ। अब वे गुरु के मार्गदर्शन में अध्यात्म के उस उच्च स्तर को प्राप्त करने का प्रयास करने लगे, जिसका आदेश गुरु ने दिया था। इसके लिए वे दक्षिणेश्वर जाकर रात-रात भर साधना में लगे रहते। वहां उन्हें कुंडलिनी जागरण के साथ कुछ अन्य आध्यात्मिक अनुभूतियों की प्राप्ति हुईं।

धीरे-धीरे नरेंद्र की व्यग्रता बढ़ती जा रही थी। अब साकार पर उनकी श्रद्धा ऐसी हो गई कि वे उसके दर्शन के लिए जल बिन मछली की भांति छटपटाने लगे। रात-भर वे 'राम-राम' का कातर स्वर में उच्चारण करते रहते। एक दिन ठाकुर ने उन्हें बुला लिया।

"नरेन, ऐसी अधीरता क्यों?" परमहंस ने नरेंद्र को समझाया-"यह साधना सहज नहीं। यह क्षण अथवा दिवस में होने वाली प्रक्रिया नहीं। मैं भी बारह वर्ष इसी प्रकार व्यथित रहा था। तू कुछ ही रातों में विचलित क्यों होता है? जब यह घटित होगा तो तेरे अस्तित्व से तूफान-सा गुजर जाएगा और अनंत शांति व्याप्त हो जाएगी।"

नरेंद्र ने गुरु का आदेश सुना और समझा।

एक दिन गुरुदेव ने अपने सभी शिष्यों को संन्यास व्रत में दीक्षित करने का निर्णय लिया। सभी आवश्यक सामग्री जुटाकर एक शुभ मुहूर्त में सबको अपने पास बुलाया। सभी को गेरुआ वस्त्र और भिक्षापात्र दिया।

"अब शिवज्ञान से जीव-सेवा का समय आ गया है। क्या तुम लोग पूरी तरह अहंकार त्यागकर राजपथों पर भिक्षा संग्रहण कर सकोगे?"

नरेंद्र ने सबसे पहले गुरु के आदेश का समर्थन किया। प्रातःकाल होने पर काशीपुर के उद्यान से भिक्षुक संन्यासियों की टोली निकल पड़ी। उनमें नरेंद्रनाथ दत्त जैसे कई तरुण प्रतिष्ठित घरानों के थे, पर निरहंकार थे। भिक्षा लेकर सब लौटे और जो भी प्राप्त हुआ, गुरु के समक्ष रख दिया। गुरु अत्यंत प्रसन्न हुए। उनका आध्यात्मिक परिश्रम सफल हो गया था।

"शिष्यो! इस संसार में मेरा आना सार्थक हुआ। मैं उस लक्ष्य को प्राप्त कर चुका, जिस हेतु मुझे मानव देह मिली थी। अब शेष कार्य तुम संपन्न करो, ऐसी मेरी इच्छा और विश्वास है। इसके लिए तुम्हें नेतृत्व और मार्गदर्शन की आवश्यकता होगी। यह दायित्व मैं नरेन को सौंपता हूं।" गुरुदेव ने फिर नरेंद्र को संबोधित करते हुए कहा-"नरेन! आज से मैं इन सबको तुम्हारे भरोसे छोड़ता हूं। इनसे सदैव स्नेह रखना और साथ रहकर साधना व भगवद्‌भक्ति में मन लगाना।"

सबने अपने महान गुरु की उस आज्ञा को शिरोधार्य किया।

रामकृष्ण परमहंस ने उन सबको एकजुट करने के उद्‌देश्य से 'रामकृष्ण संघ' की नींव रख दी। यह संघ गुरु के आदेशानुसार जीव-कल्याण का मार्ग प्रशस्त करने लगा। काशीपुर का उद्यान एक छोटी विद्यापीठ के रूप में विकसित होने लगा।

11

श्रीरामकृष्ण परमहंस की महासमाधि

नरेंद्रनाथ को साधना और दायित्व साथ निभाते ही यह रहस्य ज्ञात हो गया था कि परमहंस ने जब भी जो कहा, वह पूर्ण सत्य था। उन्हें अपनी आध्यात्मिक अनुभूतियों से अब यह भली-भांति समझ में आने लगा था कि किस प्रकार निर्गुण निराकार साकार रूप धारण कर सकता है और दिव्य अवतार के रूप में धराधाम पर अवतरित हो सकता है। सबसे बड़ा रहस्योद्घाटन तो यह हुआ कि ईश्वर इसीलिए मानव बनता है कि वह मानव से ईश्वर बन सके।

नरेंद्रनाथ गुरुदेव की सेवा करते हुए ही गुरुभाइयों के साथ धर्मचर्चा भी करते थे। गौतम बुद्ध की शिक्षाओं पर उनकी अपार निष्ठा थी। अत: एक दिन अपने दो गुरुभाइयों को लेकर वे बोधगया भी घूम आए, जहां उन्होंने तीन दिन प्रवास किया। वहां की अपार शांति ने उन्हें करुणा और त्याग के शिखर दिव्य पुरुष गौतम बुद्ध के महाज्ञान के असीम प्रभाव का अनुभव कराया।

मार्च, 1886 में नरेंद्र को कुछ विशिष्ट अनुभव होने लगे थे। उन्हें

लग रहा था कि उनके अंदर कुछ विशिष्ट शक्तियों का संचय हो रहा है। इसकी परीक्षा के लिए उन्होंने अपने एक गुरुभाई को पास बुलाया और उसे सब कुछ समझाकर स्वयं ध्यानमग्न हो गए। प्रज्वलित यज्ञकुंड के भीषण ताप के समक्ष समाधि में लीन नरेंद्र का मुख दिव्य तेज से प्रकाशमान हो रहा था। नरेंद्र के निर्देशानुसार गुरुभाई ने उनका स्पर्श किया तो उसकी पूरी देह झनझना उठी, जैसे बिजली के नंगे तार से उसका स्पर्श हुआ हो। नरेंद्र तो इस परीक्षा से प्रसन्न थे, पर गुरुभाई के माध्यम से यह बात रामकृष्ण तक पहुंच गई। उन्होंने नरेंद्र को अपने पास बुलाया और उन्हें फटकार लगाई।

"यह तूने क्या किया? अभी तुच्छ-भर संचय किया और कौतूहल में व्यय कर दिया। इस शक्ति का परीक्षण करने की क्या आवश्यकता है? इसका प्रयोग मैं तुझे सिखाऊंगा। निरर्थक उसका व्यय न कर, क्योंकि इसकी जीव-मात्र को भविष्य में आवश्यकता पड़ेगी।" रामकृष्ण ने सस्नेह समझाया।

नरेंद्र ने अपनी भूल के लिए क्षमा मांगी। अब वे गुरु के मार्गदर्शन में पाश्चात्य ग्रंथों के साथ भारतीय ग्रंथों का भी अध्ययन-मनन करने लगे थे। उनकी निष्ठा और अथक परिश्रम से रामकृष्ण बहुत आनंदित होते थे। एक रात नरेंद्र अपने ठाकुर के कक्ष में अकेले थे। वे कुछ कहना चाहते थे, पर कह नहीं पा रहे थे। रामकृष्ण ने इसका आभास कर लिया।

"नरेन! तू क्या चाहता है?" उन्होंने पूछा।

"महाराज, महात्मा शुकदेव की तरह निर्विकल्प समाधि द्वारा परमपिता परमात्मा के श्री चरणों में समर्पित होना चाहता हूं।"

"स्वमुक्ति की इच्छा! नरेन, तू इतना क्षुद्र कैसे सोच सकता है? तू सेमल का वृक्ष नहीं, अपितु वट वृक्ष है। तुझे तो जाने कितने भूले-भटकों को शांति की छाया प्रदान करनी है।" रामकृष्ण ने स्नेह के साथ झिड़कते हुए कहा।

"महाराज!" नरेंद्रनाथ अनायास ही रोने लगे—"मुझे स्वमुक्ति की आकांक्षा नहीं है, पर मेरा अशांत मन निर्विकल्प समाधि पर आसक्त है। इसके बिना मेरे मन की दग्धता शांत नहीं होगी और यह शांत न हुई तो मैं कुछ नहीं कर सकूंगा।"

"कुछ कैसे नहीं करेगा? यह क्या तेरी इच्छा पर निर्भर करता है। मां जगत्माता तेरी गरदन न पकड़ लेगी। तुझे यह अवश्य करना पड़ेगा।"

"मुझे सब स्वीकार है ठाकुर! बस इस व्यथा से मुक्ति मिले।"

"तू नहीं मानता!" रामकृष्ण गंभीरता से बोले—"अच्छा चल, निर्विकल्प समाधि होगी। अभ्यास कर।"

नरेंद्रनाथ प्रसन्न हो गए और गुरु का आदेश पाकर नियमित रूप से कठोर ध्यान

करने लगे, फिर एक दिन वे निर्विकल्प समाधि में डूब गए। निर्विकल्प समाधि के अनुभव को व्यक्त करना सरल नहीं है। नरेंद्र को तो ऐसा लगा, जैसे उनकी देह खंड-खंड हो गई और उनका भारहीन चेतनस्वरूप ही वहां उपस्थित है। इस अवस्था से वे चिंतातुर हो उठे और बड़बड़ाने लगे–'मेरा शरीर कहां है? मैं विदेह कैसे हो गया?' उनका यह प्रलाप किसी गुरुभाई ने सुना तो घबराकर परमहंस को खबर कर दी कि नरेन घोर संकट में है।

"अच्छा है।" रामकृष्ण गंभीरता के साथ, पर सहज स्वर में बोले–"उसे कुछ समय इसी आनंद सागर में डूबने-उतरने दो।"

नरेंद्रनाथ को कई घंटे बाह्य चेतना न रही और वे शव की भांति भूमि पर पड़े रहे। जब चेतना लौटी तो उन्हें अपनी देह से प्रकाश-रश्मियां फूटती प्रतीत हुईं। मुख पर एक विचित्र आभा थी। वे दौड़े-दौड़े ठाकुर के पास गए और भावविहीन होकर उनके चरणों से लिपट गए।

"तेरी मनचाही हो गई न! मां ने सब दिखा दिया, पर अब इस अनुभूति का ताला बंद, चाबी मेरे पास रहेगी। जब कार्य पूरा हो जाएगा तो ताला खोल दिया जाएगा। अब इस अनुभूति के बाद कुछ आवश्यक सावधानी बरतने की जरूरत है, जो मैं तुझे बता रहा हूं। इसका पालन करना, अन्यथा इसके परिणाम प्रतिकूल हो सकते हैं।"

नरेंद्रनाथ ने गुरु की चेतावनी, परामर्श और आज्ञा को दृढ़ता से शिरोधार्य किया, पर इसके बाद परमहंस की स्थिति गंभीर होती चली गई। पिछले डेढ़ वर्ष से अपनी बीमारी से जूझते हुए रामकृष्ण परमहंस ने अपनी मूल गतिविधियां बंद नहीं की थीं और निरंतर शिष्यों को उपदेश और दीक्षा देते रहे थे। यह चिकित्सकीय परामर्श के प्रतिकूल था, पर परमहंस असाधारण व्यक्तित्व के स्वामी थे। वे जीवन के क्षण-क्षण को जन-कल्याण में व्यतीत करना चाहते थे। शरीर रोगी अवश्य था, पर संतबोध प्रबल था।

जुलाई, 1886 में उनकी स्थिति और भी बिगड़ गई और खाना-पीना भी बंद हो गया। अब उनके कंठ से आवाज निकलना भी कठिन हो गया था। ऐसी स्थिति में नरेंद्र हर क्षण उनके पास ही रहते थे। गुरु के नेत्र एकटक अपने प्रिय शिष्य को निहारते रहते थे। एक दिन ऐसा ही करते-करते रामकृष्ण गहन समाधि में चले गए तो नरेंद्रनाथ ने उनका हाथ पकड़ा।

नरेंद्रनाथ के शरीर में एकाएक जैसे विद्युत प्रवाहित हुई और उनका पूरा शरीर झनझना उठा। उन्हें लगा जैसे तेज गर्म प्रकाश-रश्मियां उनके शरीर में उतर रही हैं। यह शक्ति और सिद्धि का स्वहस्तांतरण था। अपने योगदान से महासिद्ध, महायोगी

रामकृष्ण परमहंस ने परम शिष्य नरेंद्रनाथ को विवेकानंद बनने की दिशा में और इस संसार को एक अप्रतिम ज्ञानयोगी देने के लिए कदम बढ़ा दिया था। नरेंद्र इस प्रक्रिया से चेतना-शून्य होकर रह गए और जब उन्हें चेतना आई तो देखा कि गुरु के नेत्रों से अश्रु झर-झर बह रहे थे।

"महाराज, क्या हुआ? यह विकलता क्यों?" नरेंद्र ने असहज होते हुए पूछा।

"नरेन, आज मैंने अपना सर्वस्व तुझे सौंप दिया। अब मेरे पास कुछ भी शेष नहीं रहा। इन शक्तियों से अब तू वे सभी कार्य संपन्न कर सकेगा, जो जगत्माता ने तुझे सौंपे हैं। कार्य समाप्त होते ही तुझे देहपात करना होगा।"

नरेंद्रनाथ समझ गए कि अब ठाकुर अपनी इहलीला समेटने वाले हैं। अत: गुरुदेव से वियोग की कल्पना करके ही वे बच्चों की भांति बिलख-बिलखकर रोने लगे।

15 अगस्त, 1886 को झूलन पूर्णिमा का पवित्र दिन था। शैया पर पड़े परमहंस ने नरेंद्र को संकेत कर अपने पास बुलाया और बहुत ही क्षीण स्वर में अपना अंतिम संदेश दिया।

अर्द्धरात्रि में जब चंद्रमा अपने धवल प्रकाश से धरा को प्रकाशित कर रहा था, तब रामकृष्ण परमहंस ने अपनी परम पूजनीय जगत्माता काली का नाम उच्चारित किया और महासमाधि में डूबकर इहलोक की यात्रा पर पूर्ण विराम लगा दिया।

12

नरेंद्रनाथ का कुशल नेतृत्व

परमहंस की महासमाधि के पश्चात् संघ की सारी व्यवस्था का दायित्व नरेंद्रनाथ को ही संभालना था, क्योंकि यही गुरु का आदेश था। उनके अधिकांश गुरुभाई अपने परिवारों से नाता तोड़कर आश्रम में ही वास करने लगे थे। अब समस्या यह थी कि आश्रम का व्यय कहां से आए? गुरुभाइयों को एकजुट रखने के लिए आवश्यक था कि उन्हें समुचित व्यवस्था मिले।

यह समस्या नगर में रहने वाले रामकृष्ण के कुछ शिष्यों ने सुनी और सुरेंद्रनाथ मित्र ने आश्रम के व्यय-भार को वहन करने का प्रस्ताव दिया। सहमति मिलने पर सुरेंद्रनाथ ने वराहनगर में एक मकान किराए पर ले लिया और संघ के सभी शिष्य वहां आकर रहने लगे। नरेंद्रनाथ अपने श्रद्धेय गुरु की देहभस्म और अस्थियों को साथ लेकर वहां आ गए। वराहनगर का यह मकान संन्यास-पथ पर अग्रसर तरुण संन्यासियों का पहला मठ बना।

नरेंद्रनाथ के लिए यह समय कठिनाइयों से परिपूर्ण था। गुरुदेव के विछोह की पीड़ा तो निरंतर व्याकुल कर ही रही थी, साथ ही परिजनों की चिंता भी लगी रहती थी। इसके अतिरिक्त मठ और गुरुभाइयों का

दायित्व भी सिर पर था। दोनों ही दायित्वों का उन्हें निर्वाह करना था। अतः वे दिन में अपने घर जाकर पारिवारिक दायित्वों का निर्वहन करते और शाम को मठ में आकर सह-साधकों के साथ साधना में लीन हो जाते।

सब कुछ ठीक तो नहीं चल रहा था, पर नरेंद्रनाथ अपने कुशल नेतृत्व से शांति बनाए हुए थे। नरेंद्र को आशा थी कि माता की कृपा और गुरु के आशीर्वाद से धीरे-धीरे सब कुछ ठीक हो जाएगा, पर नियति तो जैसे उनकी परीक्षा ले रही थी।

आश्रम के विद्यापीठ में जो बाल-विद्यार्थी थे, उन्हें उनके माता-पिता अपने-अपने घर ले जाने के लिए आने लगे। नरेंद्रनाथ के लिए यह स्थिति पीड़ादायक थी, पर वे क्या कर सकते थे? किसी माता-पिता को वे कैसे अपने बच्चों को ले जाने से रोक सकते थे? यह एक प्रकार से आश्रम के बिखराव की स्थिति थी। नरेंद्रनाथ समझ रहे थे कि यह नियति द्वारा ली जा रही उनकी परीक्षा है।

अभी इस समस्या का निवारण भी नहीं हो पाया था कि एक और समस्या उठ खड़ी हुई। कुछ गृहस्थ, जो रामकृष्ण के प्रिय शिष्य थे, एकत्र होकर वराहनगर मठ आए। नरेंद्रनाथ ने उन सबका स्वागत किया और आश्रम आने पर उनका आभार व्यक्त किया।

"नरेंद्र!" उनके मुखिया रामचंद्र दत्त ने गंभीर स्वर में कहा-"हम यहां एक विशेष प्रयोजन से आए हैं। गुरुदेव के देह त्यागने के पश्चात् उनकी अस्थियां और भस्म तुम्हारे पास हैं। उन्हें इस प्रकार रखे रहना गुरु का अपमान है। उनकी किसी उचित स्थान पर प्रतिष्ठा होनी चाहिए।"

"आपका विचार अति उत्तम है। हम सोच-विचारकर इस दिशा में निश्चय ही कुछ कदम उठाएंगे।"

"इसमें सोचना क्या है? हम सब जानते हैं कि आप संन्यासी कितनी कठिनाई में जीवनयापन कर रहे हैं। आप लोगों के भोजन का प्रबंध भी कठिनता से होता है। ऐसे में आप कैसे गुरुदेव के सम्मान में कोई निर्माण कर सकेंगे? दूसरे, आप सभी संन्यास पथ पर चलने वाले हैं और इस पथ पर एक स्थान पर रहना कठिन होता है। हमें लगता नहीं कि आपमें से कोई गुरुदेव के स्मृति-चिह्नों की देखभाल कर पाएगा।"

नरेंद्रनाथ को क्रोध आ रहा था, पर गुरुभाइयों पर उसका प्रदर्शन अनुचित था। अतः वे गंभीरता से सुनते रहे।

"इसका सीधा-सरल समाधान यह है कि आप गुरुदेव की अस्थियां और

भस्म के पात्र हमें सौंप दीजिए। हम एक मंदिर का निर्माण करके वहां उनकी प्रतिष्ठा करेंगे।"

यह सुनकर कुछ बाल-संन्यासी भड़ककर सामने आ गए।

"हम गुरुदेव के स्मृति-चिह्न किसी गृहस्थ को नहीं देंगे।"

नरेंद्रनाथ ने बाल-संन्यासियों की ओर देखा जिनके मुख तमतमा रहे थे और संभवतः रामचंद्र दत्त की बातों ने उन्हें क्रोधित कर दिया था।

"बालकों का इस विषय में बोलना स्पष्ट करता है कि गुरुदेव के अनुशासन-आदर्शों का क्षरण हुआ है।" रामचंद्र दत्त ने आग में घी डाला-"अब यह आश्रम स्थिर रहे, इसकी संभावना कम है। अत: गुरुदेव के स्मृति-चिह्नों का यहां छोड़ना ठीक नहीं होगा। नरेंद्र, तुम तो विद्वान हो। स्थिति का आकलन करो और हमारी बात मान लो।"

बाल-संन्यासियों ने कातर भाव से नरेंद्रनाथ की ओर देखा। वे बड़ी दुविधा में फंस गए।

यह गृहस्थ शिष्यों और बाल-संन्यासियों के बीच अकारण उत्पन्न हुआ विवाद था।

रामचंद्र दत्त बहुत नम्र और विद्वान थे और गुरु के प्रति उनकी श्रद्धा ही ऐसी मांग कर रही थी, जिसे अनुचित नहीं ठहराया जा सकता था। बाल-संन्यासी अपरिपक्व थे, पर गुरुचरणों में उनकी भी अपार श्रद्धा थी।

"पूर्व में भी महापुरुषों की अस्थियों को लेकर शिष्यों के बीच विवाद हुए हैं और एक धारा, दो धाराओं में बंटी है, परंतु हमें ऐसा नहीं करना। हम अपने श्रद्धेय गुरु के आदर्शों को बिखरने नहीं देंगे, अन्यथा इतिहास प्रश्न करेगा। अत: अच्छा यही होगा कि कोई सर्वरुचिकर समाधान खोजा जाए। गुरुदेव को इस बात से कुछ अधिक पीड़ा होगी कि उनके शिष्य परस्पर लड़ रहे हैं। अत: वह कृत्य न किया जाए, जो संघ के आदर्शों के विपरीत हो।"

नरेंद्रनाथ की बात से दोनों पक्ष नरम पड़ गए।

"नरेंद्र! गुरुदेव की स्मृतियों को सहेजने का अधिकार हमें भी है।" रामचंद्र दत्त ने नरम स्वर में कहा-"मैंने कांकुड़गाछी में स्थित अपने मकान को गुरुदेव की स्मृति में मंदिर निर्माण के लिए अर्पित करने का निर्णय किया है।"

"गुरु के प्रति आपकी श्रद्धा और समर्पण वंदनीय है।" नरेंद्रनाथ कृतज्ञ भाव से बोले-"आपकी इच्छा का सम्मान किया जाएगा। रामकृष्ण के शिष्य जानते हैं कि हमें उन्होंने क्या शिक्षा दी है। हम उनके पावन जीवन-चरित्र के महान आदर्शों का अनुसरण करते हुए जीवन को सफल बनाएंगे। उनके उपदेश और आदर्श भी हमारे लिए सर्वश्रेष्ठ स्मृति-चिह्न हैं। यदि हम उन्हें कार्यरूप में परिणत कर सके तो यह संसार हमारे शिष्यत्व पर गौरव करेगा। अत: आप गुरुदेव के देहावशेष को लेकर जा सकते हैं। इन बाल-संन्यासियों की भावना का सम्मान करते हुए आप जैसा उचित समझें, करें।"

रामचंद्र दत्त भी उनका अभिप्राय समझ गए, फिर कुछ विचारकर नरेंद्रनाथ ने गुरुदेव की भस्म और अस्थियों को दो भागों में विभाजित कर दिया। उसका एक

भाग गृहस्थ शिष्यों ने लिया और दूसरा भाग बाल-संन्यासियों को दे दिया गया। प्रतिरोध समाप्त हो गया।

नरेंद्रनाथ ने बड़ी कुशलता से विवेकपूर्ण निर्णय लेकर एक बड़ी कलह का दमन कर दिया था। अब उन्हें आश्रम को सर्वस्वीकार्यता दिलानी थी और इसके लिए लोगों को आश्रम की ओर आकर्षित करना था। इसी कारण वे उन बच्चों के संपर्क में रहने लगे थे, जो अपने अभिभावकों के दबाव में आश्रम छोड़कर चले गए थे। उनके इन प्रयासों से वे अभिभावक भड़क गए और नरेंद्रनाथ को धमकियां देने लगे।

नरेंद्रनाथ भला इन बातों की परवाह कहां करते थे? वे अपने कार्य से लगे रहे। धीरे-धीरे उन्हें सुपरिणाम मिलने लगे और पुराने व नए शिष्य आश्रम में आकर रहने लगे। इस प्रकार अब समस्याओं पर काबू पा लिया गया प्रतीत होता था।

नरेंद्रनाथ के साथ ही अन्य प्रमुख शिष्यों ने मठ के अनुसार नया नामकरण ग्रहण कर लिया।

नरेंद्रनाथ अब स्वामी विदिशानंद हो गए। इसी क्रम में उनके पंद्रह गुरुभाई भी नए आध्यात्मिक नामों से जाने जाने लगे थे। भक्त निरंजन घोष स्वामी निरंजनानंद हो गए थे तो राखालचंद्र घोष को स्वामी ब्रह्मानंद कहा जाने लगा था। शारदाप्रसन्न मित्र स्वामी त्रिगुणातीतानंद तो हरिप्रसन्न स्वामी विज्ञानानंद हो गए। श्रीरामकृष्ण परमहंस के इन प्रमुख सोलह शिष्यों के नए नामकरण का विवरण निम्नलिखित है–

	मूल नाम	**आश्रमिक नाम**
1.	नरेंद्रनाथ दत्त	स्वामी विदिशानंद
2.	श्री लाटू	स्वामी अद्‌भुतानंद
3.	तारकनाथ घोषाल	स्वामी शिवानंद
4.	गोपाल जी	स्वामी अद्वैतानंद
5.	हरिनाथ चटर्जी	स्वामी तुरियानंद
6.	शारदा प्रसन्नमित्र	स्वामी त्रिगुणातीतानंद
7.	कालीप्रसाद चंद्र	स्वामी अभेदानंद
8.	राखालचंद्र घोष	स्वामी ब्रह्मानंद
9.	सुभाषचंद्र घोष	स्वामी सुबोधानंद
10.	गंगाधर घटक	स्वामी अखंडानंद
11.	निरंजन घोष	स्वामी निरंजनानंद
12.	बाबूराम घोष	स्वामी प्रेमानंद

13.	शशिभूषण	स्वामी रामकृष्णानंद
14.	शरत्चंद चक्रवर्ती	स्वामी शारदानंद
15.	हरिप्रसन्न चटर्जी	स्वामी विद्यानंद
16.	योगेंद्रनाथ राम चौधरी	स्वामी योगानंद

सोलह गुरुभाइयों का वह संन्यासी दल दलित, शोषित, भ्रमित समाज को जाग्रत करने की दिशा में अग्रसर हो गया था। अब ज्ञान-ध्यान की शक्ति से रामकृष्ण के शिष्यों ने इस दुनिया को बदलने का संकल्प लिया।

13

दो धर्मयोद्धाओं की भेंट

परमहंस के आदर्शों को मन, वचन और कर्म से हृदय में धारण किए यह संन्यासी दल स्वामी विदिशानंद अर्थात् नरेंद्रनाथ के नेतृत्व में अपने लक्ष्य की ओर बढ़ रहा था। सभी संन्यासी उनके मार्गदर्शन और परामर्श के आधार पर आश्रम के कार्यों को पूरा कर रहे थे। स्वामीजी अपने उन्नत ज्ञान से उन सबकी ज्ञान-पिपासा शांत करने का प्रयास करते थे। गीता, उपनिषद आदि के गूढ़ श्लोकों को सरल भाषा में समझाते थे। स्वामीजी की वाणी में ओज के साथ ही सरसता भी थी। शिष्यमंडल उनके प्रवचन सुनकर भाव-विभोर हो उठता।

सब कुछ बड़ा ही सुव्यवस्थित चल रहा था, पर कुछ गुरुभाइयों के हृदय चंचल हो रहे थे। उन्हें लगता था कि वास्तव में संन्यास का अर्थ भ्रमण है, पर आश्रम के दायित्वों का भार उन्हें कहीं जाने का समय नहीं देता था। इन सबमें स्वामी त्रिगुणातीतानंद तो भ्रमण के कुछ अधिक ही इच्छुक व आतुर थे। वे स्वामी विदिशानंद से आज्ञा लेने का साहस नहीं कर पाते थे, क्योंकि वे यह कहकर जाने नहीं देते थे कि अभी हमारा लक्ष्य शैशवकाल में है और इसके परिपक्व होने तक हममें से किसी को भी अपने दायित्व से विमुख नहीं होना चाहिए।

एक दिन स्वामीजी किसी कार्य से शहर गए तो त्रिगुणातीतानंद उचित अवसर जानकर किसी को कुछ भी बताए बिना वहां से प्रस्थान कर गए। अभी उनकी ऐसी आयु भी नहीं थी कि वे बाहरी संसार में जाकर तारतम्य स्थापित कर पाते। अन्य गुरुभाई उनकी खोज में इधर-उधर गए, पर वे नहीं मिले। स्वामीजी शहर से वापस आ गए तो उन्हें इस बात ने व्यथित कर दिया। वह बाल-संन्यासी जाने कहां भटक रहा होगा। उसे तो भ्रमण का भी कोई अनुभव नहीं था।

स्वामी विदिशानंद के लिए आश्रम एक घर और वहां के संन्यासी परिवार की तरह थे और उस परिवार के वे संरक्षक थे। बाल-संन्यासी ने वहां से बिना बताए जाकर उचित नहीं किया था। उसकी खूब खोजबीन की गई, लेकिन कोई परिणाम न निकला।

कुछ दिन बाद स्वामीजी को बाल-संन्यासी त्रिगुणातीतानंद का पत्र मिला तो थोड़ी शांति मिली कि वह जहां भी था, सकुशल था। पत्र में लिखा था–

"मैं वृंदावन धाम जा रहा हूं। यहां रहने से पारिवारिक आसक्ति दूर नहीं हो रही थी और भजन में विघ्न हो रहा था। एकमात्र यही उपाय सूझा कि आध्यात्मिक लक्ष्य प्राप्त करना है तो सांसारिक बंधनों से मुक्त रहना पड़ेगा। संन्यास में परिवार नहीं होता।"

स्वामीजी को यह तो तसल्ली हुई कि बाल-संन्यासी सकुशल है, पर उसके पत्र ने उनके मन में खलबली मचा दी। कितना बड़ा सत्य उद्घाटित किया था बाल-संन्यासी ने कि संन्यास-पथ पर पारिवारिक स्नेह-बंधनों के साथ नहीं चला जा सकता। न जाने कब उनके हृदय में भी वही प्रेरणा जाग्रत हो गई थी! यह प्रेरणा अन्य संन्यासियों के हृदय में भी उठे तो आश्चर्य नहीं, फिर तो मठ ही सूना हो जाएगा और रामकृष्ण के आदर्शों व लक्ष्यों का क्या होगा? जो भी हो! अब जगत्माता की जो इच्छा होगी, वही होगा। वे कौन होते हैं संन्यासी को भ्रमण के शाश्वत कर्म से रोकने वाले, फिर वे स्वयं भी तो दो बार बिना किसी को बताए अज्ञात स्थानों पर भ्रमण करने चले गए थे। उन्हें तो किसी ने नहीं टोका। न किसी ने शिकायत की। जब मन उदास हो जाता है तो स्थान परिवर्तन ही मानवीय स्वभाव है और संन्यस्त प्रथा में तो भ्रमण और भी आवश्यक था। अपने ही विचारों में घिरे स्वामीजी का मन अब भ्रमण की ओर आकृष्ट हो गया था और उन्होंने सन् 1888 के प्रारंभ में ही वराहनगर मठ से प्रस्थान कर दिया।

स्वामीजी भ्रमण करते-करते पहले बिहार पहुंचे, क्योंकि गौतम बुद्ध के संदेशों की यह भूमि ज्ञान से ओत-प्रोत व शांति से भरी थी। यहां कई नगरों का भ्रमण कर वे बाबा विश्वनाथ की नगरी काशी आ गए। काशी भी ज्ञान, तप और त्याग की

ऐसी पावन स्थली थी, जहां कोई एक बार आ जाए तो वहीं का होकर रह जाता है। पुण्य पावनी भागीरथी के तट पर ध्यान करना और साधुजनों के साथ सत्संग व धर्मचर्चा किसी भी संन्यासी के लिए मोक्ष जैसा आनंद प्रदान करने वाले हैं।

काशी धर्माचार्य विद्वानों की नगरी थी। यहां एक से बढ़कर एक वेदवेत्ता थे। इनमें एक स्वामी भास्करानंद भी थे जिनकी प्रकांड विद्वता काशी ही नहीं, वरन् आसपास के नगरों-प्रांतों में भी फैली थी। स्वामीजी ऐसे धर्म-धुरंदर के दर्शन करने का लोभ कैसे संवरण कर पाते! जब वे स्वामी भास्करानंद के दर्शनार्थ पहुंचे तो उनकी सूर्य समान आभा देखकर भास्करानंद भी प्रभावित हुए बिना न रह सके। पच्चीस वर्षीय ऐसे रूपवान युवा से संन्यास के कठोर नियम साधने की शायद उन्हें आशा नहीं थी। इसी बीच धर्मचर्चा आरंभ हुई।

"कोई भी व्यक्ति कामिनी-कंचन को पूर्ण रूप से जीतने में सफल नहीं हो सकता।" धर्म-विशारद् भास्करानंद ने कहा-"यह ऐसा मायाजाल है कि कभी-न-कभी तप और संयम को भंग कर ही देता है। विश्वामित्र जैसे महर्षि इसके प्रभाव से बच नहीं पाए थे तो हम क्या हैं?"

"मैं आपकी इस बात से सहमत नहीं हूं।" स्वामीजी ने प्रतिवाद किया-"संसार में ऐसे अनेक संन्यासी हुए हैं, जो पूर्णरूपेण कामिनी और कंचन की स्पृहा पर

विजय पा चुके हैं। स्वयं मेरे परम पूज्य गुरु महातेजस्वी श्रीरामकृष्ण परमहंस देव मेरे समक्ष ऐसे उदाहरण हैं।"

"गृहस्थ संन्यास के भेद को तुम नहीं समझ सकते। कुछ लोग यह सिद्ध करने में सिद्धहस्त होते हैं कि वे पूर्णतया पवित्र हैं।"

स्वामी विदिशानंद को यह अनुचित बात कैसे स्वीकार होती? अनेक लोगों के समक्ष उनके पूजनीय गुरु के चरित्र को लांछित किया जा रहा था। उनके मुख से जैसे साक्षात् सरस्वती का स्वर निकलने लगा और उन्होंने अपनी तार्किक और गूढ़ युक्तियों से भास्करानंद की बोलती बंद कर दी। उनके ओजस्वी सरल प्रवाह ने सबको सम्मोहित कर लिया।

भास्करानंद नत हो गए और भरी सभा में उन्हें यह स्वीकार करना ही पड़ा–"यह युवा संन्यासी स्वयं सरस्वती का अंश है। यह ज्ञानलोक का अधिपति है और शीघ्र ही इसकी गर्जना धर्म-धुरंदरों को चमत्कृत कर देगी।"

स्वामीजी अपनी प्रशंसा स्वीकार नहीं करते थे, इसलिए वहां से चले आए। काशी प्रवास में उन्हें कई ऐसे अनुभव हुए जिन्होंने उनके चिंतन की धारा को और भी वेगवान कर दिया। ज्ञान से बौराए कुछ स्वयंभू धर्म-धुरंदर धर्म का विनाश कर रहे थे और भोले-भाले लोगों को धर्म की परिभाषा भय के रूप में प्रदान कर रहे थे। स्वामीजी ने विचार किया कि इनका प्रतिकार करना ही होगा। सच्चे वेदांत का प्रचार करके ही धर्म को सुरक्षित रखा जा सकता है। काशी से अपने मठ लौटकर वे वेदांत की महिमा को जानने में संलग्न हो गए। उन्होंने अपने गुरुभाइयों से वेदांत के प्रचार की बात कही तो कुछ ने इसमें रुचि न दिखाई। स्वामीजी को बड़ा दुख हुआ कि उनके गुरुभाई ही उनके लक्ष्य में सहायक नहीं हो रहे हैं, पर इससे वे हतोत्साहित नहीं हुए, बल्कि और भी दृढ़ हो गए।

स्वामीजी पुनः काशी पहुंचे तो यहां उनके गुरुभाई स्वामी अखंडानंद भी पहुंच गए–एक से भले दो। अखंडानंद ने स्वामीजी की भेंट काशी के प्रख्यात वेदांती और साहित्य-सूर्य विद्वान बाबू प्रमदादास मित्र से कराई। अत्यंत विनम्र और धर्मनिष्ठ प्रमदादास से मिलकर स्वामीजी को आनंद का अनुभव हुआ। धर्मचर्चा हुई तो पता चला कि प्रमदादास केवल प्राचीन गौरव के संरक्षक ही नहीं थे, अपितु वर्तमान में हिंदुत्व के पालन पर भी उनके पास ज्वलंत और गूढ़ तथ्य थे। यह भेंट दो ऐसे धर्मयोद्धाओं की थी जिसने आगे चलकर नए आयाम स्थापित किए।

14

आत्माभिमान का दमन

ज्ञान को पल्लवित करने के लिए दसों दिशाओं के विस्तार में भ्रमण करना होता है, यह बात स्वामीजी अब भली-भांति समझ गए थे। सूर्य का महत्त्व इसी कारण होता है कि वह सभी दिशाओं में अपना प्रकाश प्रकीर्णित करता है।

स्वामीजी अगस्त, 1888 में काशी से अयोध्या पहुंचे और प्रभु श्रीराम की जन्मस्थली पहुंचकर अत्यंत आनंद का अनुभव किया। राम-नाम से ओत-प्रोत अयोध्या का कोना-कोना अपने आप में अमरावती सदृश था। श्रीराम के नाम संकीर्तन का चहुं ओर से स्वर आता था। बहुत दिनों तक स्वामीजी रामलला के सान्निध्य में रहे और वहां से लखनऊ पहुंचे। नवाबों और मुगल सम्राटों की वास्तुकला से इस नगर की शोभा निराली प्रतीत होती थी।

तहजीब का यह नगर लखनऊ आज भी वैभव और उल्लास का गढ़ था। वहां वे अधिक दिनों तक न रुके और वृंदावन की ओर चल पड़े। महायोगिराज श्रीकृष्ण की इस लीला स्थली को देखने की उनकी अभिलाषा बहुत समय से बलवती हो रही थी।

वृंदावन जाते समय मार्ग में स्वामीजी को एक और नया अनुभव हुआ

जिससे उन्होंने अपने अंदर के एक विकार का दमन करने में सफलता पाई। यह बड़ा ही रोचक प्रसंग था।

स्वामीजी जब वृंदावन की ओर जा रहे थे तो रास्ते में उन्होंने एक व्यक्ति को चिलम पीते देखा। वे भी कभी-कभी तंबाकू पी लेते थे तो चिलम देखकर तलब जाग उठी और उस आदमी के पास जाकर रुक गए।

"लाओ भाई, दो कश तनिक हम भी लगा लें।" स्वामीजी बोले।

उस व्यक्ति ने स्वामीजी की ओर देखा। ऐसा तेजस्वी संन्यासी सामने देखकर वह संकोच में पड़ गया।

"महाराज, मैं आपको अपनी चिलम नहीं दे सकता।" वह बोला।

"क्यों भाई?" स्वामीजी चौंक पड़े।

"क्योंकि मैं जाति का भंगी (मेहतर) हूं। आप कुलीन वंश के संन्यासी और...।"

स्वामीजी का हाथ स्वयं ही पीछे हट गया और वे अपने रास्ते पर बढ़ चले। अभी वे दस कदम ही चले थे कि मस्तिष्क में विस्फोट-सा हुआ।

'जिसे जाति-कुल और धन का अभिमान हो, वह कभी संन्यासी नहीं हो सकता।' परमहंस के शब्द जैसे उन्हीं के स्वर में चेतना से टकरा रहे थे।

'यह मैंने क्या किया! जाति का अभिमान तो मुझमें शेष रह गया, तभी तो मैंने उस अछूत की चिलम न पकड़ी। मेरा ज्ञान और गुरु का उपदेश मुझे कैसे विस्मृत हो गया? ठहर आत्माभिमान! अभी तुझे ठीक करता हूं।'

स्वामीजी तत्काल उस मेहतर के पास पहुंचे और उसके पास बैठकर बड़े आराम से चिलम पी और आत्माभिमान का दमन किया।

स्वामीजी ब्रजभूमि पहुंचे। श्रीकृष्ण की अनगिनत लीलाओं से समृद्ध यह पुण्य भूमि अनेक कारणों से मनोहारी है। वहां के लोगों में जो मृदुलता है, वह अन्यत्र कहीं नहीं मिलती। वनों से आच्छादित और मंदिरों से सजी ब्रजभूमि के कण-कण में भगवान श्रीकृष्ण की विहंगम लीलाओं के दर्शन होते हैं।

वृंदावन पहुंचकर उन्होंने बांकेबिहारी के दर्शन किए। सांझ होते ही चहुं ओर से वाद्य यंत्रों के मधुर स्वर गूंज उठे और वृंदावन कृष्णमय हो गया। वृंदावन की एक बात स्वामीजी को आनंदित कर गई कि वहां आज भी वे सभी प्रमाण हैं, जिनसे कृष्ण की लीलाओं का आनंद लिया जा सकता है। कालीदह, कुंजगलियां और वनादि।

एक दिन स्वामीजी राधाकुंड में स्नान करने के लिए पहुंचे। उन्होंने अपना कौपीन उतारकर किनारे पर रख दिया और स्वयं कुंड में उतरकर स्नान करने लगे। स्नान का आनंद लेकर बाहर आए तो कौपीन अपनी जगह नहीं था। उसे एक बंदर

लेकर पेड़ पर चढ़ा बैठा था। वहां अन्य कोई व्यक्ति भी नहीं था। नग्न बाहर कैसे निकलते! उन्होंने बंदर से ही प्रार्थना की, परंतु वह पसीजा नहीं और कूदकर दूसरे पेड़ पर जा पहुंचा और फिर गायब ही हो गया।

स्वामीजी समझ गए कि अब नग्न ही बाहर जाकर कुछ सोचना पड़ेगा। दाईं ओर से कुछ स्वर सुनाई दिया तो वे एक झुरमुट में छुप गए।

उन्होंने आश्चर्य से देखा कि एक ग्वाला उनकी ओर आ रहा था। उसके एक हाथ में गेरुआ वस्त्र था तो दूसरे हाथ में एक छोटी-सी मटकी थी। वह हांफता-सा उनके पास आया।

"महाराज, बहुत दौड़ाया! आपके लिए यह वस्त्र और भोजन लाया था। इन्हें लीजिए। मेरी गाएं जाने कहां गई होंगी?"

स्वामीजी ने पेड़ की ओट से हाथ बढ़ाकर दोनों चीजें ले लीं। गेरुआ वस्त्र लपेटा और ओट से बाहर आए तो ग्वाला वहां नहीं था, दूर-दूर तक नहीं था! क्षण-भर में कहां गया? उस ओर से ध्यान हटाकर उन्होंने मटकी खोली तो उसमें माखन था।

स्वामीजी के अश्रु छलक आए-"हे मनमोहन! तुम्हारी लीला मैंने भी देख ली।"

स्वामीजी का हृदय आत्मानुराग से भर गया। माखन को अमृत की भांति चख-चखकर उन्होंने उसके अणु-अणु का भरपूर आनंद लिया। यह भगवान श्रीकृष्ण का दर्शन व प्रसाद था।

आनंदातिरेक में डूबे स्वामीजी वापस कुंड की ओर चल पड़े। कुंड पर पहुंचकर देखा तो उनका कौपीन भी उसी स्थान पर सुरक्षित रखा हुआ था। उन्हें आश्चर्य के साथ आनंद की अनुभूति हुई।

नटवर नागर की लीलास्थली पर उनकी लीलाएं अनवरत चल रही थीं, इसका उन्हें प्रत्यक्ष अनुभव हो गया था। वृंदावन से मथुरा, गोवर्धन आदि तीर्थों का पुण्य दर्शन करके स्वामीजी वहां से लौटे।

मार्ग में अत्यधिक थकान के कारण स्वामीजी एक वृक्ष के नीचे बैठ गए। कब उनकी आंख लग गई, उन्हें भी न पता चला। वह निद्रा कुछ लंबी ही हो गई थी और जब आंखें खुलीं तो देखा कि सूर्योदय होने वाला था। अभी वे वहां से चलने की सोच ही रहे थे कि तभी वहां एक व्यक्ति का आगमन हुआ। कपड़ों से व्यक्ति सज्जन और कोई अधिकारी लग रहे थे। वे उनके पास आकर रुक गए। स्वामीजी ने 'ॐ' का उच्चारण किया तो उस व्यक्ति ने अनायास ही उनके चरण स्पर्श किए और उनके सामने हाथ जोड़कर बैठ गए।

"भगवन्, आपके आभामंडल से प्रतीत होता है कि आप मनीषी संन्यासी हैं और लंबी तीर्थयात्रा करके आए हैं। मेरी प्रार्थना है कि आप मेरे घर चलें और सेवा का अवसर दें। इससे मुझे साधुसेवा और ज्ञानार्जन का लाभ होगा।"

स्वामीजी ने उस व्यक्ति के स्वर में निश्छलता व श्रद्धा का अनुभव किया तो उठकर उनके साथ चल पड़े। मार्ग में उस व्यक्ति ने अपना परिचय दिया। वे रेलवे में स्टेशन मास्टर थे और उनका नाम शरत्चंद्र था। अपनी ड्यूटी समाप्त करके वे अपने क्वार्टर पर जा रहे थे। उनकी बातों से यह भी पता चला कि वे धार्मिक प्रवृत्ति के आध्यात्मिक जिज्ञासु थे। घर आकर स्वामीजी ने स्नानादि किया, तब तक शरत बाबू ने फल-मिष्टान्न की व्यवस्था कर दी थी। स्वामीजी को भूख भी लग रही थी। अतः उन्होंने बड़े प्रेम से भोजन किया। शरत बाबू तब तक पूर्ण भक्ति-भाव से उनके मुखमंडल को निहारते रहे।

"भगवन्, मैं निगुरा हूं। आज तक ज्ञान की खोज में भटक रहा था। जाने कितने ही सिद्ध पुरुषों की संगत की, पर मेरे हृदय में ज्ञान का प्रकाश न हुआ। आपको देखकर मेरा हृदय शांति का अनुभव कर रहा है। मुझे अपना शिष्य बना लीजिए।"

स्वामीजी ने एक भजन की पंक्तियां सुना दीं जिनका आशय था कि शांति की

प्राप्ति में स्वयं को पूर्ण समर्पित करना पड़ता है। शरत बाबू की आत्मज्ञान-प्राप्ति की इच्छा और आशा इतनी प्रबल थी कि उन्होंने स्वयं को स्वामीजी के चरणों में समर्पित कर दिया।

स्वामीजी ने अपना स्नेह भरा हाथ उनके सिर पर रखा और उन्हें अपना शिष्य स्वीकार कर लिया।

शरत बाबू के आनंद की सीमा न रही। ज्ञानवर्षा होने लगी। शरत बाबू के घर भजन-कीर्तन, प्रवचन होने लगे और लोगों की भीड़ जुटने लगी। यहां पर वे काफी दिन रहे। अब उन्हें मठ की चिंता होने लगी थी और साथ ही अपने लक्ष्य की भी। इन दोनों बातों से चिंतित स्वामीजी कुछ मौन-से हो गए थे।

"गुरुदेव!" एक दिन शरत्चंद्र ने पूछ ही लिया–"आप किसी विचार में डूबे हुए प्रतीत होते हैं। आपके नेत्रों में कुछ चिंता के भाव हैं?"

"वत्स, जिस प्रकार वृक्ष के फल उसके लिए नहीं होते, उसी प्रकार मेरा यह जीवन भी मेरे लिए नहीं है। मैं अपने परम पूज्य गुरुदेव को अपना जीवन समर्पित कर चुका हूं और उन्होंने मुझे एक महान उद्देश्य सौंपा है। मातृभूमि का उद्धार और पुनर्जागरण ही मेरा उद्देश्य है। देश में आध्यात्मिकता का क्षरण हो रहा है। जो देश विश्व का सिरमौर था, वह आज दीन दशा में है, यह देखकर मेरी अंतरात्मा दुखी होती है। मैं किस प्रकार इसके गौरव और सम्मान को पुनः उस स्तर पर ले जाऊं? उद्देश्य विराट है और शक्ति व संसाधन अल्प हैं। यही मेरी चिंता का विषय है।" स्वामीजी ने गंभीरता से कहा।

"गुरुवर, क्या आपका यह तुच्छ शिष्य आपके इस पवित्र यज्ञ में किसी प्रकार काम आ सकता है?" शरत्चंद ने श्रद्धा से हाथ जोड़कर पूछा।

"कोई भी यज्ञ तृण-तृण करके बनी समिधा से ही संपन्न होता है वत्स! परंतु क्या तुम इसमें आहुति बनने के लिए तैयार हो? क्या तुम भिक्षुक बनकर वह त्याग कर सकोगे जो भौतिकवादी के लिए अत्यंत कठिन होता है?"

"गुरु की कृपा से अपंग शिखर लांघ जाते हैं भगवन्!"

स्वामीजी उनकी दृढ़ता और विश्वास पर बड़े प्रसन्न हुए।

कुछ दिनों पश्चात् ही स्वामीजी अपने शिष्य को साथ लेकर हाथरस से चल पड़े और हरिद्वार आ गए। कुछ दिन इस पवित्र तीर्थ में रहकर दोनों ऋषिकेश पहुंचे और वहां तपी-तपस्वियों के साथ ज्ञान का आदान-प्रदान किया। यह जलवायु बदलने का कारण रहा या खान-पान का कि शरत्चंद्र बीमार पड़ गए। स्वयं स्वामीजी को भी मलेरिया हो गया।

शरत्चंद्र गंभीर बीमार हो गए थे तो स्वामीजी उन्हें वहां से लेकर हाथरस

आ गए। वहां शरत्‌चंद्र के परिजनों ने दोनों की सेवा-सुश्रूषा की। स्वास्थ्य लाभ लेकर स्वामीजी वराहनगर मठ लौट आए। वे स्वस्थ हो जाने के बाद शरत्‌चंद्र को भी वराहनगर आने का आमंत्रण देकर आए थे। शरत्‌चंद्र भी शीघ्र ही स्वस्थ होकर अपने गुरुदेव के सान्निध्य में वराहनगर पहुंच गए और उन्हें रामकृष्ण संघ में सम्मिलित कर लिया गया।

इसी समय स्वामीजी को एक दुखभरा समाचार प्राप्त हुआ। उनकी विवाहित बहन ने गृहक्लेश के चलते आत्महत्या कर ली थी। वे नहीं समझ पा रहे थे कि उनकी बहन ने ऐसा क्यों किया?

मां से मिलने पर पता चला कि बहन का पति अत्यधिक शराब का सेवन करता था और मद्यपान करके उसे प्रताड़ित करता था। मां को सांत्वना देकर वे लौटे तो उनका मन बहुत विचलित था। अपनी बहन के लिए नहीं, अपितु भारत-भर की उन नारियों के लिए, जो ससुराल के उत्पीड़न का शिकार हो रही थीं।

15

पुनर्जागरण का शंखनाद

विवेकानंद होने के लिए विदिशानंद को बहुत अधिक मानसिक, शारीरिक व आध्यात्मिक परिश्रम करना पड़ा था। वे जानते थे कि केवल गृह का त्याग कर देने से ही कोई गौतम नहीं बन जाता, बल्कि इसके लिए सभी मानवीय विकारों का दमन करना होता है, जो सरल कार्य नहीं होता।

स्वयं को सिद्ध करना इतना आसान नहीं कि गेरुए वस्त्र धारण करके भजन कर लिया। यही प्रवृत्ति भारत में चल पड़ी थी। आज से नहीं बल्कि तब से जब से सिद्धार्थ ने तथागत तक की यात्रा पूरी की थी। वे देह से विदेह और ज्ञान का सागर बनकर अवतरित हुए थे। उस समय के उच्च वर्गों ने उनकी इस महान उपलब्धि और मानव से महामानव बनने का रहस्य जैसे सहज ही जान लिया था।

कुछ ने समझा कि घर-परिवार, सुख-साधन त्यागकर निरंजना में स्नान करके बोधिवृक्ष के नीचे बैठ जाने से ही ऐसा कायाकल्प हो जाता है तो हजारों लोग ऐसा करने के लिए दौड़ पड़े और निरंजना का वह तट ऐसे पाखंडी साधकों से भर गया। कुछ ने समझा कि स्त्री का त्याग ही मोक्ष-प्राप्ति का एकमात्र उपाय है। स्त्री ही है, जो उनके मोक्ष की बाधा

है तो पुरुष मोक्षाकांक्षियों की कुदृष्टि स्त्री पर घूमी और तभी से निरंतर स्त्री पुरुष-प्रधान समाज की आंख का शूल बनती गई।

स्वामीजी का चिंतन इन दिशाओं में बड़ा व्यापक था। गौतम बुद्ध ने स्त्री के उत्थान का प्रबल समर्थन किया था, पर वह किसी ने न सुना। अपनी मोक्ष-प्राप्ति हेतु दंभी पुरुष कितना विषैला और कंटीला हो गया था! क्या यह वैदिक धर्म था? कदापि नहीं! यह धर्म के पाखंडी ठेकेदारों और कुत्सित व्यक्तिवाद की लिप्सा से रंजित हुआ धर्म था। सनातन काल में स्त्री-पुरुष में कोई भेदभाव नहीं था। आज स्त्री पर अनेक प्रतिबंध थे। इनमें बाल विवाह एक ऐसी कुप्रथा थी जिसने भारतीय नारी को बचपन में ही त्रास दे दिया था। उस पर भी यह अभिशाप कि साठ वर्ष का वृद्ध सात साल की कन्या से विवाह करने का उपहास कर सकता था।

पंडे-पुजारियों, तांत्रिकों-ओझाओं ने देश की जनता को नाना प्रकार के भय दिखाकर 'सब सह कुछ न कह' जैसी स्थिति में ला दिया था। रोग के नाम पर, मोक्ष के नाम पर, मुक्ति के नाम पर और भूत-व्याधा आदि के नाम पर चारों ओर खुली लूट मच रही थी। विडंबना यह थी कि इस लूट का शिकार अधिकांश वह दरिद्र वर्ग हो रहा था जिसके पास दो समय का भरपेट भोजन भी न होता था। कैसा स्वरूप बिगाड़ दिया था कथित धर्म के ठेकेदारों ने धर्म का! तभी तो गौतम ने क्रांति की। महावीर ने धर्मनाद किया! पर उनके प्रभाव सीमित और अल्पावधि तक ही रहे।

अब स्वामीजी समझ गए थे कि उन्हें पुनर्जागरण का शंखनाद करना होगा और केवल वराहनगर के मठ में रहकर गुरुदेव के सौंपे गए दायित्व की पूर्ति नहीं की जा सकती। इसका एक कारण यह भी था कि वे कुछ बीमारियों की चपेट में आ गए थे। उनके पैरों में दर्द होता था। मधुमेह, रक्तचाप, दमा और अनिद्रा जैसे चार रोग उनके शरीर से लग चुके थे। ऐसे में जीवन का क्या भरोसा! और कुछ नहीं तो शारीरिक शिथिलता तो कभी भी होने की आशंका थी। पंचरोग (पंचव्याधि) किसी भी व्यक्ति के लिए परेशानी का करण बन सकते हैं। अतः इनका प्रभाव बढ़ने से पहले ही स्वामीजी अपने लक्ष्य की ओर बढ़ जाना चाहते थे। इस बारे में उन्होंने अपने गुरुभाइयों से विमर्श किया। अधिकांश उनकी बात से सहमत थे तो एक-दो को इसमें आपत्ति भी थी। उनका कहना था कि स्वामीजी की अनुपस्थिति में मठ में सूनापन छा जाता है और अव्यवस्था भी हो जाती है।

स्वामीजी ने गुरुभाइयों को समझाते हुए कहा-"मित्रो, जब कर्मयुद्ध आरंभ होता है तो इसके प्रत्येक अंग की शक्ति और कौशल समान होता है। हमारे पूज्य गुरु श्रीरामकृष्णदेव ने जब यह व्यवस्था बनाई थी तो उन्होंने हममें से प्रत्येक को

यह ज्ञान समान रूप से दिया था, जिसकी इस लक्ष्य में हमें आवश्यकता है। यद्यपि मुझे कुछ विशेष शक्तियां प्रदान कीं जिनका अर्थ यह है कि मुझे कार्य उद्देश्य भी विशेष ही दिया गया है। अत: मठ के सुचारू संचालन में आपमें से प्रत्येक निपुण है और ऐसी मैं आशा भी करता हूं कि जिस प्रकार गुरुदेव के महानिर्वाण के पश्चात् हम सबने आश्रम का नियम-संयम से संचालन किया है, वैसे ही मेरे पश्चात् आप भी उस परिपाटी को जीवित रखेंगे। मुझे कर्मभूमि में उतरने की अनुमति दो मित्रो! वह देखो, भयाक्रांत भारतमाता किस कातरता से हमारी ओर देख रही है! उसे प्रतीक्षा है कि उसके गौरव को पुनर्जाग्रत करने के लिए उसकी करोड़ों संतानों में से कोई एक तो आगे बढ़कर अव्यवस्था पर कुठाराघात करे जिससे उसके गौरव को हानि पहुंचाने वाले स्वयंभू धर्म-धुरंदरों के कलेजे कंपित हो जाएं। आज स्वयं को मुक्तिदाता कहकर जनता का शोषण करने वालों से निर्णायक युद्ध लड़ने का समय आ गया है।"

सभी गुरुभाइयों ने स्वामीजी के तमतमाए आभायुक्त मुखमंडल की ओर देखा।

"हमें भयभीत नहीं होना!" स्वामीजी ओज भरे स्वर में बोले–"हमने मानव इतिहास से जाना है कि जितनी भी शक्तियां उत्पन्न हुई हैं, वे साधारण मनुष्यों के भीतर से ही उत्पन्न हुई हैं। संसार में जितने भी चमत्कार कर देने वाले मस्तिष्क हुए हैं, वे भी साधारण से असाधारण बने हैं और इसमें शंका ही नहीं है कि इतिहास अपने आपको दोहराता है।"

सभी संन्यासियों के स्नायु तन गए।

"क्यों और किससे डरते हो? तुम अद्‌भुत हो और अद्‌भुत कार्य करोगे। जिस समय तुम डर गए, उसी समय तुम्हारी शक्ति क्षीण हो गई, ऐसा समझना। भय इस संसार के सब दुखों का मूल है। निर्भीकता स्वर्ग का माध्यम है। वेद भी कहते हैं–नाभयेत् यानी निर्भय रहो। भय दुर्बलता और संशय देता है। यही संशय हमें पाप कर्म की ओर धकेलता है। उपनिषदों की शक्ति का वह एकमात्र स्रोत क्या है, जिससे अज्ञान और अंधकार का समूल नाश हो जाता है? वह है–अभय। जो अभय है, वह विजेता है। मृत्यु भी उसके सम्मुख नतमस्तक होती है। सफल जीवन का यही महामंत्र है। अभय होकर ही सिंह श्रेष्ठ बनता है।"

सभी ने उस ऊर्जा बढ़ाने वाले उपदेश को मन में धारण किया।

स्वामीजी ने आगे कहा–"अत: मुझे सहर्ष विदा करो। मैं तुमसे दूर रहकर भी अलग नहीं हूं। मैं तो तुम्हारे लिए वह मार्ग खोजने जा रहा हूं जिस पर चलकर हम सबको पृथक-पृथक दिशाओं में अध्यात्म की कंदीलें प्रकाशित करनी हैं। इस कर्मयुद्ध में परम पूज्य गुरुदेव ने मुझे तुम्हारा सेनापति बनाया है तो युद्ध से पूर्व मैं

उस समरांगण पर दृष्टिपात करने जा रहा हूं जिससे मैं अपने संन्यासी योद्धाओं को उचित स्थान पर अपने ज्ञानबाण चलाने का अवसर दे सकूं।"

संन्यासी मंत्रमुग्ध थे। उन्हें प्रतीत हो रहा था कि यह ज्ञान का अज्ञान के विरुद्ध, सत्य का असत्य के विरुद्ध, संन्यासियों का लामबंद कर्मयुद्ध है। अतः सभी नतमस्तक हो गए।

स्वामीजी ने सबको संतुष्ट कर दिया था। सभी ने एकमत होकर अपने महायोद्धा संन्यासी को सहर्ष समरांगण के निरीक्षण की सहमति दे दी।

हां, यह समरांगण ही तो था! सत्य एवं सदाचार को विलुप्त करने वालों का विरोध करना कर्मयुद्ध ही तो था! पश्चिमी संस्कृति को वैदिक संस्कृति में हस्तक्षेप करने से रोकना सामान्य प्रयासों से हो जाने वाला काम नहीं था! इसके लिए ज्ञान का वज्र लेकर वेदांत का भीषण प्रहार करना आवश्यक था, इसलिए स्वामीजी ने अपने अभियान को कर्मयुद्ध का नाम दिया था।

सन् 1890 में स्वामी नरेंद्रनाथ उर्फ विदिशानंद उर्फ सच्चिदानंद अध्यात्म के महामानव स्वामी विवेकानंद बनने की दिशा में चल पड़े। असीमित ज्ञान, जगत्माता की कृपा और परम पूज्य परमहंस के आशीर्वाद लेकर स्वामीजी ने गुरुपत्नी पूजनीय नारीश्रेष्ठ शारदा माता की अनुमति और आशीर्वाद लेकर समरांगण की ओर कदम बढ़ा दिए।

16

हठयोगवेत्ता बनने की लालसा का त्याग

अब स्वामीजी के सामने भारत के अध्यात्म-गुरु होने के गौरवमय पुनर्भाव का उद्देश्य तो था ही, इसके साथ ही वराहनगर मठ से उनके जाने के कुछ और भी कारण थे। परिवार की चिंता भी उन्हें थी। परिजनों के प्रति अपने कर्तव्य को वे भली-भांति समझते थे। वे उस सैनिक की भांति थे, जो सीमा पर युद्धरत रहता है और पारिवारिक कर्तव्यों का भी उसे स्मरण रहता है। उनके गुरुभाई योगानंद चेचक रोग से पीड़ित हो गए तो स्वामीजी उनकी सेवा-सुश्रूषा के लिए काशी जा पहुंचे। काशी प्रवास में वे परम स्नेही प्रमदादास बाबू के यहां भी कुछ दिन ठहरे। वहां से वे गाजीपुर आए। वहां उनकी भेंट पवहारी बाबा से हुई।

अध्यात्म जगत में पवहारी बाबा का नाम सूर्य की भांति देदीप्यमान था। स्वामीजी उनसे बहुत प्रभावित हुए। योग और वेदांत के मनीषी पवहारी बाबा के असीम ज्ञान से प्रभावित होकर स्वामीजी ने उनसे हठयोग शास्त्र सीखने का विचार किया।

हठयोग ऐसी विद्या थी जिससे व्यक्ति निरोगी, बलवान और चिरायु हो

जाता है। उदाहरणस्वरूप स्वयं पवहारी बाबा थे। उनकी वास्तविक आयु क्या थी? कोई नहीं जानता था। गाजीपुर में लोग कहते थे कि पवहारी बाबा पांच-छह सौ वर्ष से कम उम्र के नहीं थे, फिर भी उनके शरीर में शिथिलता नहीं थी। आहार के नाम पर वे केवल वायु का सेवन करते थे। यह सब हठयोग के कारण था। स्वामीजी इस विद्या को सीखना चाहते थे और पवहारी बाबा ने भी दीक्षा देना स्वीकार कर लिया था। दीक्षा का दिन पवहारी बाबा ने एक माह पश्चात् का निश्चित किया था।

स्वामीजी इस प्रसन्नता से फूले नहीं समा रहे थे और रात्रि में उसी के बारे में सोच रहे थे कि उन्होंने अपने दाईं ओर प्रकाशपुंज बिखरा देखा तो लगा कि उनके सद्गुरु परमहंस खड़े हैं। उनकी दृष्टि में सक्रोध विषाद था। स्वामीजी उठकर बोलना चाह ही रहे थे, पर जैसे स्तंभित रह गए। दो-तीन घंटे यही स्थिति रही, फिर वे अंतर्धान हो गए। स्वामीजी उनके मौन दर्शन का रहस्य समझने का प्रयास करने लगे। उनके नेत्रों में विषाद क्यों था? समझे, एक सद्गुरु के होते दूसरे के पास जाना संन्यासी धर्म नहीं था। स्वामीजी ने दीक्षा लेने का विचार त्याग दिया। उन्हें शांति का अनुभव हुआ, पर तीन दिन बाद फिर हठयोगवेत्ता बनने की लालसा ने घेरा। रात्रि को फिर गुरुदेव आ खड़े हुए। ऐसा इक्कीस दिन तक चला और अंततः स्वामीजी ने दीक्षा का ही नहीं, वरन् पवहारी बाबा से मिलने तक का विचार भी त्याग दिया! जैसे गुरु रखे, वैसा रहना ही एक सच्चे शिष्य का धर्म है।

स्वामीजी को गाजीपुर में ही यह समाचार मिला कि उनके एक और गुरुभाई स्वामी अभेदानंद बहुत अस्वस्थ हो गए हैं तो वे तत्काल काशी पहुंच गए और उनकी सेवा-सुश्रूषा की। ऐसे समाचार उन्हें विचलित करते थे, पर नियति जैसे उनकी परीक्षा ले रही थी। अभी अभेदानंद को स्वास्थ्य-लाभ हुआ ही था कि उन्हें अपने अन्य दो गुरुभाइयों की अस्वस्थता का समाचार मिला। बलराम बोस और सुरेंद्रनाथ मित्र दोनों ही गंभीर रूप से बीमार थे। अपने गुरुभाइयों पर रोग माता का प्रकोप जानकर वे दुखी हो गए और कई बार तो वे इतने व्यथित भी हुए कि रोने लगे। नियति ने यहीं पीछा नहीं छोड़ा। 13 मई, 1890 को बलराम बोस का निधन हो गया। स्वामीजी का हृदय बहुत आहत हुआ। अभी बलराम बोस के निधन का दुख हृदय से नहीं निकला था कि 24 मई को सुरेंद्रनाथ मित्र ने भी देह का परित्याग कर दिया। इससे मानसिक संताप तो हुआ ही, साथ ही आर्थिक समस्या ने भी आ घेरा।

इन सब कारणों ने स्वामीजी को अपने लक्ष्य की ओर शीघ्र प्रस्थान करने को प्रेरित किया। मठ के छोटे-मोटे दायित्व उन्हें अब अपने महान उद्देश्य के समक्ष गौण प्रतीत होने लगे थे। अतः जुलाई, 1890 में उन्होंने मठ त्याग दिया और भागलपुर जा पहुंचे। यहां मथुरानाथ सिंह के यहां रहकर उन्होंने धर्मोपदेश से

लोगों को लाभान्वित किया। यहीं उनके गुरुभाई अखंडानंद भी आ गए थे। दोनों वहां से देवधर पहुंचे और फिर वहां से काशी आ गए। यहां प्रमदादास के बगीचे में उन्होंने कुछ दिन धर्मचर्चा में व्यतीत किए। जब वहां से चलने का समय आया तो बाबू प्रमदादास से उनका संक्षिप्त वार्तालाप हुआ।

"अब इस बार जब मैं लौटूंगा तो समाज पर बम की तरह फट पड़ूंगा और यह समाज मेरे पीछे-पीछे चला आएगा।" स्वामीजी ने ओजस्वी स्वर में कहा।

वाराणसी से अयोध्या होते हुए, उत्तर भारत की छटाओं को ग्राम्य एवं नगरों में निहारते स्वामीजी व अखंडानंद नैनीताल पहुंचे। यहां स्वामीजी ने प्रवचन देते हुए कहा-"प्राचीन आर्यों के ज्ञान, बुद्धि और प्रतिभा के विपुल भंडार में से जो कुछ भी अंश बचा रह गया है, वह गंगा के तटवर्ती क्षेत्रों में विद्यमान है। गंगा से जितना दूर जाते हैं, उतना ही उसका अभाव दिखाई पड़ता है, तभी तो प्राचीन शास्त्रों में भी गंगा की महिमा का वर्णन हुआ है। धन्य हैं वे लोग, जो पतित पावनी गंगा के तटवर्ती क्षेत्रों में रह रहे हैं।"

स्वामीजी को नैनीताल की सुरम्य मनोहारी प्राकृतिक छटा ने मोहित कर लिया था। हिमालयी क्षेत्र में पदयात्रा का अपना ही अनुभव था। कण-कण में अध्यात्म की ऊर्जा प्रस्फुटित होती प्रतीत होती थी। पैरों में दर्द होने पर भी यह पदयात्रा उन्हें

कष्टकारी न लग रही थी। यहां से अल्मोड़ा आकर उन्होंने कुछ दिन यहीं रुकने का मन बना लिया था। अखंडानंद तो साथ ही थे, पर उनके अल्मोड़ा आगमन की सूचना पाकर शारदानंद और कृपानंद भी वहीं आ गए।

अल्मोड़ा का वह बगीचा अध्यात्म-चर्चा का केंद्र बन गया। स्वामीजी यहां की गुफाओं में गुप्त ध्यान करते हुए आध्यात्मिक ऊर्जा का संचय करते थे। कुछ दिन बाद निश्चय हुआ कि बदरीनाथ के दर्शन किए जाएं, पर उन्हें पता चला कि वहां का रास्ता कुछ कारणों से सरकारी आदेश से बंद हुआ पड़ा था। पुनः प्रयास हुए, पर इस बार अखंडानंद ठंड के प्रकोप से अस्वस्थ हो गए। स्वामीजी ने बदरीनाथ भगवान से क्षमा मांगी और रोगी को लेकर देहरादून आ गए। यहां उन्होंने अखंडानंद की चिकित्सा कराई और उनके स्वस्थ होने पर वहां से ऋषिकेश चले आए। उनका हिमालय की विस्तार भूमि में भ्रमण निरंतर जारी था।

ऋषिकेश स्वामीजी के प्रिय धर्मस्थलों में से एक था—यहां पहाड़ी झरनों से मधुर कल-कल ध्वनि से गिरता जल और गंगा का निर्मल जल अनायास ही मन मोह लेते थे। स्वामीजी को वहां प्राकृतिक रूप से अध्यात्म का अनुभव होता था। ऋषिकेश का सुरम्य वन प्राचीन काल से साधकों-तपस्वियों की तपोवनी रहा है। पहाड़ों की बर्फ से आच्छादित चोटियां और वनों की मनोहारी हरियाली! वेद मंत्रों के गूंजते स्वर! स्थान-स्थान पर पर्णकुटी में ध्यानरत संन्यासी! ऐसा मनोरम और अनुकूल स्थान स्वामीजी को सम्मोहित न करता तो क्या करता! वे यहां घोर साधना में लीन हो गए और इस कारण उनका स्वास्थ्य बिगड़ने लगा। गुरुभाई चिंतित हो उठे। उनका उपचार भी किया, पर विशेष लाभ नहीं हुआ। तेज बुखार के कारण घोर शिथिलता आने लगी थी, आंखों की पुतलियां भी जैसे झपकना भूल गई थीं। गुरुभाई तो रोने ही लगे। उनका रुदन सुनकर वहां एक तेजस्वी साधु आए और कारण जानकर स्वामीजी की नाड़ी व पुतलियों का निरीक्षण करने के पश्चात् अपने थैले से कुछ औषधि निकालकर दी और उसकी दो बूंदें स्वामीजी के मुख में डालीं।

"ईश्वर भला करेगा। चिंतित होने की आवश्यकता नहीं।" साधु ने कहा और चले गए।

कुछ ही समय व्यतीत हुआ था कि स्वामीजी चैतन्य हो गए और उनके होंठों पर मुस्कराहट तैर गई। सभी गुरुभाइयों ने चैन की सांस ली।

"जब तक लक्ष्य न बेध लूंगा, तब तक देह-त्याग नहीं करूंगा।" स्वामीजी ने गंभीर आग्रह के स्वर में कहा।

17

मानवता से बड़ा कोई धर्म नहीं

इसी बीच स्वामीजी की अस्वस्थता व ऋषिकेश प्रवास की सूचना किसी प्रकार उनके अन्य गुरुभाइयों के पास भी पहुंच गई थी। वे सभी अलग-अलग तीर्थों में तप-ध्यान कर रहे थे। सब उधर ही चल पड़े और वहां से स्वामीजी को लेकर मेरठ आए। यहां एक मकान किराए पर लिया गया और वहीं पर स्वामीजी के सान्निध्य में भजन-ध्यान, कीर्तन, वेद-शास्त्र चर्चा आदि होने लगे। यहां पांच माह रहकर स्वामीजी को ऐसा प्रतीत हुआ, जैसे कोई शक्ति उन्हें वहां से जाने को प्रेरित कर रही है, उन्हें उनका उद्देश्य स्मरण करा रही है जिसे वे गुरुभाइयों के निःस्वार्थ और निश्चल स्नेह में विस्मृत कर रहे थे। यह स्नेह उन्हें कर्मपथ का बाधक बन रहा प्रतीत हो रहा था।

अत: जनवरी, 1891 में स्वामीजी ने अकेले ही दिल्ली की ओर प्रस्थान किया। दिल्ली की वास्तुकला और खंडहर बन चुके किले व मकबरों ने उन्हें भौतिक भंगुरता का बोध कराया। संसार में चिरकाल तक नहीं रहना, अत: समय का सदुपयोग कर लिया जाए। वे अब ठहरने के

अभिलाषी नहीं थे। उन्होंने वेदांत की ध्वनि से लोगों को चैतन्य करते हुए आगे बढ़ते रहने का दृढ़ निश्चय कर लिया। अब वे दिल्ली से उस वीर भूमि की ओर चल पड़े, जहां का इतिहास शौर्य और जौहर के अप्रतिम लेखों से भरा पड़ा। राजपूताने की धरती का कण-कण प्रशंसनीय था। आर्यों के इतिहास में यदि गर्व करने योग्य कुछ शेष रहा था तो वह राजपूताना ही था।

स्वामीजी अलवर पहुंचे तो वहां एक सज्जन डॉक्टर गुरुचरण लास्कर ने बड़े श्रद्धा-भाव से उनकी रहने-खाने की व्यवस्था कर दी। उनके एक मित्र मौलवी साहब थे। वे भी स्वामीजी की विद्वता और प्रवचनों के प्रशंसक हो गए थे। उन्होंने एक दिन स्वामीजी को अपने घर भोजन पर पधारने का निमंत्रण दिया। हिंदू संन्यासी और मुस्लिम के घर भोजन! जिसने भी सुना, स्तब्ध रह गया। विरोध के स्वर उठने लगे थे, पर स्वामीजी ऐसे विरोधों की परवाह कहां करते थे! वे भोजन करने गए और बड़े मन से भोजन किया। चारों ओर चर्चाओं का बाजार गरम हो गया था और बात अलवर के महाराज मंगल सिंह तक जा पहुंची। ऐसे हिंदू संन्यासी से मिलने की उनकी इच्छा तीव्रतम हो गई। उन्होंने संन्यासीजी के पास निमंत्रण भेज दिया, जो उन्होंने स्वीकार कर लिया। राजमहल पहुंचने पर स्वामीजी का ओजस्वी मुखमंडल देखकर महाराज भी प्रभावित हुए।

"स्वामीजी! आप तो तेजस्वी विद्वान हैं। सरकार में किसी बड़े पद पर शोभायमान हो सकते थे, फिर गेरुआ धारण कर भटकने का क्या प्रयोजन?"

"जिस प्रकार प्रजा-कल्याण आपका कर्तव्य है, वैसे ही जीव-कल्याण मेरा कर्तव्य है।"

"हमारे हिंदू धर्म में बहुत-सी विसंगतियां तो अब आई बताई जाती हैं, पर मूर्तिपूजा जैसा ढोंग तो प्राचीन काल से ही चला आ रहा है। इस बारे में आप क्या कहते हैं?"

महाराज ने इसके बाद दूसरा प्रश्न किया-"मैं मूर्तिपूजा नहीं करता तो क्या मुझे नरक मिलेगा?"

"पूजा-पद्धति का अपना-अपना तरीका है और ईश्वर के लिए सभी मान्य हैं।" स्वामीजी ने शांत भाव से कहा।

"फिर मूर्ति-पूजा का इतना समर्थन क्यों?" महाराज के स्वर में तीव्र आग्रह था।

स्वामीजी ने क्षण-भर सोचा। वहीं दीवार पर अलवर नरेश का चित्र लगा हुआ था। दरबारियों और जिज्ञासुओं की भीड़ लगी थी।

"क्या आपमें से कोई है जो महाराज के इस चित्र पर थूक सके?" स्वामीजी

ने दृढ़ स्वर में सभी से प्रश्न किया तो दरबार में खलबली मच गई। खुद महाराज की भृकुटि तन गईं, संन्यासी का इतना साहस!

"देखा महाराज! यही आपके प्रश्न का उत्तर है।" स्वामीजी ने मुस्कराते हुए कहा।

"यह कैसा उत्तर है? यह तो हमारे अपमान का प्रयास है।" महाराज आक्रोशित स्वर में बोले।

"कदापि नहीं महाराज! ऐसा साहस भला कौन कर सकता था? इस तस्वीर में आप सदेह न होकर भी, प्रजा की दृष्टि में भावरूप में विद्यमान हैं। यही मूर्ति-पूजकों की भावना होती है। वे उसमें ईश्वर को विराजमान मानते हैं। भक्ति में भाव होता है तो ईश्वर मूर्तिस्थ भी हो सकता है और प्रत्यक्ष भी हो सकता है। भगवान कण-कण में विराजमान है।"

महाराज और दरबारियों को इस तर्क ने निरुत्तर कर दिया। स्वामीजी अलवर में सात हफ्ते रुके और वहां से जयपुर पहुंचे। स्वामीजी की चर्चा जैसे उनसे पहले ही जयपुर पहुंच गई थी। जयपुर के महाराज ने उनका भव्य स्वागत किया और राजभवन में उनके ठहरने की व्यवस्था की। यहां उन्होंने अपने गूढ़ उपदेशों से कितने ही लोगों को धर्म-स्थिर किया। विशेष बात यह रही कि इनमें विभिन्न मत-मतांतर के लोग थे। स्वामीजी ने सभी वर्जनाएं तोड़ दीं। उन्होंने सांप्रदायिक कर्मकांडियों के विरुद्ध बिगुल बजा दिया था। स्वयंभू पंडितों की त्यौरियां चढ़ गई थीं, पर स्वामीजी को रोकने का एक ही उपाय था कि उन्हें सांप्रदायिकता के पक्ष में तर्कपूर्ण ढंग से संतुष्ट कर दिया जाए। ऐसा हो नहीं सकता था! सांप्रदायिक लोगों से अधिक कौन जानता है कि उससे ही उनकी रोजी-रोटी चलती है और कुछ नहीं!

जयुपर में स्वामीजी को खोजते-खोजते उनके गुरुभाई अखंडानंद आ गए तो स्वामीजी ने क्रोध में आकर उन्हें वहां से भगा दिया। यह निर्ममता उन्होंने अपने उद्देश्य की प्राप्ति में किसी भी प्रकार की स्नेह बाधा न आने देने के लिए दिखाई थी।

जयपुर में स्वामीजी ने 'अष्टाध्यायी' के सूत्रों को एक विद्वान पंडित से सरलीकरण रूप में सीखा। जयपुर प्रवास उद्देश्य और ज्ञान-प्राप्ति के दृष्टिकोण से बहुत अच्छा रहा था। यहां से स्वामीजी अजमेर पहुंचे और वहां कुछ दिन रहकर माउंट आबू आ गए। यहां उन्होंने एक गुफा में निवास किया, जो उनके तप, ध्यान के लिए उपयुक्त स्थान था। उनके वहां रहने की खबर माउंट आबू के एक प्रसिद्ध मुस्लिम वकील को हुई तो वह उनके पास पहुंचा और उनसे अपना आतिथ्य

स्वीकार करने का अनुरोध किया। स्वामीजी ने उनका आतिथ्य स्वीकार किया और उसके साथ रहने आ गए। वकील साहब ने बड़ी अच्छी व्यवस्था की थी।

अलवर की तरह यहां भी हो-हल्ला मच गया और बात क्षेत्री राज्य के दीवान जगमोहन लाल तक पहुंच गई। वे स्वामीजी से मिलने आए।

"स्वामीजी, आप एक हिंदू संन्यासी हैं और आप इस तरह किसी मुसलमान के घर कैसे रह सकते हैं? कैसे उसके हाथ का स्पर्श किया भोजन कर सकते हैं? हिंदू भक्तों की आपको कमी तो नहीं है।" दीवान ने शिकायत की।

"दीवान साहब, मैं केवल संन्यासी हूं और संन्यासी का मत सर्वधर्म समभाव होता है। मैं आपकी रूढ़ियों से मुक्त हूं। मुझे मेहतर के साथ भोजन करने में भी संकोच नहीं है। मानवता से बड़ा धर्म कोई नहीं हो सकता है? मैं ऐसी रूढ़ियों का समर्थन करने वाले किसी ईश्वर, किसी राजा या वेद-शास्त्र से भय नहीं मानता।"

दीवानजी इस उत्तर से बहुत प्रभावित हुए। स्वामीजी का तमतमाया चेहरा बता रहा था कि उनकी कथनी और करनी में कोई अंतर नहीं है। उन्होंने राजा अजीत सिंह को स्वामीजी के विचारों से अवगत कराया तो वह युवा राजा स्वामीजी से भेंट करने को व्याकुल हो गया और उन्हें आदरपूर्वक राजमहल बुलाया। बड़ी श्रद्धा से चरणों में नत होकर उसने स्वामीजी का स्वागत किया।

"भगवन्, आपकी चर्चा तो सुनी थी, दर्शनों का सौभाग्य भी प्राप्त हो गया। अब अपने विपुल ज्ञान से कुछ सदुपदेश दीजिए। मेरी जिज्ञासा शांत कीजिए। मैं आज तक नहीं जान पाया कि जीवन का अर्थ क्या है?"

"वत्स!" स्वामीजी ने मधुर स्वर में कहा-"जीवन का अर्थ जानने के लिए ही तो जीवन मिलता है। इस जीव-जगत में प्रत्येक जीव परिस्थितियों का दास है। उस दासता से मुक्ति के पश्चात् जो आंतरिक विकास होता है, उससे उत्पन्न प्रकाश ही जीवन है। उसी तेज की प्राप्ति जीवन है।"

स्वामीजी ने पारंपरिक उत्तर शायद ही किसी को दिए हों। वे तो एक ऐसे नवीन दृष्टिकोण के ज्ञाता थे कि प्रश्नकर्ता को अपने उत्तर की व्याख्या करना भी सरल हो जाता था।

खेतड़ी के युवा नरेश अजीत सिंह भी स्वामीजी के श्रद्धावान भक्त बन गए।

18

वैश्विक आध्यात्मिक क्रांति की प्रेरणा

राजपूताने की पावन रज को स्वामीजी ने मस्तक से लगाया और वहां से गुजरात की ओर बढ़ चले। अहमदाबाद और वर्द्धवान घूमते हुए वे लिंबड़ी पहुंचे। लिंबडी कपास का बहुत बड़ा केंद्र था। यहां का भ्रमण करते-करते उन्हें एक साधु आश्रम दिखाई दिया। वहां के साधुओं ने उनका तेजस्वी मुखमंडल देखा तो उन्हें अपने यहां रुकने का अनुरोध किया। स्वामीजी ने उनकी बात मान ली। आश्रम का महंत उन्हें देखते ही विचित्र-सी प्रसन्नता से भर उठा। स्वामीजी समझ ही नहीं पाए कि वह इतना प्रसन्न क्यों था? जब बातें हुईं तो कुछ ज्ञात हुआ।

"महाराज, हम जोगड़े संप्रदाय के साधु हैं। यौन साधना हमारी तपस्या है। हम इसके द्वारा संभोग से समाधि तक पहुंचते हैं।" महंत ने बताया–"हमारे आश्रम में रोज स्त्रियां आती हैं, उनसे संभोग करके हम साधना-पूर्ति करते हैं। आपके तेज से ही पता चलता है कि आप बाल-ब्रह्मचारी हैं। हम ऐसे ही किसी तेजस्वी ब्रह्मचारी की खोज कर रहे थे। अब आप हम पर कृपा करेंगे।"

"कैसी कृपा?" स्वामीजी आशंकित हो गए।

"आज रात योगिनी आएंगी तो आप उनका भोग लगाएं। इससे आपका तेजमय वीर्य, हमें प्राप्त होगा जिससे हम अपना तंत्र अनुष्ठान करेंगे।"

स्वामीजी कभी भयभीत न होते थे, पर आज घबरा गए थे।

"मैं अखंड ब्रह्मचारी हूं। तुम्हें लज्जा आनी चाहिए। ऐसी अनुचित बात तुमने सोची भी कैसे! मैं इस दूषित स्थान पर क्षण-भर भी नहीं ठहरूंगा।"

"अब आप हमारा हित साधन हैं और उसे किए बिना आप यहां से कदापि नहीं जा सकते।" महंत ने धृष्टता से कहा–"हम बलपूर्वक भी आपसे अपनी इच्छा पूरी करा सकते हैं।"

"मेरी इच्छा के विरुद्ध, मुझसे कोई कुछ नहीं करा सकता।" स्वामीजी दृढ़ता से बोले।

महंत ने पास में रखे जलपात्र का सारा जल उनके मुख पर फेंक दिया तो स्वामीजी हड़बड़ाए। जब तक संभले, तब तक महंत उस कमरे से बाहर जा चुका था और दरवाजा बंद कर दिया गया था। स्वामीजी घबरा गए कि आज भले फंसे! कैसे यहां से निकलना हो सकेगा? अब तो भगवान ही सहायक हो सकते हैं! गुरुदेव का स्मरण करने लगे। कुछ समझ नहीं पा रहे थे कि दृष्टि पीछे खुलने वाली खिड़की पर पड़ी। उसे खोला तो देखा पीछे आम रास्ता था। उन्होंने एक व्यक्ति को आवाज दी तो वह खिड़की के पास आ गया। स्वामीजी ने उसे आपबीती सुनाई और विनय की कि तत्काल लिंबडी के महाराज, दीवान या कोतवाल को उनकी मुक्ति के लिए खबर दे दे। वह सज्जन व्यक्ति आश्वासन देकर गया और दरबार में जाकर महाराज को स्वामी विदिशानंद की व्यथा सुनाई।

लिंबडी के महाराज ने भी विदिशानंद के विषय में सुना था। उन्होंने तत्काल सिपाही भेज दिए जिन्होंने आश्रम जाकर स्वामीजी को मुक्त कराया और जोगड़े साधुओं को भी बंदी बना लिया। कुछ दिन लिंबडी के राजभवन में धर्मोपदेश देकर स्वामीजी पोरबंदर पहुंचे। वहां के दीवान शंकर पांडुरंग उनके अतिथेय बने, जो वेदशास्त्री थे। वहां स्वामीजी ने संस्कृत अनुवाद में उनकी सहायता की और एक बहुभाषिए से फ्रेंच भाषा भी सीख ली। यहीं स्वामीजी के उद्देश्य को नए पंख लगे, जब शंकर पांडुरंग ने उनके लक्ष्य को समझा।

"स्वामीजी! नक्कारखाने में तूती की आवाज कौन सुनता है? यहां तो ज्ञान का सम्मान करने वाले उंगलियों पर गिने जा सकते हैं। आप यहां अधिक काम नहीं कर पाएंगे। आप पश्चिमी देशों में जाकर भारतीय दर्शन और ज्ञान को प्रचारित करें तो अधिक प्रभावी होगा। आप जिन रूढ़ियों को ध्वस्त कर रहे हैं, वे पश्चिम

में स्वीकार्य होंगी। भारत के प्राचीन गौरव को पुनः जाग्रत करना है तो उसका शंखनाद पश्चिमी देशों से हो।"

स्वामीजी को इस राय ने गंभीर कर दिया। उन्हें अपने गुरु श्रीरामकृष्ण देव की एक बात स्मरण हो आई।

"नरेन! मैंने तुझे विश्व-भर में आध्यात्मिक क्रांति करने की शक्ति दी है।"

गुरुदेव का आशय और दीवान पांडुरंग का परामर्श एक ही तो थे। उनका इस विषय में चिंतन आरंभ हो गया। यह संयोग ही था कि गुजरात प्रवास में ही स्वामीजी को अमेरिका से शिकागो में आयोजित होने वाले पहले विश्व-धर्म सम्मेलन की जानकारी हुई। यह सितंबर, 1893 में होना था अर्थात् अभी उसमें साल-डेढ़ साल का समय शेष था और उसकी तैयारी की जा सकती थी।

स्वामीजी इस अवसर को चूकना नहीं चाहते थे। वे अपने धर्म-घोष का सशक्त नाद ऐसे अंतर्राष्ट्रीय मंच पर करने की कल्पना से ही रोमांचित हो उठे। यद्यपि उस समय अमेरिका की यात्रा करना न तो सहज था और न सुलभ! पर स्वामीजी का इस दिशा में चिंतन इतना प्रबल हो उठा था कि उन्हें अपने अंदर एक अदम्य और विचित्र-सी शक्ति का संचार होता प्रतीत हो रहा था। उन्हें विश्वास होता जा रहा था कि जब वे विश्व-धर्म सम्मेलन में भारत की आध्यात्मिक और सांस्कृतिक विशिष्टता की प्रभावशाली व्याख्या करेंगे तो वहां के शिक्षित विद्वजन भारतीय गौरव को अवश्य स्वीकार करेंगे।

महान उद्देश्य के लिए कठिन-से-कठिन मार्ग पर चलना पड़ता है। स्वामीजी ने इस दिशा में कार्य करना शुरू कर दिया था। वे भारतीय राजाओं से मिलने लगे। द्वारका, मांडवी, काठियावाड़ आदि रियासतों में धर्मनाद करते हुए वे बड़ौदा रियासत पहुंच गए। वहां से खांडवा गए। अब वे जहां भी पहुंचते, वहीं उन्हें सुनने और दर्शन करने वालों की भीड़ एकत्र हो जाती।

खांडवा में स्वामीजी का स्वागत-सत्कार और आतिथ्य वकील हरिदास चटर्जी ने किया। स्वामीजी ने यहीं हजारों लोगों की भीड़ के सामने अपने अमेरिका जाने के विचार को सार्वजनिक किया। उन्होंने गर्जन करते हुए कहा–"विश्व-व्यवस्था में आमूल-चूल परिवर्तन करने की शक्ति और सामर्थ्य यदि किसी देश में है तो वह है हमारा भारत। यदि भारत जाग्रत हुआ तो समस्त विश्व जाग्रत हो जाएगा। आज भारतवासियों को गरीबी, ईर्ष्या, कलह, अज्ञानता और अंधविश्वास की दीमक ने खोखला कर दिया है। इसके लिए जो भी प्रयास किए जा रहे हैं, वे पर्याप्त नहीं हैं। चंद धर्म-सुधारक इस दिशा में चिंतन करते हैं और उनमें भी पश्चिमी दर्शन का प्रभाव है। अपना देश धर्म के विषय में बड़ा ही कूपमंडूक बना हुआ है। नए-नए संप्रदाय बनाकर धर्म के नाम पर लूट-खसोट करने वालों की संख्या बढ़ रही है। इन लोगों का किसी भी धर्म से कोई लेना-देना नहीं है। इन्हें तो धन और प्रसिद्धि चाहिए। ऐसे लोग भारतीय संस्कृति का महत्त्व न समझकर इसे नष्ट कर रहे हैं। इन्हें तब आभास होगा, तब लाज आएगी, जब पश्चिमी देश हमारी सभ्यता, संस्कृति और सनातन विचारधारा को महत्त्व देंगे।"

खांडवा से स्वामीजी का विचार बंबई (अब मुम्बई) जाने का था। उन्होंने अपने मेजबान से विदा लेने का विचार बनाया। हरिदास चटर्जी ने उन्हें एक पत्र दिया, जो वहां के प्रसिद्ध बैरिस्टर सेठ रामदास छबीलदास के नाम था। बंबई पहुंचकर स्वामीजी इन्हीं के अतिथि हुए। वहीं उन्हें एक समाचार-पत्र के माध्यम से पता चला कि एज ऑफ कॉन्सेंट बिल (बाल विवाह अधिनियम) पर बंगाल में विरोध किया जा रहा है। स्वामीजी को बड़ी लज्जा का अनुभव हुआ और उन्होंने उस कुप्रथा पर अपने बंगाली बंधुओं को खूब खरी-खोटी सुनाई।

19

शिकागो विश्व-धर्म सम्मेलन में जाने का निश्चय

बंबई (मुंबई) में ज्ञान का प्रचार-प्रसार करके और वहां के कुछ पर्यटन-स्थलों को देखकर स्वामीजी ने रेलगाड़ी द्वारा पूना के लिए प्रस्थान किया। इसकी व्यवस्था सेठ छबीलदास ने ही की थी। उन्होंने स्वामीजी से सविनय आग्रह भी किया था कि उनके महान उद्देश्य की प्राप्ति के लिए यदि उनकी सेवा की आवश्यकता पड़े तो उन्हें अवश्य स्मरण करें।

स्वामीजी मृगासन, एक-दो वस्त्र और अपना कमंडल लेकर रेलगाड़ी में एक सीट पर बैठ गए। सबसे अपरिचित थे तो अपनी सीट पर बैठे चिंतन में डूब गए। सामने ही कुछ पढ़े-लिखे अंग्रेजी दा महाराष्ट्रीयन बैठे थे जिन्होंने अंग्रेजी में साधु परंपरा पर टिप्पणी भरा वार्तालाप शुरू कर दिया। उन्हें शायद यह लग रहा था कि सामने बैठा संन्यासी अंग्रेजी नहीं समझता होगा। उनका तो यहां तक मानना था कि साधु अधिकांशतः अशिक्षित होते हैं। उनकी तल्ख टिप्पणियां कुछ देर तक तो स्वामीजी सुनते रहे, लेकिन फिर जब स्वामीजी ने अंग्रेजी में उनको झिड़का तो वे सकपका गए। स्वामीजी शीघ्र

क्रोधित तो हो ही जाते थे, पर उनकी भाषा में अशिष्टता कभी नहीं रही। उन्होंने धाराप्रवाह अंग्रेजी में उन लोगों को इतना हड़काया कि वे उनके पैरों में गिरकर क्षमा मांगने लगे। उसी डिब्बे में बाल गंगाधर तिलक बैठे थे। भारतीय स्वतंत्रता संग्राम के ऐसे पुरोधा जिनके नाम से ब्रिटिश सरकार भी कांपती थी। उन्होंने जब स्वामीजी के तमतमाए मुखमंडल को देखा तो समझ गए कि वे साधारण संन्यासी नहीं हैं। उनकी विद्वता सामने आ ही गई थी।

तिलकजी ने स्वामीजी से परिचय किया और जब यह जाना कि वे पूना जा रहे हैं तो उनसे अपने घर रुकने का सविनय निवेदन किया।

तिलकजी के निवेदन को स्वामीजी ने स्वीकार कर लिया। दो राष्ट्रचिंतकों, विद्वानों की भेंट थोड़ी ही देर में प्रगाढ़ हो गई, जैसे वे एक-दूसरे को वर्षों से जानते हों। अद्वैत दर्शन और वेदांत की चर्चा में दोनों पारंगत थे। दोनों ही एक-दूसरे की विद्वता से प्रभावित हुए।

तिलक के घर स्वामीजी का यथेष्ट सत्कार हुआ। यद्यपि अभी तक स्वामीजी का नाम भी तिलक को पता नहीं चला था। नाम में क्या रखा था? ज्ञान-पिपासा तो शांत हो रही थी। तिलक उन दिनों डेक्कन क्लब के सदस्य थे, जहां विद्वानों का आना-जाना था और दर्शन, साहित्य, राजनीति आदि पर गंभीर चर्चा होती थी।

तिलक एक दिन स्वामीजी को अपने साथ क्लब ले गए। वहां काशीनाथ गोविंद नातूजी नाम के विद्वान का दर्शन पर व्याख्यान था। स्वामीजी उनसे बहुत प्रभावित हुए, फिर उन्होंने उसी विषय के दूसरे पहलू पर ऐसा प्रभावशाली व्याख्यान दिया कि स्वयं काशीनाथजी भी हतप्रभ रह गए। अब तो उनके आसपास ज्ञान-पिपासुओं का खूब आना-जाना होने लगा। दस दिन बाद स्वामीजी ने तिलक से विदा ली। तिलक उस विद्वान संन्यासी को कुछ दिन और रोकना चाहते थे, पर संन्यास पथ के नियम वे भी जानते थे।

स्वामीजी वहां से कोल्हापुर पहुंच गए। वहां शाहूजी महाराज का आतिथ्य स्वीकार करके कुछ दिन ज्ञान-चर्चा की और वहां से विदा लेकर बेलगांव आए, जहां शाहूजी के निजी सचिव लक्ष्मणराव गोलवलकर की अनुशंसा पर भाटेजी नामक सुधार्मिक सज्जन ने उनके ठहरने की व्यवस्था की। वहां से वे बंगलोर (बेंगलुरु) पहुंचे, जहां वे मैसूर राजदरबार के अतिथि बने। स्वामीजी जहां भी जाते, वहीं अपनी विद्वता का लोहा मनवा देते। जिसके भी वे अतिथि बने, वही उनका भक्त बन गया। मैसूर के राजदरबार में उन दिनों ऑस्ट्रिया से एक संगीतज्ञ आया हुआ था, जो समझता था कि भारतीयों को पाश्चात्य संगीत की अत्यंत अल्प जानकारी थी। जब उसने इस आशय से कुछ कहा तो स्वामीजी ने पाश्चात्य संगीत

के विषय में उसे ऐसी जानकारियां दीं, जो खुद उसे नहीं मालूम थीं। स्वामीजी की तथ्यपूर्ण रोचक जानकारियां सुनकर वह नतमस्तक हो गया।

मैसूर के राजदरबार में महाराज चामरेंद्र वारियार और उनके दीवान शेषाद्रि अय्यर सहित समूची विद्वान-मंडली उनके व्यक्तित्व, अपार ज्ञान और ओजस्वी वक्तव्यों से स्तब्ध रह गए थे। उनकी स्पष्टवादिता ने मैसूर के दरबार में हलचल मचा दी थी। ऐसा कौन-सा विषय था जिस पर स्वामीजी धाराप्रवाह न बोल सकते हों। उनके असीमित ज्ञान से महाराज इतने प्रभावित हुए कि उनके भक्त ही बन गए।

"स्वामीजी! सेवक को सेवा का अवसर दें। आदेश करें कि मैं आपके लिए क्या करूं? आपकी सेवा से मेरे मन की आकुलता समाप्त हो जाएगी।"

"महाराज! राजा को यदि सेवा-भाव की आकुलता है तो वह कभी भी समाप्त नहीं होनी चाहिए, क्योंकि राजा तो जन्मजात मृत्युपर्यंत सेवक ही रहता है।"-स्वामीजी ने गंभीरता से कहा-"आज हमारे देश को महापरिवर्तन की आवश्यकता है। आज हमारा देश सुषुप्त, अचेत अवस्था में है, जबकि हमारे पास असीमित शक्ति के ऐसे स्रोत हैं जिनसे हम विश्व को बदल सकते हैं। भारत की आत्मिक और आध्यात्मिक संस्कृति इतनी शक्तिशाली और विराट है कि कभी यह विश्व में प्रधान थी। आज यह पतन के कगार पर है। इसे आधुनिक विज्ञान की सहायता से पुनर्जीवित करने की आवश्यकता है। हमें विश्व को अपनी प्राचीन, विराट और गौरवशाली संस्कृति के विषय में बताना होगा। इसके लिए मैं अमेरिका में आयोजित होने वाले विश्व-धर्म सम्मेलन में जाने का विचार बना रहा हूं। वहां आधुनिक तकनीकी ज्ञान का विपुल भंडार है और उसे परस्पर आदान-प्रदान के माध्यम से भारत लाने का मेरा उद्‍देश्य है, तभी हमारा देश अपने पैरों पर खड़ा हो सकेगा।"

महाराज ने स्वामीजी के विश्व-धर्म सम्मेलन में जाने के प्रस्ताव पर हर्षित होकर उनकी भूरि-भूरि प्रशंसा की और आग्रह किया-"स्वामीजी, इस यात्रा पर जो भी व्यय होगा, उसे हम वहन करेंगे।"

स्वामीजी मानते थे कि समय पर ही इस विषय में निर्णय लेना उचित होगा। अतः वे मैसूर नरेश के प्रस्ताव को स्वीकृति नहीं दे सकें। स्वामीजी ने वहां से प्रस्थान की इच्छा व्यक्त की तो मैसूर नरेश ने उनसे कुछ दिन और रुकने की विनती की, पर स्वामीजी ने अपने लक्ष्य का स्मरण दिला दिया।

"जैसी आपकी इच्छा! पर एक कृपा तो कर दीजिए कि आप स्मृति के रूप में अपनी आवाज में सत्संग रिकॉर्ड करने दें जिसे हम सुनते रहें।"

स्वामीजी ने इस अनुरोध को स्वीकार कर लिया और उनका उपदेश रिकॉर्ड कर लिया गया, जो आज भी मैसूर के राजमहल में सुरक्षित रखा है। विदाई से

पूर्व राजा के अनुरोध पर स्वामीजी बाजार गए, जहां उन्होंने दीवान के द्वारा बहुत प्रार्थना किए जाने पर एक विदेशी सिगार खरीदा और राजपथ पर उसे दियासलाई से जलाकर कश लगाए। यह संन्यास परंपरा में क्रांति का प्रतीक था।

भ्रमण करते हुए स्वामीजी गोवा पहुंचे। वहां का प्रवास स्वामीजी को बहुत ही संतुष्टि से परिपूर्ण लगा, क्योंकि यहां उन्होंने ईसाई धर्म के विषय में गहन जानकारी प्राप्त की। मडगांव के विद्वान भी श्री एस. नाइक संस्कृत और हिंदू संस्कृति व धर्म के प्रकांड ज्ञाता थे। स्वामीजी को पता चला था कि मूल लैटिन भाषा में ईसाई धर्म की पुस्तकें व पांडुलिपियां भारत में अन्यत्र उपलब्ध नहीं हैं, पर श्री नाइक के माध्यम से उनका अध्ययन किया जा सकता है।

श्री नाइक भी स्वामीजी के अपार ज्ञान और जिज्ञासा से बहुत प्रभावित हुए। उन्होंने अपने एक विद्वान मित्र जे.पी. अलवारिस को स्वामीजी की यथासंभव सहायता करने का निर्देश दिया। अलवारिस ने पहले स्वामीजी से बात की और स्वीकार किया कि वे प्रकांड विद्वान थे। उन्होंने स्वामीजी के ठहरने की समुचित व्यवस्था कर दी। वह स्थान प्राचीन क्रिश्चियन धर्मस्थल पुस्तकालय के समीप था। स्वामीजी को वे दुर्लभ पुस्तकें और पांडुलिपियां पढ़ने को उपलब्ध हुईं तो उन्होंने लगातार तीन दिन-रात में सभी को पढ़ डाला। पढ़ने के प्रति ऐसा समर्पण आज तक किसी ने नहीं देखा था। स्वामीजी चर्चा का केंद्र बन गए। अब वे ईसाई धर्म के विषय में सब कुछ जान गए थे। ईसाई धर्म के विद्वान पादरी और शिक्षक बड़े हैरान थे कि उन्होंने वह सब एकपाठी अध्ययन से ही जान लिया था, जो बड़े-बड़े विद्वान वर्षों के अध्ययन से नहीं जान सके थे। परीक्षा के तौर पर स्वामीजी से इस विषय पर कई विद्वानों ने एक साथ प्रश्नोत्तरी की और पाया कि स्वामीजी ने प्रत्येक पुस्तक के प्रत्येक शब्द को पढ़ा था।

स्वामीजी ने गोवा प्रवास में जो ज्ञान अर्जित किया था, वह वास्तव में उनके कर्म एवं धर्मयुद्ध के समरांगण में एक ब्रह्मास्त्र की भांति था, जिसने समय आने पर उन्हें एक ओजस्वी वक्ता के रूप में स्थापित किया और विश्व-भर में उन्हें स्वामी विवेकानंद के नाम से ख्याति उपलब्ध कराई। वे जानते थे कि विश्व-धर्म सम्मेलन में उनका सामना ईसाई धर्म के ऐसे आग्रही धर्मोपदेशकों से भी होना था, जो भारत-भर में ईसाई धर्म की पताका फहराने के मिशन पर काम कर रहे थे। स्वामीजी गोवा इसी उद्देश्य से गए थे। इससे समझा जा सकता है कि वह संन्यासी भारतीय गौरव को पुनर्जाग्रत करने के लिए कितना व्याकुल, कटिबद्ध और दृढ़-प्रतिज्ञ था।

20

कन्याकुमारी के समुद्र तट पर

यात्रा-पथ को संक्षिप्त करते हुए स्वामीजी एर्नाकुलम पहुंचे। वहां वे कुछ तपःपूत विद्वानों की संगत करके त्रिवेंद्रम आ गए और प्रोफेसर सुंदरम अय्यर के पास ठहरे। वहां उन्हें त्रावणकोर के राजमहल जाने का अवसर मिला। वहां के राजपुत्र ने स्वामीजी से एक विचित्र प्रश्न किया।

"स्वामीजी, आपने तो भारत-भ्रमण किया है। अनेक राजाओं से भेंट हुई होगी। क्या आप बता सकते हैं कि भारत के सभी नरेशों में कौन आपको सर्वश्रेष्ठ लगा?"

"पराधीन भारत में अधिकांश राजा-महाराजा विदेशी शासन के आदेश के अनुसार निर्णय लेते हैं और बहुत कम राजाओं ने प्रजा के प्रति अपने कर्तव्यों का पालन किया है। इनमें सर्वश्रेष्ठ राजा बड़ौदा के महाराज श्रीमान सयाजीराव गायकवाड़ हैं जिनकी देशभक्ति, कार्यकुशलता, प्रजा के प्रति समर्पण और दूरदर्शिता अनुकरणीय है। यदि भारत के सभी राजा ऐसे होते तो संभवतः देश को दासता की यह गहन पीड़ा न सहनी पड़ती।"

इतना स्पष्ट उत्तर सुनकर राजपुत्र भी मौन हो गया। स्वामीजी ने यहां रहकर कुछ कामचलाऊ तमिल भाषा भी सीख ली थी।

स्वामीजी अब कन्याकुमारी की ओर बढ़ चले थे। यहां तक की

भारत-यात्रा में उन्हें अनेक खट्टे-मीठे अनुभवों से गुजरना पड़ा था। लाखों लोगों से वे मिले थे। समाज में व्याप्त अमीरी-गरीबी, ऊंच-नीच, आडंबर, जातिवाद और अन्य अनेक कुरीतियों ने उनके मन को व्यथित कर दिया था। उन्होंने देखा था कि संपन्न लोग जिस प्रकार भोग-विलास आदि में धन उड़ा रहे थे, वह अत्यंत दुखदायी था और कितने ही गरीब भूखे पेट सो जाते थे! कितने ही तो चिरनिद्रा में चले जाते थे। काश, इन अमीरों में मानवता का जरा भी अंश होता और वे यह समझ पाते कि उनके व्यर्थ के खर्चों में से यदि थोड़ा-थोड़ा अंश भी भूखे लोगों को दिया जाए तो समूचे देश में कोई भूख से न मरे।

कन्याकुमारी के समुद्र तट पर इन्हीं व्यथित कर देने वाले अनुभवों से दुखी स्वामीजी का मन-मस्तिष्क ऐसी विचार-शृंखलाओं से भरा हुआ था जिनमें केवल देश और देशवासी ही केंद्रित थे। भारत के गौरवमयी इतिहास और वर्तमान के बीच जो गहरी खाई उत्पन्न हो गई थी, वह विचलित कर रही थी। चक्रवर्ती सम्राट चंद्रगुप्त मौर्य और महानीतिज्ञ चाणक्य ने छिन्न-भिन्न हो चुके राष्ट्र को एक सूत्र में बांधकर विश्वपटल पर भारत का स्वर्णिम मानचित्र अंकित किया था। सम्राट हर्षवर्धन ने इस परंपरा को आगे बढ़ाया, लेकिन बाद में क्रूर शासकों, जमींदारों और ब्राह्मणवादी पाखंड की तिकड़ी ने मकड़ी के जाले की तरह इस तेजस्वी भारत-भूमि को अपने चंगुल में फंसाकर तेजहीन कर दिया। जब भी जनप्रतिकार की संभावना बनी, तभी इस तिकड़ी ने सांप्रदायिकता और जातिवाद के तीक्ष्ण तीर चला दिए।

स्वामीजी इस प्रश्न का उत्तर खोजने निकले थे कि कैसे आहत भारत का पुनः उद्धार होगा! कैसे उसका गौरव पुनः प्राप्त होगा! उत्तर भी मिल गया था। केवल सत्य, सदाचार की धर्म-नीति की स्थापना ही इस दारुण दशा को बदल सकती थी। विशुद्ध सत्य-सनातन धर्म की पुनर्स्थापना करनी होगी। यही तो गीता में भगवान श्रीकृष्ण ने कहा था–'यदा यदा हि धर्मस्य...।' आज देश को उसी की आवश्यकता है। सारा शोषित, पीड़ित और दलित वर्ग इस बात को स्वीकार भी करता है, पर उसे तो 'अवतार' की कामना है। वे तो ईश्वर के अवतरित होने की प्रार्थना कर रहे हैं। ईश्वर अवतरित नहीं होता, वह तो हर क्षण उपस्थित रहता है–प्रत्येक मनुष्य में अपनी संपूर्ण शक्तियों के साथ! कोई या सब अपनी उस शक्ति को पहचानें तो सही! परमहंस ने कहा था कि ईश्वर ही मानव बनता है, क्योंकि फिर मानव ही ईश्वर बनता है। धर्म की रक्षा जीवन का कर्तव्य है और जीवन की सरसता धर्म का स्वभाव! जो नर में नारायण का दर्शन करता है, वही सत्य-धर्म का सच्चा उपासक होता है। सत्य-धर्म की स्थापना हेतु पुनर्जागरण का महाघोष करना ही होगा।

कन्याकुमारी के समुद्र तट पर खड़े स्वामीजी अथाह जलराशि में उन्नत रूप से उभरे हुए दो शिलाखंडों को एकटक निहारते हुए राष्ट्रचिंतन कर रहे थे। इन दोनों शिलाखंडों में जो दूर स्थित था, उसके बारे में पुराणों में लिखा था कि उस पर खड़े होकर देवकन्या ने महादेव को पति रूप में पाने के लिए भीषण तप किया था। स्वामीजी उसी शाक्त स्थल पर जाकर जगत्माता की कृपा प्राप्त करने के आकांक्षी थे। समुद्र अपने भीषण गर्जन के साथ रौद्र रूप में जलभीत बनाकर जैसे उन्हें चेतावनी दे रहा था, पर स्वामीजी के मस्तिष्क में तो विचारों का झंझावात चल रहा था।

"नरेन!" गुरुदेव का स्वर उनके कर्णपटल में गूंज रहा था–"अब तुम्हें कभी भी निर्विकल्प समाधि की अनुभूति नहीं करने दूंगा। तुम्हें सिद्ध पुरुष नहीं बनना है, क्योंकि यह केवल स्वार्थ है। तुम्हें महान कार्य करना है। तुम्हें परमार्थ के मार्ग पर चलकर राष्ट्र में ज्ञान का प्रकाश आलोकित करना है। मैं तुम्हें मुक्त होने की राह पर नहीं, अपितु सबको मुक्त कराने के पावन-पथ पर विजयी होते देखना चाहता हूं। तुम्हारा जीवन तुम्हारा नहीं, अपितु सामाजिक धरोहर है।"

स्वामीजी को इन शब्दों ने सदा ही प्रेरित और ऊर्जावान किया था और आज

तो जैसे उनके निश्चय में प्रस्तर भरता जा रहा था। सागर की उत्ताल तरंगें जो पहले अवरोध के रूप में दिख रही थीं, अब आमंत्रण देती प्रतीत हो रही थीं।

स्वामीजी स्वयं की परीक्षा करने का निश्चय कर चुके थे। जीवन और मृत्यु की संभावना का आनुपातिक अंतर बहुत अधिक नहीं था। भयानक जलचर उस जलगर्भ में रहते थे। लहरों की ऊपर से नीचे गिरती गुफा रूपी आकृति भय उत्पन्न करने के लिए काफी थी, पर यहीं तो जय-विजय का निर्णय होने वाला था। वह शाक्तस्थली ही तो उनके आलिंगन से शक्ति और विश्वास प्रदान करेगी कि वह इस महान कार्य को करने के लिए नियुक्त है कि नहीं।

शक्ति के बिना संसार का उद्धार नहीं हो सकता। शक्ति का ही तो पुनर्जागरण करना है। आध्यात्मिक, सांस्कृतिक और सनातन की शक्ति का पुनर्जागरण! अब अश्रु बहाते रहने का समय नहीं है। यह तो हम बहुत कर चुके। अब स्वयं को कोमल, दुर्बल दिखाने से काम नहीं चलने वाला। उनसे हम मृतप्राय हो चले हैं। अब भारतवर्ष को आवश्यकता है–इस्पाती मांसपेशियों वाली पीढ़ी की, मजबूत स्नायु वाले शरीरों की! इतना दृढ़ बनना होगा कि कोई भी प्रतिरोध हमारी दृढ़ता से टकराकर खंड-खंड हो जाए। शक्ति-संचय और शक्ति-प्रसार को ही जीवन का ध्येय बनाना है।

स्वामीजी ने विचारों को दृढ़ कर लिया था। तट पर खड़े कुछ लोग विचारमग्न संन्यासी को श्रद्धा से देख रहे थे। शक्ति का जैसे आह्वान हुआ और निर्भय स्वामीजी ने ठाठें मारते समुद्र में छलांग लगा दी।

21

शिकागो के भाषण का पूर्व-अभ्यास

मृत्यु भय देती है, पर संकल्पवान के समक्ष उसे भी भय लगता है। मृत्यु तभी तो आनंदित होती है, जब वह जातक के नेत्रों में अपना भय देखती है, पर जिसके नेत्र ही अभय हों, उस पर मृत्यु समय व्यर्थ क्यों करें?

स्वामीजी तैरकर उस शाक्त शिलाखंड पर पहुंच गए थे। उसे नमन करके एक बार चारों ओर फैले नीले जल-विस्तार को देखा, फिर वे पालथी मारकर ध्यान मुद्रा में बैठ गए। उन्हें ऐसा प्रतीत हो रहा था, जैसे शक्ति ने उन्हें स्वीकार कर लिया था। वैचारिक साक्षात्कार का यह भव्य अवसर था।

'मैंने संन्यास-धर्म के पथ पर आकर स्वयं को ईश्वर के प्रति समर्पित कर दिया है। अब मुझे उसी के अनुसार आगे बढ़ना है। सर्वप्रथम भारतवासियों और संसार-भर के मानवों की सेवा करनी है। मानव सेवा को संसार का सर्वव्यापी धर्म बनाना है और भारतवर्ष के पुनर्जागरण के लिए अंतिम श्वास तक जूझते रहना है। राष्ट्र-रक्षा के लिए एक चरित्रसंपन्न, दृढ़ निश्चयी और भय से मुक्त सेना का निर्माण करना है। इसके लिए स्वार्थी, लालची और पाखंडियों को समाज से उखाड़

फेंककर पीड़ितों और शोषितों की सेवा करने वालों का विशाल दल बनाना होगा। मानव सेवा में समर्पित पीढ़ी का निर्माण करना होगा।'

स्वामीजी की वैचारिक अवस्था में 'क्या करना है' तो स्पष्ट हो गया था। अब वे 'कैसे करना है' पर विचारशील थे–

'यह एक महान कर्म है। इसके लिए केवल प्रवचन, भाषण और व्याख्यान ही पर्याप्त नहीं होंगे। धन की भी आवश्यकता होगी। कैसे? क्या भारतीय धनिकों में इतनी भी उदारता शेष नहीं रही? हां, नहीं रही, अन्यथा देश में ऐसा दारिद्र्य न होता। विलासी और भोगी भारतीय धनिक तो स्वयं अकिंचन भिक्षु हैं और भूल से किए गए दान का भी गुणित प्रतिफल मांगते हैं। उनसे क्या आशा करनी!

अमेरिका! समृद्ध, विज्ञानयुक्त और उदारता का पोषक! शोषण और पीड़ा के दौर से गुजरकर अमेरिका ने स्वयं को सिद्ध कर दिया था। जाति-वर्ग, संप्रदाय, जैसे जहरीले कंटकों से मुक्त अमेरिका! अमेरिका से आर्थिक भिक्षा नहीं मांगनी। मांगना तो हमारा स्वभाव ही नहीं है। हम तो दाता हैं। विनिमय की पद्धति से परस्पर सहायता-भाव के संबंध स्थापित करने होंगे। पहले अमेरिका को प्राचीन भारतीय संस्कृति का ज्ञान देना होगा, फिर वहां से विज्ञान और तकनीक भारत में लानी होगी। यही तो उन्नति के अंतर्राष्ट्रीय विनिमय का नियम है। यही करना होगा। यदि इस महान कार्य में सफलता मिली तो निश्चय ही भारतवर्ष की सुषुप्तता भंग हो जाएगी। भारत की प्रतिष्ठा बढ़ेगी और इससे भारतीयों में नए मनोबल और आत्मविश्वास का संचार होगा। अमेरिका जाना ही होगा।'

यही अंतिम निर्णय था। 24 से 26 दिसंबर, जिसमें प्रभु यीशु का जन्मदिन भी था, इन तीन दिन के अखंड चिंतन का अंतिम निश्चय! ऊर्जा, विश्वास और शक्ति से संपन्न वह संन्यासी महायोद्धा वैचारिक साक्षात्कार से दृढ़ हो गया तो विस्तृत समुद्र पर दृष्टिपात किया। शांत और उग्र! अंदर से शांत और किनारों पर उग्र! यही तो स्वामीजी की भी दशा थी। अंदर शांत हो गए थे और बाहर उस कुटिल समाज पर बारूद की भांति फट पड़ने को व्यग्र थे जिसने राष्ट्र का रूप-स्वरूप ही विकृत कर दिया था।

स्वामीजी उस शाक्त शिलाखंड पर वैचारिक साक्षात्कार से ऊर्जावान होकर तैरते हुए वापस किनारे पर आ गए। कन्याकुमारी से वे रामेश्वरम की ओर चल पड़े। मदुरै और रामनद में पड़ाव करके उन्होंने रामेश्वरम में अपनी परिव्राजक यात्रा की इतिश्री की। यद्यपि यह भी पड़ाव ही था, क्योंकि वास्तविक यात्रा तो

अब करनी थी। अब तक का भ्रमण वास्तविक यात्रा के पूर्व का आभास और ज्ञान-संचय हेतु था। यह अवधि ठीक उसी तरह थी, जैसे अर्जुन ने कौरवों (अधर्म) से युद्ध करने के लिए दिव्यास्त्रों का संचय करने हेतु तप और भ्रमण किया था। स्वामीजी ने भी अपने मस्तिष्कीय तुणीर में वे सभी आवश्यक ज्ञानास्त्र संचित कर लिये थे, जो निकट भविष्य में उनके काम आने वाले थे। उस विपुल ज्ञान और स्व-साक्षात्कार से स्वामीजी के मुखमंडल पर जो आभा प्रदीप्त होती थी, उसे एकटक निहारने की क्षमता भी साधारण मनुष्य में नहीं थी।

रामेश्वरम से स्वामीजी पांडिचेरी (पुदुचेरी) के रास्ते मद्रास (चेन्नई) पहुंचे। इस वर्ष उनकी आयु के तीस वर्ष पूरे होने वाले थे। चेन्नई में स्वामीजी का भव्य स्वागत हुआ। स्वामीजी के नेत्रों में एक चुंबकीय आकर्षण था, जिसे देखकर सहज ही उनके विलक्षण ऋषि होने का आभास हो जाता था। ट्रिपिलकेन में स्वामीजी के आह्वान पर सुशिक्षित युवाओं का समूह उनके साथ आ मिला था। वहां 'लिटरेरी सोसाइटी' ने एक कार्यक्रम का आयोजन किया जिसमें नगर के विद्वानों से स्वामीजी का खुला वार्तालाप होना था।

उस आयोजन सभा में लोगों ने प्राचीन राजयोग से लेकर आधुनिक विज्ञान, ऋग्वेद से रघुवंश तक, वेदांत से यूरोप के जटिल दर्शन तक, साहित्य, संगीत, राजनीति, धर्म, प्रजा, सेवक, नीति आदि अनेक विषयों पर प्रश्न किए और स्वामीजी ने अपने अपूर्व ज्ञान से सबको संतुष्ट किया। बहुविध ज्ञान का ऐसा अद्‌भुत एकीकरण दुर्लभ है, पर चेन्नई के प्रबुद्ध वर्ग ने जयघोष के साथ उस ज्ञान-विशारद संन्यासी का स्वागत किया। एक ही समय में अनेक विषयों के जटिल प्रश्नों के सहज उत्तर देने की क्षमता स्वामीजी में थी।

स्वामीजी अब मात्र संन्यासी नहीं रह गए थे। वे अब भारतवर्ष की आशा बन गए थे। चेन्नई प्रवास में ही उनके अनुयायियों की संख्या इतनी तेजी से बढ़ी थी कि आश्चर्य होता था। उनका ओजस्वी भाषण सुनने के लिए भीड़ रैले की तरह चली आती थी। इस भीड़ में सुशिक्षित वर्ग तो होता ही था, वह निर्धन वर्ग भी होता था जिसके पक्ष में स्वामीजी हुंकार-गर्जन करते थे। जब स्वामीजी ने राष्ट्र-उत्थान हेतु अमेरिका जाकर विश्व-धर्म सम्मेलन में भारत के प्राचीन गौरव की गाथा का वर्णन करने की बात कही तो उनके सैकड़ों शिष्य हर्षनाद कर उठे और स्वामीजी की अमेरिका यात्रा के लिए धन-संग्रह किया जाने लगा। जब शिष्य धन लेकर स्वामीजी के पास पहुंचे तो स्वामीजी मौन हो गए।

"क्या बात है स्वामीजी! आपके पवित्र और महान कार्य में हमारा यह तुच्छ सहयोग आपके द्वारा प्रदत्त अधिकार है।" शिष्यमंडल के प्रमुख ने कहा।

"वत्स! समय से पूर्व किसी भी अधिकार का प्रयोग करना उचित नहीं होता। अमेरिका जाना मेरा विचार है, निर्णय नहीं। यह निर्णय लेने का मुझे अधिकार ही नहीं है। जब तक जगत्माता मुझे इसकी अनुमति नहीं देतीं, मैं नहीं जा सकता। दूसरी बात यह कि मैं उन संपन्न लोगों के चंदे से अमेरिका नहीं जाना चाहता, जो गरीबों को हेय दृष्टि से देखते हैं। यदि मैं जनसाधारण से एक-एक पैसा एकत्र करूंगा, तब भी मेरी यात्रा सकुशल संपन्न हो जाएगी। आप लोग इस धन को निर्धनों में बांट दो। मैं माता से अनुमति मिलने के बाद ही आपको बताऊंगा।"

शिष्यों ने ऐसा ही किया। अब स्वामीजी मन-वचन से ध्यानमग्न होने लगे। इसी ध्यानावस्था में एक दिन उन्होंने देखा कि उनके परम पूज्य गुरु श्रीरामकृष्णदेव सागर की लहरों पर जा रहे हैं और उन्हें अपने पीछे आने का संकेत कर रहे हैं। यह स्वामीजी के लिए प्रतीकात्मक संकेत था। अब उन्हें दृढ़ विश्वास हो चला था कि उनका विदेश जाने का विचार दैवीय प्रेरणा था।

10 फरवरी, 1892 को स्वामीजी हैदराबाद पहुंचे और अपेक्षा के अनुसार उनके स्वागत में वहां सैकड़ों लोग रेलवे स्टेशन पर आए हुए थे। यहां से अगले ही दिन स्वामीजी गोलकुंडा का प्रसिद्ध किला देखकर गए। इसके बाद जब निजाम का निमंत्रण मिला तो वे राजमहल के अतिथि हुए। स्वामीजी ने यहां सर्वधर्म समभाव विषय पर जो व्याख्यान दिया, उससे निजाम भी अभिभूत हो गया। निजाम ने स्वामीजी को विदेश यात्रा के हितार्थ कुछ धन देने की कोशिश की, पर स्वामीजी ने 'अभी समय नहीं आया' कहकर वह धन लेना अस्वीकार कर दिया।

स्वामीजी के व्यस्त कार्यक्रम में अगले ही रोज महबूब कॉलेज में उनका भाषण हुआ जिसका विषय था-"माई मिशन टू दि वेस्ट"। इसमें स्वामीजी ने विदेश यात्रा का उद्‌देश्य, लाभ और दृष्टिकोण पर व्यापक चर्चा की।

महबूब कॉलेज का यह भाषण शिकागो में दिए जाने वाले उनके भाषण का पूर्व-अभ्यास था। चेन्नई आने पर वे थियोसोफिकल सोसाइटी की सभाओं में निरंतर अभ्यास करते रहे। यद्यपि विश्व-धर्म सम्मेलन में अभी छह माह का समय था, पर स्वामीजी कुशल योद्धा की भांति उस वातावरण, समाज और परिस्थिति को भी समझ लेना चाहते थे, जहां उन्हें धर्मबिगुल फूंकना था। अत: कम-से-कम तीन माह पहले तो अमेरिका जाना जरूरी था। इसी उद्‌देश्य से उन्होंने गुरुमाता शारदा मां को पत्र लिखा और विदेश जाने की अनुमति मांगी। श्रीमाता जानती थीं कि महान गुरु का महान शिष्य महान कार्य से ही विदेश जाना चाहता है तो उन्होंने पत्र द्वारा शुभाशीष और अनुमति दे दी।

शारदा मां की अनुमति मिलते ही स्वामीजी प्रसन्नता से भर उठे और यह

शुभ समाचार उन्होंने अपने शिष्यों को दिया तो वे भी बड़े हर्षित हुए। वह समय आ गया था, जब विश्व-मंच पर भारतीय दर्शन की गर्जना करने के लिए वह तेजस्वी संन्यासी प्रस्थान करने वाला था। शिष्यमंडली ने इस बार चार हजार रुपये चंदा एकत्र किया था।

स्वामीजी अमेरिका में पूरी तैयारी के साथ जाना चाहते थे। एक अपरिचित देश में किसी परिचित के होने से वहां अधिक आसानी होती है। स्वामीजी भी चाहते थे कि वे किसी ऐसे व्यक्ति से कुछ अनुशंसा-पत्र लेकर जाएं जिससे उन्हें वहां परेशानी न उठानी पड़े। इसके लिए उन्हें थियोसोफिकल सोसाइटी के अध्यक्ष कर्नल ऑलकोट का नाम ध्यान आया, जो अमेरिका में विख्यात थे और वहां की सरकारी मशीनरी में उनके कई मित्र भी थे। सहृदय विद्वान और दयालु ऑलकोट

से स्वामीजी को बड़ी आशा थी, पर जब वे उनसे मिलने पहुंचे और अपना मंतव्य बताया तो उन्होंने कैसी भी सहायता करने से मना कर दिया। स्वामीजी स्तब्ध रह गए। कर्नल ने शर्त रखी कि स्वामीजी थियोसोफिकल सोसाइटी की सदस्यता ग्रहण कर लें, तभी कोई मदद की जाएगी। स्वामीजी को यह स्वीकार नहीं हुआ, क्योंकि वे सोसाइटी के कई विचारों और सिद्धांतों के विरुद्ध थे।

पहले ही कदम पर झटका लगा था, पर स्वामीजी का मनोबल और भी बढ़ गया था। उन्हीं दिनों खेतड़ी के दीवान जगमोहन लाल मद्रास आए और स्वामीजी को महाराज का संदेश दिया। राजा को पुत्र-रत्न की प्राप्ति हुई थी और उसे आशीर्वाद देने के लिए उन्होंने स्वामीजी को सादर निमंत्रण भेजा था। स्वामीजी ने निमंत्रण स्वीकार किया और दीवान साहब के साथ चले आए।

खेतड़ी में महाराज अजीत सिंह ने उनका भव्य स्वागत किया। नवजात राजकुमार को आशीर्वाद देकर स्वामीजी ने वहां कुछ समय बिताया। यहीं पर राजा अजीत सिंह ने उन्हें एक नया नाम दिया–स्वामी विवेकानंद।

22

शिकागो की निराशाजनक स्थिति

खेतड़ी के महाराज ने अपने दीवान जगमोहन लाल को ढेर सारा धन देकर स्वामीजी के साथ बंबई भेज दिया। स्वयं महाराज उनके साथ जयपुर तक आए थे। दीवान साहब ने सविनय प्रार्थना करके स्वामीजी को रेशमी वस्त्र दिए। जहाज का टिकट भी खरीदकर दिया। यह जहाज जापान जाने वाला था और वहां से अमेरिका के लिए दूसरा जहाज लेना था। उसके भी टिकट की व्यवस्था दीवानजी ने एक ट्रेवल कंपनी के माध्यम से कर दी थी।

शिकागो विश्व-धर्म सम्मेलन में सम्मिलित होने के लिए प्रस्थान करते समय स्वामीजी का व्यक्तित्व बड़ा ही आकर्षक दिख रहा था। रेशमी वस्त्रों और साफे से वे किसी रियासत के राजकुमार लग रहे थे। समुद्र तट पर अनेक लोग उस भव्य संन्यासी को एकटक देख रहे थे। दिव्य तेज और आभा से युक्त मुखमंडल को देखकर जहाज के यात्री भी स्वयं को धन्य मान रहे थे कि वह तेजस्वी संन्यासी उनका सहयात्री होगा।

31 मई, 1899 को बंबई बंदरगाह से भारतीय वेदांत की ध्वजा लेकर स्वामी विवेकानंद करोड़ों भारतीयों की आशाओं के साथ पेनिन्सुलर स्टीमर में चढ़े तो उनके शुभचिंतकों और शिष्यों ने हर्षध्वनि के साथ उन्हें विदाई

दी। ठीक समय पर जहाज ने बंदरगाह छोड़ दिया और तट से दूर होता गया। स्वामीजी तट की ओर हाथ हिलाते रहे, जब तक कि सब कुछ उनकी आंखों से ओझल न हो गया।

धर्मयात्रा का आरंभ हो गया था और योद्धा अपने ज्ञानास्त्रों से भरे तुणीर को लेकर एक ऐसे युद्धक्षेत्र में उतर रहा था, जहां उसके कितने विरोधी होंगे, यह भी नहीं पता था। क्या नहीं था उनके मस्तिष्क रूपी तुणीर में? वेद, उपनिषद, विभिन्न शास्त्र, संहिताएं! हिंदू, मुस्लिम, जैन, सिख, पारसी, ईसाई, शैव, वैष्णव, शाक्त आदि सभी संप्रदायों, धर्मों की जानकारी। मनु-शतरूपा से लेकर बुद्ध तक के महान चरित्रों का ज्ञान! पश्चिमी, यूरोपियन, मिस्री, अरबी सभ्यताओं की जानकारी! यह सब पर्याप्त था विश्वविजय के लिए।

स्वामीजी को कुछ दिन तो जहाज पर बंदी होने जैसा आभास हुआ। चारों ओर अंतिम दृश्य बिंदु तक केवल नीला जलविस्तार था। कहीं शांत तो कहीं लहरों की अठखेलियां। ऊपर से सामान की रखवाली का झंझट। उन्होंने अब तक कभी ऐसा झंझट नहीं पाला था। सामान जैसी वस्तु की चिंता तो उन्हें कभी नहीं रही, पर जानते थे कि अब यह सब भी सीखना ही होगा। धीरे-धीरे उन्होंने स्वयं को इस वातावरण के अनुकूल कर लिया। जहाज का पहला पड़ाव कोलंबों में हुआ। यात्रियों को कुछ समय घूमने-फिरने के लिए भी दिया जाता था तो स्वामीजी इस अवसर को कैसे चूकते! उन्होंने वहां हीनयान संप्रदाय के बौद्ध मठों का भ्रमण किया।

जब सिंगापुर पड़ाव हुआ तो वहां भी घूमे। इसी प्रकार हांगकांग, फैंटन, नागासाकी, क्योरो होते हुए उन्हें जापान देखने का अवसर मिला। जापान की प्रगति देखकर स्वामीजी मंत्रमुग्ध थे। काश, उनका भारत भी ऐसा ही होता!

जापान से स्वामीजी दूसरे जहाज में चढ़े और 15 जुलाई को बैंकुवर पहुंचे। कनाडा को देखकर वे चमत्कृत रह गए। आधुनिक हो चला विश्व वहां आ पहुंचा था और अपना देश भारत अभी लकीर का फकीर बना हुआ था। बैंकुवर से वे रेल मार्ग द्वारा शिकागो पहुंचे। उन्होंने जैसा वेदों में अमरावती का वर्णन पढ़ा था, वैसा ही कुछ उन्हें शिकागो के बारे में अनुभव हुआ। हरियाली के बीच चमचमाती सड़कें। क्रमबद्ध अट्टालिकाएं! अस्वच्छता का कहीं कोई नामोनिशान नहीं। संपन्नता और वैभव के बारे में किसी से पूछने की ही आवश्यकता नहीं हुई, वहां के परिवेश ने सब कुछ बता दिया था। स्वामीजी वास्तुकला और सुंदरता के कद्रदान थे तो यह सब देखकर उन्हें बड़ी प्रसन्नता हुई। ऐसा ही अपना भारत भी होगा, उनकी यह आशा दृढ़ हो गई।

स्वामीजी ने सबसे पहले विश्व-धर्म सम्मेलन के विषय में जानकारी ली

तो पता चला कि वह ग्यारह सितंबर को होने वाला था। उसमें अभी लगभग दो माह का समय था। अब आ ही गए थे तो दो माह घूम-फिरकर अमेरिका और अमेरिकन लोगों के बारे में जानकारी प्राप्त करने का यह सुनहरा अवसर था, पर स्वामीजी बाजारी विषय में निपुण नहीं थे। शीघ्र ही उन्हें पता चल गया कि उनके पास जो पैसा है, वह बड़ी तेजी से खर्च होता जा रहा है। मितव्ययी तो थे, पर उन लोगों का क्या करते, जो एक संन्यासी को भी ठगने से बाज न आते थे। वहां किसी ने उन्हें बताया कि शिकागो महंगा शहर है, जबकि बोस्टन में रहना सस्ता और सरल है। अत: भली-भांति सोच-विचारकर वे वहां से 15 अगस्त को बोस्टन जाने वाली गाड़ी में सवार हो गए। इसी गाड़ी में उनका परिचय मिस कैथरीन सेनबोर्न से हुआ, जो एक वृद्ध महिला थीं।

स्वामीजी से बात करके वे बहुत प्रभावित हुईं और उन्हें अनुरोध कर अपने घर ले गईं।

स्वामीजी के सामने एक और समस्या खड़ी हो गई थी जिसने उन्हें बेहद चिंतित कर दिया था। यह समस्या थी कि विश्व-धर्म सम्मेलन में वक्ता के रूप में एक वर्ष पहले से ही सभी देशों और धर्मों के प्रतिनिधियों की प्रवेशिका बनाई जा चुकी थी जिसकी सूची भी तैयार हो गई थी। उस सूची में विवेकानंद, विदिशानंद या सच्चिदानंद के नाम से किसी भारतीय प्रतिनिधि का जिक्र नहीं था। ऐसा होता भी कहां से! स्वामीजी स्वयं जानते थे कि उन्हें या उनके परिचितों में से किसी को इस नियम की जानकारी नहीं थी और उनके नाम का कोई भी आवेदन विश्व-धर्म सम्मेलन की संयोजक समिति को नहीं भेजा गया था।

स्वामीजी विचारमग्न थे, तभी उन्हें सूझा कि अमेरिका में ब्रह्म समाज का भी कार्यालय है। उन्होंने अमेरिकी ब्रह्म समाज के कार्यालय को पत्र लिख दिया—

"मैं किसी संस्था या संप्रदाय का अधिकृत प्रतिनिधि न होने के कारण महासम्मेलन में वक्ता हेतु पात्रता नहीं रखता। यदि ब्रह्म समाज मुझे अपना एक दिन का प्रतिनिधि बनाकर सम्मेलन में भेजने की व्यवस्था कर सके तो बड़ी कृपा होगी।"

यह कैसी विडंबना थी! विवेकानंद की भी और भारतवर्ष की भी। ब्रह्म समाज की अमेरिकी शाखा ने अपने हिंदू संन्यासी को कैसी भी सहायता उपलब्ध कराने से साफ इंकार कर दिया।

श्रीमती सेनबोर्न स्वामीजी की प्रथम अमेरिकी मेजबान शिक्षित लेखिका थीं। वे स्वामीजी की विद्वता की कायल हो गई थीं और अपने मित्रों-परिचितों को अपने घर बुलाकर उनसे मिलवाती रहती थी। स्वामीजी इस सबसे उकता रहे थे। उन्हें

लगा कि उन्हें अनायास ही नुमाइश की वस्तु बना दिया गया है। श्रीमती सेनबोर्न भी शायद जल्दी ही ताड़ गई थीं। अत: उन्होंने गंभीरता दिखाई और स्वामीजी को महिला-कारागार दिखाकर लाईं। स्वामीजी वह कारागार देखकर अचंभित रह गए। उसे कारागार कौन कह सकता था! यह तो सुधारगृह था, वह भी उच्च कोटि का। वहां महिला बंदियों को पुन: सामाजिक जीवन में भेजने का अनुपम कार्य किया जाता था। श्रीमती सेनबोर्न के ही द्वारा उन्होंने बोस्टन में एक प्रभावशाली भाषण दिया।

स्वामीजी के सिर पर बहुत बड़ा काम था, परंतु मार्ग अवरुद्ध थे। उन्हें कोई रास्ता नहीं सूझ रहा था। धन और समय निरंतर कम होते जा रहे थे। उन्होंने श्रीमती सेनबोर्न से अपनी व्यथा बताई तो उन्होंने उन्हें मेसाच्यूसैट्स जाने की सलाह दी और अपने एक मित्र मिस्टर राइट के नाम पत्र लिख दिया। स्वामीजी श्रीमती सेनबोर्न की सलाह मानकर मेसाच्यूसैट्स चले गए और वहां मिस्टर राइट से मिले। मिस्टर राइट हार्वर्ड में ग्रीक भाषा के विद्वान प्रवक्ता थे। स्वामीजी से मिलकर और उनके साथ वार्तालाप करके उन्हें बड़ी प्रसन्नता हुई। उन्होंने कहा कि ऐसे विद्वान संन्यासी की कोई भी सहायता करने में उन्हें खुशी का अनुभव होगा। उन्होंने स्वामीजी की समस्या सुनी।

"स्वामीजी, यह घोर अन्याय है। विद्वता का अपमान है। आप जैसे मनस्वी और विषय विशारद से योग्यता का प्रमाण-पत्र मांगना मूर्खता के अतिरिक्त और क्या है! आप निश्चिंत रहें, आप सम्मेलन में अवश्य भाग लेंगे।"

स्वामीजी को प्रसन्नता की अनुभूति हुई। मिस्टर राइट ने उसी समय अपने एक मित्र मिस्टर बैरोन, जो सम्मेलन के मुख्य स्तंभ थे, के नाम एक पत्र लिख दिया और अलग कागज पर उनका पता लिखकर स्वामीजी को दे दिया। अब स्वामीजी को सम्मेलन में भाग लेने की आशा प्रबल हो गई थी।

मिस्टर राइट ने ही स्वामीजी को शिकागो तक का टिकट खरीदकर दिया था, साथ ही सविनय आग्रह करके कुछ पैसे भी दिए। मिस्टर बैरोन को लिखे पत्र में उन्होंने स्वामीजी के विषय में जो लिखा, वह अद्‌भुत था–

> *"इस विश्व-धर्म महासम्मेलन में जितने भी देशों से विद्वान व वक्ता आए हैं, मेरा विश्वास है कि विवेकानंद उन सभी से श्रेष्ठ प्रकांड विद्वान हैं।"*

स्वामीजी प्रसन्न हृदय मेसाच्यूसैट्स से चले और अन्य अमेरिकी नगरों का भ्रमण करते हुए 9 सितंबर, 1893 को शिकागो पहुंच गए। सम्मेलन में अभी दो दिन का समय शेष था। स्वामीजी शीघ्र ही मिस्टर बैरोन से मिलकर सुनिश्चित कर लेना चाहते थे कि वे धर्म-सम्मेलन में भाग ले रहे हैं। उन्हें एक व्यापारी अमेरिकन

मिला जिसने उन्हें मिस्टर बैरोन के घर पहुंचाने का आश्वासन दिया, पर दुर्भाग्य यह रहा कि वह रेलवे स्टेशन की भीड़ में कहीं गुम हो गया।

स्वामीजी काफी देर तक उसे खोजते रहे और हताश होकर स्टेशन से बाहर की ओर आए। यहां भी उनसे भूल हुई और वे मुख्य द्वार के स्थान पर उत्तर-पूर्वी द्वार से बाहर निकले। बाहर जर्मन लोगों की बस्ती थी और स्वामीजी नहीं जानते थे कि वहां अंग्रेजी भाषा कोई नहीं जानता था। उन्होंने मिस्टर बैरोन के पते वाला कागज निकालने के लिए जेब में हाथ डाला तो सन्न रह गए। कागज भी कहीं गुम हो गया था। दुर्भाग्य पीछा न छोड़ रहा था। कोई उनकी बात न समझ रहा था। सबको जैसे जल्दी थी।

अब अंधेरा होने लगा था। हताश विवेकानंद वापस रेलयार्ड में आए। भटकना व्यर्थ था। अतः वहीं विश्राम करने का विचार करके लकड़ी की एक खाली पेटी में भूखे पेट ईश्वर का नाम लेकर सो गए। कौन जानता था कि उस लकड़ी की पेटी में ज्ञान के बारूद से सुलगता भारत का एक प्रकांड विद्वान दो दिन बाद ही अमेरिका को अपने ओजस्वी ज्ञान-गर्जन से दहला देने वाला था!

सवेरा हुआ तो स्वामीजी उस पेटी से निकलकर स्टेशन के दूसरे द्वार से बाहर आए। बोर्ड पर लिखा था–लंकाशायर स्ट्रीट। शानदार इमारतों की पॉश कॉलोनी। आने-जाने वाले उस विचित्र वेशभूषा वाले तेजस्वी साधु को देखकर प्रभावित भी हो रहे थे और हंस भी रहे थे।

स्वामीजी लोगों से मिलकर बैरोन का पता पूछ रहे थे, पर कोई नहीं बता रहा था। बड़ी अजीब स्थिति थी। दोपहर होने को आई, पर स्वामीजी को मिस्टर बैरोन का पता किसी ने नहीं बताया। हताश-निराश स्वामीजी अपने दुर्भाग्य को कोसने लगे। अब तो भूख ने भी दस्तक दे दी थी। स्थिति असहनीय हुई तो कुपित होकर वहीं सड़क पर बैठ गए और गुरुदेव का स्मरण किया।

"क्यों भेजा मुझे यहां, जब ऐसा ही होना था–आप तो सब जानते थे?"

विवेकानंद जिस स्थिति में थे, उसमें कोई भी व्यक्ति पूरी तरह निराश हो सकता था। विवेकानंद खुद कहते थे कि भूखे पेट को ज्ञान और धर्म की बातें न सुहाती हैं, न सूझती हैं। एक सीमा तक ही व्यक्ति इन दैहिक आवश्यकताओं पर काबू पा सकता है। क्षुधा की प्रबलता जब अपने चरम पर होती है तो व्यक्ति अपने मानसिक संतुलन को भी नहीं संभाल पाता। यह तो विवेकानंद थे–साधना की भट्टी में तपे हुए। वे किसी प्रकार स्वयं को संभाले हुए थे। भूख से पीड़ित अवश्य थे, पर मस्तिष्क में उसका विचार तक न था। विचार तो केवल कल होने वाले सम्मेलन का था जिसमें यदि भाग नहीं ले पाए तो जीवन का कोई अर्थ नहीं

रह जाएगा। विरोधी उपहास करेंगे। नेत्र बंद करके वह प्रज्ञावान तपस्वी संभवतः सद्गुरु और जगत्माता का स्मरण कर रहा था।

डियरबोर्न एवेन्यू के उस रास्ते पर आने-जाने वाले लोगों के लिए वे कौतूहल और मनोरंजन का विषय बन गए थे। उसी रास्ते पर एक छोटा-सा बंगला था जिसके टैरेस पर खड़ी एक अमेरिकन महिला बहुत देर से स्वामीजी की गतिविधियों को देख रही थीं। सुबह से दोपहर होने पर वे संभवतः थोड़ा-बहुत समझ गई थीं कि वह कोई मसखरा या विक्षिप्त नहीं था। अतः वे अपने बंगले से बाहर आईं और स्वामीजी के समीप आकर रुक गईं। उस तेजस्वी मुखमंडल के सम्मोहन ने उन्हें प्रभावित किया और उन्होंने स्वामीजी से आदर सहित परिचय प्राप्त किया और उनकी समस्या जानी, तब जाकर स्वामी को पता चला कि उस इलाके में मिस्टर बैरोन का नाम उन्होंने भी नहीं सुना था तो अन्य कोई क्या बता पाता!

उन सहृदय महिला का नाम श्रीमती जॉर्ज डब्ल्यू. हेल था, जो अपने पति और बच्चों के साथ सामने वाले बंगले में रहती थीं। वे स्वामीजी को आदर सहित अपने घर ले गईं। वहां उन्हें स्नान कराकर भोजन कराया, तब तक मिस्टर हेल भी आ गए थे। वे भी स्वामीजी से मिलकर बहुत प्रसन्न हुए। जब स्वामीजी ने अपनी आपबीती बताई तो मिस्टर हेल गंभीर हो गए, फिर वे मुस्कराए।

"आप निश्चित ही कल धर्मसभा में बोलने वाले हैं। कृपया मेरे साथ आएं।"

हेल दंपती उन्हें अपनी गाड़ी में लेकर चल पड़े। निराशा के बादलों के बीच आशा की एक किरण पुनः झलकी। विश्व-धर्म सम्मेलन के अध्यक्ष डॉक्टर जे.एच. बैरोन हेल दंपती के परिचित और मित्र थे। जब वे मिस्टर बैरोन से मिले और उनसे बातचीत की तो मिस्टर बैरोन ने टेलीफोन पर मिस्टर राइट से बात की और संतुष्ट हो गए। उन्होंने विवेकानंद को भारत के हिंदू धर्म के प्रतिनिधि के रूप में स्वीकृति दे दी, साथ ही प्रतिनिधि निवास में पूर्वी धर्मगुरुओं के विभाग में उनके ठहरने की व्यवस्था भी कर दी।

23

सिस्टर्स एंड ब्रॉदर्स ऑफ अमेरिका!

11 सितंबर, 1893 का दिन भारत के इतिहास की वह सुनहरी तारीख है जिसने अमेरिका महाद्वीप में भारतीय गौरव को स्थापित किया। यह वर्ष इसलिए और भी महत्त्वपूर्ण हो जाता है कि इसमें दो क्रांतिकारी घटनाक्रम एक साथ हुए। एक तो यह कि विवेकानंद वेदांत के अपार ज्ञान का शस्त्रागार लेकर भारतीय स्वीकृति की धर्मध्वजा फहराने अमेरिका महाद्वीप में आए थे और दूसरा यह कि अफ्रीका महाद्वीप से अहिंसा का अभयास्त्र लेकर बैरिस्टर मोहनदास करमचंद गांधी इसी वर्ष भारत की स्वतंत्रता की लड़ाई के अगुआ बनने भारत पहुंचे।

विश्व-धर्म सम्मेलन का मंच सज गया था। शिकागो के आर्ट पैलेस का विशाल हॉल सात हजार प्रतिष्ठित और प्रबुद्ध विद्वानों से भरा हुआ था। यह मानव सभ्य समाज का पहला सर्वधर्म महासम्मेलन था। यहां विश्व के सभी धर्मों के धर्माचार्य, प्रकांड पंडित और विषय विशारद बैठे हुए थे। ईसाई धर्म की स्वघोषित सर्वश्रेष्ठता को चुनौती देने के लिए यहां हिंदू, इस्लाम, बौद्ध, जैन, ज्यू, शिंतो, कनफ्यूशियन, पारसी आदि धर्मों के प्रतिनिधि आए हुए थे।

मंच पर ईसाई रोमन कैथोलिक चर्च के सर्वोच्च धर्माधिकारी कार्डिनल गिबंस बैठे थे। उनके दोनों ओर कलकत्ता ब्रह्म समाज के प्रताप मजूमदार, बंबई ब्रह्म समाज के नागरकर, भारत के ही धर्मगुरु वी.वी.एस. अय्यर और मणिलाल द्विवेदी, सिंहली बौद्ध धर्म के धर्मपाल, थियोसोफिकल सोसाइटी की श्रीमती ऐनी बेसेंट, जैन धर्म से गांधी, पारसी धर्म से सर जे.जे. मोदी और इन्हीं के बीच विवेकानंद भी बैठे थे। शांत, सौम्य और गंभीर मुद्रा में, पर वे ही जानते थे कि इतनी प्रबुद्ध भीड़ को देखकर कैसा अनुभव कर रहे थे। विश्व-मंच पर बोलना सहज तो नहीं था। हजारों विख्यात विद्वानों के समक्ष खड़े होना भी कठिन लग रहा था।

स्वामीजी को दूसरी चिंता यह सता रही थी कि वे बोलने के लिए कोई तैयारी नहीं करके आए थे, जबकि अन्य लोगों के हाथों में नोट्स थे। सभी अपना भाषण लिखकर लाए थे। वे यही सोच रहे थे कि क्या होगा, कैसे होगा?

सुबह के दस बजे और प्रत्येक धर्म के नाम पर घंटानाद करके उनकी वहां उपस्थिति के विषय में श्रोताओं को बताया गया, फिर विश्व-धर्म सम्मेलन का कार्य आरंभ हुआ। जिस धर्म-प्रतिनिधि का नाम पुकारा जाता, वही मंच पर आकर अपना भाषण पढ़ता। कार्डिनल ने कई बार विवेकानंद को संकेत करके भाषण देने को कहा, पर वे अभी अपने आत्मविश्वास को ही तौल रहे लगते थे। दोपहर तक का समय तो गुजर गया, पर अब संयोजकों ने नाम पुकारा तो उन्हें खड़ा होना पड़ा। युवा आकर्षक संन्यासी स्वाभाविक रूप से आकर्षण का केंद्र बना हुआ था।

स्वामीजी ने मन-ही-मन सद्गुरु, जगत्माता, गुरुमाता और सरस्वती का स्मरण किया और आगे बढ़े। उन्होंने संकल्प शक्ति को दृढ़ करके एकाग्रता के साथ बोलना आरंभ किया–

"सिस्टर्स एंड ब्रॉदर्स ऑफ अमेरिका...!"

स्वामीजी का वाक्य अभी पूरा नहीं हुआ था कि सारा हॉल तालियों की गड़गड़ाहट और विचित्र-से कोलाहल से भर उठा। ऐसी अकल्पनीय प्रतिक्रिया की कल्पना तो स्वामीजी ने भी नहीं की थी। उनके मुख से निकले केवल पांच शब्दों ने ही अगले सात मिनट तक अमेरिकी शिष्टाचार के विरुद्ध हॉल को गुंजायमान रखा। संयोजक स्तब्ध थे। धर्म-धुरंदरों के माथे पर सलवटें उभर आई थीं। किसी को भी श्रोतावर्ग ने तालियों का वैसा सम्मान नहीं दिया था।

'लेडिज एंड जेंटलमैन' को सुनने के आदी हो चुके कानों को आज पहली बार इतना नवीन और अपनत्व भरा संबोधन सुनने को मिला तो कैसे भावनाएं वश में रहतीं। मानव अस्तित्व ही भावनाओं पर टिका हुआ है। यही तो मानव धर्म की विशिष्ट पूंजी है। मात्र पांच शब्दों से सात हजार से अधिक सुशिक्षित, प्रबुद्ध और

विचारक समाज को वश में कर लेने का चमत्कार करने वाले स्वामी विवेकानंद मंचीय इतिहास के पहले वक्ता गिने जाते हैं।

विवेकानंद ने 11 सितंबर, 1893 को विश्व-धर्म सम्मेलन में जो पहला और संक्षिप्त-सा व्याख्यान दिया था, उससे श्रोतागण जैसे उनके सम्मोहन में बंध गए थे। इस व्याख्यान में उन्होंने कहा था कि हम लोग सब धर्मों के प्रति केवल सहिष्णुता में ही विश्वास नहीं करते, वरन् समस्त धर्मों को सच्चा मानकर स्वीकार करते हैं, जबकि सांप्रदायिकता, हठधर्मिता और धर्मांधता पृथ्वी को हिंसा से भरती रही हैं। अतएव वे इस व्याख्यान में इनके अंत की कामना करते हैं।

विवेकानंद का आत्मविश्वास सातवें आसमान पर था। जिह्वा की शिराएं खुल गईं और स्वर में ओज आ भरा, जैसे साक्षात् देवी सरस्वती कंठ पर आ विराजी हों और देवगुरु वृहस्पति शब्द गढ़ने लगे हों–

"अमेरिकावासी बहनो और भाइयो!

आपने जिस सौहार्द और स्नेह के साथ हम लोगों का स्वागत किया है, उसके प्रति आभार प्रकट करने के निमित्त खड़े होते समय मेरा हृदय अवर्णनीय हर्ष से परिपूर्ण हो रहा है। संसार में संन्यासियों की सबसे प्राचीन परंपरा की ओर से मैं आपको धन्यवाद देता हूं, धर्मों की माता की ओर से धन्यवाद देता हूं और सभी संप्रदायों एवं मतों के कोटि-कोटि हिंदुओं की ओर से भी धन्यवाद देता हूं।

मैं इस मंच से बोलने वाले उन कतिपय वक्ताओं के प्रति भी धन्यवाद ज्ञापित करता हूं, जिन्होंने प्राची के प्रतिनिधियों का उल्लेख करते समय आपको यह बताया है कि सुदूर देशों के ये लोग सहिष्णुता का भाव विविध देशों में प्रसारित करने के गौरव का दावा कर सकते हैं। मैं एक ऐसे धर्म का अनुयायी होने का अनुभव करता हूं, जिसने संसार को सहिष्णुता तथा सार्वभौम स्वीकृति–दोनों की ही शिक्षा दी है। हम लोग सब धर्मों के प्रति केवल सहिष्णुता में ही विश्वास नहीं करते, वरन् समस्त धर्मों को सच्चा मानकर स्वीकार करते हैं।

मुझे एक ऐसे देश का व्यक्ति होने का अभिमान है, जिसने इस पृथ्वी के समस्त धर्मों और देशों के उत्पीड़ितों तथा शरणार्थियों को आश्रय प्रदान किया है। मुझे आपको यह बताते हुए गर्व का अनुभव होता है कि हमने अपने वक्ष में यहूदियों के विशुद्धतम अवशिष्ट अंश को स्थान दिया था, जिन्होंने दक्षिण भारत में आकर उसी वर्ष शरण ली थी, जिस वर्ष उनका पवित्र मंदिर रोमन जाति के अत्याचार से धूल धूसरित कर दिया गया था। ऐसे धर्म का अनुयायी होने में मैं गर्व का अनुभव करता हूं, जिसने महान जरथुष्ट्र जाति के अवशिष्ट अंश को शरण दी और जिसका पालन वह अब तक कर रहा है।

भाइयो, मैं आप लोगों को एक स्तोत्र की कुछ पंक्तियां सुनाता हूं, जिसकी आवृत्ति मैं अपने वचन से कर रहा हूं और जिसकी आवृत्ति प्रतिदिन लाखों मनुष्य किया करते हैं–

रुचीनां वैचित्र्यादृजुकुटिलनानापथजुषाम्।
नृणामेको गम्यस्त्वमसि पयसामर्णव इव॥

–शिवमहिम्नः स्तोत्रम्

अर्थात् हे प्रभो! विभिन्न नदियां जिस प्रकार भिन्न-भिन्न स्रोतों से निकलकर समुद्र में समाहित हो जाती हैं, उसी प्रकार भिन्न-भिन्न रुचि के अनुसार विभिन्न

टेढ़े-मेढ़े अथवा सीधे रास्ते से जाने वाले लोग अंत में तुझमें ही आकर मिल जाते हैं।

यह सभा, जो अभी तक आयोजित सर्वश्रेष्ठ पवित्र सम्मेलनों में से एक है, स्वतः ही गीता के इस अद्‌भुत उपदेश का प्रतिपादन एवं जगत के प्रति उसकी घोषणा है–

ये यथा मां प्रपद्यन्ते तांस्थैव भजाम्यहम्।
मम वर्त्मानुवर्तन्ते मनुष्याः पार्थ सर्वशः॥
–गीता

अर्थात् जो कोई मेरी ओर आता है–चाहे किसी प्रकार से ही हो, मैं उसको प्राप्त होता हूं। लोग भिन्न-भिन्न मार्ग द्वारा प्रयत्न करते हुए अंत में मेरी ही ओर आते हैं।

सांप्रदायिकता, हठधर्मिता और उनकी वीभत्स वंशधर धर्मांधता इस सुंदर पृथ्वी पर बहुत समय तक राज्य कर चुकी हैं। ये पृथ्वी को हिंसा से भरती रही

हैं, बारंबार मानवता के रक्त से नहाती रही हैं, सभ्यताओं का विध्वंस करती और पूरे-पूरे देशों को निराशा के गर्त में डालती रही हैं। यदि ये वीभत्स दानवताएं न होतीं तो मानव समाज आज की अवस्था से कहीं अधिक उन्नत हो गया होता। अब उनका अंत समय आ गया है और मैं आंतरिक रूप से आशा करता हूं कि आज सुबह इस सभा के सम्मान में जो घंटाध्वनि हुई है, वह समस्त धर्मांधता का, तलवार या लेखनी के द्वारा होने वाले सभी उत्पीड़नों का तथा एक ही लक्ष्य की ओर अग्रसर होने वाले मानवों की पारस्परिक कटुताओं का मृत्युनिनाद सिद्ध हो।"

स्वामी विवेकानंद ने अपने भाषण के कोई नोट्स नहीं बनाए थे। ये विश्व-बंधुत्व की कामना करते, धार्मिक विकृतियों से चिंतित और समूची मानव जाति के कल्याण की सदिच्छा लिये एक महान संस्कारी व निष्ठावान ब्रह्मचारी के सहज उद्गार थे। अमेरिका का प्रबुद्ध समाज जिसे सुनकर पांच मिनट के लिए अपना शिष्टाचार तक भूल गया था, वह किसी सम्मोहन या वशीकरण का परिणाम न था, बल्कि मानवता की सहज स्नेही अपनत्व भरी पुकार थी।

24

वेदः आविष्कृत आध्यात्मिक सत्यों का संचित कोष

अमेरिका के अगले दिन के लगभग सभी समाचार-पत्रों के शीर्ष समाचार ही स्वामी विवेकानंद थे। सारा अमेरिका उस तेजस्वी और मानव-धर्म के प्रचारक संन्यासी के दर्शन को आकुल हो उठा था। टिप्पणियों का केंद्र विवेकानंद थे। प्रबुद्ध विचारकों ने विवेकानंद को विश्व के महानतम नवोन्मेषी विचारक की उपाधि प्रदान कर दी थी। क्रिश्चियन धर्म के धर्म-धुरंदर चिंतित हो उठे कि उनका अपना ही समाज एक छोटे-से भाषण से अपने धर्म को कमतर न आंकने लगे।

स्वामीजी के इस भाषण और अमेरिकी समाज की प्रतिक्रिया पर सबसे भावपूर्ण और सारगर्भित टिप्पणी धर्मसभा के विज्ञान विभाग की सभापति माननीय मार्विन मेरी स्नैल ने इन शब्दों में की है–"इस प्रथम विश्व-धर्म सम्मेलन की सबसे बड़ी उपलब्धि यह रही कि इसने ईसाई समाज और खासकर अमेरिकी लोगों को यह समझा दिया है कि विश्व में क्रिश्चियन धर्म से भी अधिक उदार और सम्माननीय धर्म हैं, जो आध्यात्मिक निष्ठा, मानवीय सहानुभूति की विशालता, स्वाधीन विचारधारा के तेज में और

दार्शनिक चिंतन की गहराई में ईसाई धर्म से कहीं बहुत आगे हैं। इसके साथ ही उनमें कार्यकुशलता और नैतिक सौंदर्य भी भरपूर है।"

स्वामीजी का दूसरा भाषण 15 सितंबर को होना था और उस दिन जैसे संपूर्ण अमेरिका ही शिकागो में सिमट आया था। हॉल में सीमित और निश्चित स्थान थे। संयोजकों को बाकी भीड़ के लिए बाहर भाषण सुनने की व्यवस्था करनी पड़ी और बड़ी संख्या में सुरक्षाबल भी लगाने पड़े। वैसा उत्साह एवं उन्माद शिकागो में पहले कभी नहीं देखा गया था और यह केवल स्वामी विवेकानंद को सुनने के लिए था।

आज के भाषण का विषय 'हम लोगों के बीच मतभेद क्यों हैं?' था। अन्य धर्म-मर्मज्ञ आज भी अपने-अपने धर्म के पारंपरिक ज्ञान पर ही बोले थे और अपने धर्म के पक्ष में तर्क-वितर्क से श्रेष्ठता सिद्ध करने के प्रयास किए। जब स्वामीज़ी की बारी आई तो उन्होंने इतना प्रभावशाली भाषण दिया कि अंदर और बाहर तालियों की गड़गड़ाहट से शिकागो बार-बार गुंजायमान होता रहा।

अब संयोजकों ने स्वामीजी के भाषण को सबसे अंत में कराना निश्चित किया जिससे भीड़ और श्रोतावर्ग को अंत समय तक रोका जा सके और यही होता भी था। स्वामीजी को सुनने के लिए श्रोता बड़े धैर्य से बैठे रहते थे। अब उन्हें प्रतिदिन थोड़ा बहुत अवश्य ही बोलना पड़ता था। शिकागो विश्व-धर्म सम्मेलन में 19 सितंबर, 1893 के सत्र को संबोधित करते हुए स्वामी विवेकानंद ने वेदांत दर्शन पर गंभीर व्याख्यान दिया। उनके विचार से वेदों का अर्थ कोई पुस्तक नहीं, वरन् भिन्न-भिन्न कालों में विभिन्न व्यक्तियों द्वारा आविष्कृत आध्यात्मिक सत्यों का संचित कोष है। वे अपनी बात को वैज्ञानिक परिप्रेक्ष्य में तार्किक ढंग से इस प्रकार प्रस्तुत करते थे कि श्रोतागण मंत्र-मुग्ध होकर इन विचारों की गहराई में डूब जाते थे–

"...हिंदू जाति ने अपना धर्म श्रुति-वेदों से प्राप्त किया है। उनकी धारणा है कि वेद अनादि और अनंत हैं। संभव है, श्रोताओं को यह बात हास्यास्पद लगे कि कोई पुस्तक अनादि और अनंत कैसे हो सकती है! किंतु वेदों का अर्थ कोई पुस्तक है ही नहीं। वेदों का अर्थ है–भिन्न-भिन्न कालों में भिन्न-भिन्न व्यक्तियों द्वारा आविष्कृत आध्यात्मिक सत्यों का संचित कोष। जिस प्रकार गुरुत्वाकर्षण का सिद्धांत मनुष्यों को पता लगने से पूर्व से ही अपना काम करता चला आया था और आज यदि मनुष्य जाति उसे भूल जाए तो भी वह नियम अपना काम करता ही रहेगा, ठीक वही बात आध्यात्मिक जगत का शासन करने वाले नियमों के संबंध में भी है।

एक आत्मा का दूसरी आत्मा के साथ और जीवात्मा का आत्माओं के परम

पिता के साथ जो नैतिक तथा आध्यात्मिक संबंध हैं, वे उनके आविष्कार से पूर्व भी थे और हम यदि उन्हें भूल भी जाएं, तो भी बने रहेंगे।

इन नियमों या सत्यों का आविष्कार करने वाले 'ऋषि' कहलाते हैं। हम उनको पूर्णत्व तक पहुंची हुई आत्मा मानकर सम्मान देते हैं। श्रोताओं को यह बताते हुए मुझे हर्ष होता है कि इन महानतम ऋषियों में कुछ स्त्रियां भी थीं।

यहां यह कहा जा सकता है कि ये नियम नियम के रूप में अनंत भले ही हों, पर इनका आदि तो अवश्य ही होना चाहिए। वेद हमें यह सिखाते हैं कि सृष्टि का न आदि है, न अंत। विज्ञान ने हमें सिद्ध कर दिखाया है कि समग्र विश्व की सारी ऊर्जा-समष्टि का परिमाण सदा एक-सा रहता है, तो फिर यदि ऐसा कोई समय था, जबकि किसी वस्तु का अस्तित्व ही नहीं था, उस समय यह संपूर्ण व्यक्त ऊर्जा कहां थी। कुछ लोग कहते हैं कि ईश्वर में ही वह सब अव्यक्त रूप में निहित थी, तब तो ईश्वर कभी अव्यक्त और कभी व्यक्त है, इससे तो वह विकारशील हो जाएगा। प्रत्येक विकारशील पदार्थ यौगिक होता है और हर यौगिक पदार्थ में वह परिवर्तन अवश्यंभावी है, जिसे हम विनाश कहते हैं। इस तरह तो ईश्वर की मृत्यु हो जाएगी, जो अनर्गल है। अतः ऐसा समय कभी नहीं था, जब यह सृष्टि नहीं थी।

मैं एक उपमा दूं। स्रष्टा और सृष्टि मानो दो रेखाएं हैं, जिनका न आदि है, न अंत और जो समानांतर चलती हैं। ईश्वर नित्य क्रियाशील विधाता है, जिसकी शक्ति से प्रलयपयोधि में से नित्यशः एक के बाद एक ब्रह्मांड का सृजन होता है, वे कुछ काल तक गतिमान रहते हैं और तत्पश्चात् वे पुनः विनष्ट कर दिए जाते हैं। 'सूर्यचंद्रमसौ धाता यथापूर्वमकल्पयत्' अर्थात् इस सूर्य और चंद्रमा को विधाता ने पूर्व कल्पों के सूर्य और चंद्रमा के समान निर्मित किया है—इस वाक्य का नित्य पाठ प्रत्येक हिंदू बालक प्रतिदिन करता है।

यहां पर मैं खड़ा हूं और अपनी आंखें बंद करके यदि मैं अपने अस्तित्व 'मैं', 'मैं', 'मैं' को समझने का प्रयत्न करूं तो मुझमें किस भाव का उदय होता है? इस भाव का कि मैं शरीर हूं—तो क्या मैं भौतिक पदार्थों के संघात के सिवा और कुछ नहीं हूं? वेदों की घोषणा है—'नहीं, मैं शरीर में रहने वाली आत्मा हूं, मैं शरीर नहीं हूं। शरीर मर जाएगा, पर मैं नहीं मरूंगा। मैं इस शरीर में विद्यमान रहूंगा ही। मेरा एक अतीत भी है, आत्मा की सृष्टि नहीं हुई है, क्योंकि सृष्टि का अर्थ है, भिन्न-भिन्न द्रव्यों का संघात और इस संघात का भविष्य में विघटन अवश्यंभावी है। अतएव यदि आत्मा का सृजन हुआ तो उसकी मृत्यु भी होनी चाहिए।

कुछ लोग जन्म से ही सुखी होते हैं, पूर्ण स्वास्थ्य का आनंद भोगते हैं, उन्हें

सुंदर शरीर, उत्साहपूर्ण मन और सभी आवश्यक सामग्रियां प्राप्त रहती हैं। दूसरे कुछ लोग जन्म से ही दुखी होते हैं, किसी के हाथ या पांव नहीं होते तो कोई मूर्ख होते हैं और येन-केन-प्रकारेण अपने दुखमय जीवन के दिन काटते हैं। ऐसा क्यों?

यदि ये सभी एक ही न्यायी और दयालु ईश्वर ने उत्पन्न किए हों तो फिर उसने एक को सुखी और दूसरे को दुखी क्यों बनाया? ईश्वर ऐसा पक्षपाती क्यों है? फिर ऐसा मानने से भी बात नहीं सुधर सकती कि जो इस वर्तमान जीवन में दुखी है, वे भावी जीवन में पूर्ण सुखी रहेंगे। न्यायी और दयालु ईश्वर के राज्य में मनुष्य इस जीवन में भी दुखी क्यों रहे?

दूसरी बात यह है कि सृष्टि-उत्पादक ईश्वर को मान्यता देने वाला सिद्धांत वैषम्य की कोई व्याख्या नहीं करता, बल्कि वह तो केवल एक सर्वशक्तिमान पुरुष का निष्ठुर आदेश ही प्रकट करता है। अतएव इस जन्म के पूर्व ऐसे कारण होने ही चाहिए, जिनके फलस्वरूप मनुष्य इस जन्म में सुखी या दुखी हुआ करता है और ये कारण हैं, उसके ही पूर्वानुष्ठित कर्म।

क्या मनुष्य के शरीर और मन की सारी प्रवृत्तियों की व्याख्या उत्तराधिकार से प्राप्त क्षमता द्वारा नहीं हो सकती? यहां जड़ और चैतन्य (मन), सत्ता की दो समानांतर रेखाएं हैं। यदि जड़ और जड़ के समस्त रूपांतर ही, जो कुछ यहां हैं, उसके कारण सिद्ध हो सकते तो फिर आत्मा के अस्तित्व को मानने की कोई आवश्यकता ही न रह जाती। यह सिद्ध नहीं किया जा सकता कि चैतन्य (विचार) का विकास जड़ से हुआ है। यदि कोई दार्शनिक अद्वैतवाद अनिवार्य है तो आध्यात्मिक अद्वैतवाद निश्चय ही तर्कसंगत है और भौतिक अद्वैतवाद से किसी भी प्रकार कम वांछनीय नहीं है, परंतु यहां इन दोनों की आवश्यकता नहीं है।

हम यह स्वीकार नहीं कर सकते कि शरीर कुछ प्रवृत्तियों को आनुवंशिकता से प्राप्त करता है, किंतु ऐसी प्रवृत्तियों का अर्थ केवल शारीरिक रूपाकृति है, जिसके माध्यम से केवल एक विशेष मन एक विशेष प्रकार से काम करता है। आत्मा की कुछ ऐसी विशेष प्रवृत्तियां होती हैं, जिनकी उत्पत्ति अतीत के कर्म से होती है। एक विशेष प्रवृत्ति वाली जीवात्मा 'योग्यं योग्येन युज्यते' इस नियमानुसार उसी शरीर में जन्म ग्रहण करती है, जो उस प्रवृत्ति के प्रकट करने के लिए सबसे उपयुक्त आधार हो। यह विज्ञानसंगत है, क्योंकि विज्ञान हर प्रवृत्ति की व्याख्या आदत से करना चाहता है और आदत आवृत्तियों से बनती है। अतएव नवजात जीवात्मा की नैसर्गिक आदतों की व्याख्या के लिए आवृत्तियां अनिवार्य हो जाती हैं और चूंकि वे प्रस्तुत जीवन में प्राप्त नहीं होतीं, अत: वे पिछले जीवनों से ही आई होंगी।

एक और दृष्टिकोण है। ये सभी बातें स्वयंसिद्ध भी मान लें तो मैं अपने पूर्व

जन्म की कोई बात स्मरण क्यों नहीं रख पाता? इसका समाधान सरल है। मैं अभी अंग्रेजी बोल रहा हूं। वह मेरी मातृभाषा नहीं है। वस्तुतः इस समय मेरी मातृभाषा का कोई भी शब्द मेरे चित्त में उपस्थित नहीं है, पर उन शब्दों को सामने लाने का थोड़ा प्रयत्न करते ही वे मेरे मन में उमड़ आते हैं। इससे यही सिद्ध होता है कि चेतना मानस सागर की सतह मात्र है और भीतर उसकी गहराई में, हमारी समस्त अनुभव-राशि संचित है। केवल प्रयत्न तथा उद्यम कीजिए, वे सब ऊपर उठ आएंगे और अपने पूर्व जन्मों का भी ज्ञान प्राप्त कर सकेंगे।

यह प्रत्यक्ष एवं प्रतिपाद्य प्रमाण है। सत्यसाधन ही किसी परिकल्पना का पूर्ण प्रमाण होता है और ऋषिगण यहां समस्त संसार को एक चुनौती दे रहे हैं। हमने उस रहस्य का पता लगा लिया है, जिससे स्मृतिसागर की गंभीरतम गहराई तक का मंथन किया जा सकता है—उसका प्रयोग कीजिए और आप अपने पूर्व जन्मों की संपूर्ण संस्कृति प्राप्त कर लेंगे।

अतएव हिंदू का यह विश्वास है कि वह आत्मा है–

नैनं छिन्दन्ति शस्त्राणि, नैनं दहति पावकः।
न चैनं क्लेदयन्त्यापो न शोषयति मारुतः॥

–गीता-2/23

अर्थात् उसको शस्त्र काट नहीं सकते, अग्नि दग्ध नहीं कर सकती, जल भिगो नहीं सकता और वायु सुखा नहीं सकती। हिंदुओं की यह धारणा है कि आत्मा एक ऐसा वृत्त है, जिसकी परिधि कहीं नहीं है, किंतु जिसका केंद्र शरीर में अवस्थित है और मृत्यु का अर्थ है, इस केंद्र का एक शरीर से दूसरे शरीर में स्थानांतरित हो जाना। यह आत्मा जड़ की उपाधियों से बद्ध नहीं है। वह स्वरूपतः नित्य-शुद्ध-बुद्ध-मुक्त स्वभाव है, परंतु किसी कारण से वह अपने को जड़ से बंधी हुई पाती है और अपने को जड़ समझती है।

अब दूसरा प्रश्न यह है कि यह विशुद्ध, पूर्ण और विमुक्त आत्मा इस प्रकार जड़ का दासत्व क्यों स्वीकार करती है? स्वयं पूर्ण होते हुए भी इस आत्मा को अपूर्ण होने का भ्रम कैसे हो जाता है? हमें यह बताया जाता है कि हिंदू लोग इस प्रश्न से कतरा जाते हैं और कह देते हैं कि ऐसा प्रश्न हो ही नहीं सकता। कुछ विचारक प्रायः पूर्ण सत्ताओं की कल्पना कर लेते हैं और इस रिक्त को भरने के लिए बड़े-बड़े वैज्ञानिक नामों का प्रयोग करते हैं, परंतु नाम दे देना व्याख्या नहीं है। प्रश्न ज्यों-का-त्यों ही बना रहता है। पूर्ण ब्रह्म प्रायः पूर्ण अथवा अपूर्ण कैसे हो सकता है, शुद्ध, निरपेक्ष ब्रह्म अपने स्वभाव को सूक्ष्मातिसूक्ष्म कण-भर भी परिवर्तित कैसे कर सकता है? पर हिंदू ईमानदार है। वह मिथ्या तर्क का सहारा

नहीं लेना चाहता। पुरुषोचित रूप में इस प्रश्न का सामना करने का साहस वह रखता है और इस प्रश्न का उत्तर देता है–"मैं नहीं जानता। मैं नहीं जानता कि पूर्ण आत्मा अपने को अपूर्ण कैसे समझने लगी, जड़ पदार्थों के संयोग से अपने को जड़नियमाधीन कैसे मानने लगी।" पर इस सबके बावजूद तथ्य जो है, वही रहेगा। यह सभी की चेतना का एक तथ्य है कि प्रत्येक व्यक्ति अपने को शरीर मानता है। हिंदू इस बात की व्याख्या करने का प्रयत्न नहीं करता कि मनुष्य अपने को शरीर क्यों समझता है। 'यह ईश्वर की इच्छा है' यह उत्तर कोई समाधान नहीं है। यह उत्तर हिंदू के 'मैं नहीं जानता' के अतिरिक्त और कुछ नहीं है।

अतएव मनुष्य की आत्मा अनादि और अमर है, पूर्ण और अनंत है और मृत्यु का अर्थ है–एक शरीर से दूसरे शरीर में केवल केंद्र परिवर्तन। वर्तमान अवस्था हमारे पूर्वानुष्ठित कर्मों द्वारा निश्चित होती है और भविष्य वर्तमान कर्मों द्वारा। आत्मा जन्म और मृत्यु के चक्र में लगातार घूमती हुई कभी ऊपर विकास करती है, कभी प्रत्यागमन करती है। यहां एक दूसरा प्रश्न यह उठता है–क्या मनुष्य प्रचंड तूफान में ग्रस्त वह छोटी-सी नौका है, जो एक क्षण किसी वेगवान तरंग के फेनिल शिखर पर चढ़ जाती है और दूसरे क्षण भयानक गर्त में नीचे ढकेल दी जाती है। वह अपने शुभ और अशुभ फलों की दया पर केवल इधर-उधर भटकती फिरती है क्या? क्या वह कार्य-कारण की सतत प्रवाही, निर्मम, भीषण तथा गर्जनशील धारा में पड़ा हुआ अशक्त, असहाय भग्न पोत है? क्या वह उस कारणता के चक्र के नीचे पड़ा हुआ एक क्षुद्र शलभ है, जो विधवा के आंसुओं तथा अनाथ बालक की आहों की तनिक भी चिंता न करते हुए, अपने मार्ग में आने वाली सभी वस्तुओं को कुचल डालता है? इस प्रकार के विचार से अंतःकरण कांप उठता है, पर यही प्रकृति का नियम है तो फिर क्या कोई आशा ही नहीं है? क्या इससे बचने का कोई मार्ग नहीं है? यही करुण पुकार निराशा-विह्वल हृदय के अंतःस्तल से ऊपर उठी और उस करुणामय के सिंहासन तक जा पहुंची। वहां से आशा तथा सांत्वना की वाणी निकली और उसने एक वैदिक ऋषि को अंतःस्फूर्ति प्रदान की और उसने संसार के सामने खड़े होकर तूर्यस्वर में इस आनंद-संदेश की घोषणा की–

शृंण्वन्तु विश्वे अमृतस्य पुत्रा आ ये धामानि दिव्यानि तस्थुः।
वेदाहमेतं पुरुषं महान्तमादित्यवर्णं तमसःपरस्तात्।
तमेव विदित्वाऽतिमृत्युमेति नान्यः पन्था विद्यतेऽयनाय॥
–श्वेताश्वतरोपनिषद्–2/5, 3-8

अर्थात् हे अमृत के पुत्रो! सुनो! हे दिव्यधामवासी देवगण, तुम भी सुनो। मैंने उस अनादि, पुरातन पुरुष को प्राप्त कर लिया है, जो समस्त अज्ञान-अंधकार और

माया से परे है। केवल उस पुरुष को जानकर ही तुम मृत्यु के चक्र से छूट सकते हो। दूसरा कोई पथ नहीं है।

'अमृत के पुत्रो'–कैसा मधुर और आशाजनक संबोधन है यह! बंधुओ, इसी मधुर नाम–अमृत के अधिकारी से आपको संबोधित करूं, आप इसकी आज्ञा मुझे दें। निश्चय ही हिंदू आपको पापी कहना अस्वीकार करता है। आप तो ईश्वर की संतान हैं, अमर आनंद के भागी हैं, पवित्र और पूर्ण आत्मा हैं। आप इस मर्त्यभूमि पर देवता हैं। आप भला पापी? मनुष्य को पापी कहना ही पाप है, वह मानव स्वरूप पर घोर लांछन है। आप उठें। हे सिंहो! आएं और इस मिथ्या भ्रम को झटककर दूर फेंक दें कि आप भेड़ हैं। आप हैं आत्मा–अमर, मुक्त, आनंदमय और नित्य! आप जड़ नहीं हैं, आप शरीर नहीं हैं, जड़ तो आपका दास है, न कि आप जड़ के दास हैं।

अतः वेद ऐसी घोषणा नहीं करते कि यह सृष्टि-व्यापार कतिपय निर्मम विधानों का संघात है और न यह कि वह कार्य-कारण की अनंत कारा है, वरन् वे यह घोषित करते हैं कि इन सब प्राकृतिक नियमों के मूल में, जड़ तत्त्व और शक्ति के प्रत्येक अणु-परमाणु में ओत-प्रोत वही एक विराजमान है–

भयादस्याग्निस्तपति भयात्तपति सूर्यः।
भयादिन्द्रश्च वायुश्च मृत्युर्धावति पञ्चमः॥

–कठोपनिषद्–2/3

अर्थात् जिसके आदेश से वायु चलती है, अग्नि दहकती है, बादल बरसते हैं और मृत्यु पृथ्वी पर नाचती है।

और उस पुरुष का स्वरूप क्या है?

वह सर्वत्र है, शुद्ध निराकार है, सर्वशक्तिमान है, सब पर उसकी पूर्ण दया है। 'तू हमारा पिता है, तू हमारी माता है, तू हमारा परम प्रेमास्पद सखा है, तू ही सभी शक्तियों का मूल है, हमें शक्ति दे। तू ही इन अखिल भुवनों का भार वहन करने वाला है, तू मुझे इस जीवन के क्षुद्र भार को वहन करने में सहायता दे।' वैदिक ऋषियों ने यही गाया है। हम उसकी पूजा किस प्रकार करें? प्रेम के द्वारा। 'ऐहिक तथा पारत्रिक समस्त प्रिय वस्तुओं से भी अधिक प्रिय जानकर उस परम प्रेमास्पद की पूजा करनी चाहिए।'

वेद हमें प्रेम के संबंध में इसी प्रकार की शिक्षा देते हैं। अब देखें कि श्रीकृष्ण ने, जिन्हें हिंदू लोग पृथ्वी पर ईश्वर का पूर्णावतार मानते हैं, इस प्रेम के सिद्धांत का पूर्ण विकास किस प्रकार किया है और हमें क्या उपदेश दिया है–

उन्होंने कहा है कि मनुष्य को इस संसार में पद्म-पत्र की तरह रहना चाहिए। पद्म-पत्र जैसे पानी में रहकर भी उससे नहीं भीगता, उसी प्रकार मनुष्य को भी

संसार में रहना चाहिए–उसका हृदय संसार में लगा रहे और उसके हाथ कर्म करने में लगे रहें।

इहलोक या परलोक में पुरस्कार की प्रत्याशा से ईश्वर से प्रेम करना बुरी बात नहीं है, पर केवल प्रेम के लिए ही ईश्वर से प्रेम करना सबसे अच्छा है और उसके निकट यही प्रार्थना करनी उचित है–

न धनं न जनं न च सुन्दरीं कवितां वा जगदीश कामये।
मम जन्मनि जन्मनीवेश्वरे भवताद्भक्तिरहेतुकी त्वयि॥

–शिक्षाष्टक–4

अर्थात् हे भगवान! मुझे न तो संपत्ति चाहिए, न संतति, न विद्या। यदि तेरी इच्छा है तो सहस्रों बार जन्म-मृत्यु के चक्र में पड़ूंगा, पर हे प्रभो, केवल इतना ही दे कि मैं फल की आशा छोड़कर तेरी भक्ति करूं, केवल प्रेम के लिए ही तुझ पर मेरा नि:स्वार्थ प्रेम हो।'

श्रीकृष्ण के एक शिष्य युधिष्ठिर उस समय भारत के सम्राट थे। उनके शत्रुओं ने उन्हें राजसिंहासन से च्युत कर दिया था और उन्हें अपनी साम्राज्ञी के साथ हिमालय के जंगल में आश्रय लेना पड़ा था। वहां एक दिन साम्राज्ञी ने उनसे प्रश्न किया–

नाहं कर्मफलान्वेषी राजपुत्रि चराम्युत।
ददामि देयमित्येव यजे यष्टव्यमित्युत॥
धर्म एवं मनः कृष्णे स्वभावाच्चैच मे धृतम्।
धर्मवाणिज्यको हीनो जघन्यो धर्मवादिनाम्॥

–महाभारत, वनपर्व

अर्थात् मनुष्यों में सर्वोपरि पुण्यवान होते हुए भी आपको इतना दुख क्यों सहना पड़ता है? युधिष्ठिर ने उत्तर दिया, महारानी, देखो, यह हिमालय कैसा भव्य और सुंदर है। मैं इससे प्रेम करता हूं। यह मुझे कुछ नहीं देता, पर मेरा स्वभाव ही ऐसा है कि मैं भव्य और सुंदर वस्तु से प्रेम करता हूं और इसी कारण मैं इससे प्रेम करता हूं। उसी प्रकार मैं ईश्वर से प्रेम करता हूं। वह अखिल सौंदर्य, समस्त सुषमा का मूल है। वही एक ऐसा पात्र है, जिससे प्रेम करना चाहिए। उससे प्रेम करना मेरा स्वभाव है और इसलिए मैं उससे प्रेम करता हूं। मैं किसी बात के लिए उससे प्रार्थना नहीं करता, मैं उससे कोई वस्तु नहीं मांगता। उसकी जहां इच्छा हो, मुझे रखे। मैं तो सब अवस्थाओं में केवल प्रेम के लिए ही उस पर प्रेम करना चाहता हूं, मैं प्रेम में सौदा नहीं कर सकता।

वेद कहते हैं कि आत्मा दिव्य स्वरूप है, वह केवल पंचभूतों के बंधनों में

बंध गई है और उन बंधनों के टूटने पर वह अपने पूर्णत्व को प्राप्त कर लेगी। इस अवस्था का नाम मुक्ति है, जिसका अर्थ है स्वाधीनता–अपूर्णता के बंधनों से छुटकारा, जन्म-मृत्यु से छुटकारा।

यह बंधन केवल ईश्वर की दया से ही टूट सकता है और यह दया पवित्र लोगों को ही प्राप्त होती है। अतएव पवित्रता ही उसके अनुग्रह की प्राप्ति का उपाय है। उसकी दया किस प्रकार काम करती है? वह पवित्र हृदय में अपने को प्रकाशित करता है। पवित्र और निर्मल मनुष्य इसी जीवन में ईश्वर-दर्शन प्राप्त कर कृतार्थ हो जाता है–

भिद्यते हृदयग्रन्थिश्छिद्यन्ते सर्वसंशयाः।
क्षीयन्ते चास्य कर्माणि तस्मिदृष्टे परावरे॥

–मुण्डकोपनिषद्–2/2/8

अर्थात् तब उसकी समस्त कुटिलता नष्ट हो जाती है, सारे संदेह दूर हो जाते हैं, तब वह कार्य-कारण के भयावह नियम के हाथ का खिलौना नहीं रह जाता। यही हिंदू धर्म का मूलभूत सिद्धांत है–यही उसका अत्यंत मार्मिक भाव है।

हिंदू शब्दों और सिद्धांतों के जाल में जीना नहीं चाहता। यदि इन साधारण इंद्रिय संवेद्य विषयों के परे और भी कई सत्ताएं हों तो वह उनका प्रत्यक्ष अनुभव करना चाहता है। यदि उसमें कोई आत्मा है, जो जड़ वस्तु नहीं है, यदि कोई दयामय सर्वव्यापी विश्वात्मा है तो वह उसका साक्षात्कार करेगा। वह उसे अवश्य देखेगा और मात्र उसी से उसकी समस्त शंकाएं दूर होंगी। अतः हिंदू ऋषि आत्मा के विषय में, ईश्वर के विषय में यही सर्वोत्तम प्रमाण देता है–'मैंने आत्मा का दर्शन किया, मैंने ईश्वर का दर्शन किया है।' और यही पूर्णत्व की एकमात्र शर्त है। हिंदू धर्म भिन्न-भिन्न मत-मतांतरों या सिद्धांतों पर विश्वास करने के लिए संघर्ष और प्रयत्न में निहित नहीं है, वरन् वह साक्षात्कार है, वह केवल विश्वास कर लेना नहीं है, वह होना और बनना है।

इस प्रकार हिंदुओं की समस्त साधना-प्रणाली का लक्ष्य है–सतत् अध्यवसाय द्वारा पूर्ण बन जाना, दिव्य बन जाना, ईश्वर को प्राप्त करना और उसके दर्शन कर लेना और ईश्वर को इसी प्रकार प्राप्त करना, उसके दर्शन कर लेना, उस स्वर्गस्थ पिता के समान पूर्ण हो जाना–यही हिंदुओं का धर्म है।

जब मनुष्य पूर्णत्व को प्राप्त कर लेता है, तब उसका क्या होता है? तब वह असीम परमानंद का जीवन व्यतीत करता है। जिस एकमात्र वस्तु में मनुष्य को सुख पाना चाहिए, उसे अर्थात् ईश्वर को पाकर वह परम तथा असीम आनंद का उपभोग करता है और ईश्वर के साथ भी परमानंद का आस्वादन करता है।

यहां तक सभी हिंदू एकमत हैं। भारत के विविध संप्रदायों का यह सामान्य धर्म है, परंतु ब्रह्म पूर्ण निरपेक्ष होता है और निरपेक्ष दो या तीन नहीं हो सकता। उसमें कोई गुण नहीं हो सकता, वह व्यक्ति नहीं हो सकता। अत: जब आत्मा पूर्ण और निरपेक्ष हो जाती है, तब वह ब्रह्म के साथ एक हो जाती है और वह ईश्वर को केवल अपने ही स्वरूप की पूर्णता, सत्यता और सत्ता के रूप में परम सत्, परम चित्, परम आनंद के रूप में प्रत्यक्ष करती है। इसी साक्षात्कार के विषय में हम बारंबार पढ़ा करते हैं कि इसमें मनुष्य अपने व्यक्तित्व को खोकर जड़ता प्राप्त करता है या पत्थर के समान बन जाता है।

'जिन्हें चोट कभी नहीं लगी है, वे ही चोट के दाग की ओर हंसी से देखते हैं।' मैं आपको बताता हूं कि ऐसी कोई बात नहीं होती। यदि इस एक क्षुद्र शरीर की चेतना से इतना आनंद होता है तो दो शरीरों की चेतना का आनंद अधिक होना चाहिए और उसी तरह क्रमश: अनेक शरीरों की चेतना के साथ-साथ आनंद की मात्रा भी अधिकाधिक बढ़नी चाहिए और विश्वचेतना का बोध होने पर आनंद की परम अवस्था प्राप्त हो जाएगी।

अत: उस असीम विश्व-व्यक्तित्व की प्राप्ति के लिए इस कारास्वरूप दु:खमय क्षुद्र व्यक्तित्व का अंत होना चाहिए। जब मैं प्राणस्वरूप एक हो जाऊंगा, तभी मृत्यु के हाथ से मेरा छुटकारा हो सकता है, जब मैं आनंदस्वरूप हो जाऊंगा, तभी दुख का अंत हो सकता है, जब मैं ज्ञानस्वरूप हो जाऊंगा, तभी सब अज्ञान का अंत हो सकता है और यह अनिवार्य वैज्ञानिक निष्कर्ष भी है। विज्ञान ने मेरे निकट यह सिद्ध कर दिया है कि हमारा यह भौतिक व्यक्तित्व भ्रम-मात्र है। वास्तव में मेरा यह शरीर एक अविच्छिन्न जड़-सागर में एक क्षुद्र व सदा परिवर्तित होता रहने वाला पिंड है और मेरे दूसरे पक्ष–आत्मा के संबंध में अद्वैत ही अनिवार्य निष्कर्ष है।

विज्ञान एकत्व की खोज के सिवा और कुछ नहीं है। ज्यों ही कोई विज्ञान पूर्ण एकता तक पहुंच जाएगा, त्यों ही उसकी प्रगति रुक जाएगी, क्योंकि तब वह अपने लक्ष्य को प्राप्त कर लेगा, उदाहरणार्थ–रसायनशास्त्र यदि एक बार उस एक मूल तत्त्व का पता लगा ले, जिससे और सब द्रव्य बन सकते हैं तो फिर वह और आगे नहीं बढ़ सकेगा। भौतिक शास्त्र जब उस एक मूल शक्ति का पता लगा लेगा, अन्य शक्तियां जिसकी अभिव्यक्ति है, तब वह वहीं रुक जाएगा। उसी प्रकार धर्मशास्त्र भी उस समय पूर्णता को प्राप्त कर लेगा, जब वह उसको खोज लेगा, जो इस मृत्युलोक में एकमात्र जीवन है, जो इस परिवर्तनशील जगत का शाश्वत आधार है, जो एकमात्र परमात्मा है, अन्य सब आत्माएं जिसकी प्रतीयमान अभिव्यक्तियां

हैं। इस प्रकार अनेकता और द्वैत में से होते हुए इस परम अद्वैत की प्राप्ति होती है। धर्म इससे आगे नहीं जा सकता। यही समस्त विज्ञानों का चरम लक्ष्य है।

समग्र विज्ञान अंततः इसी निष्कर्ष पर अनिवार्यतः पहुंचेंगे। आज विज्ञान का शब्द अभिव्यक्ति है, सृष्टि नहीं और हिंदू को यह देखकर बड़ी प्रसन्नता होती है कि जिसको वह अपने अंतःस्तल में इतने युगों से महत्त्व देता रहा है, अब उसी की शिक्षा अधिक सशक्त भाषा में विज्ञान के न्यूनतम निष्कर्षों के अतिरिक्त प्रकाश में दी जा रही है।

अब हम दर्शन की अभीप्साओं से उतरकर ज्ञानरहित लोगों के धर्म की ओर आते हैं। यह मैं प्रारंभ में ही आपको बता देना चाहता हूं कि भारतवर्ष में अनेकेश्वरवाद नहीं है। प्रत्येक मंदिर में यदि कोई खड़ा होकर सुने तो वह यही पाएगा कि भक्तगण सर्वव्याप्त आदि ईश्वर के सभी गुणों का आरोप उन मूर्तियों में करते हैं। यह अनेकेश्वरवाद नहीं है और न एकदेववाद से ही इस स्थिति की व्याख्या हो सकती है। *'गुलाब को चाहे दूसरा कोई भी नाम क्यों न दे दिया जाए, पर वह सुगंध तो वैसी ही मधुर देता रहेगा।'* नाम ही व्याख्या नहीं होती।

बचपन की एक बात मुझे यहां याद आती है। एक ईसाई पादरी कुछ मनुष्यों की भीड़ जमा करके धर्मोपदेश कर रहा था। बहुतेरी मजेदार बातों के साथ वह पादरी यह भी कह गया, 'अगर मैं तुम्हारी देव मूर्ति को एक डंडा लगाऊंगा तो वह मेरा क्या कर सकती है?' एक श्रोता ने चट चुभता-सा जवाब दे डाला, 'अगर मैं तुम्हारे ईश्वर को गाली दे दूं तो वह मेरा क्या कर सकता है?' पादरी बोला, 'मरने के बाद वह तुम्हें सजा देगा।' हिंदू भी तनकर बोला, 'जब तुम मरोगे, तब ठीक उसी तरह हमारी देवमूर्ति भी तुम्हें दंड देगी।'

वृक्ष अपने फलों से जाना जाता है। जब मूर्तिपूजक कहे जाने वाले लोगों में मैं ऐसे मनुष्यों को पाता हूं, जिनकी नैतिकता, आध्यात्मिकता और प्रेम अपना सानी नहीं रखते, तब मैं रुक जाता हूं और अपने से यही पूछता हूं–*'क्या पाप से भी पवित्रता की उत्पत्ति हो सकती है?'*

अंधविश्वास मनुष्य का महान शत्रु है, पर धर्मांधता तो उससे भी बढ़कर है। ईसाई गिरजाघर क्यों जाता है? क्रॉस क्यों पवित्र है? प्रार्थना के समय आकाश की ओर मुंह क्यों किया जाता है? कैथोलिक ईसाइयों के गिरजाघरों में इतनी मूर्तियां क्यों रहा करती हैं और प्रोटेस्टेंट ईसाइयों के मन में प्रार्थना के समय इतनी मूर्तियां क्यों नहीं रहा करतीं? मेरे भाइयो! मन में किसी मूर्ति के बिना आए कुछ सोच सकना उतना ही असंभव है, जितना श्वास लिये बिना जीवित रहना। साहचर्य के नियमानुसार भौतिक मूर्ति से मानसिक भाव-विशेष का उद्दीपन हो जाता है अथवा

मन में भाव-विशेष का उद्दीपन होने से तदनुरूप मूर्ति-विशेष का भी आविर्भाव होता है, इसलिए तो हिंदू आराधना के समय बाह्य प्रतीक का उपयोग करता है। वह आपको बताएगा कि यह बाह्य प्रतीक उसके मन को अपने ध्यान के विषय परमेश्वर में एकाग्रता से स्थिर रहने में सहायता देता है। वह भी यह बात उतनी ही अच्छी तरह से जानता है, जितना आप जानते हैं कि वह मूर्ति न तो ईश्वर ही है और न सर्वव्यापी ही और सच पूछिए तो दुनिया के लोग 'सर्वव्यापित्व' का क्या अर्थ समझते हैं? वह तो केवल एक शब्द या प्रतीक मात्र है। क्या परमेश्वर का भी कोई क्षेत्रफल है? यदि नहीं तो जिस समय हम सर्वव्यापी शब्द का उच्चारण करते हैं, उस समय विस्तृत आकाश या देश की ही कल्पना करने के सिवा हम और क्या करते हैं?

अपनी मस्तिष्क संरचना के नियमानुसार, हमें किसी प्रकार अपनी अनंतता की भावना को नीले आकाश या अपार समुद्र की कल्पना से संबद्ध करना पड़ता है, उसी तरह हम पवित्रता के भाव को अपने स्वभावानुसार गिरजाघर या मस्जिद या क्रूस से जोड़ लेते हैं। हिंदू लोग पवित्रता, नित्यत्व, सर्वव्यापित्व आदि-आदि भावों का संबंध विभिन्न मूर्तियों और रूपों से जोड़ते हैं? अंतर यह है कि यहां अन्य लोग अपना सारा जीवन किसी गिरजाघर की मूर्ति की भक्ति में ही बिता देते हैं और उससे आगे नहीं बढ़ते, क्योंकि उनके लिए तो धर्म का अर्थ यही है कि कुछ विशिष्ट सिद्धांतों को वे अपनी बुद्धि द्वारा स्वीकृत कर लें और अपने मानव-बंधुओं की भलाई करते रहें—वहां एक हिंदू की सारी धर्म-भावना प्रत्यक्ष अनुभूति या आत्म-साक्षात्कार में केंद्रीभूत होती है। मनुष्य को ईश्वर का साक्षात्कार करके दिव्य बनाना है। मूर्तियां, मंदिर, गिरजाघर या ग्रंथ तो धर्मजीवन की बाल्यावस्था में केवल आधार या सहायक-मात्र हैं, पर उसे उत्तरोत्तर उन्नति ही करनी चाहिए।

मनुष्य को कहीं पर रुकना नहीं चाहिए। शास्त्र का वाक्य है—

उत्तमो ब्रह्मसद्भावो ध्यानभावस्तु मध्यमः।
स्तुतिर्जपोऽधमो भावो बहिःपूजाऽधमाधमा॥

—महानिर्वाणतन्त्र

अर्थात् बाह्य पूजा या मूर्तिपूजा सबसे नीचे की अवस्था है, आगे बढ़ने का प्रयास करते समय मानसिक प्रार्थना साधना की दूसरी अवस्था है और सबसे उच्च अवस्था तो वह है, जब परमेश्वर का साक्षात्कार हो जाए।

देखिए, यही अनुरागी साधक, जो पहले मूर्ति के सामने प्रणत रहता था, अब क्या कर रहा है—

न तत्र सूर्यो भान्ति न चन्द्रतारकं
नेमा विद्युतो भान्ति कुतोऽयमग्निः।

तमेव भान्तमनुभाति सर्वं
तस्य भासा सर्वमिदं विभाति॥
—कठोपनिषद्

अर्थात् सूर्य उस परमात्मा को प्रकाशित नहीं कर सकता, न चंद्रमा या तारागण ही, वह विद्युत-प्रभा भी परमेश्वर को उद्‌भासित नहीं कर सकती, तब इस सामान्य अग्नि की बात ही क्या! ये सभी उसी परमेश्वर के कारण प्रकाशित होते हैं।

वह किसी की मूर्ति को गाली नहीं देता और न उसकी पूजा को पाप ही बताता है। वह तो उसे जीवन की एक आवश्यक अवस्था जानकर उसको स्वीकार करता है। *'बालक ही मनुष्य का जनक है।'* तो क्या किसी वृद्ध पुरुष का बचपन या युवावस्था को पाप या बुरा कहना उचित होगा?

यदि कोई मनुष्य अपने दिव्य स्वरूप को मूर्ति की सहायता से अनुभव कर सकता है तो क्या उसे पाप कहना ठीक होगा? जब वह अवस्था के परे पहुंच गया है, तब भी उसके लिए मूर्तिपूजा को भ्रमात्मक कहना उचित नहीं है। हिंदू की दृष्टि में मनुष्य भ्रम से सत्य की ओर नहीं जा रहा है, वह तो सत्य से सत्य की ओर, निम्न श्रेणी के सत्य से उच्च श्रेणी के सत्य की ओर अग्रसर हो रहा है। हिंदू के मतानुसार, निम्नतम जड़ पूजावाद से लेकर सर्वोच्च अद्वैतवाद तक जितने धर्म हैं, वे सभी अपने-अपने जन्म तथा साहचर्य की अवस्था द्वारा निर्धारित होकर उस असीम के ज्ञान तथा उपलब्धि के निमित्त मानवात्मा के विविध प्रयत्न हैं और यह प्रत्येक प्रयत्न उन्नति की एक अवस्था को सूचित करता है। प्रत्येक जीवन उस युवा गरुड़ पक्षी के समान है, जो धीरे-धीरे ऊंचा उड़ता हुआ तथा अधिकाधिक शक्तिसंपादन करता हुआ अंत में उस भास्वर सूर्य तक पहुंच जाता है।

अनेकता में एकता प्रकृति का विधान है और हिंदुओं ने इसे स्वीकार किया है। अन्य प्रत्येक धर्म में कुछ निर्दिष्ट मतवाद विधिबद्ध कर दिए गए हैं और सारे समाज को उन्हें मानना अनिवार्य कर दिया जाता है। वह समाज के सामने केवल एक कोट रख देता है, जो जैक, जॉन और हेनरी—सभी को ठीक होना चाहिए। यदि वह जॉन या हेनरी के शरीर में ठीक नहीं आता तो उसे अपना तन ढकने के लिए बिना कोट के ही रहना होगा। हिंदुओं ने यह जान लिया है कि निरपेक्ष ब्रह्म तत्त्व का साक्षात्कार, चिंतन या वर्णन केवल सापेक्ष के सहारे ही हो सकता है और मूर्तियां, क्रूस या नवोदित चंद्र केवल विभिन्न प्रतीक हैं, वे मानो बहुत-सी खूंटियां हैं, जिनमें धार्मिक भावनाएं लटकाई जाती हैं। ऐसा नहीं है कि इन प्रतीकों की आवश्यकता हर एक के लिए हो, किंतु जिनको अपने लिए इन प्रतीकों की सहायता की आवश्यकता नहीं है, उन्हें यह कहने का अधिकार नहीं कि वे गलत हैं। हिंदू धर्म में वे अनिवार्य नहीं हैं।

एक बात आपको अवश्य बतला दूं। भारतवर्ष में मूर्तिपूजा कोई जघन्य बात नहीं है। वह व्यभिचार की जननी नहीं है, वरन् वह अविकसित मन के लिए उच्च आध्यात्मिक भाव को ग्रहण करने का उपाय है। अवश्य हिंदुओं में बहुतेरे दोष हैं, उनके कुछ अपने अपवाद हैं, पर यह ध्यान रखिए कि उनके वे दोष अपने शरीर को ही उत्पीड़ित करने तक सीमित हैं, वे कभी अपने पड़ोसियों का गला नहीं काटने जाते। एक हिंदू धर्मांध भले ही चिता पर अपने आपको जला डाले, पर वह विधार्मियों को जलाने के लिए 'इक्विजीशन' की अग्नि कभी भी प्रज्वलित नहीं करेगा। इस बात के लिए उसके धर्म को उससे अधिक दोषी नहीं ठहराया जा सकता, जितना डायनों को जलाने का दोष ईसाई धर्म पर मढ़ा जा सकता है।

अत: हिंदुओं की दृष्टि में समस्त धर्मजगत भिन्न-भिन्न रुचिवाले स्त्री-पुरुषों की, विभिन्न अवस्थाओं एवं परिस्थितियों में से होते हुए एक ही लक्ष्य की ओर यात्रा है, प्रगति है। प्रत्येक धर्म मानव से एक ईश्वर का उद्भाव कर रहा है और वही ईश्वर उन सबका प्रेरक है, तो फिर इतने परस्पर विरोध क्यों हैं? हिंदुओं का कहना है कि ये विरोध केवल आभासी हैं। उनकी उत्पत्ति सत्य के द्वारा भिन्न अवस्थाओं और प्रकृतियों के अनुरूप अपना समायोजन करते समय होती है।

वही एक ज्योति भिन्न-भिन्न रंग के कांच में से भिन्न-भिन्न रूप से प्रकट होती है। समायोजन के लिए इस प्रकार की अल्प विविधता आवश्यक है, परंतु प्रत्येक के अंत:स्तल में उसी सत्य का राज है। ईश्वर ने अपने कृष्णावतार में हिंदुओं को यह उपदेश दिया है–

मयि सर्वमिदं प्रोतं सूत्रे मणिगणा इव॥

–गीता–7/7

अर्थात् प्रत्येक धर्म में मैं, मोतियों की माला में सूत्र की तरह पिरोया हुआ हूं।

यद्यद्विभूतिमत्सत्त्वं श्रीमदूर्जितमेव वा।
तत्तदेवावगच्छ स्व मम तेजोऽशासम्भवम्॥

–गीता–10/4.9

अर्थात् जहां भी तुम्हें मानव-सृष्टि को उन्नत बनाने वाली और पावन करने वाली अतिशय पवित्रता और असाधारण शक्ति दिखाई दे तो जान लो कि वह मेरे तेज के अंश से ही उत्पन्न हुई है।

इस शिक्षा का परिणाम क्या हुआ है? सारे संसार को मेरी यह चुनौती है कि वह समग्र संस्कृत दर्शनशास्त्र में मुझे एक ऐसी उक्ति तो दिखा दे, जिसमें यह बताया गया हो कि केवल हिंदुओं का ही उद्धार होगा और दूसरों का नहीं।

व्यास कहते हैं–

अन्तरा चापि तु तद्दृष्टेः ॥

–वेदान्तसूत्र–3/4/36

अर्थात् हमारी जाति और संप्रदाय की सीमा के बाहर भी पूर्णत्व तक पहुंचे हुए मनुष्य हैं।

एक बात और है। ईश्वर में ही अपने सभी भावों को केंद्रित करने वाला हिंदू अज्ञेयवादी बौद्ध धर्म और निरीश्वरवादी जैन धर्म पर कैसे श्रद्धा रख सकता है?

यद्यपि बौद्ध तथा जैन ईश्वर पर निर्भर नहीं रहते, तथापि उनके धर्म की पूरी शक्ति प्रत्येक धर्म के महान केंद्रीय सत्य–मनुष्य में ईश्वरत्व के विकास की ओर उन्मुख है। उन्होंने पिता को भले ही न देखा हो, पर पुत्र को अवश्य देखा है और जिसने पुत्र को देख लिया, उसने पिता को भी देख लिया।

भाइयो! हिंदुओं के धार्मिक विचारों की यही संक्षिप्त रूप-रेखा है। हो सकता है कि हिंदू अपनी सभी योजनाओं को कार्यान्वित करने में असफल रहा हो, पर यदि कभी कोई सार्वभौमिक धर्म होना है तो वह किसी देश या काल से सीमाबद्ध नहीं होगा, वह उस असीम ईश्वर के सदृश ही असीम होगा, जिसका वह उपदेश देगा, जिसका सूर्य श्रीकृष्ण और ईसा के अनुयायियों पर, संतों पर और पापियों पर समान रूप से प्रकाश विकीर्ण करेगा, जो न तो ब्राह्मण होगा, न बौद्ध, न ईसाई और न इस्लाम, वरन् इन सबकी समष्टि होगा, किंतु फिर भी जिसमें विकास के लिए अनंत आकाश होगा, जो इतना उदार होगा कि पशुओं के स्तर से किंचित उन्नत निम्नतम घृणित जंगली मनुष्य से लेकर अपने हृदय और मस्तिष्क के गुणों के कारण मानवता से इतना ऊपर उठ गए उच्चतम मनुष्य तक को, जिसके प्रति सारा समाज श्रद्धानत् हो जाता है और लोग जिसके मनुष्य होने में संदेह करते हैं, अपनी बाहुओं से आलिंगन कर सके और उनमें सबको स्थान दे सके। वह धर्म ऐसा होगा, जिसकी नीति में उत्पीड़ित या असहिष्णुता का स्थान नहीं होगा, वह प्रत्येक स्त्री और पुरुष में दिव्यता को स्वीकार करेगा और उसका संपूर्ण बल और सामर्थ्य मानवता को अपनी सच्ची, दिव्य प्रकृति का साक्षात्कार करने के लिए सहायता देने में ही केंद्रित होगा।

आप ऐसा ही धर्म सामने रखिए और सारे राष्ट्र आपके अनुयायी बन जाएंगे। सम्राट अशोक की परिषद बौद्ध–परिषद थी। अकबर की परिषद अधिक उपयुक्त होती हुई भी केवल बैठक की ही गोष्ठी थी, किंतु पृथ्वी के कोने-कोने में यह घोषणा करने का गौरव अमेरिका के लिए ही सुरक्षित था कि 'प्रत्येक धर्म में ईश्वर है।'

वह, जो हिंदुओं का ब्रह्म, पारसियों का अहुर्मज्द, बौद्धों का बुद्ध, यहूदियों

का जिहोवा और ईसाइयों का स्वर्गस्थ पिता है, आपको अपने उदार उद्देश्य को कार्यान्वित करने की शक्ति प्रदान करे! नक्षत्र पूर्व गगन में उदित हुआ और कभी धुंधला और कभी देदीप्यमान होते हुए धीरे-धीरे पश्चिम की ओर यात्रा करते-करते उसने समस्त जगत की परिक्रमा कर डाली और अब वह फिर प्राची के क्षितिज में सहस्र गुनी अधिक ज्योति के साथ उदित हो रहा है।

ऐ स्वाधीनता की मातृभूमि कोलंबिया, तू धन्य है। यह तेरा ही सौभाग्य है कि तूने अपने पड़ोसियों के रक्त से अपने हाथ कभी नहीं भिगोए, तूने अपने पड़ोसियों का सर्वस्व हरण कर सहज में ही धनी और संपन्न होने की चेष्टा नहीं की, अतएव समन्वय की ध्वजा फहराते हुए सभ्यता की अग्रणी होकर चलने का सौभाग्य तेरा ही था।"

19 सितंबर को स्वामीजी ने 'हिंदुत्व' विषय पर जो भाषण दिया, वह केवल भाषण ही नहीं, बल्कि ललकार थी जिसने धर्म-धुरंदरों को मौन कर दिया था।

25

उठो, जागो और तब तक मत रुको...

हॉल के मंच पर स्वामीजी विराजमान थे। श्रोतागण शांत और सौम्य भाव से उन्हें सुन रहे थे। व्याख्यान समाप्त हो चुका था। अब स्वामीजी ने मुस्कान के साथ श्रोताओं की ओर निहारकर एक छोटा-सा प्रश्न किया।

"आपमें से कितने लोग हैं जिन्होंने हिंदू धर्मग्रंथों को पढ़ा है? कृपा करके हाथ उठाने का कष्ट करें।"

स्वामीजी के इस प्रश्न पर उपस्थित श्रोताओं में से गिनती के पांच-सात हाथ ही ऊपर उठे।

"आश्चर्य!" स्वामीजी ने उच्च स्वर में ललकारकर कहा–"जिन्होंने हमारे धर्म की व्याकरण, भाषा और भाव पढ़े ही नहीं, वे हमें परखने की बात किस प्रकार करते हैं? अमेरिका का भावार्थ केवल यह नहीं कि इसे अमेरिगो ने खोजा था तो उसके नाम पर इसका नाम रख दिया गया। हम भारतीयों की दृष्टि में इसका बड़ा ही पवित्र अर्थ है–अमेरिका अर्थात् अमृत के पुत्र...।"

स्वामीजी की बात सुनकर हॉल ही नहीं, बल्कि सारा अमेरिका मयूर नृत्य कर उठा था। उनके देश का ऐसा पवित्र और मधुर अर्थ किसी ने सोचा तक नहीं था। अमेरिकावासियों का हृदय झंकृत हो गया था। विवेकानंद को उन्होंने सिर-आंखों पर बिठा लिया।

"बंधुओ! आप वास्तव में अमृत-पुत्र हैं। आप लोग ही सच्चे अर्थों में अमृत के हकदार हैं। कृपा करके मुझे आप स्वयं को इसी नाम से संबोधित करने दीजिए। आपने यीशु के आदर्शों का पालन करके स्वयं को ईश्वर के पुत्र सिद्ध किया है। बंधुओ! आपने विश्व को मानव धर्म की सच्ची परिभाषा दी है। भारतवर्ष की भांति आपके उदार हृदय में सभी के लिए स्थान है...।"

स्वामीजी का यह अमर भाषण अमेरिका ही नहीं विश्व-भर को एक नया संदेश दे रहा था, 'वसुधैव कुटंबकम्' की धारणा को शक्ति दे रहा था। केवल श्रोताओं की सांसों की आवाज ही हॉल में सुनाई देती थी। आखिर विश्व और समस्त मानव जाति के लिए आत्मस्वरूप होने का महामंत्र विवेकानंद ने अन्य महाद्वीपों को दिया। उन्होंने मानवीय चैतन्यता को ललकार भरे शब्दों से झकझोर दिया था, जो संन्यास-इतिहास का अमर वाक्य हो गया।

"बंधुओ! आप लोग सिंह स्वरूप होकर भी अपने को भेड़ क्यों समझ रहे हैं? उठिए मृगराजो, उठिए और इस भ्रम को तिलांजलि दीजिए कि हम भेड़ हैं। उठो, जागो और औरों को जगाओ। अपने नर-जन्म को सफल करो और तब तक मत रुको, जब तक लक्ष्य प्राप्त न हो जाए।"

उस विलक्षण तपस्वी के ओज भरे बोल श्रोतावर्ग के रक्त-संचार की गति बढ़ा देते थे। अन्य धर्मों के प्रतिनिधि मन-ही-मन विचलित हो रहे थे कि उस स्वामी ने उनकी उपस्थिति को औपचारिकता-मात्र बना दिया था। लोग उस ओजस्वी के एक-एक शब्द को बड़े धैर्य से सुन रहे थे।

अमेरिकी मीडिया के लिए यह समय जबरदस्त उछाल का आया था। अखबारों की प्रतियों की पूर्ति नहीं हो पाती थी। विवेकानंद का एक-एक वाक्य संगृहीत होने लगा था। एक विशेष टिप्पणी–

"जब स्वामीजी बोलना शुरू करते थे तो उनका विषय हिंदू धर्म के विचारों का ही होता था, पर अंत होते-होते वहां एक नया ही हिंदुत्व रच जाता था।"

दसवें दिन स्वामीजी ने भाषण का विषय अपने प्रिय देश भारत की जनता की दुर्दशा का वर्णन करने वाला चुना था। 'भारत को धर्म नहीं अन्न चाहिए' के विचार से स्वामी विवेकानंद ने 'दरिद्री धर्म पूजक' शीर्षक से ऐसा मर्मस्पर्शी भाषण दिया कि श्रोतावर्ग का हृदय दहल गया। उन्होंने चर्चों के निर्माण और धर्म-परिवर्तन

में जुटी मिशनरियों को जमकर खुलेआम लताड़ा। यह विवेकानंद का योद्धा स्वरूप था जिसने उस देश और मंच पर सत्य का उद्गार किया था, जहां अपने धर्म की श्रेष्ठता का गर्व और अभिमान था।

22 सितंबर को स्वामीजी के दो भाषण हुए। श्रोताओं की विशेष फरमाइश पर संयोजकों ने ऐसी व्यवस्था की थी। इनमें सुबह के भाषण का विषय 'पारंपरिक हिंदू धर्म तथा वेदांत का तत्त्वज्ञान' था जिसमें श्रोताओं को भी प्रश्न पूछने की अनुमति दी गई। यह स्वामीजी ही कर सकते थे–एक साथ अनेक लोगों को संतुष्ट करना। आश्चर्य और गर्व की बात यह है कि उन्होंने आज जो विषय चुना था, वह पारंपरिक हिंदू धर्म और वेदांत के तत्त्वज्ञान से वास्तविक वेदांत धर्म को निखारना था। भाषण अत्यंत प्रभावशाली रहा। सैकड़ों विद्वान श्रोताओं ने प्रश्न पूछे और स्वामीजी ने बड़ी सरल भाषा में सबके उत्तर दिए। दोपहर के भाषण में उन्होंने 'पूर्वी देशों के धर्म में महिलाएं' विषय पर बोलकर नारी-शक्ति के उत्थान का भव्य वर्णन किया।

26 सितंबर को स्वामी विवेकानंद ने 'हिंदू धर्म का बौद्ध धर्म से संबंध' विषय पर एक और अमर भाषण दिया। यह भाषण भी इतना प्रभावशाली रहा कि बौद्ध धर्म के प्रतिनिधि भी स्वामीजी की विद्वता का लोहा मान गए।

"किसी व्यक्ति को अपना धर्म परिवर्तन करने की आवश्यकता नहीं है। प्रत्येक व्यक्ति को अपनी धार्मिक विशेषता कायम रखते हुए अन्य धर्मों के मूल तत्त्व को ग्रहण करना चाहिए और इससे समृद्ध होकर अपनी प्रकृति के अनुसार जीवन में आगे बढ़ना चाहिए।"

शिकागो विश्व-धर्म सम्मेलन के समापन सत्र में 27 सितंबर, 1893 को स्वामी विवेकानंद अपने व्याख्यान में श्रोताओं को संदेश देते हैं कि न ईसाई को हिंदू या बौद्ध हो जाना चाहिए और न हिंदू अथवा बौद्ध को ईसाई। प्रत्येक धर्म को चाहिए कि वह दूसरों के सारभाग को आत्मसात् करके पुष्टि लाभ करे और अपने वैशिष्ट्य की रक्षा करते हुए अपनी निजी वृद्धि के नियम के अनुसार वृद्धि करे।

स्वामीजी ने भाव-प्रवणता के साथ जिस प्रकार विचारों को अपने व्याख्यान में पिरोया, वह सराहनीय है-"विश्व-धर्म सम्मेलन एक मूर्तिमान तथ्य सिद्ध हो गया है और दयामय प्रभु ने उन लोगों की सहायता की है तथा उनके परम निःस्वार्थ श्रम को सरलता से विभूषित किया है, जिन्होंने इस विशाल समारोह का सफल आयोजन किया।

उन महानुभावों को मेरा धन्यवाद है, जिनके विशाल हृदय तथा सत्य के प्रति अनुराग ने पहले इस अद्‌भुत स्वप्न को देखा और फिर उसे कार्यरूप में परिणत किया। उन उदार भावों को मेरा धन्यवाद, जिससे यह सभामंच आप्लावित होता रहा है। इस प्रबुद्ध श्रोतामंडली को मेरा धन्यवाद, जिसने मुझ पर अविकल कृपा रखी है और जिसने मत-मतांतरों के मनोमालिन्य को हल्का करने का प्रयत्न करने वाले प्रत्येक विचार का सत्कार किया है। इस समरसता में कुछ बेसुरे स्वर भी बीच-बीच में सुने गए हैं, उन्हें मेरा विशेष धन्यवाद, क्योंकि उन्होंने अपने स्वरवैचित्र्य से इस समरसता को और भी मधुर बना दिया है।

धार्मिक एकता की सर्वसामान्य भित्ति के विषय में बहुत कुछ कहा जा सकता है। इस समय मैं इस संबंध में अपना मत आपके समक्ष नहीं रखूंगा, किंतु यदि यहां कोई यह आशा कर रहा है कि यह एकता किसी एक धर्म की विजय और बाकी सब धर्मों के विनाश से सिद्ध होगी, तो उनसे मेरा कहना है, 'भाई तुम्हारी यह आशा असंभव है। क्या मैं यह चाहता हूं कि ईसाई लोग हिंदू हो जाएं? कदापि नहीं, ईश्वर ऐसा न करे! क्या मेरी यह इच्छा है कि हिंदू या बौद्ध लोग ईसाई हो जाएं? ईश्वर इस इच्छा से बचाए।

बीज भूमि में बो दिया गया और मिट्‌टी, वायु तथा जल उसके चारों ओर रख दिए गए। तो क्या वह बीज मिट्‌टी हो जाता है अथवा वायु या जल बन जाता है? नहीं, वह तो वृक्ष ही होता है। वह अपनी वृद्धि के नियम से भी बढ़ता है-वायु,

जल और मिट्टी को अपने में पचाकर, उनको उद्भिज पदार्थ में परिवर्तित करके एक वृक्ष हो जाता है।

ऐसा ही धर्म के संबध में भी है। ईसाई को हिंदू या बौद्ध नहीं हो जाना चाहिए और न हिंदू अथवा बौद्ध को ईसाई ही। हां, प्रत्येक को चाहिए कि वह दूसरों के सारभाग को आत्मसात् करके पुष्टिलाभ करे और अपने वैशिष्ट्य की रक्षा करते हुए अपनी निजी वृद्धि के नियम के अनुसार वृद्धि को प्राप्त हो।

इस धर्म सम्मेलन ने जगत के समक्ष यदि कुछ प्रदर्शित किया है तो वह यह है–उसने यह सिद्ध कर दिया है कि शुद्धता, पवित्रता और दयाशीलता किसी संप्रदाय विशेष की एकांतिक संपत्ति नहीं है एवं प्रत्येक धर्म ने श्रेष्ठ एवं अतिशय उन्नत चरित्र स्त्री-पुरुषों को जन्म दिया है। अब इन प्रत्यक्ष प्रमाणों के बावजूद भी यदि कोई ऐसा स्वप्न देखे कि अन्यान्य सारे धर्म नष्ट हो जाएंगे और केवल उसका धर्म ही जीवित रहेगा तो उस पर मैं अपने हृदय के अंतःस्तल से दया करता हूं और उसे स्पष्ट बताए देता हूं कि शीघ्र ही सारे प्रतिरोधों के बावजूद, प्रत्येक धर्म की पताका पर यह लिखा रहेगा–'सहायता करो, लड़ो मत', 'परभाव-ग्रहण, न कि परभाव-विनाश', 'समन्वय और शांति, न कि मतभेद और कलह!'"

स्वामीजी बड़े ही विनोदी स्वभाव के व्यक्ति थे और रोचक प्रसंगों से भी अपनी बातें श्रोताओं को समझा देते हैं। धर्म-परिवर्तन के विषय में भी उन्होंने एक अत्यंत रोचक और अर्थपूर्ण प्रसंग सुनाया।

"बंधुओ! धर्म-परिवर्तन से कुछ नहीं होता। हमारे यहां एक मजेदार कहानी है, जो हमारे शिक्षकों के द्वारा गांव-देहात में भी सुनाई जाती है।" स्वामीजी ने कहना आरंभ किया–"एक हिंदू था जिसका नाम छेदीलाल था। लोग उसे छेदी-छेदी कहते तो उसे बड़ा बुरा लगता। तंग आकर उसने अपना नाम-परिवर्तन की इच्छा से पंडित से प्रार्थना की तो पंडितजी ने कहा कि मूर्ख, नाम जन्म के समय रखा जाता है, उसे बदला नहीं जा सकता। छेदीलाल निराश-परेशान होकर चल पड़ा। मार्ग में एक ईसाई धर्मगुरु मिले और उन्होंने उसकी निराशा का कारण पूछा। कारण जानकर परामर्श दिया कि नाम तभी बदला जा सकता है, जब धर्म बदला जाए। तुम ईसाई हो जाओ, तो तुम्हें एक सुंदर-सा नाम मिल जाएगा। छेदीलाल सहर्ष तैयार हो गया।"

श्रोताओं को उस प्रसंग से रुचि होने लगी थी।

"ईसाई धर्मगुरु ने छेदीलाल का शुद्धिकरण किया और अपने धर्म की नाम पत्रिका में गुणा-भाग करके उसे होलसन नाम दिया। अंग्रेजी बाबू जैसा नाम पाकर छेदीलाल उर्फ होलसन फूला न समाया और अपने लोगों को बड़े गर्व से बताया

कि अब उसे छेदी कोई न कहे, उसका नाम होलसन है, तभी एक सज्जन ने बताया कि भाई बदला क्या है, होल का अर्थ भी छेद ही होता है।"

श्रोतावर्ग में हंसी का फव्वारा फूट पड़ा। बात में विनोद था, पर तत्त्व भी था।

"छेदीलाल उर्फ होलसन फिर परेशान हुआ और बंधुओ! घूमता-फिरता वह एक मौलवी से जा टकराया। मौलवी ने भी उसकी व्यथा सुनी और मुस्लिम धर्म में आकर नया नाम लेने की सलाह दे डाली। वह तैयार हो गया। वहां भी उसका इस्लाम के अनुसार शुद्धिकरण हुआ और इस्लामी नाम पत्रिका से उसका जो नाम निकला, वह था सुराख अली।"

सारा हॉल हंसी के फव्वारों से भर गया। लोग पेट पकड़कर दोहरे हो रहे थे।

"बंधुओ!" स्वामीजी ने आगे कहा-"बात यहीं समाप्त नहीं हो जाती। अब छेदीलाल उर्फ होलसन उर्फ सुराख अली गुरुद्वारे में जा पहुंचा, जहां फिर से उसका शुद्धिकरण हुआ। पगड़ी बंधी, ककार मिले, पर नाम मिला खड्डा सिंह।"

इस बार तो कई श्रोता हंसते-हंसते कुर्सी से ही गिर पड़े थे। स्वयं कार्डिनल गिबंस भी हंसते-हंसते पेट पकड़ रहे थे।

"बंधुओ! इस प्रसंग से एक बात तो निश्चित रूप से सिद्ध होती है कि सभी धर्मों का मूल प्रसंग एक ही है।" स्वामीजी की वाणी में गंभीरता आई-"छेदीलाल और खड्डा सिंह, होलसन और सुराख अली सब एक हैं। हम क्यों इस बात को नहीं समझते? क्यों हम आग्रही होकर अपने-अपने धर्म की श्रेष्ठता सिद्ध करने के निरर्थक प्रयास कर रहे हैं। बंधुओ! पवित्रता, चित्तशुद्धि, दया, करुणा आदि गुणों का एकाधिकार किसी एक धर्म के पास नहीं हो सकता। प्रत्येक धर्म में वंदनीय चरित्र वाले महागुरुओं का जन्म हुआ है। इसके प्रमाण होते हुए भी यदि कोई यह कहे कि केवल उसका धर्म श्रेष्ठ है और केवल वही रहेगा, अन्य धर्म नष्ट हो जाएंगे तो मैं उसे अभागा ही कहूंगा। ऐसे दुराग्रही को मैं यह बता देना चाहता हूं कि उनके जैसे कितने ही लोग अवरोध उत्पन्न करें, पर एक दिन प्रत्येक धर्म की ध्वजा पर यह अंकित होगा-'संघर्ष नहीं, सद्भाव चाहिए। विनाश, कलह नहीं, मैत्री चाहिए और यह शीघ्र होगा।' इसे कोई रोक नहीं पाएगा।"

वास्तव में शिकागो विश्व-धर्म सम्मेलन केवल-और-केवल स्वामी विवेकानंद के नाम रहा।

26

स्लेटन लिक्कम लेक्चर ब्यूरो की धोखाधड़ी

विश्व-धर्म सम्मेलन सत्रह दिनों तक चला और पहले दिन से अंतिम दिन तक शिकागो शहर में चर्चा का विषय स्वामी विवेकानंद ही रहे। उनके अनुपम व्यक्तित्व और अद्वितीय वक्तव्यों ने उस शिक्षित और उदार समाज को एक सम्मोहन में जकड़ लिया था। पहले ही दिन से उनके बड़े-बड़े चित्र चौराहों पर लग गए थे और लोग उन्हें श्रद्धा से सिर झुकाकर अपने काम पर जाते थे।

अमेरिका के समाचार-पत्र समाचार प्रकाशित करने के मामले में बड़े नियम और पारदर्शिता वाले थे, पर लगभग सभी पत्रों ने स्वामीजी का कहा हुआ एक-एक शब्द अक्षरश: प्रकाशित किया था।

स्वामीजी निर्भीक अलोचक थे। अपनी बात कहते समय वे यह नहीं देखते थे कि किसे वह अच्छी लगेगी और किसे बुरी! सत्योद्गार उनका भाव था।

ईसाई धर्म की कठोर शब्दों में आलोचना संभवत: इस मंच पर विवेकानंद के अलावा कोई अन्य वक्ता नहीं कर सकता था और किसी

भी परिपक्व विचारों वाले पश्चिमी विचारक ने उनके कथन का न कोई विरोध किया, न दुराग्रह रखा।

सम्मेलन में स्वामीजी ने कहा था–"पूर्वी देशों से धर्म सम्मेलन में आए हम लोग पश्चिमी धर्मगुरुओं से प्रतिदिन एक बात सुनते आ रहे हैं कि क्रिश्चियन धर्म आर्थिक दृष्टि से अन्य धर्मों की तुलना में अधिक संपन्न है। इस आधार पर वे धर्मगुरु चाहते हैं कि पूर्वी धार्मिक संप्रदायों को क्रिश्चियन धर्म अपना लेना चाहिए, पर वे अपनी आर्थिक संपन्नता के स्रोत नहीं देखते। हमें दिखाई देता है कि क्रिश्चियन धर्म वाला सबसे अमीर देश इंग्लैंड पच्चीस करोड़ भारतीय लोगों की गरदन पर पैर रखकर ही संपन्न हुआ है। स्पेन भी आर्थिक संपन्नता तब पा सका था, जब उन ईसा के अनुयायियों ने मैक्सिको पर आक्रमण करके अपने ही बंधु-बांधवों का गला काट दिया। क्रिश्चियन धर्म का आर्थिक इतिहास यही है।"

ऐसा क्रांतिकारी, ऐसा बेबाक भाषण आज तक किसी ने नहीं दिया। इसी भाषण से प्रभावित होकर थियोसोफिकल सोसाइटी की प्रतिनिधि डॉक्टर एनी बेसेंट ने लिखा था–"पीली व केसरिया पोशाक, सिंह जैसा उन्नत ललाट, श्रोताओं की अंतरात्मा को भेदने वाली तीखी दृष्टि, सतत् हंसने वाले होंठ और अकस्मात् होने वाली सहज क्रियाएं! स्वामीजी को देखकर मुझे लगा कि भारत के मध्याह्न का सूरज शिकागो की धरती पर प्रकट हो गया है। उनकी ओजस्वी वाणी, तीक्ष्णबेधी शब्द और ललकारती भाव-भंगिमा–सब अद्‌भुत था। लोग उन्हें संन्यासी कहते हैं, पर वास्तव में वह 'महायोद्धा संन्यासी हैं।"

स्वामी विवेकानंद ने पारंपरिक मान्यताओं को ध्वस्त किया। नवीन विचारों का सृजन किया और वेदांत की गहरी अनछुई ऋचाओं को सामने लाकर पश्चिमी देशों को हिंदू धर्म की महानता स्वीकार करने को विवश किया।

धर्म सम्मेलन का समापन हो गया था, पर शिकागो अभी विवेकानंद की वाणी के वशीकरण में जकड़ा हुआ था।

शिकागो का बुद्धिजीवी वर्ग ही नहीं, सामान्य जन भी स्वामीजी का अघोषित विषय बन गया था। प्रत्येक दिन उनका अभिनंदन करने वाले आयोजन होते और लोग उनको सुनने के लिए कोलाहल कर देते थे। महासम्मेलन के तत्काल बाद स्वामीजी को प्रथम निमंत्रण प्रसिद्ध विद्युत वैज्ञानिक प्रोफेसर एलिशा ग्रे ने दिया। अपने विशाल बंगले में उन्होंने अमेरिका के कई प्रसिद्ध वैज्ञानिकों को भी बुलाया था जिनमें लॉर्ड केल्विन, प्रोफेसर हेस्मन, प्रोफेसर एरिटोन इंपटालिया आदि अपने-अपने क्षेत्र के महान आविष्कारक थे।

स्वामीजी सबसे मिले और सबने तब दांतों तले उंगली दबा ली, जब उनके

विषय और क्षेत्र के विषय में स्वामीजी ने प्रत्येक को संतुष्ट किया। विद्युत ऊर्जा को अध्यात्म से जोड़कर स्वामीजी ने उन सबको हतप्रभ कर दिया।

शिकागो के प्रसिद्ध अज्ञेयवादी रॉबर्ट इगरसोल से भी स्वामीजी की कई मुलाकातें हुईं। वैचारिक धरातल पर दोनों विपरीत ध्रुव थे। इगरसोल धर्ममूल्यों को नकारते थे और विवेकानंद धर्म की नई परिभाषा गढ़ रहे थे। इगरसोल को उनसे सहमत होना पड़ा। यह स्वामी विवेकानंद के असीम ज्ञान का अपराजेय शौर्य था।

स्वामीजी ने अब शिकागो में हेल परिवार के साथ रहना शुरू कर दिया था। उनकी दूसरी अनन्य मातृमयी मेजबान श्रीमती लिऑन थीं। अब स्वामीजी व्यावसायिक भाषण भी देने लगे थे और इसका उद्देश्य अपने सद्गुरु के स्मृति-चिह्नों हेतु स्मारिका का निर्माण करना था। इस कार्य में मिस्टर राइट ने उनकी सहायता की और 'स्लेटन लिक्कम लेक्चर ब्यूरो' के माध्यम से स्वामीजी को तीस से अस्सी डॉलर प्रति भाषण प्राप्त होने लगे।

पंचरोगों से जूझते स्वामीजी अपने सद्‌गुरु के लिए अथक परिश्रम कर रहे थे। सोलह शहरों में उनके भाषण निरंतर हुए। फरवरी, 1893 से फरवरी, 1894 के बीच उन्होंने 66 भाषण दिए।

स्वामीजी की निर्भीकता और क्रिश्चियन धर्म पर उनके प्रहारों से ईसाई धर्मगुरु भड़क गए थे। यहां तक कि बोस्टन में तो स्वामीजी कुछ अधिक ही मुखर हो गए। इस कारण श्रोता भी गुस्से से उठकर चले गए। स्वामीजी को बड़ा दुख हुआ और उन्हें अनुभव भी हुआ कि उन्हें सीमा से बाहर नहीं होना चाहिए था। उन्होंने स्वयं को संयत किया।

इसी बीच स्वामीजी को पता चला कि स्लेटन लिक्कम लेक्चर ब्यूरो नामक संस्था उनके साथ धोखा कर रही है और उसने चार महीने में उनके पांच हजार डॉलर की हेराफेरी कर दी है। यह जानते ही स्वामीजी ने तत्काल अपने एक शुभचिंतक के द्वारा संस्था से अपना अनुबंध समाप्त करा दिया और भारत लौटने पर विचार करने लगे। अब वे स्वयं ही भाषणों का आयोजन करने लगे। उनकी कीर्ति में अपार वृद्धि हो रही थी, पर इसके साथ ही उनके यश से ईर्ष्या करने वाले लोगों की संख्या भी बढ़ रही थी।

27

अनर्गल आरोपों का अंत

यह भारतवासियों के लिए गौरव का विषय था कि अमेरिका में आयोजित विश्व-धर्म सम्मेलन में स्वामी विवेकानंद ने वेदांत का मान ही नहीं बढ़ाया, बल्कि भारत के विश्वगुरु होने की पुरानी मान्यता को भी जीवंत कर दिया था। भारत में यह बहुत कम लोग जानते थे कि स्वामी विवेकानंद वही नरेंद्रनाथ दत्त हैं, जिन्होंने श्रीरामकृष्ण परमहंस से दीक्षा लेकर गूढ़ ज्ञान प्राप्त किया था। भारत के इस महान संन्यासी ने सदियों के बाद भारतीयों को अपने राष्ट्र, धर्म और ज्ञान पर अभिमान करने का अवसर प्राप्त कराया था, पर यह कैसी विडंबना थी कि विश्व-धर्म सम्मेलन की समाप्ति को अब लगभग नौ महीने बीत चले थे और भारत की किसी भी हिंदू धर्म संस्था ने अधिकृत रूप से उन्हें अपना प्रतिनिधि घोषित नहीं किया था! यह विरोधियों के लिए एक हथियार बन गया था।

स्वामीजी के विरोध में चौतरफा से कुछ पाखंडी दल आ गए थे। उन्हें चांडाल चौकड़ी कहना ही उपयुक्त होगा। एक ओर तो ईसाई धर्मगुरु ही थे, जिन्हें लग रहा था कि जब से विवेकानंद ने अमेरिकी लोगों के मन में ईसाइयत की बुराइयों का भाव भरा है, तब से लोगों ने चंदा देना कम कर दिया था और अब तक दस लाख पौंड का नुकसान चर्च को हुआ था।

दूसरे विरोधी बने–शिकागो में ब्रह्म समाज के नवविधान पंथ के अग्रणी प्रतापचंद्र मजूमदार, जो भारतीय धर्म को ईसाई धर्म की कृपा से पल्लवित होने का प्रचार करते थे। उन्होंने 'ओरिएंटल क्राइस्ट' नामक एक चापलूसी ग्रंथ भी लिखा था। तीसरे, थियोसोफिकल सोसाइटी के कुछ प्रतिनिधि भी थे और चौथे विरोध करने वालों में रमाबाई सर्कल थी। रमाबाई सर्कल स्वयं को भारतीय समाज सुधारिका कहती थीं और नारी उत्थान में अपनी विशेष रुचि का महिमामंडन करती रहती थीं। वे बहुत पहले अमेरिका आई थीं। स्वामीजी की लोकप्रियता से ईर्ष्या के चलते अब उनकी संस्था स्वामीजी के विरोध में नीचता की हद पार करने लगी थी। उन्होंने स्वामी विवेकानंद के बारे में दुष्प्रचार किया–

"विवेकानंद किसी भी हिंदू धर्म संस्था का प्रतिनिधि नहीं है। उसकी धार्मिक स्तर पर भारत में कोई पहचान नहीं। वह जो कहता है, वह किसी भी हिंदू ग्रंथ में लिखित नहीं है। सभी विचार उसके विक्षिप्त और कपटी दिमाग की उपज हैं।"

ईसाई धर्मगुरुओं ने भी कुछ इसी प्रकार का दुष्प्रचार किया।

प्रतापचंद्र मजूमदार ने स्वामीजी के बारे में लिखा था–

"विवेकानंद स्वयंभू संन्यासी है। वास्तव में वह एक निरक्षर और असभ्य-से गुरु का चेला है, जो एक मंदिर का साधारण पुजारी था। उसका नाम रामकृष्ण देव था। वेदांत और हिंदुत्व पर कहा गया उसका एक भी शब्द स्वीकारने योग्य नहीं है।"

यह विषवमन करने वाला वही प्रतापचंद्र मजूमदार था, जिसने पंद्रह वर्ष पूर्व परमहंस के स्तुतिगान में एक लेख लिखा था और जब एक अमेरिकी पत्रकार ने वह लेख उसके हाथों में दिया तो उसकी बोलती बंद हो गई। थियोसोफिकल सोसाइटी ने शिकागो हेराल्ड, इंटर ओशन, न्यूयॉर्क सन, बोस्टन डेली जैसे समाचार-पत्रों के माध्यम से अपनी कुंठा प्रकट की–

"धर्म सम्मेलन में अपनी मीठी वाणी से विषवमन करने वाले विवेकानंद का नाम बाबू नरेंद्रनाथ दत्त है। वह शूद्र वर्ण से आता है। मांसाहार, धूम्रपान, वाचालता जैसे अवगुण उसमें विद्यमान हैं। वह रिवाजों और परंपराओं का घोर शत्रु और अपने ही परिजनों की न सुनने वाला एक आवारा और निकम्मा व्यक्ति है।"

रमाबाई सर्कल ने तो हद ही पार कर दी। उन्होंने स्वामीजी का चरित्र-हनन करने का प्रयास करते हुए अनर्गल आरोप लगाया–

"डिट्रायट की स्वामिभक्त श्रीमती बांगले ने अपनी नौकरानी को घर से इसलिए

निकाल दिया, क्योंकि उसने उसे विवेकानंद के साथ आपत्तिजनक अवस्था में देख लिया था। हेल दंपती को अपनी चार बेटियों के विषय में सोचना चाहिए, क्योंकि विवेकानंद उन्हीं के घर रहता है।"

कल्पना करें कि उन आरोपों की स्वामीजी पर क्या प्रतिक्रिया हुई होगी! उनकी कैसी मनोदशा रही होगी!! विद्वान संन्यासी, वह भी विवेकानंद जैसा महामनीषी, किसे सफाई देता! उन्होंने अपनी वेदना पत्रों के माध्यम से अपने परिचितों को बताई!

क्रिश्चियन मिशनरियों द्वारा उन्हें इतना सताया गया कि उनके अखंड ब्रह्मचर्य को खंडित करने के लिए किराए पर रूपसियां भेजी गईं, पर उन्हें सफलता नहीं मिली। उन पर निराधार आरोप लगते रहे। स्वामीजी सीधे-सरल स्वभाव के व्यक्ति थे। ठीक वैसे जैसा कोई चरित्रवान, सत्यवादी और सज्जन होता है, जो ऐसे आरोपों पर बच्चे की भांति सहम जाता है। स्वामीजी को भी भय लग रहा था। उन्होंने भारत में अपने मित्रों, शिष्यों को पत्र भेजकर अपनी मनोदशा का वर्णन किया और किसी प्रकार इस दुष्प्रचार को रोकने में सहायता मांगी। सिंह याचक बन गया था। उन्हें निराशा ने इस तरह घेर लिया था कि प्रतिक्षण वे स्वयं को प्रताड़ित महसूस करने लगे थे।

यह कैसी विडंबना थी कि यह दुष्प्रचार दुनिया-भर में फैल रहा था और भारत में किसी के कान पर इसके विरोध में जूं तक न रेंगी! स्वामीजी की तेजस्वी दृष्टि के समक्ष बड़े-से-बड़ा प्रश्नकर्ता न टिक पाता था, पर अब वे नजरें चुराते थे। उनका घर से बाहर निकलना दूभर हो गया था। वे एकांत में रोते-बिलखते थे।

अंततः मद्रास के उनके शिष्यों ने अपने महान गुरु के पक्ष में एक व्यापक आंदोलन शुरू किया और 28 अप्रैल, 1894 को पचयप्पा सभागार में एक सभा का आयोजन किया गया। इस सभा की अध्यक्षता दीवान बहादुर एस. सुब्रह्मण्यम अय्यर ने की। सभा में एकमत से स्वामी विवेकानंद को हिंदू धर्म का अधिकृत प्रतिनिधि और प्रज्ञावान, चरित्रवान संन्यासी स्वीकार किया गया। उन पर अमेरिका में लगे सभी आरोपों का प्रबल खंडन किया गया। समाचार-पत्रों ने प्रमुखता से इस समाचार को प्रकाशित किया। जूनागढ़ के दीवान बहादुर ने अपने अध्यक्षीय भाषण में उन संस्थाओं और उन लोगों को नरक का निश्चित गामी बताया जिन्होंने एक निःस्वार्थ देशभक्त और ईश्वरभक्त संन्यासी पर ऐसे आरोप लगाए थे।

ऐसी ही एक धर्मसभा का आयोजन कलकत्ता में किया गया जिसमें सिंहली बौद्ध प्रतिनिधि धर्मपाल भी सभा में उपस्थित थे और वे विश्व-धर्म सम्मेलन में भी उपस्थित थे। उन्होंने विवेकानंद पर लगाए गए सभी आरोपों का खंडन ही नहीं

किया, बल्कि प्रतापचंद्र मजूमदार को बड़ी लानत-मलानत भेजी। अब ऐसी सभाएं पूरे भारत में होने लगीं और जैसे समूचा देश विवेकानंद के समर्थन में खड़ा हो गया। देर से ही सही, पर देशवासियों को अपना कर्तव्य स्मरण हो आया था। यह भारत की विडंबना है कि देश किसी मुद्दे पर तब तक एकजुट नहीं होता, जब तक पानी सिर से नही गुजर जाता। सुषुप्त, लापरवाह और ढीले-ढाले भारतीय तब तक जाग्रत नहीं होते, जब तक आंच की तपिश उन्हें खुद को नहीं होने लगती।

अंत भला सो सब भला! स्वामी विवेकानंद के समर्थन में प्रकाशित समाचारों ने विरोधियों की बोलती बंद कर दी। उन्हें मुंह छुपाने की जगह न मिल रही थी। थियोसोफिकल सोसाइटी की भारत शाखा ने अमेरिकन शाखा के उन लोगों की सदस्यता समाप्त कर दी जिन्होंने विवेकानंद पर आरोप लगाए थे। ब्रह्म समाज की कलकत्ता और बंबई की कार्यकारिणी ने मजूमदार और नागरकर को नोटिस भेज दिया और समिति के सामने अपना पक्ष रखने का आदेश दिया। रमाबाई सर्कल को अमेरिका में काफी विरोध का सामना करना पड़ा। स्वामीजी की भक्त अमेरिकी महिलाओं ने इस संस्था से अपने संबंध तोड़ लिये। स्वामीजी के विरुद्ध ईसाई धर्मगुरुओं को भी मौन हो जाना पड़ा, क्योंकि अब हालात इतने विपरीत थे कि कुछ और स्वामीजी के विरुद्ध बोला जाता तो उन्हें अपने ही धर्मावलंबियों का विरोध सहना पड़ सकता था और चंदे का घाटा दो या तीन गुना से भी ज्यादा हो सकता था।

स्वामीजी के सभी विरोधी चारों खाने चित हो गए थे। इससे स्वामीजी के व्यथित मन को बड़ी शांति मिली। उन्होंने श्रीमती हेल की पुत्रियों और मुंहबोली बहनों को पत्र लिखकर अपनी प्रसन्नता के विषय में बताया-

"मेरी प्यारी बहनो! जगत्माता की जय हो। मुझ पर आई विपत्ति से ईश्वर ने मुझे सकुशल बचा लिया। ईश्वर ही हमारा पिता और माता है। माता-पिता अपनी संतान को किसी कष्ट में नहीं देख सकते। पत्र के साथ कुछ रिपोर्ट भेज रहा हूं। अधिक न लिखकर शुभाशीष देता हूं।"

स्वामीजी ने अपने जीवन में पहले भी उतार-चढ़ाव देखे थे। वे जानते थे कि संन्यासी को कीर्ति का मूल्य चुकाना ही पड़ता है।

28

स्वामीजी की दुखद भविष्यवाणी

असीमित यश और ढेर सारी पीड़ा सहने के पश्चात् स्वामी विवेकानंद ने जनवरी, 1895 में शिकागो से अमेरिका की राजधानी न्यूयॉर्क जाने का निश्चय किया। अपने अथाह ज्ञान से वहां के लोगों को लाभान्वित करने का विचार किया और वे न्यूयॉर्क आ गए। वहां उन्होंने किराए पर एक छोटा-सा मकान ले लिया और अपनी योजना के अनुसार ज्ञानयोग एवं राजयोग पर व्याख्यान देने आरंभ किए। इसमें वे विद्यार्थियों से कोई शुल्क नहीं लेते थे। धीरे-धीरे भीड़ बढ़ने लगी और वहां स्थान कम पड़ने लगा। वह व्याख्यानशाला प्राचीन भारतीय पद्धति की पाठशाला जैसी थी।

स्वामीजी द्वारा आरंभ यह कार्य शीघ्र ही चर्चा का विषय बन गया। उनके भक्तियोग, कर्मयोग, राजयोग, और ज्ञानयोग ने अमेरिका की नई पीढ़ी को एक नई दिशा प्रदान की। उनका शिष्यत्व प्राप्त करने के लिए शिक्षित युवा वर्ग पंक्तियों में खड़ा रहने लगा था। इसी बीच स्वामीजी को इंग्लैंड यात्रा का अवसर मिला और वहां उनकी भेंट सहसा ही एक मेधावी शिष्य से हुई। इस शिष्य का नाम था गुडविन था जिसके मिलने से स्वामीजी के मौखिक कार्य को लिखित रूप मिला। गुडविन ने उनके काम को, प्रत्येक भाषण को शॉर्टहैंड में लिपिबद्ध किया और फिर शीघ्र ही

भक्तियोग, ज्ञानयोग और राजयोग पर दिए गए व्याख्यान पुस्तक रूप में प्रकाशित कराए गए। अमेरिका में इन ग्रंथों को हाथों हाथ लिया गया। भक्तियोग की यह विशेषता थी कि इसमें स्वामीजी ने जीव और शिव मिलन की व्याख्या इतनी सरलता और सरसता के साथ की थी कि नास्तिक भी प्रभावित हो जाते थे। राजयोग आदि की रिकॉर्डतोड़ सफलता के बाद स्वामीजी ने गुडविन की सहायता से कर्मयोग व पतंजलि योगसूत्र नाम के दो ग्रंथ और प्रकाशित कराए। राजयोग की कक्षाओं की तो इतनी चर्चा थी कि उनमें न्यूयॉर्क के दार्शनिक व विद्वान भी आने लगे। छह माह तक स्वामीजी के इस गुरुकुल की धूम मची रही।

जून में कक्षाएं समाप्त हो गई थीं। स्वामीजी भी काफी थकान का अनुभव कर रहे थे, फिर भी वे प्रसन्न थे और स्वयं को आध्यात्मिक दृष्टि से बहुत ऊर्जावान और संपन्न महसूस कर रहे थे। अब वे न्यूयॉर्क की भीड़-भाड़ से दूर कहीं शांत स्थान पर अपना कार्य सतत् रखने का विचार बना रहे थे।

इसी समय स्वामीजी को उनकी एक शिष्या ने सेंट लारेंस रिवर पर स्थित वेलेजली नाम के टापू पर आने का निमंत्रण दिया। मिस डचर नाम की इस शिष्या ने थाउजैंड आइलैंड पार्क नाम के छोटे-से गांव में एक छोटी-सी कुटिया बना रखी थी। इस मनोहर स्थान को देखकर स्वामीजी का मन प्रफुल्लित हो उठा। उन्हें आशा हुई कि वहां प्रशिक्षण कार्य के अच्छे परिणाम निकल सकते हैं। स्वामीजी की इच्छानुसार, 19 जून, 1895 को वहां प्रशिक्षण कार्य आरंभ हुआ।

सात हफ्ते उस मनोरम स्थान पर रहने के बाद स्वामीजी के वहां दिए गए व्याख्यानों का संकलन 'दैवी वाणी' नाम से प्रकाशित हुआ। वहां पांच लोगों ने ब्रह्मचर्य और अनेक लोगों ने संन्यास की दीक्षा ली। स्वामीजी का उत्साह देखने योग्य था। उन्होंने इस अद्भुत प्रवास के विषय में लिखा भी है–

"मैं मुक्त हो गया, बंधन समाप्त हो गए। अब शरीर रहे या न रहे–इसकी कोई चिंता नहीं। मेरे पास दूसरों को देने के लिए एक सत्य है, जो ईश्वर ने मुझे दिया है। अब वही इस कार्य को आगे बढ़ाने के लिए अन्य लोगों को भेजेगा।"

स्वामीजी उस मनोहारी 'हजार द्वीपोद्यान' से 8 अगस्त, 1895 को वापस न्यूयॉर्क आए तो इंग्लैंड से निमंत्रण मिला। स्वामीजी भी इंग्लैंड जाना चाहते थे, पर उनके एक भक्त फ्रांसिस लॉगेट ने पेरिस चलने की विनती की। स्वामीजी पेरिस जाने को भी बहुत उत्सुक थे। वहां की वास्तुकला और दर्शनीय स्थलों के विषय में उन्होंने सुना था। वे वैसे भी पर्यटन प्रेमी थे। अत: वे पहले पेरिस घूमे और फिर इंग्लैंड गए। लंदन में पहले तीन सप्ताह तो वे उस जगप्रसिद्ध ब्रिटिश

साम्राज्य के सामाजिक जीवन को जानने हेतु भ्रमण करते रहे, जो अपने न्याय के लिए विश्व-भर में प्रसिद्ध होने के बाद भी देशों को गुलाम बनाकर रखता था।

22 अक्तूबर, 1895 को स्वामीजी अंग्रेजी जनता के सामने प्रस्तुत हुए। पिकांडली का प्रिंसेज सभागृह हजारों श्रोताओं और पत्रकारों से भर गया था। सभी उस संन्यासी की प्रखर वाणी सुनने के लिए उत्सुक थे जिसने अमेरिका में हलचल पैदा कर दी थी। 'आत्मज्ञान' विषय पर इंग्लैंडवासियों को स्वामीजी का जो प्रभावशाली भाषण सुनने को मिला, उसने उन लोगों के हृदय झंकृत कर दिए। इंग्लैंड के समाचार-पत्र उनकी प्रशंसा में लेख लिखने लगे। 'द लंदन डेली क्रॉनिकल' ने लिखा—

"लोकप्रिय हिंदू संन्यासी विवेकानंद के मुखादि अंगों की भगवान बुद्ध के चिर-परिचित मुखादि अंगों से समानता स्पष्ट दिखाई पड़ती है। हमारी समृद्धि, हमारे साम्राज्यवाद व हमारे रक्तपिपासु युद्धों का वर्णन उन्होंने जिस निर्भीकता से किया, वह उनके अभयांकर होने की पुष्टि करता है। अन्य धर्मों के प्रति हमारी असहिष्णुता पर ऐसा तीखा प्रहार आज तक किसी ने नहीं किया।"

वास्तव में स्वामीजी की ललकार से पाश्चात्य जगत सहम जाता है–
"सावधान! मैं अपने दिव्य चक्षुओं से ऐसा देख रहा हूं कि सारा पश्चिम जगत ज्वालामुखी के दहाने पर बैठा है। वह कभी भी भड़क सकता है। आप लोग यदि अभी भी सावधान नहीं हुए तो आने वाले अगले पचास वर्षों में आपको विनाश का दुखदायी दृश्य देखने को मिलेगा।"

स्वामी विवेकानंद का यह कथन एक भविष्यवाणी की तरह सत्य सिद्ध हुआ था। पाश्चात्य जगत ने दो विश्वयुद्धों की विभीषिका सही और अंग्रेजी साम्राज्यवाद का सूर्यास्त होना प्रारंभ हो गया।

इंग्लैंड में भी स्वामीजी के व्याख्यानों से ठीक वही हलचल मची थी, जो अमेरिका में मची। इंग्लैंड का प्रबुद्ध वर्ग उस संन्यासी के श्रीमुख से ज्ञान-लाभ लेने को आतुर हो उठा। व्याख्यान सभागार में कुर्सियां कम होतीं तो भी अंग्रेज नर-नारी पालथी मारकर जमीन पर बैठने से भी गुरेज न करते थे। जब वे इंग्लैंड आए थे तो उनके मन में शंका थी कि इंग्लैंडवासी एक भारतीय संन्यासी को...उस देश के संन्यासी को, जो उनका गुलाम है, कैसे प्रखर, स्पष्ट और निर्भीक बोलते सहन करेंगे? क्या प्रतिक्रिया होगी उनकी?

जब स्वामीजी ने उन लोगों के बीच व्याख्यान दिए तो सब शंकाएं निर्मूल सिद्ध हुईं। ज्ञान और ब्रह्मज्ञान के प्यासे जिज्ञासु अंग्रेज समाज के लोगों ने उन्हें सिर-आंखों पर बिठाया। वे जैसे-जैसे उनसे घुलते-मिलते गए, वैसे-वैसे लोगों में श्रद्धा-भाव बढ़ता गया और वे सर्वप्रिय होते गए।

इंग्लैंड की यह यात्रा स्वामीजी के लिए एक बात से और भी महत्त्वपूर्ण हो गई कि इस प्रवास में उन्हें सिस्टर निवेदिता के रूप में अपना उत्तराधिकारी मिला। मार्गरेट नोबल नाम की यह युवती स्वामीजी की रविवार की एक सभा में आई और स्वामीजी के भाषण पर मुग्ध हो गई। इतिहास खुद को दोहरा रहा था। जिस प्रकार विवेकानंद श्रीरामकृष्ण परमहंस से पहली भेंट में प्रभावित तो हुए, पर उन्हें अपना गुरु नहीं माना, मार्गरेट ने भी ठीक वही किया, फिर वह नियमित उनकी कक्षाओं में जाने लगीं और एक माह के चिंतन-मनन के बाद उन्होंने स्वामीजी को गुरु रूप में स्वीकार किया।

29

विश्वगुरु के रूप में प्रतिष्ठित

नवंबर, 1895 में स्वामीजी लंदन से वापस अमेरिका आ गए। इंग्लैंड में हुए कार्य ने उनकी ऊर्जा और भी बढ़ा दी थी। स्वामीजी के आदेश पर मद्रास में उनके परम प्रिय शिष्य अलसिंगा के प्रयासों से 'ब्रह्मवादिनी' नामक पत्रिका का प्रकाशन प्रारंभ हो गया था जिसका संपूर्ण व्यय स्वामीजी ने अपने पास से भेजा था। अब पत्रिका की प्रसार संख्या में दिनोदिन वृद्धि होती जा रही थी, इस आशय का समाचार स्वामीजी को मिला तो उनका उत्साह दो गुना हो गया।

स्वामीजी जब पुनः न्यूयॉर्क में आ गए तो फिर से काम शुरू कर देना था। उन्होंने कक्षाएं आरंभ कीं। अब उनका तत्त्वज्ञान शिक्षितों तक ही सीमित नहीं रह गया था, बल्कि किसान एवं मजदूर भी उससे लाभान्वित हो रहे थे। जहां प्रसिद्ध वैज्ञानिक निकोला रेसला, फ्रेंच अभिनेत्री सारा लर्नहार्ड आदि कितने ही ख्यातिलब्ध लोग उनके शिष्य हुए, वहीं सामान्य वर्ग भी उनके शिष्यत्व का अधिकारी बना। कितने ही अमेरिकन स्त्री-पुरुष अब खुद को वेदांती कहलाने में गर्व का अनुभव करते थे। बड़े-बड़े ईसाई धर्मगुरु चकित थे कि वह हिंदू संन्यासी ऐसा क्या मोहिनी मंत्र जानता है, जो लोग अपने मूल पारंपरिक धर्म से दूर होते जा रहे हैं।

स्वामीजी के यश और कार्य से मिशनरीज को परेशानी तो हो रही थी, परंतु अब कोई इतना साहस नहीं कर सकता था कि असंख्य लोगों की श्रद्धा के केंद्र बन चुके स्वामी विवेकानंद पर कैसी भी उल्टी-सीधी टीका-टिप्पणी कर सके, फिर भी शत्रुभाव से उन्हें कुछ तो करना ही था। इसी संदर्भ में एक अंग्रेज युवक के माध्यम से उन्होंने स्वामीजी से एक प्रश्न पूछ ही लिया, जो अप्रत्यक्ष रूप से आरोप ही था।

"स्वामीजी!" युवक ने पूछा–"कहीं आप धर्म-परिवर्तन के मिशन पर काम तो नहीं कर रहे हैं? जिस संख्या में क्रिश्चियन लोग आपका शिष्यत्व स्वीकार कर रहे हैं, उससे इस आशंका को बल मिलता है।"

"यह आशंका उन शंकालु प्रवृत्ति के लोगों को होती है, जो ऐसे कार्य करते रहे हैं।" स्वामीजी ने स्पष्ट उत्तर दिया–"मेरा शिष्यत्व स्वीकार करने वाले किसी भी अमेरिकी से यह पूछा जा सकता है कि क्या उसने अपने धर्म के अनुसार पूजा-उपासना करना छोड़ दिया है। सबका एक ही उत्तर होगा कि नहीं। सब पहले भी क्रिश्चियन थे और आज भी क्रिश्चियन हैं।"

23 फरवरी, 1896 को स्वामीजी ने 'वेदांत सोसाइटी' का संविधान लिखा और कक्षाएं व व्याख्यान बंद कर दिए। वेदांत सोसाइटी के अध्यक्ष पद पर न्यूयॉर्क के प्रसिद्ध व्यवसायी फ्रांसिस लोगेट और सचिव पद पर मेरी फिलिप्स को नियुक्त किया गया। इसी समय स्वामीजी के परम शिष्य योगानंद ने एक रहस्योद्घाटन किया, जो 'ब्रह्मवादिनी' में प्रकाशित हुआ–

"स्वामी विवेकानंद भारतीय हैं, यह बात शीघ्रातिशीघ्र संसार में स्थापित करने में ही भारत की भलाई है, अन्यथा स्वामी विवेकानंद किसी अन्य महाद्वीप में जन्मे महापुरुष सिद्ध हो जाएंगे। अमेरिका के नेशनल इन-साइक्लोपीडिया के लेखक स्वामीजी का जीवन-चरित्र लिखकर उन्हें अमेरिकी नागरिक सिद्ध करने की योजना बना रहे हैं। उनके लिए यह असंभव भी नहीं है। उदाहरण महाकवि होमर का है जिनके जन्मस्थान पर सात शहरों ने दावा किया था। कहीं ऐसा न हो कि हमारे परम पूज्य गुरुदेव को अपना नागरिक सिद्ध करने का दावा सात देश करने लगें। यदि ऐसा हुआ तो भारत से उसका महानायक छिन जाएगा।"

यह अपार ख्याति थी स्वामी विवेकानंद की। 25 मार्च, 1896 को स्वामीजी का वेदांत दर्शन विषय पर व्याख्यान हुआ जिसमें स्वामीजी ने एक नए रहस्य से विज्ञानवादियों को परिचित कराया। उन्होंने कहा कि सनातन धर्म व आधुनिक विज्ञान में जड़ व चेतन का विचार बड़ी बारीकी से किया गया।

यदि विज्ञान ने वेदांत की सहायता की तो इससे केवल वैज्ञानिक विकास ही नहीं, अपितु लोगों में वैज्ञानिक सोच का भी विकास होगा।

स्वामीजी के व्याख्यान के पश्चात् अक्सर श्रोतागण उनसे विभिन्न विषयों से संबंधित बड़े जटिल प्रश्न पूछा करते थे और वे उनका उत्तर बड़ी सरल भाषा में सहजता से देते थे। यहां भी इसी प्रकार का सत्र चल रहा था।

"स्वामीजी!" एक मनोविज्ञान के प्रोफेसर ने प्रश्न किया–"सम्मोहन शक्ति के बारे में हिंदू धर्म और हिंदू दर्शन की क्या राय है?"

"सम्मोहन विद्या हिंदू समाज की विशेषता है। यह प्राचीन विद्या आज भी हमारे यहां बिना किसी कठिन अभ्यास के लोगों को आती है। वास्तव में वेदांत का मनोविज्ञान पश्चिम से बहुत आगे रहा है और आज भी है। वेदांत कहता है कि व्यक्ति जन्म से ही सम्मोहित रहता है। राजयोग के द्वारा वह सम्मोहन तोड़ा जा सकता है, यह बात वेदांत का मनोविज्ञान ही सबसे अच्छा बताता है।"

स्वामीजी के व्याख्यानों में अब विभिन्न मत और विचारधाराओं वाले विद्वान आने लगे थे, जो स्वामीजी से शास्त्रार्थ करने लगे थे। इनमें नास्तिक, अज्ञेयवादी, भौतिकवादी और अघोरपंथी थे जिनके कुतर्क भरे प्रश्नों का उत्तर स्वामीजी बड़ी सहजता से देते, पर वे संतुष्ट न होने का प्रलाप करते। यद्यपि उनके पास प्रश्न तक खत्म हो जाते और वे निरर्थक बातें करने लगते थे।

एक बार हार्वर्ड विश्वविद्यालय में स्वामीजी ने हजारों श्रोताओं के सामने ऐसे व्यर्थ के प्रश्नकर्ताओं की पूरी टोली की बोलती ही बंद कर दी थी। इन मुफ्त के विचारकों को स्वामीजी दयायोग्य मानते थे।

अत्यधिक श्रम के कारण स्वामीजी थकान का अनुभव करने लगे थे और उनके स्वास्थ्य पर इतना प्रतिकूल प्रभाव पड़ने लगा था कि शिष्यों को उनकी मृत्यु की आशंका सताने लगी थी। इस आशंका का समाचार उनके गुरुभाइयों को मिल गया था, जिसे सुनकर स्वामी शारदानंद उनके पास आ गए थे। पहले वे लंदन में ठहरे। स्वामीजी को उनके आगमन की सूचना मिली तो उनसे मिलने को व्यग्र हो उठे और 15 अप्रैल, 1896 को अपने सचिव और प्रिय शिष्य गुडविन को साथ लेकर वे लिवरपूल पहुंच गए।

जब स्वामीजी लिवरपूल पहुंचे तो उनके आनंद की सीमा न रही। वहां उनके गुरुभाई शारदानंद के साथ उनके अपने अनुज महेंद्रनाथ भी आए थे। परदेश में किसी अपने का मिलना भावनाओं के आवेग को तेज कर देता है। स्वामीजी बहुत अंतराल के बाद अपनों से मिले तो वराहनगर मठ और पारिवारिक स्मृतियां चलचित्र की भांति उनके नेत्रों से गुजरने लगीं। सबका कुशल-क्षेम उन्होंने भाव-विभोर होकर पूछा।

स्वामीजी जो थके-थके नजर आ रहे थे, अब अपनों से मिलकर ऊर्जा से भर गए थे। शीघ्र ही उनके स्वास्थ्य में सुधार होता गया और तीन हफ्ते बाद ही वे पुनः जोर-शोर से कार्य में जुट गए। स्वामीजी की इच्छा थी कि उनके गुरुभाई शारदानंद इंग्लैंड में उनके कार्य को आगे बढ़ाएं। इसके लिए उन्हें साहसी और मुखर बनाना आवश्यक था।

स्वामीजी ने शारदानंद को प्रशिक्षण देना आरंभ किया। शारदानंद बहुत सीधे, सरल और मितभाषी प्रकृति के व्यक्ति थे। पश्चिम में इतने सीधेपन से काम नहीं चल सकता था। वहां वाचालता के साथ उत्तर देने की आवश्यकता थी। स्वामीजी ने अपने गुरुभाई को प्रशिक्षण में ये सारी बातें समझाना शुरू कर दिया। इसी बीच स्वामीजी की भेंट विश्वविख्यात विद्वान प्रोफेसर मैक्समूलर से हुई और उन्होंने स्वामीजी को अपने बंगले पर आमंत्रित किया।

यह उस समय के दो अद्‌भुत बुद्धिजीवियों की भेंट थी। जो पूर्व और पश्चिम के वैचारिक मंथन व एकीकरण में बहुत सहायक सिद्ध हुई। इस समय तक शारदानंद पूरी तरह स्वामीजी की इच्छा और आवश्यकता के अनुरूप स्वयं को ढालने में सफल हुए थे। यह देखकर स्वामीजी बड़े हर्षित हुए। उन्होंने शारदानंद को आशीर्वाद देकर अपने सचिव गुडविन के साथ अमेरिका भेज दिया, जहां स्वामीजी के कार्य के आधिकारिक मार्गदर्शक की मांग उठने लगी थी। अब उनके भक्त सेवियर दंपती और हेनरी एटमूलर ने स्विट्जरलैंड की यात्रा का कार्यक्रम बनाया। 19 जुलाई को स्वामीजी अपने तीनों शिष्यों के साथ स्विट्जरलैंड चले गए। वे जानते थे कि अब लंदन में भी आधिकारिक मार्गदर्शक की आवश्यकता है तो उन्होंने भारत संदेश भेजकर स्वामी अभेदानंद को लंदन आने को कहा।

स्विट्जरलैंड की यह यात्रा बड़ी सुखकर और आनंदित करने वाली थी। इस छोटे-से देश ने भी प्रगति के पथ पर लंबी यात्रा तय कर ली थी। यह तो भारत और उसके पड़ोसी देश ही थे, जो रूढ़ियों में जकड़े और परंपराओं से बंधे कूपमंडूक की भांति रह रहे थे। इनका उद्धार कैसे हो? स्वामीजी का यही उद्‌देश्य था, पर क्या इतना महापरिवर्तन उनके जीते-जी हो जाने वाला था? इन बातों को सोचकर स्वामीजी निराश हो जाते थे। यह विश्वास उनके मन में अवश्य था कि जितना कार्य उन्होंने किया था और आगे करने वाले थे, वह भी भारत के भविष्य के उत्थान में बड़ा सहायक होगा।

आल्पस पर्वत श्रेणियों में प्रवास के समय स्वामीजी को अपने राष्ट्रप्रहरी शिखर हिमालय की स्मृति हो आई और मन में एक भावना उठी–'अब मेरी इच्छा है कि हिमालय के सुरम्य शांत क्षेत्र में एक मठ की स्थापना करके शेष जीवन

वहीं साधना करते हुए व्यतीत करूं। वहां अपने देशी-विदेशी शिष्यों को 'कर्मयोग' में पारंगत करके विश्व-कल्याण का महाकाज आरंभ करूं।'

17 सितंबर, 1896 को स्वामीजी यूरोप-यात्रा से लंदन लौट आए। दो माह की इस यात्रा ने उन्हें और भी प्रज्ञावान व ऊर्जावान कर दिया था।

लंदन आकर स्वामीजी ने पुनः कार्य आरंभ कर दिया। अब उनके स्वदेश लौटने का समय भी हो चला था। अपने अमिट ज्ञान को, जो उन्होंने भारत में संजोया था, आज वे बहुगुणित पाते थे और इसके लिए पश्चिम का धन्यवाद करना नहीं भूलते थे। अब उनका हर शब्द अतींद्रिय अनुभव कराता था। कक्षाएं, व्याख्यान व व्यक्तिगत दर्शन के साथ वे पत्र-लेखन, विद्वानों से भेंट और अपने गुरुभाई अभेदानंद को पश्चिमी वातावरण के लिए प्रशिक्षित भी करते थे।

स्वामीजी की प्रेरणा और मार्गदर्शन में अभेदानंद भी कुशल वेदांत-वक्ता बन गए और उन्होंने 27 अक्तूबर को एक सभा का आयोजन करके अपने गुरुभाई का प्रथम मंच परीक्षण करने की व्यवस्था कर दी। स्क्वेयर क्लब में लोग विवेकानंद को सुनने उमड़ आए थे, पर जब वक्ता के रूप में अभेदानंद सामने आए तो श्रोता निराश हो गए। अभेदानंद ने इस चुनौती को स्वीकार किया और ऐसा प्रभावशाली भाषण दिया कि श्रोता और स्वामीजी भी मंत्रमुग्ध हुए बिना न रह सके।

अब स्वामीजी की इच्छा थी कि उनके ज्ञान और अनुभवों का वर्णन किसी पश्चिमी शिष्य के द्वारा हो तो सतगुरु परमहंस का कार्य संपन्न हो। यही इच्छा तो थी सद्‌गुरु की। न्यूयॉर्क में स्वामीजी की शिष्या कुमारी वाल्डो उर्फ संन्यासिनी हरिदासी अब परिपक्व होकर इसके लिए तैयार थीं, पर उनमें कुछ हिचकिचाहट थी। स्वामीजी ने बड़े वात्सल्य से उसे साहस प्रदान किया।

"तुम व्याख्यान करो। जगत्माता तुम्हें शक्ति देंगी। अन्य किसी आधार पर टिकना ही मत। स्वयं साहसी बनो। रामकृष्णजी के बच्चे जब खड़े होते हैं तो स्वयं सद्‌गुरु उनके समीप होते हैं। पश्चिम में किसी भारतीय संन्यासी की अपेक्षा यदि तुममें से कोई इस कार्य को प्रारंभ करे तो मुझे अतीव शांति मिलेगी। उठो और तेजस्वी बनकर चमको।"

स्वामीजी का एक-एक शब्द ऊर्जावान होता था। वे अपने शिष्यों को सदैव प्रेरणादायी विचारों से स्फूर्तिवान बनाए रखते थे। दिसंबर का महीना आ गया था। अब समय था विदेश में किए गए कार्य से स्वदेश को लाभान्वित करने का और विदेश में मिली कीर्ति से स्वदेशवासियों में अभिमान जगाने का, तभी तो सद्‌गुरु के दिए दायित्व की पूर्ति होगी। स्वामीजी ने अपने प्रिय शिष्य कैप्टन सेवियर को भारत लौटने की इच्छा बताई और सब व्यवस्था करने को कहा। स्वामीजी के

आदेश का पालन हुआ। सेवियर दंपती और गुडविन भी स्वामीजी के साथ जाने की इच्छा प्रकट कर चुके थे। उन्हें स्वामीजी की अनुमति मिल गई थी।

भारत का महासंन्यासी विवेकानंद पश्चिमी विश्व को भारतीय दर्शन, वेदांत एवं सनातन सत्य का पाठ पढ़ाकर अब 'विश्वगुरु विवेकानंद' के रूप में प्रतिष्ठा प्राप्त कर चुका था। सद्गुरु श्रीरामकृष्ण परमहंस का 'काज' पूर्ण करने और वैचारिक रूप से विश्व-भर को विजित करने के पश्चात् विश्वगुरु ने अब स्वदेश लौटने का निश्चय किया।

30

'रामकृष्ण मिशन' की स्थापना

16 दिसंबर, 1896 को विश्वगुरु के भारत प्रस्थान से पूर्व पिकाउली की चित्रकला दीर्घा में उनके सम्मान में विदाई समारोह का आयोजन किया गया। चित्रकला दीर्घा में इतनी भीड़ थी कि संभालना मुश्किल हो रहा था। वहां के दृश्य बड़े ही भावुक करने वाले थे। कई शिष्य तो ऐसे मौन थे, जैसे उनकी जिह्वा को लकवा मार गया हो और कोई फूट-फूटकर रो रहा था। पश्चिम जगत में जैसा प्यार विश्वगुरु स्वामी विवेकानंद को मिला, वैसा किसी दूसरे भारतीय को न तो पहले मिला और न आगे मिलने की संभावना है। स्वामीजी सभी शिष्यों से मिल रहे थे। रोने वालों को सांत्वना दे रहे थे और सबको समझा रहे थे कि दैहिक बंधन का कोई महत्त्व नहीं है, महत्त्व है तो केवल आत्मिक संबंधों का और वह उनके बीच इतना सुदृढ़ है कि हजारों मील के फासले भी कोई मायने नहीं रखते। इसी बीच उनकी स्वदेश यात्रा की सारी तैयारियां हो गई थीं।

स्वामीजी लंदन से नेपल्स रेलगाड़ी से आए और वहां से गुडविन को साथ लेकर जहाज द्वारा इटली होते हुए कोलंबो पहुंचे। कोलंबो के बंदरगाह पर स्वामीजी को उतरते ही बड़े आश्चर्य का सामना करना पड़ा। वहां हजारों की संख्या में लोग उनके स्वागत के लिए खड़े थे। उनकी

जय-जयकार से आकाश गूंज रहा था। स्वामीजी अभिभूत हो गए। उन्होंने श्रीलंका में दस दिन बिताए और वहां भ्रमण व व्याख्यान करने के बाद भारत की ओर चल पड़े। रामेश्वरम, त्रिचनापल्ली और कुंभकोणम होते हुए वे मद्रास (चेन्नई) पहुंचे। वहां का दृश्य भी अनूठा था—हजारों शिष्य और श्रद्धालु अपने महातेजस्वी संन्यासी के स्वागत हेतु उत्साहित होकर जय-जयकार कर रहे थे।

स्वामीजी ने जन-जन का आह्वान करते हुए उन्हें भारतीय संस्कृति के गौरव की शक्ति बताया और उन्हें राष्ट्र के पुनर्निर्माण में भागीदारी करने का संदेश दिया। लोग उनकी ओजस्वी वाणी से उत्साह में भरकर स्वामीजी की जय-जयकार के नारे लगा रहे थे। स्वामीजी मद्रास में नौ दिन रहे और वहां उन्होंने पांच दिन व्याख्यान दिए। कोई सामान्य व्यक्ति जैसे बरसों बाद अपने घर लौटने पर भावनाओं से भर जाता है, वैसी ही स्वामीजी की दशा थी। मार्ग-भर उन्हें अपने वे दिन याद आते रहे, जब वे बचपन से किशोर और किशोर से युवा संन्यासी बने थे। इन स्मृतियों में बड़ी मधुरता थी और इनका रसास्वादन स्वामीजी मन-ही-मन कर रहे थे। कभी मुस्कराते, कभी गंभीर हो जाते और कभी उनकी आंखें छलकने लगतीं।

जब वे अपने गृहनगर जन्मभूमि कलकत्ता पहुंचे तो देखा कि वहां भी उत्सव जैसा माहौल था। ऐसा होता भी क्यों नहीं! पश्चिम में भारतीय दर्शन एवं ज्ञान की दुंदुभि बजाने वाला श्रेष्ठ संन्यासी अपने घर जो लौट आया था। वेदांत की पताका अमेरिका, इंग्लैंड और यूरोप के अन्य देशों में फहराकर उस महान तपस्वी ने भारतीय गौरव का पुनर्जागरण कर दिया था।

स्वामीजी के स्वागत में लगभग बीस हजार लोगों की भीड़ थी और सभी उनकी जय-जयकार कर रहे थे। फूल-मालाओं से उनका स्वागत हुआ। रिपन कॉलेज में अभिनंदन समारोह का आयोजन हुआ। 4 मार्च को स्टार थिएटर में उन्होंने व्याख्यान दिया। उन्होंने पुरानी स्मृतियों को व्याख्यान में सम्मिलित करते हुए अपने सद्‌गुरु परमहंस के सम्मान में उनकी महानता का गुणगान किया। उन्होंने भारत में धर्म के नाम पर हो रहे व्यापार को जमकर लताड़ा। उन्होंने ललकारकर उस रूढ़िवादी व्यवस्था और विकृत पाखंडवाद को चुनौती दी और लोगों का आह्वान किया कि वे उस मानसिक दासता से बाहर आएं जिसमें उन्हें दीन-हीन बताया जाता है। वास्तव में विवेकानंद ने जन-सामान्य को जाग्रत करने के लक्ष्य की प्राप्ति हेतु अपना जीवन समर्पित किया था। भारत की दुर्दशा से आहत होकर उन्होंने त्याग, तप और संकल्प का ऐसा उदाहरण प्रस्तुत किया था, जो भारत में अन्यत्र मिलना दुर्लभ था।

स्वामी विवेकानंद को अब अपना वह संकल्प पूर्ण करना था, जो उन पर

गुरुकृपा के रूप में था अर्थात् गुरुदेव के स्मृतिचिह्न भस्मावशेष को सम्मान प्रदान करना। उन्होंने इसकी रूप-रेखा तैयार कर ली थी। इसी उद्देश की पूर्ति हेतु उन्होंने 'रामकृष्ण मिशन' की स्थापना की और इसका संविधान बनाया। पदाधिकारी चुनकर इस संस्था की भारत और विदेश में कार्यपद्धति तय की गई। उद्देश्य, व्रत, नियम आदि का भी निर्णय हुआ। स्वामीजी ही इस संस्था के अध्यक्ष बनाए गए।

स्वामीजी द्वारा जब 'रामकृष्ण मिशन' के कार्यों का उल्लेख किया गया तो गुरुभाई विचलित हो गए। संस्था का कार्य जन-जन की सेवा, शिक्षा, मानसिक विकास और समाजीकरण के साथ अध्यात्म की ओर प्रेरित करने का था। गुरुभाइयों की दृष्टि में यह संन्यासी के नहीं, वरन् समाज सुधारक के कार्य थे। संन्यासी तो सांसारिक कार्यों से मुक्त रहकर साधना के द्वारा मुक्ति प्राप्त करता है। गुरुभाई संन्यास को मात्र स्वमुक्ति का मार्ग मानते थे, जबकि विवेकानंद सर्वजनमुक्ति में विश्वास रखते थे।

इस विषय पर स्वामीजी और गुरुभाइयों में लोमहर्षक और विचारपूर्ण बहस भी हुई और अंत में स्वामीजी उन्हें संतुष्ट करने में सफल हुए। उन्होंने दरिद्र-नारायण की सेवा को ही श्रीरामकृष्ण परमहंस की शिक्षा का मूल मंत्र माना था और यही उन्होंने संसार को सिखाया। गुरुभाई भी अंततः उनके वैचारिक दृष्टिकोण से सहमत हुए कि जन-कल्याण ही संन्यास का सच्चा अर्थ है। अन्य कोई होता तो संभवतः रामकृष्ण मिशन भी अन्य संस्थानों की भांति दो-फाड़ हो जाता, परंतु वे स्वामीजी

ही थे जिन्होंने असीम ज्ञान और प्रेम से अपने गुरुभाइयों को ऐसा संतुष्ट किया कि आज तक भी रामकृष्ण मिशन अविवादित है।

रामकृष्ण मिशन की नियमित बैठक का शुभारंभ 9 मई, 1897 को शुरू हुआ। उस समय बंगाल में अकाल का भीषण प्रकोप फैला हुआ था। मिशन के सभी सदस्य और गुरुभाई भी अकाल पीड़ितों की सहायता में दिन-रात जुट गए। यह और भी आश्चर्य की बात थी कि स्वामीजी उस समय चिकित्सकीय परामर्श पर अल्मोड़ा गए हुए थे, परंतु उनके अनुरूप ही सारा कार्य किया जा रह था। स्वामीजी को दमा की बीमारी ने अत्यधिक परेशान कर दिया था। डॉक्टर उन्हें पूर्ण विश्राम की सलाह दे रहे थे, परंतु मानवमुक्ति की आकांक्षा लिये उस ऋषि के हृदय में विश्राम की केवल एक ही स्थिति स्वीकार थी–चिरविश्राम! स्वास्थ्य-लाभ के लिए भ्रमण को वे भी आवश्यक मानते थे। इसी कारण वे अल्मोड़ा चले गए थे। यहीं उनके मन में अपने शिष्यों–गुडविन और सेवियर दंपती को उत्तर भारत के भव्य दर्शन कराने का विचार बना।

6 मई, 1897 को यह भारत दर्शन यात्रा आरंभ होकर अगले साढ़े आठ माह तक चली जिसमें लाहौर, लखनऊ, काशी, अयोध्या, प्रयाग आदि 25 शहरों के साथ अनेक गांवों की भी यात्रा रही। इस यात्रा में स्वामीजी ने स्थान-स्थान पर व्याख्यान दिए। हर स्थान पर उनका भव्य स्वागत हुआ। इस यात्रा में उन्हें अनेक खट्टे-मीठे अनुभव हुए। इन्हीं अनुभवों के लिए तो विवेकानंद भारत-भ्रमण कर रहे थे। दरिद्रों से स्वामीजी का स्वाभाविक स्नेह था। वे अमीरों के निमंत्रण ठुकरा देते थे, परंतु एक भी गरीब ऐसा नहीं रहा जिसने उन्हें सप्रेम बुलाया हो और वे न गए हों। यह एक विश्वविख्यात संन्यासी का संसार को भव्य उपदेश था।

राष्ट्रवाद के उदय में स्वामीजी के इस दरिद्र-प्रेम का योगदान ही मुख्य कारक रहा, जो गांधीजी को भारतीय एकता का तैयार मंच मिला। दरिद्र, दलित और मजदूर को अपने पेट भरने से ही फुरसत न थी तो राष्ट्रवाद जैसे जटिल शब्द का अर्थ समझने का समय उसे कहां मिलता! स्वामीजी ने यही तथ्य घर-घर जाकर समझाया और इसी के परिणामस्वरूप राष्ट्रीय एकता का दुर्लभ स्वप्न साकार हो सका।

उत्तर भारत की इस यात्रा में स्वामीजी का स्वास्थ्य शिथिल ही रहा। उन्हें ज्वर रहने लगा था, परंतु इस स्थिति में भी वे जिज्ञासुओं, दर्शनार्थियों को निराश नहीं करते थे। जब स्वामीजी इस यात्रा पर थे तो उन्हें इंग्लैंड से मार्गरेट नोबल का पत्र मिला जिसमें उन्होंने भारत आने की इच्छा व्यक्त की थी। स्वामीजी ने उन्हें सहर्ष भारत आने की अनुमति दे दी थी।

31

कुछ दु:खद अनुभूतियां भी

मार्गरेट नोबल दृढ़ धर्मज्ञ, सुविचारक और मानवीय संवेदनाओं से परिपूर्ण महिला थीं और उनमें भी सहज स्वीकार न करने की वही प्रवृत्ति थी, जो कभी स्वयं स्वामीजी में थी। 28 जनवरी, 1898 को वे कलकत्ता आ गई थीं। उनके साथ कुछ अन्य विदेशी शिष्याएं भी थीं।

दो दिन बाद उनका प्रशिक्षण शुरू हो गया और जैसे-जैसे समय बीतता गया, मार्गरेट का समर्पण भी उसी के अनुरूप बढ़ता गया। अब वे दीक्षा के लिए व्याकुल होने लगी थीं। स्वामीजी ने 25 मार्च को उनकी इच्छा पूरी की और दीक्षा देने के बाद उन्हें नाम दिया–भगिनी निवेदिता! कालांतर में यही भगिनी निवेदिता स्वामी विवेकानंद की उत्तराधिकारी बनीं।

उन्हीं दिनों स्वामीजी को गंगा किनारे बैलूर गांव में एक जमीन मठ के लिए उपयुक्त लगी। विदेशी शिष्याओं ने तत्काल गुरुदेव की इच्छा का सम्मान करते हुए एक लाख रुपये की व्यवस्था कर दी। मंदिर निर्माण कार्य आरंभ हो गया। स्वामीजी की अस्वस्थता फिर उभरने लगी थी। अत: उन्हें स्वास्थ्य-लाभ के लिए दार्जिलिंग जाना पड़ा। उनका अप्रैल माह दार्जिलिंग में गुजरा, पर तभी कलकत्ता में प्लेग का प्रकोप फैल गया और स्वामीजी व्यथित होकर कलकत्ता लौट आए। उन्होंने प्लेग पीड़ितों की सहायता

के लिए तन-मन और धन से काम किया। उनके आह्वान पर दानी लोगों ने जी खोलकर दान दिया और अनेक वालंटियर भी उनसे जुड़ गए।

आठ दिन बाद उन्हें वापस अल्मोड़ा जाना पड़ा। इस बार निवेदिता भी उनके साथ गईं। यह प्रवास उस साधिका के जीवन को नई दिशा देने में सफल रहा। अब स्वामीजी का स्वास्थ्य निरंतर गिर रहा था, फिर भी यह उस महासंन्यासी की ही हिम्मत थी कि इतने पर भी पहाड़ों पर चढ़ना और अट्ठारह हजार फुट की ऊंचाई पर स्थित पंचतरणी की पांच पहाड़ी नदियों में स्नान करने के दुष्कर कार्य को कर दिखाना। वहीं से उन्होंने अमरनाथ के बर्फीले नद में भी स्नान किया। इस अतिसाहस ने उनका स्वास्थ्य और भी बिगाड़ दिया। उन्हें हृदयाघात की आशंका बढ़ गई थी। अत: डॉक्टरों ने उन्हें विशेष सावधानी बरतने का परामर्श किया।

स्वामीजी 18 अक्तूबर, 1898 को अमरनाथ, कश्मीर, श्रीनगर और पंजाब की यात्रा करके बैलूर मठ वापस आ गए। अस्वस्थता के कारण उन्हें फिर से दिसंबर से फरवरी, 1899 तक वैद्यनाथ में रहना पड़ा, फिर भी उन्होंने कार्यशीलता न छोड़ी। वे क्षण-क्षण श्वास-श्वास अपने सद्गुरु के उद्देश्य को समर्पित कर चुके थे। उनकी मुद्रा और दशा देखकर सबको यही लगता था कि स्वामीजी कभी भी देहत्याग कर सकते हैं। स्वयं उनमें वैराग्य उत्पन्न हो गया था, जो एक कर्मशील के लिए संकेत है कि संतुष्टि से उत्पन्न वैराग्य मृत्यु का प्रथम लक्षण है, पर वे तो अभी बहुत से नए मार्ग तैयार करने वाले थे।

स्वामीजी का स्वास्थ्य अब बिलकुल साथ नहीं दे रहा था। बैलूर आकर वे बिस्तर पर पड़ गए थे। उन्हें बोलना भी कठिन हो रहा था। उनके अंतर्मन में अवश्य विचारों का तूफान चल रहा था। इस समय उनके द्वारा तीन महत्त्वपूर्ण कार्य होने थे—निवेदिता के मार्गदर्शन में कन्या विद्यालय का संचालन, मठ की स्थापना और बंगाली भाषी में पत्रिका का प्रकाशन करना। तीनों कार्य शीघ्र ही सफलतापूर्वक संपन्न कर दिए गए।

काली-पूजा के शुभ अवसर पर पाठशाला शुरू हुई और एक माह बाद मठ की स्थापना का भी समय आ गया। सद्गुरु के भस्मावशेष व अस्थियां मठ में प्रतिष्ठापित हुईं।

2 जनवरी, 1899 को मठ में रहना आरंभ कर दिया गया। 14 जनवरी को मकर संक्रांति के अवसर पर स्वामीजी द्वारा उद्बोधन नामक बंगाली पत्रिका का प्रकाशन आरंभ कर दिया गया था। इसके अतिरिक्त उन्होंने हिमालय के अंचल में समुद्र तल से साढ़े छह हजार फीट की ऊंचाई पर स्थित मायावती नामक स्थान पर एक अद्वैत आश्रम के निर्माण का कार्य भी आरंभ कराया, जो कैप्टन सेवियर

ने अपने हाथ में लिया। इन सब कार्यों के संपन्न होने के बाद स्वामीजी की इच्छा एक बार फिर विदेश यात्रा की हुई। डॉक्टरों ने उन्हें इसकी अनुमति नहीं दी, पर उनके निरंतर आग्रह पर जून, 1899 में उन्हें यह अनुमति कुछ विशेष निर्देशों के साथ मिल गई।

स्वामीजी 20 जून, 1899 को निवेदिता और स्वामी तुरियानंद को साथ लेकर पुनः विदेश यात्रा पर निकल पड़े थे। शारीरिक व्याधियों के होते हुए भी स्वामीजी में आत्मिक साहस का अभाव नहीं था। वे लोगों से कहते थे–"जीवन एक संग्राम है। रोगों ने मेरी आयु अवश्य कम कर दी होगी, पर आत्मा जस-की-तस है।"

42 दिन की यात्रा के बाद स्वामीजी लंदन के टिबलरी बंदरगाह पर पहुंचे तो उन्हें यह देखकर बड़ा धक्का लगा कि उनके बहुत-से प्रिय शिष्य उनके स्वागत में नहीं पहुंचे थे। कारण जानकर तो उन्हें गहरा सदमा लगा! उनके कई खास शिष्य उनसे विमुख हो गए थे। सबके अपने अलग-अलग कारण थे। यह विदेश यात्रा कई दुख भरे अनुभवों से गुजरी। कैलिफोर्निया प्रवास के दौरान उन्हें उपकारी महिला श्रीमती हेल की मृत्यु का समाचार मिला जिसने विश्व-धर्म सम्मेलन में उनकी ध्वस्त संभावनाओं को पुनर्जीवन दिया था। हेल परिवार से उनके आत्मीय संबंध थे। इस समाचार से वे बहुत व्यथित हुए।

इसी बीच स्वामीजी को एक और दुखद समाचार मिला। न्यूयॉर्क की वेदांत सोसाइटी में असंतोष व्याप्त हो गया था। सभा प्रमुख अभेदानंद और अन्य शिष्यों के बीच मतभेद हो गए थे। फ्रांसिस लोगेट जैसे समर्पित शिष्य ने सोसाइटी की सदस्यता से त्यागपत्र दे दिया था। इसमें अभेदानंद की महत्त्वाकांक्षाएं ही दोषी थीं, ऐसा प्रतीत होता था। स्वामीजी शांति के उपासक थे, कलह नहीं चाहते थे, इसलिए इस विषय पर अधिक हस्तक्षेप करना उचित न जानकर उन्होंने मौन रहना ही ठीक समझा। सद्गुरु की जैसी इच्छा!

स्वामीजी इन सब झंझटों से निर्लिप्त रहकर 24 अक्तूबर, 1900 को अपने मित्रों और शिष्यों के साथ यूरोप यात्रा पर निकल गए। इस यात्रा में स्वामीजी को पश्चिम का एक नया रूप देखने को मिला।

पहली यात्रा में जहां समृद्धि, लोकतंत्र और न्यायप्रियता दिखी थी, वह अब भंग होती दिखाई दी। धन बल में उभार हो रहा था और इससे वैयक्तिक शासन की प्रवृत्ति बढ़ रही थी। चारों तरफ एक नए विस्तारवाद की होड़ लगी हुई थी। पूरा यूरोप शक्तिवर्द्धन के मामले में सैन्य छावनी में परिवर्तित हो रहा था। ये अच्छे संकेत नहीं थे। स्पष्ट रूप से यह भविष्य के रक्तयुद्धों की तैयारी थी। इन सबसे स्वामीजी का हृदय व्यथित हो गया। अब उन्हें लग रहा था कि उनके मानवता के

संदेश को यूरोप और पश्चिम के देशों ने क्षणिक गंभीरता से लिया था। वे अभी भी अपनी प्रवृत्ति पर अटल थे।

पूर्वी यूरोप की यात्रा में ही स्वामीजी को एकाएक अनुभूति हुई कि भारत में उनका प्रिय शिष्य और सचिव गुडविन मरणासन्न अवस्था में पहुंच गया है। वे भारत लौटने के लिए बेताब हो उठे।

26 नवंबर, 1900 को स्वामीजी ने इटेलियन जहाज से भारत की ओर प्रस्थान किया। भारत में मायावती स्थित अद्वैत आश्रम में अचानक पहुंचकर उन्होंने सबको चौंका दिया। स्वामी प्रेमानंद आश्चर्य और प्रसन्नता से चीत्कार कर उठे। स्वामीजी ने भोजन मांगा तो खिचड़ी परोस दी गई। इधर-उधर की बातों के साथ गुरुबंधुओं से कुशल-क्षेम पूछी गई। सब ठीक हैं, सब सकुशल हैं। भोजन समाप्त हुआ तो बताया गया कि कैप्टन सेवियर की आकस्मिक मृत्यु हो गई। स्वामीजी स्तब्ध रह गए। हृदय कंपित हो उठा। ऐसे समर्पित और सच्चे शिष्य की मृत्यु का समाचार आघात देने वाला था।

कैप्टन सेवियर हिमालय की दुर्गम ऊंचाई में अद्वैत आश्रम स्थापित करने की स्वामीजी की इच्छा को पूर्ण करने के दायित्वधारी थे। स्वामीजी ने दुखी मन से माता श्रीमती सेवियर से भेंट की। उनसे पता चला कि मूत्रव्याधि से ग्रस्त स्वामीजी के प्रिय शिष्य कैप्टन सेवियर ने देहत्याग किया था। स्वामीजी ने उस गुरुभक्त को नमन किया। अद्वैत आश्रम की सुंदर इमारत और वहां की कार्यविधि उस मानवता के उपासक कैप्टन सेवियर की सेवाभक्ति का वास्तु रूप में प्रत्यक्ष प्रमाण था।

स्वामीजी दुखी हृदय मायावती से लौटे और रेल द्वारा काठगोदाम तक ही पहुंचे थे कि एक ओर आघात ने उनका हृदय विदीर्ण कर दिया। स्टेशन से समाचार-पत्र लिया तो मुखपृष्ठ पर ही वह सूचना थी–'खेतड़ी के महाराज अजीत सिंह का देहावसान।' मित्रता का एक सच्चा रूप! खबर थी महाराज आगरा में अकबर के मकबरे के पास एक मीनार की मरम्मत करा रहे थे। उसके निरीक्षण को पहुंचे थे कि 86 फुट की ऊंचाई से गिर पड़े और तत्काल मृत्यु को प्राप्त हो गए।

अब स्वामीजी इस नश्वर संसार से और भी विरक्त हो गए, लेकिन अभी एक मुख्य काम शेष था।

32

चिरनिद्रा में लीन

अब स्वामीजी कार्यमुक्त होने की इच्छा रखते थे। उन्होंने विचार किया कि मठ की जो चल-अचल संपत्ति है और जो उनके नाम है, उसे ट्रस्ट बनाकर मिशन को सौंपना उचित रहेगा। 24 जनवरी को वे बैलूर मठ पहुंचे और आगे अध्यक्ष पद को चुनाव से भरने का निर्णय किया। इस निर्णय के अनुसार, अगले पहले अध्यक्ष चुनाव पद्धति से स्वामी प्रेमानंद हुए। बैलूर मठ को सरकारी विवाद से दूर करने में उन्हें बहुत परिश्रम करना पड़ा। अब वे पूर्वी बंगाल की यात्रा पर जाने का विचार कर रहे थे–उद्देश्य था अपनी माता भुवनेश्वरी देवी को तीर्थयात्रा कराना और एक गुरुसखा नाग महाशय के घर जाना। 18 मार्च, 1901 को वे तीर्थयात्रा पर निकल गए और वहां से असम भी गए। उन्होंने भ्रमण के साथ भाषण भी किए। 12 मई को यह यात्रा संपन्न कर वे बैलूर आ गए।

सन् 1902 प्रारंभ हो गया था। विश्व को वेदांत का प्रकाश देने वाले विश्वगुरु विवेकानंद ने इसी वर्ष की 4 जुलाई को अपने अस्त होने की तिथि नियत कर ली थी। जनवरी में स्वामीजी को जापान से निमंत्रण भेजा गया, परंतु वे अस्वस्थता के कारण वहां नहीं जा सके। जापान के प्रसिद्ध धर्मगुरु ओकाकुरा स्वयं उन्हें निमंत्रण देने आए थे। स्वामीजी ने खराब

स्वास्थ्य होते हुए भी उनके साथ बनारस और बोधगया की यात्रा की। उन्होंने 3 फरवरी, 1902 को बौद्ध धर्म के विषय में एक लेख अपने शिष्य स्वरूपानंद को लिखा।

मार्च में स्वामीजी वापस मठ आ गए। 11 मार्च को गुरुदेव परमहंस का जन्मदिवस आ रहा था, पर समारोह में जाने की अनुमति शिथिलता ने नहीं दी। वे बिस्तर पर पड़े रहे। उनकी किसी से भी मिलने की इच्छा न हो रही थी। कुछ दिनों बाद स्वास्थ्य में मामूली सुधार हुआ तो आने वाली बरसात की चिंता हुई। कारण था कि बरसात में गंगा का जलस्तर बढ़ जाता था तो मठ भी जलमग्न हो जाता था। स्वामीजी ने समस्या के स्थाई समाधान के लिए गंगा के किनारे बांध बनाने की योजना बनाई। उनके निर्देश पर 29 मार्च से बांध के निर्माण का कार्य प्रारंभ कर दिया गया। अप्रैल में उन्हें फिर जापान में आयोजित होने वाली धर्म परिषद में ले जाने के लिए जापान से स्वामी ओड़ा और मिशनरी मैक्लाउड आए, पर स्वामीजी जानते थे कि अब उनके पास अधिक समय नहीं है। अतः आश्वासन भी न दे सके। अब उन्हें मृत्यु के लक्षण स्पष्ट दिखाई देने लगे थे।

स्वामीजी के इलाज के लिए कलकत्ता के महायुर्वेदाचार्य महानंद सेनगुप्ता को बुलाया गया। उन्होंने औषधि दी तो कुछ दिन बाद ही सुधार दिखाई देने लगा। अब वे मठ का निरीक्षण भी कर लेते थे। धीरे-धीरे वे शिष्यों का प्रशिक्षण, मार्गदर्शन आदि भी करने लगे। मठ के लिए समय-सारिणी और नियमावली भी बना दी गई थी। नियम भंग करने वालों को एक दिन का भोजन नहीं देने के दंड की भी व्यवस्था की गई थी।

स्वामीजी सूर्योदय से पहले उठते और नित्यकर्म से निवृत्त होकर मंदिर में ध्यान करने चले जाते थे। दो घंटे ध्यान के बाद सद्‌गुरु का स्मरण करते, फिर फलाहार के बाद कक्षाएं चलतीं। वे स्वयं पढ़ाने जाते। संगीत भी पढ़ाते। मठ की साफ-सफाई का पूरा ध्यान रखते और सभी गतिविधियों को ध्यान में रखते। पूजा में वे बहुत अधिक आडंबर के खिलाफ थे और सीधी-सादी पद्धति से पूजा करने को ही श्रेष्ठ बताते थे। पूजा में मन को एकाग्र करना महत्त्वपूर्ण होता है।

स्वामीजी प्रायः यह भी कहते थे–"मैंने शरीर को अनियमित कष्ट देकर असमय स्वयं को अशक्त कर लिया। आप लोग ऐसा न करें। निरोगी काया ही परिवर्तन का बड़ा घटक है।"

इसी बीच स्वामीजी को एक दुखद घटना का सामना करना पड़ा। स्वामीजी के अमेरिकन शिष्यों में एक शिष्या मैरी लुई थी जिसका दीक्षा उपरांत स्वामीजी ने अभयानंद नाम रखा था। स्वामीजी के साथ रहकर उसने शुरू में तो बड़ी लगन

से काम किया, लेकिन फिर साथ छोड़ दिया। इन दिनों वह कलकत्ता आई थी और चैतन्य पंथी होकर धनी लोगों के साथ उठना-बैठना कर रही थी। वास्तव में मैरी लालची प्रवृत्ति की महिला थी और धर्म को धन कमाने का माध्यम समझती थी, जो स्वामीजी के सिद्धांतों और कार्यशैली के कारण संभव नहीं था। इससे स्वामीजी को बड़ा कष्ट हुआ।

26 जून को निवेदिता कलकत्ता आईं। उन्हें स्वामीजी से कुछ विषयों पर मार्गदर्शन प्राप्त करना था। 27 जून को स्वामीजी ने निवेदिता को अपने पास बिठाया और पंचांग देखकर आवश्यक मार्गदर्शन किया। निवेदिता अपने आवास बोसपाड़ा गली पहुंचीं। अगले दिन वे मठ आ रही थीं कि स्वामीजी घर पहुंच गए और निवेदिता के घर को अच्छी तरह देखा। कन्या विद्यालय के विषय पर चर्चा हुई।

वहां से स्वामीजी अपनी बहन के घर पहुंचे। परिवार में संपत्ति को लेकर विवाद चल रहा था। कोर्ट में केस चल रहा था। बहन के घर दोनों पक्ष अपने वकीलों के साथ थे। स्वामीजी ने बड़ी गंभीरता से दोनों पक्षों की बात सुनी और दोनों में सुलह करा दी। कोर्ट से केस वापस ले लिए गए और शांति स्थापित हुई।

29 जून को भगिनी निवेदिता स्वामीजी को अत्यंत रुग्णावस्था में देखकर मठ में ही रहीं। स्वामीजी की दशा दोपहर तक तो फिर भी ठीक ही था, पर फिर तबियत अधिक बिगड़ती चली गई।

निवेदिता रोने लगी तो स्वामीजी ने सिर पर हाथ फेरकर उन्हें आशीर्वाद दिया। उसके बाद गंभीर और क्षीण स्वर में बोले–"अब प्रस्थान का समय आ गया है।"

अगले दिन भी स्थिति में वही उतार-चढ़ाव देखने को मिला।

स्वामीजी के पैरों में सूजन आ गई थी, फिर भी पहली जुलाई को वे प्रेमानंद के साथ बगीचे में थोड़ा-बहुत टहलते रहे। वहीं उन्होंने एक स्थान को इंगित करके प्रेमानंद को अपनी इच्छा बताई–"मेरी मृत्यु के पश्चात् मेरा दाह-संस्कार इस स्थान पर कीजिएगा।"

अगले दिन एकादशी थी। स्वामीजी व्रत रखते थे। फलाहार का समय आया तो स्वामीजी ने सबको बुलाया। निवेदिता पर पितृसमान स्नेह था। अतः उसे अपने हाथों से फलाहार कराया, फिर उसके हाथ धुलवाकर स्वयं ही तौलिये से उसके हाथ पोंछने लगे। निवेदिता ने ऐसा करने से मना किया।

"क्या प्रभु ईसा मसीह ने अपने शिष्यों के पैर नहीं धोए थे?" स्वामीजी ने कहा।

3 जुलाई, गुरुवार को वे पूरी तरह शिथिल होकर सद्‌गुरु के स्मरण में तल्लीन हो गए थे। दूसरी मंजिल के कमरे में वे आज अपने सद्‌गुरु से प्रार्थना कर रहे थे।

उस ताले की चाभी मांग रहे थे, जो निर्विकल्प समाधि के परमानंद की तिजोरी पर लगा था। चाभी तभी से परमहंस ने अपने पास रखी थी, आज प्रार्थना की तो ताला खुल गया और विवेकानंद जीवन में दूसरी और अंतिम बार उस परमानंद के सागर में डूब गए।

अंततः 4 जुलाई की तिथि आ ही गई। स्वामीजी ने अपने महानिर्वाण की यही तिथि नियत की थी। स्वामीजी आज और भी जल्दी जागे। नित्यकर्म से निवृत्त होकर मंदिर में गए और खिड़की-दरवाजे बंद करके सद्गुरु और जगत्माता की प्रतिमा के सामने तीन घंटे तक समाधिस्थ रहे, फिर दिन-भर विभिन्न आवश्यक कार्यों में जुटे रहे। आज उनके मुख पर अतीव शांति थी।

स्वामीजी शाम को आरती में भी नहीं पहुंचे। वे अपने कमरे में बिस्तर पर पड़े रहे। सेवक पंखा झल रहा था। स्वामीजी शिथिल थे, फिर उठे और माला लेकर पद्मासन मुद्रा में बैठ गए। रात्रि के नौ बजे वे पुनः बिस्तर पर लेट गए। जयमाला अभी भी उनके हाथ में थी। सेवक सिरहाने खड़ा पंखा झल रहा था। कुछ क्षण बाद उनके हाथ में कंपन हुआ, फिर उन्होंने लंबी श्वास ली। दो मिनट बाद फिर वही क्रिया हुई और उनकी दृष्टि भ्रूमध्य में स्थित हो गई, उनका चेहरा दिव्यता से चमक रहा था। पहले मुख पर और फिर संपूर्ण शरीर पर महाशांति ने अपना साम्राज्य स्थापित कर लिया। संन्यास पथ के इतिहास के सबसे विद्वान मनीषी, ज्ञान-गर्जना के धनी, भारत-पुत्र महासंन्यासी विश्वगुरु विवेकानंद ने नौ बजकर दस मिनट पर बैकुंठ की ओर प्रस्थान किया।

श्रीरामकृष्ण परमहंस का वह शिष्य ज्ञान का वह धूमकेतु था जिसने विश्वपटल पर भारतीय दर्शन एवं ज्ञान का प्रचार-प्रसार किया। अपना विशिष्ट कार्य संपन्न करने के पश्चात् वह तो चिरनिद्रा में लीन हो गया, लेकिन विश्व-भर को उनका पढ़ाया हुआ पाठ, उनका दिया हुआ ज्ञान सदैव जाग्रत रहेगा। विश्व के अनेक देशों में भारतीय वेदांत दर्शन की धूम मचाने वाले 'विश्वगुरु विवेकानंद' सदैव विश्व-भर के सिरमौर बने रहेंगे।

खंड-2

व्याख्यानमाला

विश्वगुरु विवेकानंद भारतीय दर्शन एवं आध्यात्मिक ज्ञान पर आधारित व्याख्यानों के लिए विश्व-प्रसिद्ध हैं। उन्होंने वेदांत पर आधारित अद्वैत ज्ञान की गरिमा को विश्व-भर में स्थापित कर दिया। उसी विस्तृत ज्ञान सागर की कुछेक अमृतमय बूंदों को व्याख्यानमाला के इस अति संक्षिप्त संस्करण में प्रस्तुत किया गया है।

" प्राचीन काल में कुछ ऐसे लोग थे और आज भी हैं, जो अपने को न केवल इस कबीला-संबंधी देवताओं का वंशज होने का दावा करते हैं, बल्कि चंद्र या सूर्य का भी वंशज कहते हैं। संस्कृत के प्राचीन ग्रंथों में तुमने बड़े-बड़े सूर्यवंशी और चंद्रवंशी वीर सम्राटों की कथाएं पढ़ी होंगी। ये लोग पहले चंद्र या सूर्य के उपासक थे, बाद में ये अपने को चंद्र या सूर्य का वंशज कहने लगे। अतः जब यह कबीले का भाव आने लगा, तब किंचित् प्रेम जागा, एक दूसरे के प्रति थोड़ा कर्तव्य-भाव आया, कुछ सामाजिक शृंखला की उत्पत्ति हुई और इसके साथ-ही-साथ यह भावना भी आने लगी कि एक दूसरे का दोष सहन या क्षमा किए बिना हम कैसे एक साथ रह सकेंगे? एक-न-एक समय अपनी प्रवृत्तियों का संयम किए बिना मनुष्य भला किस प्रकार दूसरों के साथ, यहां तक कि एक भी व्यक्ति के साथ रह सकता है? यह असंभव है। बस इसी प्रकार संयम की भावना आई। इस संयम की भावना पर ही संपूर्ण सामाजिक रचना आधारित है। "

1

विश्व: बृहत् ब्रह्मांड

विश्वगुरु विवेकानंद ने 19 जनवरी, 1896 को न्यूयॉर्क में विश्व और ब्रह्मांड के सृजन और समापन पर वेदांतिक दृष्टिकोण से प्रकाश डाला। भारतीय दर्शन के आधार पर उन्होंने इस व्याख्यान में स्पष्ट रूप से समझाया कि ब्रह्मांड के क्षुद्रतम कण से लेकर विशालतम पर्वत तक में ईश्वर ही वास करता है। तर्कसंगत ढंग से उन्होंने बताया कि हम सब उसी से जन्म लेते हैं, उसी में जीवित रहते हैं और अंततः उसी में लौट जाते हैं–

सर्वत्र विद्यमान फूल सुंदर है, प्रभात के सूर्य का उदय सुंदर है, प्रकृति के विविध रंग और वर्णावलियां सुंदर हैं। समस्त जगत सुंदर है और मनुष्य जब से पृथ्वी पर आया है, तभी से इस सौंदर्य का उपभोग कर रहा है। पर्वतमालाएं गंभीर भावव्यंजक एवं भय उत्पन्न करने वाली हैं, प्रबल वेग से समुद्र की ओर बहने वाली नदियां, पद्चिह्नरहित मरुदेश, अनंत सागर, तारों से भरा आकाश–ये सभी उदात्त, भयोद्दीपक और सुंदर हैं। 'प्रकृति' शब्द से कही जाने वाली सभी सत्ताएं अति प्राचीन, स्मृति-पथ के अतीत काल से मनुष्य के मन पर कार्य कर रही हैं। वे मनुष्य की

विचारधारा पर क्रमशः प्रभाव डाल रही हैं और इस प्रभाव की प्रतिक्रिया के फलस्वरूप मनुष्य के हृदय में लगातार यह प्रश्न उठ रहा है कि यह सब क्या है और इसकी उत्पति कहां से हुई? अति प्राचीन मानव-रचना वेद के प्राचीन भाग में भी इसी प्रश्न की जिज्ञासा हम देखते हैं। यह सब कहां से आया?

जिस समय सत्-असत् कुछ भी नहीं था, जब अंधकार अंधकार से ढका हुआ था, तब किसने इस जगत का सृजन किया? कैसे किया? कौन इस रहस्य को जानता है? आज तक यही प्रश्न चला आ रहा है। लाखों बार इसका उत्तर देने की चेष्टा की गई है, किंतु फिर भी लाखों बार उसका फिर से उत्तर देना पड़ेगा। ऐसी बात नहीं है कि ये सभी उत्तर भ्रमपूर्ण हों। प्रत्येक उत्तर में कुछ-न-कुछ सत्य है—कालचक्र के साथ-साथ यह सत्य भी क्रमशः बल संग्रह करता जाएगा। मैंने भारत के प्राचीन दार्शनिकों से इस प्रश्न का जो उत्तर पाया है, उसे वर्तमान मानव-ज्ञान से समन्वित करके तुम्हारे सामने रखने की चेष्टा करूंगा।

हम देखते हैं कि इस प्राचीनतम प्रश्न के कई अंगों का उत्तर देने से पहले से ही उपलब्ध था। प्रथम तो—'जब सत् और असत् कुछ भी नहीं था।' इस प्राचीन वैदिक वाक्य से प्रमाणित होता है कि एक समय ऐसा था, जब जगत नहीं था, जब ये ग्रह-नक्षत्र, हमारी धरती, सागर, महासागर, नदी, शैलमाला, नगर, ग्राम, मानव जाति, अन्य प्राणी, उद्भिद, पक्षी, यह अनंत प्रकार की सृष्टि—यह सब कुछ भी नहीं था। यह बात पहले से ही मालूम थी। क्या हम इस विषय में निःसंदेह हैं? यह सिद्धांत किस प्रकार प्राप्त हुआ, यह समझने की हम चेष्टा करेंगे।

मनुष्य अपने चारों ओर क्या देखता है? एक छोटे से उद्भिद को ही लो। मनुष्य देखता है कि उद्भिद धीरे-धीरे मिट्टी को फोड़कर उठता है, अंत में बढ़ते-बढ़ते एक विशाल वृक्ष हो जाता है, फिर वह नष्ट हो जाता है—केवल बीज छोड़ जाता है। वह मानो घूम-फिरकर एक वृत्त पूरा करता है। बीज से ही वह निकलता है, फिर वृक्ष हो जाता है और उसके बाद फिर बीज में ही परिणत हो जाता है। पक्षी को देखो, किस प्रकार वह अंडे में से निकलता है, सुंदर पक्षी का रूप धारण करता है, कुछ दिन जीवित रहता है, अंत में मर जाता है और छोड़ जाता है अन्य कई अंडे अर्थात् भावी पक्षियों के बीज। तिर्यजातियों के संबंध में भी इसी प्रकार होता है और मनुष्य के संबंध में भी। प्रत्येक पदार्थ मानो किसी बीज से, किसी मूल उपादान से, किसी सूक्ष्म आकार से आरंभ होता है और स्थूल से स्थूलतर होता जाता है। कुछ समय तक ऐसा ही चलता है और अंत में फिर से उसी सूक्ष्म रूप में उसका लय हो जाता है।

वृष्टि की एक बूंद, जिसमें अभी सुंदर सूर्य-किरणें खेल रही हैं, सागर से

वाष्प के रूप में निकलकर ऐसे क्षेत्र में पहुंचती हैं, जहां वह पानी में परिणत हो जाती है और फिर वाष्प के रूप में पुनः परिणत होने के लिए समुद्र में पानी के रूप में आ गिरती है। हमारे चारों ओर स्थित प्रकृति की सारी वस्तुओं के संबंध में भी यही नियम है। हम जानते हैं कि आज बर्फ की चट्टानें और नदियां बड़े-बड़े पर्वतों पर कार्य कर रही हैं और उन्हें धीरे-धीरे परंतु निश्चित रूप से चूर-चूर कर रही हैं, चूर चूर कर उन्हें बालू कर रही है, फिर वही बालू बहकर समुद्र में जाती है—समुद्र में स्तर-पर-स्तर जमती जाती है और अंत में पहाड़ की भांति कड़ी होकर भविष्य में पर्वत बन जाती हैं। वह पर्वत फिर से पिसकर बालू बन जाएगा—बस यही क्रम है। बालूका से इन पर्वतमालाओं की उत्पत्ति होती है और बालूका में ही इनकी परिणति है। यही मनुष्य का, प्रकृति का, जीवन का पूरा इतिहास है।

प्रकृति अपने सभी कार्यों में एकरूप है, यदि यह सत्य हो और आज तक किसी ने इसका खंडन नहीं किया कि एक छोटा-सा बालू का कण जिस प्रणाली और नियम से सृष्ट होता है, प्रखर सूर्य, तारे, यहां तक कि संपूर्ण ब्रह्मांड की सृष्टि में भी वही प्रणाली है, वही एक नियम है। यदि यह सत्य हो कि एक परमाणु जिस ढंग से बनता है, सारा जगत भी उसी ढंग से बनता है। यदि यह सत्य हो कि एक ही नियम समस्त जगत में व्याप्त है, तो प्राचीन वैदिक भाषा में हम कह सकते हैं, *'एक मिट्टी के ढेले को जान लेने पर हम जगत-ब्रह्मांड में जितनी मिट्टी है, उस सबको जान सकते हैं।'*

एक छोटे-से उद्भिद को लेकर उसके जीवन-चरित की आलोचना करके हम जगत का, ब्रह्मांड का स्वरूप जान सकते हैं। बालू के एक कण की गति का पर्यवेक्षण करके हम समस्त जगत का रहस्य जान लेंगे। अतएव जगत-ब्रह्मांड की अपनी पूर्व आलोचना के फल का प्रयोग करके हम यही देखते हैं कि सभी वस्तुओं का आदि और अंत प्रायः एक-सा होता है। पर्वत की उत्पत्ति बालूका से है और बालुका में ही उसका अंत है, वाष्प से नदी बनती है और नदी फिर वाष्प हो जाती है, बीज से उद्भिद होता है और उद्भिद फिर बीज बन जाता है, मानव जीवन मनुष्य के बीजाणु से आता है और फिर से बीजाणु में ही चला जाता है। नक्षत्र-पुंज, नदी, ग्रह, उपग्रह—सब कुछ नीहारिकामय अवस्था से आते हैं और फिर से उसी अवस्था में लौट जाते हैं। इससे हम क्या सीखते हैं? यही कि व्यक्त अर्थात् स्थूल अवस्था कार्य है और सूक्ष्म भाव उसका कारण है।

समस्त दर्शनों के जनकस्वरूप महर्षि कपिल बहुत काल पहले प्रमाणित कर चुके हैं—'नाशः कारणलयः' अर्थात् 'नाश का अर्थ है—कारण में लय हो जाना।' यदि इस मेज का नाश हो जाए, तो यह केवल अपने कारण रूप में लौट जाएगी,

फिर वह सूक्ष्म रूप भी उन परमाणुओं में बदल जाएगा, जिनके मिश्रण से यह मेज नामक पदार्थ बना था। मनुष्य जब मर जाता है तो जिन पंचभूतों से उसके शरीर का निर्माण हुआ था, उन्हीं में उसका लय हो जाता है। इस पृथ्वी पर जब ध्वंस हो जाएगा, तब जिन भूतों के योग से इसका निर्माण हुआ था, उन्हीं में वह फिर परिणत हो जाएगी। इसी को नाश अर्थात् कारणलय कहते हैं। अतएव हमने सीखा कि कार्य और कारण अभिन्न हैं–भिन्न नहीं। कारण ही एक विशेष रूप धारण करने पर कार्य कहलाता है। जिन उपादानों में इस मेज की उत्पत्ति हुई, वे कारण हैं और मेज कार्य। वे ही कारण यहां पर मेज के रूप में विद्यमान हैं।

कांच नामक कुछ पदार्थ और उसके साथ-साथ बनाने वाले के हाथों की शक्ति, इन दो उपादान और निमित्त कारणों के मेल से गिलास नामक यह आकार बना है। इसमें वे दोनों कारण विद्यमान हैं। जो शक्ति किसी बनाने वाले के हाथों में थी, वह संयोजक (Adhesive) शक्ति के रूप में विद्यमान है–उसके न रहने पर गिलास के छोटे-छोटे खंड पृथक होकर बिखर जाएंगे, फिर यह 'कांच' रूप उपादान भी विद्यमान है। 'गिलास' केवल इन सूक्ष्म कारणों की एक भिन्न रूप में अभिव्यक्ति मात्र है। यह गिलास यदि तोड़कर फेंक दिया जाए तो जो शक्ति संयोजक (Adhesive) के रूप में इसमें विद्यमान थी, वह लौटकर फिर अपने उपादान में मिल जाएगी और गिलास के छोटे-छोटे कण पुनः अपना पूर्व रूप धारण कर लेंगे और तब तक उसी रूप में रहेंगे, जब तक वे पुनः एक नया रूप धारण नहीं कर लेते।

अतएव हमने देखा कि कार्य कभी कारण से भिन्न नहीं होता। वह तो उसी कारण का स्थूलतर रूप में पुनः आविर्भाव-मात्र है। उसके बाद हमने सीखा कि ये सब विशेष-विशेष रूप, जिन्हें हम उद्‌भिद अथवा तिर्यग्जाति अथवा मानव जाति कहते हैं, अनंत काल से उठते-गिरते, घूमते-फिरते आ रहे हैं। बीज से वृक्ष होता है और वृक्ष पुनः बीज में चला जाता है–बस, इसी प्रकार चल रहा है, इसका कहीं अंत नहीं है। जल की बूंदें पहाड़ पर गिरकर समुद्र में जाती है, फिर वाष्प होकर उठती हैं–पहाड़ पर पहुंचती हैं और नदी में लौट आती हैं। बस, इस प्रकार उठते-गिरते हुए युगचक्र चल रहा है। समस्त जीवन का यही नियम है। समस्त अस्तित्व जो हम देखते-सोचते, सुनते और कल्पना करते हैं, जो कुछ हमारे ज्ञान की सीमा के भीतर है, वह सब इसी प्रकार चल रहा है, ठीक वैसे ही जैसे मनुष्य के शरीर में श्वास-प्रश्वास। अतएव समस्त सृष्टि इसी प्रकार चल रही है।

एक तरंग उठती है, एक गिरती है, फिर उठकर पुनः गिरती है। प्रत्येक उठती हुई तरंग के साथ एक पतन है, प्रत्येक पतन के साथ एक उठती हुई तरंग है। समस्त

ब्रह्मांड एकरूप होने के कारण, सर्वत्र एक ही नियम लागू होगा। अतएव हम देखते हैं कि समस्त ब्रह्मांड एक समय अपने कारण में लय हो जाने को बाध्य है, सूर्य, चंद्र, ग्रह, तारे, पृथ्वी, मन, शरीर, जो कुछ इस ब्रह्मांड में है, सबका-सब अपने सूक्ष्म कारण में लीन अथवा तिरोभूत हो जाएगा, आपाततः विनष्ट हो जाएगा, पर वास्तव में वे सब अपने कारण में सूक्ष्म रूप से रहेंगे। इन सूक्ष्म रूपों से वे पुनः बाहर निकलेंगे और पुनः पृथ्वी, चंद्र, सूर्य, यहां तक कि समस्त जगत की सृष्टि होगी।

ठीक कहें तो सब कुछ स्वयं प्रभु ही है। सूर्य और ताराओं के रूप में वही उज्ज्वल भाव से विराज रहा है, वही धरती है, वही समुद्र है। वही बादलों के रूप में बरसता है, वही मृदु पवन है जिससे हम सांस लेते हैं, वही शक्ति बनकर हमारे शरीर में कार्य कर रहा है। वही भाषण है, भाषणदाता है, फिर सुनने वाला भी वही है। वही यह मंच है, जिस पर मैं खड़ा हूं, वही यह आलोक है, जिससे मैं तुम्हें देख पा रहा हूं, यह समस्त वही है। वह जगत का उपादान और निमित्त कारण है, क्रम-संकुचित होकर वही अणु का रूप धारण करता है, फिर वही क्रम-विकसित होकर पुनः ईश्वर बन जाता है।

इस उत्थान और पतन के संबंध में और भी एक विषय जानने का है। वृक्ष से बीज होता है, किंतु वह उसी समय फिर वृक्ष नहीं हो जाता। उसको कुछ विश्राम अथवा अति सूक्ष्म अव्यक्त कार्य के समय की आवश्यकता होती है। बीज को कुछ दिन तक मिट्टी के नीचे रहकर कार्य करना पड़ता है। उसे अपने आपको खंड-खंड कर देना होता है मानो अपने को कुछ अवनत करना पड़ता है और इसी अवनति से उसकी फिर उन्नति होती है। इसी प्रकार इस समस्त ब्रह्मांड को भी कुछ समय तक अदृश्य, अव्यक्त भाव से सूक्ष्म रूप से कार्य करना होता है, जिसे प्रलय अथवा सृष्टि से पूर्व की अवस्था कहते हैं, उसके बाद फिर से सृष्टि होती है। जगत-प्रवाह के एक बार अभिव्यक्त होने को अर्थात् उसकी सूक्ष्म रूप में परिणति, कुछ दिन तक उसी अवस्था में स्थिति और फिर से उसके आविर्भाव को एक कल्प कहते हैं। समस्त ब्रह्मांड इसी प्रकार कल्पों से चला आ रहा है। बृहत्तम ब्रह्मांड से लेकर उसके अंतर्गत प्रत्येक परमाणु तक सभी वस्तुएं इसी प्रकार तरंगाकार में चलती रहती हैं।

अब एक अत्यंत महत्त्वपूर्ण प्रश्न उपस्थित होता है—विशेषतः वर्तमान काल के लिए। हम देखते हैं कि सूक्ष्मतर रूप धीरे-धीरे व्यक्त हो रहे हैं, क्रमशः स्थूल से

स्थूलतर होते जा रहे हैं। हम देख चुके हैं कि कारण और कार्य अभिन्न हैं–कार्य केवल कारण का रूपांतर-मात्र है। अतएव यह समस्त ब्रह्मांड शून्य में से उत्पन्न हो सकता। बिना किसी कारण के वह नहीं आ सकता, इतना ही नहीं, कारण ही कार्य के भीतर सूक्ष्म रूप से विद्यमान है। तब यह ब्रह्मांड किस वस्तु से उत्पन्न हुआ है? पूर्ववर्ती सूक्ष्म ब्रह्मांड से। मनुष्य किस वस्तु से उत्पन्न हुआ है? पूर्ववर्ती सूक्ष्म रूप से। वृक्ष कहां से आया? बीज से। समूचा वृक्ष बीज में विद्यमान था–वह केवल व्यक्त हो गया। अतएव यह जगत-ब्रह्मांड अपनी ही सूक्ष्मावस्था से उत्पन्न हुआ है। अब वह व्यक्त मात्र हो गया है। वह फिर से अपने सूक्ष्म रूप में चला जाएगा और फिर से व्यक्त होगा।

इस प्रकार हम देखते हैं कि सूक्ष्म रूप व्यक्त होकर स्थूल से स्थूलतर होता जाता है, जब तक कि वह स्थूलता की चरम सीमा तक नहीं पहुंच जाता, चरम सीमा पर पहुंचकर वह फिर उलटकर सूक्ष्म से सूक्ष्मतर होने लगता है। यह सूक्ष्म से आविर्भाव, क्रमशः स्थूल से स्थूलतर में परिणति मानो केवल उसके अंशों का अवस्था-परिवर्तन है। बस इसी को आजकल 'क्रम-विकासवाद' कहते हैं। यह बिलकुल सत्य है–संपूर्ण रूप से सत्य है, हम अपने जीवन में यह देख रहे हैं। इन क्रम-विकासवादियों के साथ किसी भी विचारशील व्यक्ति के विवाद की संभावना नहीं, पर हमें और भी एक बात जाननी पड़ेगी, वह यह कि प्रत्येक क्रम-विकास से पूर्व एक क्रम-संकोच की प्रक्रिया विद्यमान रहती है। बीज वृक्ष का जनक अवश्य है, परंतु एक ओर वृक्ष उस बीज का जनक है। बीज ही वह सूक्ष्म रूप है, जिसमें से बृहत् वृक्ष निकलता है और एक दूसरा प्रकांड वृक्ष था, जो इस बीज में क्रम-संकुचित रूप में विद्यमान है। संपूर्ण वृक्ष इसी बीज में विद्यमान है। शून्य में से कोई वृक्ष उत्पन्न नहीं हो सकता। हम देखते हैं कि वृक्ष बीज से उत्पन्न होता है और विशेष प्रकार के बीज से विशेष प्रकार का ही वृक्ष उत्पन्न होता है, दूसरा वृक्ष नहीं होता। इससे सिद्ध होता है कि उस वृक्ष का कारण यह बीज है–केवल यही बीज और इस बीज में संपूर्ण वृक्ष रहता है। समूचा मनुष्य इस एक बीजाणु के भीतर है और यह बीजाणु धीरे-धीरे अभिव्यक्त होकर मानवाकार में परिणत हो जाता है।

सारा ब्रह्मांड सूक्ष्म ब्रह्मांड में रहता है। सभी कुछ अपने कारण में, अपने सूक्ष्म रूप में रहता है। अतएव क्रम-विकासवाद–स्थूल से स्थूलतर रूप में क्रमभिव्यक्त–बिलकुल सत्य है। इसके साथ ही यह भी समझना होगा कि प्रत्येक क्रम-विकास से पूर्व क्रम-संकोच की एक प्रक्रिया रहती है। अतएव जो क्षुद्र अणु बाद में महापुरुष हुआ, वह वास्तव में उसी महापुरुष की क्रम-संकुचित अवस्था है, वही बाद में महापुरुष रूप में क्रम-विकसित हो जाता है। यदि यह सत्य हो,

तो फिर क्रम-विकासवादियों के साथ हमारा कोई विवाद नहीं, क्योंकि हम क्रमशः देखेंगे कि यदि वे लोग इस क्रम-संकोच की प्रक्रिया को स्वीकार कर लें, तो वे धर्म के नाशक न होकर, उसके प्रबल सहायक हो जाएंगे।

अब तक हमने देखा कि शून्य से किसी भी वस्तु की उत्पत्ति नहीं हो सकती। सभी वस्तुएं अनंत काल से हैं और अनंत काल तक रहेंगी। केवल तरंगों की भांति वे एक बार उठती हैं, फिर गिरती हैं। एक बार सूक्ष्म, अव्यक्त रूप में जाना, फिर स्थूल, व्यक्त रूप में आना–सारी प्रकृति में यह क्रम-संकोच और क्रम-विकास की क्रिया चल रही है। जीवन की निम्नतम अभिव्यक्ति से लेकर पूर्णतम मनुष्य में उसकी सर्वोच्च अभिव्यक्ति की श्रेणी किसी अन्य वस्तु का क्रम-संकोच अवश्य रही है। अब प्रश्न है कि वह किसका क्रम-संकोच होगी? कौन-सा पदार्थ क्रम-संकुचित हुआ था? ईश्वर! क्रम-विकासवादी लोग कहेंगे कि तुम्हारी ईश्वर संबंधी धारणा भूल है। कारण, तुम लोग कहते हो कि ईश्वर बुद्धियुक्त है, पर हम तो प्रतिदिन देखते हैं कि बुद्धि बहुत बाद में आती है। मनुष्य अथवा उच्चतर जंतुओं में ही हम बुद्धि देखते हैं, पर इस बुद्धि का जन्म लेने से पूर्व इस जगत में लाखों वर्ष बीत चुके हैं। जो भी हो, तुम इन क्रम-विकासवादियों की बातों से डरो मत, तुमने अभी जिस नियम की खोज की है, उसका प्रयोग करके देखो कि क्या सिद्धांत निकलता है?

तुमने देखा है कि बीज से ही वृक्ष का उद्‌भव है और बीज में ही उसकी परिणति, इसलिए आरंभ और अंत समान हुए। पृथ्वी की उत्पत्ति उसके कारण से है और उस कारण में ही उसका विलय है। सभी वस्तुओं के संबंध में यही बात है। हम देखते हैं कि आदि और अंत दोनों समान हैं। इस शृंखला का अंत कहां है? हम जानते हैं कि आरंभ जान लेने पर हम अंत भी जान सकते हैं। इसी प्रकार अंत जान लेने पर आदि भी जाना जा सकता है। इस समस्त 'क्रम-विकासशील' जीवन प्रवाह की शृंखला को, जिसका एक छोर जीविसार है और दूसरा पूर्ण मानव, एक ही वस्तु के रूप में लो। यह संपूर्ण श्रेणी एक ही जीवन है। इस श्रेणी के अंत में हम पूर्ण मानव को देखते हैं, अतएव आदि में भी वह होगा ही, यह निश्चित है। अतएव यह जीविसार अवश्य उच्चतम बुद्धि की क्रम-संकुचित अवस्था है। तुम इसको स्पष्ट रूप से भले ही न देख सको, वास्तव में वह क्रम-संकुचित बुद्धि ही अपने को व्यक्त कर रही है और इसी प्रकार अपने को व्यक्त करती रहेगी, जब तक वह पूर्णतम मानव के रूप में व्यक्त नहीं हो जाएगी। यह तत्त्व गणित के द्वारा निश्चित रूप से प्रमाणित किया जा सकता है।

यदि ऊर्जा-संधारणवाद (Law of Conservation of Energy) सत्य हो, तो

यह अवश्य मानना पड़ेगा कि यदि तुम किसी मशीन में पहले कुछ न डालो, तो उससे तुम कोई शक्ति प्राप्त न कर सकोगे। इंजन में पानी और कोयले के रूप में जितनी शक्ति डालोगे, ठीक उसी परिमाण में तुम्हें उसमें से शक्ति मिल सकती है, उससे थोड़ी-सी भी कम या अधिक नहीं। मैंने अपनी देह में वायु, खाद्य और अन्यान्य पदार्थों के रूप में जितनी शक्ति का प्रयोग किया है, बस, उतने ही परिमाण में मैं कार्य करने में समर्थ होऊंगा। ये शक्तियां अपना रूप-मात्र बदल लेती हैं। इस विश्व-ब्रह्मांड में हम जड़ तत्त्व का एक परमाणु या शक्ति का एक क्षुद्र अंश भी घटा-बढ़ा नहीं सकते। यदि ऐसा हो, तो फिर यह बुद्धि है क्या चीज? यदि वह जीविसार में विद्यमान न हो तो यह मानना पड़ेगा कि उसकी उत्पत्ति अवश्य आकस्मिक है–तब तो, साथ ही हमें यह भी स्वीकार करना होगा कि असत् (कुछ नहीं) से सत् (कुछ) की उत्पत्ति होती है, पर यह बिलकुल असंभव है। अतएव यह बात असंदिग्ध रूप से प्रमाणित होती है कि जैसा हम अन्यान्य विषयों में देखते हैं, जहां से आरंभ होता है, अंत भी वहीं होता है, पर हां, कभी वह अव्यक्त रहता है और कभी व्यक्त। बस, इसी प्रकार वह पूर्ण मानव, मुक्त पुरुष, देव मानव जो प्रकृति के नियमों से बाहर चला गया, जो सबके अतीत हो गया है, जिसे जन्म-मृत्यु के चक्र में पुन: नहीं घूमना पड़ता, जिसे ईसाई ईसा मानव, बौद्ध बुद्ध मानव और योगी मुक्त पुरुष कहते हैं, इस श्रृंखला का एक छोर है और वही क्रम-संकुचित होकर उसके दूसरे छोर में जीविसार के रूप में विद्यमान है।

इस सिद्धांत को समग्र जगत पर लागू करने से हम देखते हैं कि बुद्धि ही सृष्टि की प्रभु है, जगत के विषय में मानव की चरम धारणा क्या हो सकती है? यह है बुद्धि, बुद्धि की अभिव्यक्ति जगत के एक भाग का दूसरे भाग से समायोजन। प्राचीन सृष्टि-रचना (Design Theory) इसी की अभिव्यक्ति का एक प्रयास है। हम जड़वादियों के साथ यह मानने को तैयार हैं कि बुद्धि ही जगत की अंतिम वस्तु है। सृष्टि-क्रम में यही अंतिम विकास है, पर साथ ही हम यह भी कह सकते हैं कि यदि यह अंतिम विकास हो तो आरंभ में भी यही विद्यमान थी। जड़वादी कह सकते हैं, 'अच्छा, ठीक है, पर मनुष्य के जन्म से पहले तो लाखों वर्ष व्यतीत हो चुके हैं, उस समय तो बुद्धि का कोई अस्तित्व न था।' इस पर हमारा उत्तर है–हां, व्यक्त रूप में बुद्धि नहीं थी, लेकिन अव्यक्त रूप में यह अवश्य विद्यमान थी और यह तो एक मानी हुई बात है कि पूर्ण मानव रूप में प्रकाशित बुद्धि ही सृष्टि का अंत है, तो फिर आदि क्या होगा? आदि भी बुद्धि ही होगी। पहले वह बुद्धि क्रम-संकुचित होती है, अंत में वही फिर क्रम-विकसित होती है।

इस जगत-ब्रह्मांड में जो बुद्धि अब अभिव्यक्त हो रही है, उसकी समष्टि

अवश्य उस क्रम-संकुचित, सर्वव्यापी बुद्धि की ही अभिव्यक्ति है। इसी सर्वव्यापी, विश्वजनीन बुद्धि का नाम है–ईश्वर। उसको फिर किसी भी नाम से क्यों न पुकारो, इतना तो निश्चित है कि आदि में वही अनंत विश्वव्यापी बुद्धि थी। वह विश्वजनीन बुद्धि क्रम-संकुचित हुई थी और वही अपने को क्रमशः अभिव्यक्त कर रही है, जब तक कि वह पूर्ण मानव या बुद्ध मानव में परिणत नहीं हो जाती। वह फिर से अपने उत्पत्ति-स्थान में लौट जाएगी, इसीलिए सभी शास्त्र कहते हैं, *'हम उनमें जीवित हैं, उनमें ही रहकर चलते हैं, उन्हीं में हमारी सत्ता है।'* सभी शास्त्र इसी प्रकार की घोषणा करते हैं, *'हम ईश्वर से आए हैं, फिर उन्हीं में लौट जाएंगे।'* विभिन्न धार्मिक परिभाषाओं से मत डरो, यदि परिभाषा से ही डरने लगे, तो फिर तुम दार्शनिक न बन सकोगे। ब्रह्मवादी इस विश्वव्यापी बुद्धि को ही ईश्वर कहते हैं।

मुझसे अनेक बार पूछा गया है, 'आप क्यों इस पुराने 'ईश्वर' (God) शब्द का व्यवहार करते हैं?' इसका उत्तर यह है कि पूर्वोक्त विश्वव्यापी बुद्धि को समझाने के लिए यही सर्वोत्तम है। इससे अच्छा और कोई शब्द नहीं मिल सकता, क्योंकि मनुष्य की सारी आशाएं और सुख इसी एक शब्द में केंद्रित हैं। अब इस शब्द को बदलना असंभव है। इस प्रकार के शब्द पहले-पहल बड़े-बड़े साधु-महात्माओं द्वारा गढ़े गए थे और वे इन शब्दों का तात्पर्य अच्छी तरह समझते थे। धीरे-धीरे जब समाज में उन शब्दों का प्रचार होने लगा, तब अज्ञ लोग भी उन शब्दों का व्यवहार करने लगे। इसका परिणाम यह हुआ कि शब्दों की महिमा घटने लगी। स्मरणातीत काल से 'ईश्वर' शब्द का व्यवहार होता आया है। सर्वव्यापी बुद्धि का भाव जो कुछ महान और पवित्र है, सब इसी शब्द में निहित है। यदि कोई मूर्ख इस शब्द का व्यवहार करने में आपत्ति करता है तो क्या इसीलिए हमें इस शब्द को त्याग देना होगा? एक दूसरा व्यक्ति भी आकर कह सकता है–'मेरे इस शब्द को लो।' फिर तीसरा भी अपना एक शब्द लेकर आएगा। यही क्रम चलता रहा, तो ऐसे व्यर्थ शब्दों का कोई अंत न होगा, इसीलिए मैं कहता हूं कि उस पुराने शब्द का ही व्यवहार करो, मन से अंधविश्वासों को दूर कर, इस महान प्राचीन शब्द के अर्थ को ठीक तरह से समझकर, उसका और भी उत्तम रूप से व्यवहार करो।

यदि तुम लोग समझते हो कि भाव-साहचर्य विधान (Law of Association of Ideas) किसे कहते हैं, तो तुमको पता चलेगा कि इस शब्द के साथ कितने ही महान ओजस्वी भावों का संयोग है। लाखों मनुष्यों ने इस शब्द का व्यवहार किया है। करोड़ों आदमियों ने इस शब्द की पूजा की है और जो कुछ सर्वोच्च

एवं सुंदरतम है, जो कुछ युक्तियुक्त, प्रेमास्पद और मानवीय भावों में महान एवं सुंदर है, वह समस्त इस शब्द से संबंधित है। अतएव यह इन सब साहचर्य भावों का संकेत देने वाला कारण है, इसलिए इसका त्याग नहीं किया जा सकता। जो भी हो, यदि मैं तुम लोगों को कल यह कहकर समझाने की चेष्टा करता कि ईश्वर ने जगत की सृष्टि की है तो तुम लोगों के निकट उसका कोई अर्थ न होता, फिर भी इस सब विचार आदि के बाद हम उस प्राचीन पुरुष के ही पास पहुंचे।

अत: हम देखते हैं कि जड़, शक्ति, मन, बुद्धि या अन्य दूसरे नामों से परिचित विभिन्न जागतिक शक्तियां उस विश्वव्यापी बुद्धि की ही अभिव्यक्ति हैं, जो कुछ तुम देखते हो, सुनते हो या अनुभव करते हो, सब उसी की सृष्टि है–ठीक कहें, तो उसी का प्रक्षेप है और भी ठीक कहें तो सब कुछ स्वयं प्रभु ही है। सूर्य और ताराओं के रूप में वही उज्ज्वल भाव से विराज रहा है, वही धरतीमाता है, वही समुद्र है। वही बादलों के रूप में बरसता है, वही मृदु पवन है जिससे हम सांस लेते हैं, वही शक्ति बनकर हमारे शरीर में कार्य कर रहा है। वही भाषण है, भाषणदाता है, फिर सुनने वाला भी वही है। वही यह मंच है, जिस पर मैं खड़ा हूं, वही यह आलोक है, जिससे मैं तुम्हें देख पा रह हूं, यह समस्त वही है। वह जगत का उपादान और निमित्त कारण है, क्रम-संकुचित होकर वही अणु का रूप धारण करता है, फिर वही क्रम-विकसित होकर पुन: ईश्वर बन जाता है। वही धीरे-धीरे अवनत होकर क्षुद्रतम परमाणु हो जाता है, फिर वही धीरे-धीरे अपना स्वरूप प्रकाशित करता हुआ अंत में पुन: अपने साथ युक्त हो जाता है। बस यही जगत का रहस्य है।

'तुम्हीं पुरुष हो, तुम्हीं स्त्री हो, यौवन के गर्व से भरे हुए भ्रमणशील नवयुवक भी तुम्हीं हो, फिर तुम्हीं बुढ़ापे में लाठी के सहारे लड़खड़ाते हुए मनुष्य हो, तुम्हीं समस्त वस्तुओं में हो। हे प्रभो! तुम्हीं सब कुछ हो।' जगत-प्रपंच की केवल इसी व्याख्या से मानव-युक्ति, मानव-बुद्धि परितृप्त होती है। सारांश यह कि हम उसी से जन्म लेते हैं, उसी में जीवित रहते हैं और उसी में लौट जाते हैं।

2

माया और ईश्वर-धारणा का क्रम-विकास

विश्वगुरु विवेकानंद ने 20 अक्तूबर, 1896 को 'माया और ईश्वर-धारणा का क्रम-विकास' विषय पर आधारित लंदन में एक विस्तृत व्याख्यान दिया। इस बारे में विश्वगुरु ने स्पष्ट किया कि जो सत्य पहले से विद्यमान है, उसी को संपूर्ण रूप से जानना होगा। नए सत्य के सृजन के लिए हमें प्रयत्न नहीं करना है। प्राचीन काल की ईश्वर संबंधी धारणाओं को वर्तमान काल के लिए अनुपयुक्त कहकर एकदम उड़ाए बिना ही प्राचीन महापुरुषों ने उसका अन्वेषण किया–

हमने देखा कि अद्वैत वेदांत का एक आधारभूत सिद्धांत मायावाद बीज रूप से संहिताओं में भी देखा जाता है और जिन विचारों का विकास उपनिषदों में हुआ है, वे वस्तुतः किसी-न-किसी रूप में संहिताओं में विद्यमान हैं। तुममें से बहुत से लोग अब माया की धारणा से परिचित हो गए होंगे और यह भी जान गए होंगे कि प्रायः लोग भ्रांतिवश माया को

'भ्रम' कहकर उसकी व्याख्या करते हैं। अतएव जब जगत को माया कहते हैं, तब उसे भी भ्रम ही कहकर उसकी व्याख्या करनी पड़ती है, किंतु माया को 'भ्रम' के अर्थ में लेना ठीक नहीं। माया कोई विशेष सिद्धांत नहीं है, वह तो यह संसार जैसा है, केवल उसका तथ्यात्मक कथन है। इस माया को समझने के लिए हमें संहिताओं तक जाना होगा और उसके मूल बीज का अर्थ समझना होगा।

हम यह देख चुके हैं कि लोगों में देवताओं का ज्ञान किस प्रकार आया। इसके साथ ही हम यह भी जानते हैं कि ये देवता पहले केवल शक्तिशाली व्यक्ति-मात्र थे। तुम लोगों में से अनेक ग्रीक, हिब्रू, पारसी अथवा अन्य जातियों के प्राचीन शास्त्रों में यह पढ़कर भयभीत हो जाते हो कि देवता लोग कभी-कभी ऐसा कार्य करते थे, जो हमारी दृष्टि में अत्यंत घृणित है। यह भूल जाते हैं कि हम लोग उन्नीसवीं शताब्दी के हैं और देवतागण सहस्रों वर्ष पहले के जीव थे और हम यह भी भूल जाते हैं कि इन सब देवताओं के उपासक लोग उनके चरित्र में कुछ भी असंगत बात नहीं देख पाते थे। वे जिस ढंग से अपने उन देवताओं का वर्णन करते थे, उससे उन्हें कुछ भी भय नहीं होता था, क्योंकि वे सब देवता उन्हीं के अनुरूप थे।

हम लोगों को आजीवन यह बात सीखनी होगी कि प्रत्येक व्यक्ति की परख उसके अपने आदर्शों के अनुसार करनी चाहिए, दूसरों के आदर्शों के अनुसार नहीं। ऐसा न करके हम दूसरों को अपने आदर्शों की दृष्टि से देखते हैं, यह ठीक नहीं। अपने आसपास रहने वाले लोगों के साथ व्यवहार करते समय हम सदा यही भूल करते हैं। मेरे मतानुसार, दूसरों के साथ हमारी जो कुछ भी अनबन हो जाती है, वह अधिकतर इसी एक कारण से होती है कि हम दूसरों के देवता को अपने देवता के द्वारा, दूसरों के आदर्शों को अपने आदर्शों के द्वारा और दूसरों के उद्‌देश्य को अपने उद्‌देश्य के द्वारा परखने की चेष्टा करते हैं। कुछ विशेष परिस्थितियों से बाध्य हो, मान लो, मैंने कोई एक विशेष कार्य किया और जब मैं देखता हूं कि एक दूसरा व्यक्ति वही कार्य कर रहा है, तो मैं सोच लेता हूं कि उसका भी वही उद्‌देश्य है। मेरे मन में यह बात एक बार भी नहीं उठती कि यद्यपि फल एक हो सकता है, तथापि उस एक फल के उत्पन्न करने वाले भिन्न-भिन्न सहस्रों कारण हो सकते हैं। मैं जिस हेतु से उस कार्य को करने में प्रवृत्त होता हूं, अन्य सब लोग उसी कार्य को अन्य हेतुओं से कर सकते हैं। अतएव इन सभी प्राचीन धर्मों पर विचार करते समय हम सामान्यतया जिस तरह दूसरों के संबंध में विचार करते हैं, वैसा न करके अपने को प्राचीन काल के लोगों के जीवन और विचार की स्थिति में रखकर विचार करना चाहिए।

प्राचीन व्यवस्थान (Old Testament) में क्रूर और निष्ठुर जिहोवा के वर्णन से बहुत से लोग भयभीत हो उठते है, पर क्यों? लोगों को यह कल्पना करने का क्या अधिकार है कि प्राचीन यहूदियों का जिहोवा आधुनिक रूढ़िगत कल्पना के ईश्वर के समान होगा? हमें यह भी न भूलना चाहिए कि हमारे बाद जो लोग आएंगे, वे उसी तरह हमारे धर्म और ईश्वर की धारणा पर हंसेंगे, जिस तरह हम प्राचीन लोगों के धर्म और ईश्वर की धारणा पर हंसते हैं। यह सब होने पर भी, इन सब विभिन्न ईश्वर संबंधी धारणाओं का संयोग करने वाला एक स्वर्ण-सूत्र है–वेदांत और वेदांत का उद्देश्य है–इस सूत्र की खोज करना।

भगवान कृष्ण ने कहा है–"भिन्न-भिन्न मणियां जिस प्रकार एक सूत्र में पिरोई हुई रहती हैं, उसी प्रकार इन सब विभिन्न भावों के भीतर भी एक सूत्र के रूप में मैं ही विद्यमान रहता हूं।" आजकल की धारणाओं की दृष्टि में वे सब प्राचीन धारणाएं कितनी ही वीभत्स, भयानक अथवा घृणित क्यों न मालूम पड़े, वेदांत का कर्तव्य उन सभी प्राचीन एवं सभी वर्तमान धारणाओं के भीतर इस संयोग-सूत्र की प्रतिष्ठा करनी है। प्राचीन काल की पीठिका में वे धारणाएं संगत मालूम पड़ती हैं और ऐसा लगता है कि हमारी वर्तमान धारणाओं से वे अधिक वीभत्स नहीं थीं। उनकी वीभत्सता हमारे सामने तभी प्रकट होती है, जब हम उनको उनकी पीठिका से अलग करके उन पर अपनी परिस्थितियां लागू करते हैं। जिस प्रकार प्राचीन यहूदी आज के तीक्ष्ण बुद्धि यहूदी में परिणत हो गया है और प्राचीन आर्य आज के बुद्धिमान हिंदू में विकसित हो गया है, उसी प्रकार जिहोवा का और अन्य देवताओं का भी विकास हुआ है।

हम यह महान भूल करते हैं कि हम उपासक का क्रम-विकास तो स्वीकार करते हैं, परंतु उपास्य का नहीं। हम उपासकों को जिस प्रकार उन्नति का श्रेय देते हैं, उसी प्रकार उपास्य को नहीं देना चाहते। तात्पर्य यह कि हम-तुम जिस प्रकार कुछ विशिष्ट भावों के प्रतीत होने के नाते, उन भावों के विकास के साथ-साथ विकसित हुए हैं, उसी प्रकार देवतागण भी विशेष-विशेष भावों के प्रतीक होने के कारण, उन भावों के विकास के साथ विकसित हुए हैं। तुम शायद यह आश्चर्य करो कि ईश्वर का भी कहीं विकास होता है? उसका विकास नहीं हो सकता, वह तो अपरिणामी है। इसी प्रकार यथार्थ मनुष्य का भी कभी विकास नहीं होता, किंतु मनुष्य की ईश्वर-विषयक धारणाएं नित्य परिवर्तित और विकसित हो रही हैं। आगे चलकर हम देखेंगे कि प्रत्येक मानवीय अभिव्यक्ति के पीछे जो यथार्थ मनुष्य है, वह अचल, अपरिणामी, शुद्ध और नित्यमुक्त है। उसी प्रकार ईश्वर संबंधी धारणा भी केवल एक अभिव्यक्ति है–हमारे मन की सृष्टि है। इन समस्त

अभिव्यक्तियों के पीछे प्रकृत ईश्वर है, जो नित्य शुद्ध, अपरिणामी और अजर है। ये सब अभिव्यक्तियां सर्वदा ही परिणामशील हैं—यह अपने अंतरालस्थ अभिव्यक्त होता है, तब उसे उन्नति और जब उसका अधिकांश ढका हुआ या अनभिव्यक्त रहता है, तब उसे अवनति कहते हैं। इस प्रकार जैसे-जैसे हमारा विकास होता है, वैसे-ही-वैसे देवताओं का भी होता है। सीधे-सादे शब्दों में, जैसे-जैसे हमारी उन्नति होती है, जैसे-जैसे हमारा स्वरूप प्रकाशित होता है, वैसे-वैसे देवता भी अपना स्वरूप प्रकाशित करते जाते हैं।

अब हम मायावाद को समझ सकेंगे। संसार के सभी धर्मों ने इस प्रश्न को उठाया है—संसार में यह असामंजस्य क्यों है? संसार में यह अशुभ क्यों है? आदिम धर्म-भाव के आविर्भाव के समय हम इस प्रश्न को उठते नहीं देखते। इसका कारण यह है कि आदिम मनुष्य को संसार असामंजस्यपूर्ण नहीं प्रतीत हुआ। उसके लिए परिस्थितियों में कोई असामंजस्य नहीं था, किसी प्रकार का मत-विरोध नहीं था, भले-बुरे की कोई प्रतिद्वंद्विता नहीं थी। उसके हृदय में केवल दो बातों का संग्राम हो रहा था। एक कहती थी—यह करो और दूसरी उसको करने का निषेध करती थी।

आदिम मानव संवेगों का दास था। उसके मन में जो आता था, वही शरीर से कर डालता था। वह इन संवेगों के संबंध में विचार करने अथवा उनका संयम करने का बिलकुल प्रयत्न नहीं करता था। इन सब देवताओं के संबंध में यही बात है। ये लोग भी अपने संवेगों के अधीन थे। इंद्र आया और उसने दैत्य-बल को छिन्न-भिन्न कर दिया। जिहोवा किसी के प्रति संतुष्ट था, तो किसी से रुष्ट, क्यों? यह कोई भी नहीं जानता, जानना भी नहीं चाहता। इसका कारण यह है कि उस समय लोगों में अनुसंधान की प्रवृत्ति ही नहीं जगी थी, इसलिए वे जो कुछ भी करते, वही ठीक था। उस समय भले-बुरे की कोई धारणा नहीं थी। हम जिन्हें बुरा कहते हैं, ऐसे बहुत से कार्य देवता लोग करते थे, हम वेदों में देखते हैं कि इंद्र और अन्य देवताओं ने अनेक बुरे कार्य किए हैं, पर इंद्र के उपासकों की दृष्टि में पाप या बुरा काम कुछ भी न था, अतः वे इस संबंध में कोई प्रश्न ही नहीं करते थे।

नैतिक धारणाओं की उन्नति के साथ-साथ मनुष्य के मन में एक संग्राम प्रारंभ हुआ, मनुष्य में मानो एक नई इंद्रिय का आविर्भाव हुआ। भिन्न-भिन्न भाषाओं और भिन्न-भिन्न जातियों ने इसे भिन्न-भिन्न नाम दिए हैं। कोई कहता है—यह ईश्वर की वाणी है और कोई यह कि वह पहले की शिक्षा का फल है। जो भी हो, उसने मनुष्य के स्वाभाविक संवेगों का दमन करनेवाली शक्ति के रूप में काम किया। हमारे मन का एक संवेग कहता है—करो। इसके पीछे एक दूसरा स्वर उठता है, जो कहता है—मत करो। हमारे मन में धारणाओं का एक समूह है,

जो सर्वदा इंद्रियों के द्वारा बाहर जाने की चेष्टा करता रहता है। उनके पीछे, चाहे कितना ही क्षीण क्यों न हो, एक स्वर कहता रहता है–बाहर मत जाना। इन दो बातों के संस्कृत नाम हैं–प्रवृत्ति और निवृत्ति। प्रवृत्ति ही हमारे समस्त कर्मों की मूल है। निवृत्ति से धर्म का आरंभ होता है।

हम लोगों को आजीवन यह बात सीखनी होगी कि प्रत्येक व्यक्ति की परख उसके अपने आदर्शों के अनुसार करनी चाहिए, दूसरों के आदर्शों के अनुसार नहीं। ऐसा न करके हम दूसरों को अपने आदर्शों की दृष्टि से देखते हैं, यह ठीक नहीं।

धर्म आरंभ होता है–इस 'मत करना' से, आध्यात्मिकता भी इस 'मत करना' से ही आरंभ होती है। जहां यह 'मत करना' नहीं है, वहां जानना कि धर्म का आरंभ ही नहीं हुआ। इस 'मत करना' से ही निवृत्ति का भाव आ गया, जिससे परस्पर युद्ध में रत देवतागण आराधित होने के बावजूद मनुष्य की धारणाएं विकसित होने लगीं।

जब मनुष्य के हृदय में कुछ प्रेम जाग्रत हुआ, अवश्य उसकी मात्रा बहुत थोड़ी थी और आज भी वह मात्रा कोई अधिक नहीं है। पहले-पहल यह प्रेम कबीले तक सीमित रहा। ये सब देवता केवल अपने कबीले से प्रेम करते थे। प्रत्येक देवता एक-एक कबीले का देवता था और उस विशिष्ट कबीले का रक्षक-मात्र था। जिस प्रकार भिन्न-भिन्न देशों के विभिन्न वंशीय लोग अपने को उस एक पुरुषविशेष का वंशज कहते हैं, जो उस वंश का प्रतिष्ठाता होता है, उसी प्रकार कभी-कभी किसी कबीले के लोग अपने को अपने देवता का वंशज समझते थे।

प्राचीन काल में कुछ लोग थे और आज भी हैं, जो अपने को न केवल इस कबीला संबंधी देवताओं का वंशज होने का दावा करते हैं, बल्कि चंद्र या सूर्य का भी वंशज कहते हैं। संस्कृत के प्राचीन ग्रंथों में तुमने बड़े-बड़े सूर्यवंशी और चंद्रवंशी वीर सम्राटों की कथाएं पढ़ी होंगी। ये लोग पहले चंद्र या सूर्य के उपासक थे, बाद में ये अपने को चंद्र या सूर्य का वंशज कहने लगे। अत: जब यह कबीले का भाव आने लगा, तब किंचित् प्रेम जागा, एक दूसरे के प्रति थोड़ा कर्तव्य भाव आया, कुछ सामाजिक श्रृंखला की उत्पत्ति हुई और इसके साथ-ही-साथ यह भावना भी आने लगी कि एक दूसरे का दोष सहन या क्षमा किए बिना हम कैसे एक साथ रह सकेंगे? एक-न-एक समय अपनी प्रवृत्तियों का संयम किए बिना मनुष्य भला किस प्रकार दूसरों के साथ, यहां तक कि एक भी व्यक्ति के

साथ रह सकता है? यह असंभव है। बस इसी प्रकार संयम की भावना आई। इस संयम की भावना पर ही संपूर्ण सामाजिक रचना आधारित है। हम जानते हैं कि जिन नर-नारियों ने इस सहिष्णुता या क्षमा रूपी महान पाठ को नहीं पढ़ा है, वे अत्यंत कष्ट में जीवन बिताते हैं।

अतएव जब इस प्रकार धर्म का भाव आया, तब मनुष्य के मन में एक अपेक्षाकृत उच्चतर एवं अधिक नीतिसंगत भाव की झलक उठी। तब वे अपने उन्हीं प्राचीन देवताओं में–चंचल, लड़ाकू, शराबी, गोमांसहारी देवताओं में, जिनको जले मांस की गंध और तीव्र सुरा की आहुति से ही परम आनंद मिलता था–कुछ असंगति देखने लगे। कभी-कभी इंद्र इतना मद्यपान कर लेता था कि वह बेहोश होकर गिर पड़ता और अंड-बंड बकने लगता। इस प्रकार के देवताओं को अब सहन नहीं किया जा सकता। तब उद्‌देश्यों के संबंध में पूछताछ करने का भाव जाग्रत हुआ और देवताओं के कार्यों के उद्‌देश्य भी पूछे जाने लगे। जब उन्हें समुचित उत्तर नहीं मिला तो लोगों ने उन सब देवताओं का त्याग कर दिया अथवा दूसरे शब्दों में, वे फिर देवताओं के विषय में और भी उच्च धारणाएं बनाने लगे। उन्होंने देवताओं के समस्त कार्यों और गुणों का मानो परीक्षण किया और जिन कार्यों को वे संगत नहीं कर सके, उन्हें त्याग दिया। जो अच्छे थे, जिन्हें वे समझ सकते थे, एकत्र किया और इन अच्छे-अच्छे भावों की समष्टि को उन्होंने एक नाम 'देवदेव' या देवताओं का देवता दे दिया। तब उनके उपास्य देवता केवल शक्ति के परिचायक-मात्र नहीं रहे, शक्ति से अधिक और भी कुछ उनके लिए आवश्यक हो गया। अब वे नीति-परायण देवता हो गए, वे मनुष्यों से प्रेम करने लगे, मनुष्यों का हित करने लगे, पर देवता संबंधी धारणा फिर भी अक्षुण्ण रही। उन लोगों ने देवता की नैतिक सार्थकता तथा शक्ति को केवल बढ़ा-भर दिया। अब वे देवता विश्व में सर्वश्रेष्ठ नीति-परायण तथा एक प्रकार से सर्वशक्तिमान भी हो गए।

यह जोड़-गांठ कब तक चल सकती थी? जैसे-जैसे व्याख्या सूक्ष्म से सूक्ष्मतर होती गई, वैसे-वैसे जगत-रहस्य के समाधान करने में कठिनाई मानो और भी बढ़ती गई। देवता अथवा ईश्वर के गुण यदि गणितीय क्रम (Arithmetical Progression) के नियम से बढ़ने लगे, तो संदेह और कठिनाइयां ज्यामितीय क्रम (Geometrical Progression) के नियम से बढ़ने लगीं। निष्ठुर जिहोवा के साथ जगत का सामंजस्य स्थापित करने में जो कठिनाई होती थी, उसमें भी अधिक कठिनाई ईश्वर संबंधी नवीन धारणा के साथ जगत का सामंजस्य स्थापित करने में होने लगी। यह कठिनाई आज तक बनी रही। सर्वशक्तिमान और प्रेममय ईश्वर

के राज्य में ऐसी पैशाचिक घटनाएं क्यों घटती हैं? सुख की अपेक्षा दुःख इतना अधिक क्यों है? साधु भाव जितना है, असाधु भाव उससे इतना अधिक क्यों है?

दूसरों के साथ हमारी जो कुछ भी अनबन हो जाती है, वह अधिकतर इसी एक कारण से होती है कि हम दूसरों के देवता को अपने देवता के द्वारा, दूसरों के आदर्शों को अपने आदर्शों के द्वारा और दूसरों के उद्देश्य को अपने उद्देश्य के द्वारा परखने की चेष्टा करते हैं।

संसार में कुछ भी अशुभ नहीं है, ऐसा समझकर भले ही हम आंखें बंद करके बैठे रहें, पर यह तथ्य तो बना ही रहता है कि यह संसार एक वीभत्स संसार है। बहुत हुआ तो यह संसार बस टैंटालस के नरक के समान है, उससे यह किसी अंश में अच्छा नहीं। यहां हम हैं प्रबल प्रवृत्तियां लिये और इंद्रियों को चरितार्थ करने की प्रबलतर वासनाएं लिये, पर उनकी पूर्ति का कोई उपाय नहीं।

हमारी अपनी इच्छा के बावजूद हममें एक तरंग उठती है, जो हमें आगे बढ़ने के लिए बाध्य करती है, परंतु जैसे ही हम एक पांव आगे बढ़ाते हैं, वैसे ही एक धक्का लगता है। हम सभी टैंटालस की भांति इस जगत में जीवित रहने को मानो विधि-विधान से अभिशप्त हैं! पंचेंद्रिय द्वारा सीमाबद्ध जगत से अतीत के आदर्श हमारे मस्तिष्क में आते हैं, पर उन्हें हम कार्यरूप में परिणत नहीं कर सकते। दूसरी ओर हम चारों ओर की परिस्थिति के चक्र में पिसते जाते हैं।

यदि मैं आदर्श-प्राप्ति की चेष्टा का परित्याग कर केवल सांसारिक भाव को लेकर रहना चाहूं, तो मुझे पशु-जीवन बिताना पड़ता है और मैं अपने को पतित और गर्हित कर लेता हूं। अतएव किसी भी ओर सुख नहीं। जो लोग इस संसार में जिस अवस्था में उत्पन्न हुए हैं, उसी अवस्था में रहना चाहते हैं, उनके भाग्य में भी दुःख है और जो लोग सत्य तथा उच्चतर आदर्श के लिए, इस पाशविक जीवन की अपेक्षा कुछ उन्नत जीवन के लिए आगे बढ़ने का साहस करते हैं, उनके लिए तो और भी सहस्रों गुना अधिक दुःख है। यही वस्तुस्थिति है, पर इसकी कोई व्याख्या नहीं–व्याख्या हो भी नहीं सकती, पर वेदांत इससे बाहर निकलने का मार्ग बतलाता है। ये सब भाषण देते समय शायद मुझे कुछ ऐसी भी बातें कहनी पड़ें, जिनसे तुम भयभीत हो जाओ, पर जो कुछ मैं कह रहा हूं, उसे यदि तुम याद रखो, भली-भांति आत्मसात् कर लो और उसके संबंध में दिन-रात चिंतन करो, तो वह तुम्हारे अंदर बैठ जाएगी, तुम्हारी उन्नति करेगी और सत्य को समझने तथा सत्य में प्रतिष्ठित होने में तुमको समर्थ करेगी।

अब यह एक तथ्यात्मक वर्णन है कि यह संसार टैंटालस का नरक है और हम इस जगत के बारे में कुछ भी नहीं जानते, पर साथ ही हम यह भी तो नहीं कह सकते कि हम नहीं जानते। जब मैं सोचता हूं कि मैं इस जगत-शृंखला के बारे में नहीं जानता, तो मैं यह नहीं कह सकता कि इसका अस्तित्व है। वह मेरे मस्तिष्क का पूर्ण भ्रम हो सकता है। हो सकता है, मैं केवल स्वप्न देख रहा हूं। मैं स्वप्न देख रहा हूं कि मैं तुमसे बातें कर रहा हूं और तुम मेरी बात सुन रहे हो। कोई भी यह सिद्ध नहीं कर सकता कि यह स्वप्न नहीं है। 'मेरा मस्तिष्क' भी तो एक स्वप्न हो सकता है और सचमुच अपना मस्तिष्क देखा किसने है? वह तो हम केवल मान ही लेते हैं, फिर यह भी नहीं कह सकते कि हम नहीं जानते। ज्ञान और अज्ञान के बीच की यह अवस्था, यह रहस्यमय पहेली, यह सत्य और मिथ्या का मिश्रण—कहां जाकर इनका मिलन हुआ है, कौन जाने?

हम स्वप्न में विचरण कर रहे हैं—अर्धनिद्रित, जीवन-भर एक पहेली में आबद्ध, हममें से प्रत्येक की बस यही दशा है! सारे इंद्रिय-ज्ञान की यही दशा है। सारे दर्शनों की, सारे विज्ञान की, सब प्रकार के मानवीय ज्ञान की—जिनको लेकर हमें इतना अहंकार है—सब की बस यही दशा है, यही परिणाम है। बस यही संसार है।

चाहे जड़ पदार्थ कहो, चाहे चेतन, चाहे आत्मा, चाहे किसी भी नाम से क्यों न पुकारो, बात एक ही है। हम यह नहीं कह सकते कि ये सब हैं और यह भी नहीं कह सकते कि ये सब नहीं हैं। हम इन सबको एक भी नहीं कह सकते और अनेक भी नहीं। यह प्रकाश और अंधकार का खेल, यह अविभक्त, अपृथक और अविभाज्य मिश्रण, जिसमें सारी घटनाएं कभी सत्य मालूम होती हैं, कभी मिथ्या—सदा से चल रहा है। इसके कारण कभी लगता है कि हम जाग्रत हैं, कभी लगता है कि हम सोए हुए हैं। बस यही माया है, यही वस्तुस्थिति है। इसी माया में हमारा जन्म हुआ है, इसी में हम जीवित हैं, इसी में सोच-विचार करते हैं, इसी में स्वप्न देखते हैं। इसी में हम दार्शनिक हैं, इसी में साधु हैं। यही नहीं, हम इस माया में ही कभी दानव और कभी देवता हो जाते हैं।

विचार के रथ पर चढ़कर चाहे जितनी दूर जाओ, अपनी धारणा को ऊंचे से ऊंचा बनाओ, उसे अनंत या जो इच्छा हो, नाम दो, पर तो भी यह सब माया के ही भीतर है। इसके विपरीत हो ही नहीं सकता और मनुष्य का जो कुछ ज्ञान है, वह सब इस माया का ही साधारणीकरण है—इस माया के दिखनेवाले स्वरूप को ही जानने का प्रयत्न है। यह माया नाम-रूप का कार्य है। जिस किसी वस्तु का रूप है, जो भी कुछ तुम्हारे मन में किसी प्रकार के भाव का उद्दीपन कर

देता है, वह सब माया के ही अंतर्गत है। जो कुछ देश-काल-निमित्त के नियम के अधीन है, वही माया के अंतर्गत है।

हमारे मन में धारणाओं का एक समूह है, जो सर्वदा इंद्रियों के द्वारा बाहर जाने की चेष्टा करता रहता है। उनके पीछे, चाहे कितना ही क्षीण क्यों न हो, एक स्वर कहता रहता है—बाहर मत जाना। इन दो बातों के संस्कृत नाम हैं—प्रवृत्ति और निवृत्ति। प्रवृत्ति ही हमारे समस्त कर्मों की मूल है। निवृत्ति से धर्म का आरंभ होता है। धर्म आरंभ होता है—इस 'मत करना' से, आध्यात्मिकता भी इस 'मत करना' से ही आरंभ होती है। जहां यह 'मत करना' नहीं है, वहां जानना कि धर्म का आरंभ ही नहीं हुआ। इस 'मत करना' से ही निवृत्ति का भाव आ गया।

अतः हम पुनः यह विचार करें कि प्रारंभिक ईश्वर-धारणा का क्या हुआ? यह धारणा कि एक ईश्वर अनंत काल से हमें प्यार कर रहा है, अनंत सर्वशक्तिमान और निःस्वार्थ पुरुष है और इस विश्व का शासन कर रहा है, स्पष्ट ही हमें संतुष्ट नहीं कर सकती। दार्शनिक साहस के साथ इस सगुण ईश्वर-धारणा के विरुद्ध होता है। वह पूछता है—तुम्हारा न्यायशील, दयालु ईश्वर कहां है? क्या वह अपनी मनुष्य और पशु-रूप लाखों संतानों का विनाश नहीं देखता? कारण, ऐसा कौन है, जो एक क्षण भी दूसरों की हिंसा किए बिना जीवन धारण कर सकता है? क्या तुम सहस्रों जीवों का संहार किए बिना एक सांस भी ले सकते हो?

लाखों जीव मर रहे हैं, इसी से तुम जीवित हो। तुम्हारे जीवन का प्रत्येक क्षण, तुम्हारा प्रत्येक निःश्वास सहस्रों जीवों के लिए मृत्यु है, तुम्हारी प्रत्येक हलचल लाखों का काल है। तुम्हारा प्रत्येक ग्रास लाखों की मौत है। वे क्यों मरें? इस संबंध में एक प्राचीन कुतर्क है—'वे तो अति निम्न जीव हैं।' माना वे ऐसे हैं, पर यह तो एक संदिग्ध विषय है। कौन कह सकता है कि चींटी मनुष्य से श्रेष्ठ है अथवा मनुष्य चींटी से? कौन सिद्ध कर सकता है कि यह ठीक है अथवा वह? यदि मान भी लिया जाए कि वे अति निम्न जीव हैं, तो भी वे मरे क्यों? यदि वे निम्न स्तर के हैं, तो उनको बचे रहने का तो और भी अधिकार है। वे क्यों न जीवित रहें? उनका जीवन इंद्रियों में ही अधिक आबद्ध है। अतः वे हमारी-तुम्हारी अपेक्षा सहस्र गुना अधिक सुख-दुःख का बोध करते हैं। कुत्ता या भेड़िया जिस चाव के साथ भोजन करता है, उस तरह कौन मनुष्य कर सकता है? इसका कारण यह है कि हमारी समस्त कार्य-प्रवृत्ति इंद्रियों में नहीं है—वह बुद्धि में है, आत्मा में है,

पर कुत्ते के प्राण इंद्रियों में ही पड़े रहते हैं। वह इंद्रिय-सुख के लिए पागल हो जाता है, वह जितने आनंद के साथ इंद्रिय-सुख का उपभोग करता है, हम मनुष्य उस प्रकार नहीं कर सकते, पर उसका दुःख भी सुख के ही समान तीव्र होता है।

जितना सुख है, उतना ही दुःख। यदि पशु मनुष्य की अपेक्षा इतनी तीव्रता से सुख का अनुभव करते हैं, तो यह भी सत्य है कि उनको दुःख का अनुभव भी उतना ही अधिक तीव्र होता है–मनुष्य की अपेक्षा तीव्रतर होता है। अतएव मनुष्य को मरने में जो कष्ट होता है, उसकी अपेक्षा सहस्र गुना अधिक कष्ट उन पशुओं को मरने में होता है, फिर भी हम उनके कष्ट की कोई चिंता न करते हुए उन्हें मार डालते हैं। यही माया है। यदि हम मान लें कि मनुष्य के समान एक सगुण ईश्वर है, जिसने यह सृष्टि रची, तो ये सब तथाकथित सिद्धांत और व्याख्याएं, जो यह सिद्ध करने का प्रयत्न करती हैं कि बुराई से ही भलाई होती है, पर्याप्त नहीं है। उपकार चाहे सहस्रों हो, पर वे अपकार से प्रसूत क्यों हों? इस सिद्धांत के अनुसार तो मैं अपनी पांच इंद्रियों के सुख के लिए दूसरों का गला काट सकता हूं। अतएव यह कोई युक्ति नहीं। बुराई में से भलाई क्यों निकले? इस प्रश्न का उत्तर देना होगा, पर इस प्रश्न का कोई उत्तर नहीं। यह बात भारतीय दर्शन को बाध्य होकर स्वीकार करनी पड़ी।

वेदांत सभी धर्मों में सर्वाधिक साहसी था (और है)। सत्य का अन्वेषण करते हुए यह रुका नहीं। उसको अग्रसर होने में एक सुविधा भी थी। वह यह कि वेदांत-धर्म के विकास के समय पुरोहित-संप्रदाय ने सत्यान्वेषियों का मुंह बंद करने का प्रयत्न नहीं किया। धर्म में पूर्ण स्वाधीनता थी। उन लोगों की सामाजिक रीति-रिवाजों में संकीर्णता थी। यहां (इंग्लैंड में) समाज खूब स्वाधीन है। भारतवर्ष में सामाजिक स्वाधीनता नहीं थी, थी तो धार्मिक स्वाधीनता। इस देश में कोई चाहे जैसी पोशाक पहने अथवा जो इच्छा हो करे, कोई कुछ न कहेगा, पर गिरजाघर में यदि कोई एक दिन न जाए, तो तरह-तरह की बातें उठ खड़ी होंगी। सत्य का विचार करते समय उसे पहले सोचना पड़ता है कि धर्म पर समाज क्या कहता है। दूसरी ओर, भारतवर्ष में यदि कोई व्यक्ति दूसरी जाति के हाथ का बना खाना खा ले, तो समाज उसे तुरंत जातिच्युत कर देगा। पुरखे जैसी पोशाक पहनते थे, उससे थोड़ा-सा भी भिन्न रूप से पोशाक पहनते ही बस, उसका सर्वनाश ही समझो।

मैंने तो यहां तक सुना है कि एक व्यक्ति पहली बार रेलगाड़ी देखने गया, इसलिए उसे जातिच्युत कर दिया गया। माना, यह बात सत्य न भी हो, परंतु हमारे समाज की गति ही ऐसी है, किंतु धर्म के विषय में देखता हूं कि नास्तिक, बौद्ध, जड़वादी, सब प्रकार के धर्म, सब प्रकार के संप्रदाय, अद्‌भुत और बड़े विस्मयकारी

मत-मतांतर सभी साथ-साथ रह रहे हैं। सभी संप्रदायों के प्रचारक उपदेश देते फिरते हैं और सबको अनुयायी भी मिलते जाते हैं। और तो और, देवमंदिरों के द्वार पर ही ब्राह्मण लोग जड़वादियों को खड़ा होने और उनके मत का प्रचार करने की अनुमति देते हैं। यह बात उनकी उदारता और महत्ता की ही परिचायक है।

हमने भारत में धर्म के विषय में स्वाधीनता दी थी और उसके फलस्वरूप आज भी धर्म-जगत में हमें एक प्रबल आध्यात्मिक शक्ति मिली है। तुम लोगों ने सामाजिक स्वतंत्रता दी थी, इसीलिए तुम्हारा सामाजिक संगठन इतना सुंदर है। हमने सामाजिक बातों में बिलकुल स्वतंत्रता नहीं दी, इसलिए हमारे समाज में संकीर्णता है। तुम्हारे देश में धार्मिक स्वतंत्रता नहीं दी गई, अतः धार्मिक विश्वास दूसरों पर लादने के लिए तलवारों और बंदूकों का उपयोग किया गया। उसी का फल यह है कि आज यूरोप में धर्म इतना कुंठित और संकीर्ण है। भारत में समाज की बेड़ी को तोड़ना होगा और यूरोप में धर्म की बेड़ी को।

भगवान बुद्ध ने परिपक्व वृद्धावस्था में शरीर त्यागा था। मेरे एक अमेरिकन वैज्ञानिक मित्र बुद्धदेव का चरित्र पढ़ना बड़ा पसंद करते थे, पर बुद्धदेव की मृत्यु उन्हें अच्छी लगती थी, क्योंकि उन्हें सूली पर नहीं चढ़ाया गया था। कैसी भ्रमात्मक धारणा है यह! बड़ा आदमी होने की कसौटी क्या? उसकी हत्या! भारत में इस प्रकार की धारणा कभी प्रचलित न थी। बुद्धदेव ने भारतीय देवताओं तथा जगत का शासन करनेवाले ईश्वर तक की निंदा करते हुए भारत-भर का भ्रमण किया, फिर भी वे वृद्धावस्था तक जीवित रहे। वे अस्सी वर्ष तक जीवित रहे और आधे देश को उन्होंने अपने धर्म का अनुयायी बना डाला।

चार्वाकों ने बड़े भयंकर मतों का प्रचार किया, जैसा कि आज उन्नीसवीं शताब्दी में भी लोग इस प्रकार खुल्लम-खुल्ला जड़वाद का प्रचार करने का साहस नहीं करते। इन चार्वाकों को स्वतंत्रतापूर्वक मंदिरों और नगरों में प्रचार करने दिया गया कि धर्म मिथ्या है, वह केवल पुरोहितों की स्वार्थपूर्ति का एक उपाय है, वेद केवल पाखंडी, धूर्त, निशाचरों की रचना है—न कोई ईश्वर है, न आत्मा। यदि आत्मा है, तो मृत्यु के बाद वह पत्नी-पुत्र आदि के प्रेम से आकृष्ट होकर लौट क्यों नहीं आती? इन लोगों की यह धारणा थी कि यदि आत्मा होती, तो मृत्यु के बाद भी उसमें प्रेम आदि की भावनाएं रहतीं और वह अच्छा खाना और अच्छा पहनना चाहती। ऐसा होने पर भी चार्वाकों को किसी ने सताया नहीं।

हमने भारत में धर्म के विषय में स्वाधीनता दी थी और उसके फलस्वरूप आज भी धर्म-जगत में हमें एक प्रबल आध्यात्मिक शक्ति मिली है। तुम लोगों ने सामाजिक स्वतंत्रता दी थी, इसीलिए तुम्हारा सामाजिक संगठन इतना सुंदर है। हमने सामाजिक बातों में बिलकुल स्वतंत्रता नहीं दी, इसलिए हमारे समाज में संकीर्णता है। तुम्हारे देश में धार्मिक स्वतंत्रता नहीं दी गई, अतः धार्मिक विश्वास दूसरों पर लादने के लिए तलवारों और बंदूकों का उपयोग किया गया। उसी का फल यह है कि आज यूरोप में धर्म इतना कुंठित और संकीर्ण है।

भारत में समाज की बेड़ी को तोड़ना होगा और यूरोप में धर्म की बेड़ी को, तभी मनुष्य का आश्चर्यजनक विकास और उन्नति होगी। यदि हम लोग इस आध्यात्मिक, नैतिक या सामाजिक उन्नति में निहित एकत्व का पता लगा सकें, यदि हम जान लें कि वे एक-एक ही वस्तु के विभिन्न विकास-मात्र है, तो हम देखेंगे कि धर्म अपने पूर्ण अर्थ में हमारे समाज के भीतर अवश्य प्रवेश कर जाएगा, हमारे जीवन का प्रति मुहूर्त धर्म-भाव से परिपूर्ण हो जाएगा। वेदांत के प्रकाश में तुम समझोगे कि सारे विज्ञान धर्म की ही विभिन्न अभिव्यक्तियां हैं और जगत की सारी वस्तुएं भी उसी की अभिव्यक्ति हैं।

हमने देखा कि स्वाधीनता से ही इन सब विज्ञानों की उत्पत्ति और उन्नति हुई है और हम उनमें दो प्रकार के मत पाते हैं—एक भौतिक और निंदा करनेवाला और दूसरा सकारात्मक और निर्माण करनेवाला। एक विचित्र बात यह है कि वे सभी समाजों में पाए जाते हैं। मान लो, समाज में कोई दोष है, तो तुम देखोगे कि फौरन ही एक दल उठकर प्रतिहिंसात्मक रूप से गाली-गलौज करने लगता है। कभी-कभी तो ये लोग बड़े मतांध और कट्टर हो उठते हैं। सभी समाजों में तुम ऐसे मतांध लोग पाओगे। अधिकतर स्त्रियां ही इस आवाज में भाग लेती हैं, क्योंकि वे स्वभाव से भावुक होती हैं। जो भी मतांध खड़ा होकर किसी विषय के विरुद्ध व्याख्यानबाजी कर सकता है, उसे अनुयायी मिल जाता है। तोड़ना सहज है, पागल आदमी जो चाहे तोड़-फोड़ सकता है, पर किसी वस्तु को गढ़ना उसके लिए बड़ा कठिन है। मान लो कि कोई दोष है, तो केवल गाली-गलौज से तो कुछ होगा नहीं, हमें उसकी जड़ तक जाकर कार्य करना पड़ेगा। पहले तो यह जानो कि दोष का कारण क्या है, फिर उस कारण को दूर करो और कार्य अपने आप ही होता चला जाएगा। केवल चिल्लाने से कोई लाभ नहीं होता, वरन् उससे हानि की ही अधिक संभावना रहती है।

दूसरे दल के हृदय में सहानुभूति थी। वे समझ गए थे कि दोषों को दूर करने के लिए उनके कारणों में पहुंचाना होगा। यह दल बड़े साधु-महात्माओं का था।

एक बात तुमको याद रखनी चाहिए कि जगत के सभी बड़े-बड़े आचार्य कह गये हैं–'हम नाश करने नहीं आए, पहले जो था, उसी को पूर्ण करने आए हैं।' बहुधा लोग, इस बात को समझ नहीं पाते और उनकी इस सहिष्णुता को तत्कालीन लोकप्रिय मतों से एक अशोभन समझौता कहते हैं।

आज भी बहुत से लोग कहते हैं कि वे आचार्यगण जिस बात को सत्य समझते थे, उसे प्रकट रूप से कहने का साहस नहीं करते थे और वे कुछ अंश में कायर भी थे, पर बात यह नहीं थी। ये धर्मांध व्यक्ति उन महापुरुषों के हृदय से निःसृत प्रेम की अनंत शक्ति को नहीं समझ सकते। वे महापुरुष संसार के समस्त नर-नारियों को अपनी संतान के समान देखते थे। वे ही यथार्थ पिता थे, वे ही यथार्थ देवता थे, उनके हृदय में प्रत्येक के लिए अनंत सहानुभूति और क्षमा थी। वे सदा ही सहने और क्षमा करने को प्रस्तुत रहते थे। वे जानते थे कि किस प्रकार मानव-समाज का विकास होना चाहिए, अतएव वे अत्यंत धैर्य के साथ, धीरे-धीरे पर निश्चित रूप से अपनी संजीवनी औषधि का प्रयोग करने लगे। उन्होंने किसी को गालियां नहीं दीं, भय नहीं दिखाया, पर बड़ी कृपा के साथ वे लोगों को एक-एक सोपान ऊपर उठाते गए। ऐसे ही लोग उपनिषदों के रचयिता थे। वे अच्छी तरह जानते थे कि ईश्वर संबंधी प्राचीन धारणाएं अन्य सब उन्नत, नीति-संगत धारणाओं के साथ मेल नहीं खातीं। वे पूरी तरह जानते थे कि नास्तिक लोग जो कुछ प्रचार करते हैं, उसमें अनेक महान सत्य निहित हैं, पर साथ ही उन्हें यह भी ज्ञात था कि जो लोग पहले के मतों से कोई सरोकार न रखकर, जिस सूत्र में माला गुंथी हुई है, उसी को तोड़ डालना चाहते हैं और शून्य पर एक नए समाज का गठन करना चाहते है, वे बुरी तरह असफल होंगे।

हम कभी भी किसी नई वस्तु का निर्माण नहीं कर सकते। केवल पुरानी वस्तुओं का स्थान-मात्र परिवर्तन कर सकते हैं। हमें कोई नई वस्तु नहीं उपलब्ध होती, हम सिर्फ वस्तुओं की स्थिति का परिवर्तन करते हैं। बीज ही धीरे-धीरे वृक्ष के रूप में परिणत होता है। अतः हमें धैर्य के साथ, शांतिपूर्वक, सत्य की खोज में लगी हुई शक्ति को ठीक ढंग से चलाना होगा, जो सत्य पहले से ही विद्यमान है, उसी को संपूर्ण रूप से जानना होगा। नए सत्य के सृजन के लिए हमें प्रयत्न नहीं करना है। अतएव प्राचीन काल की इन ईश्वर संबंधी धारणाओं को वर्तमान काल के लिए अनुपयुक्त कहकर एकदम उड़ाए बिना ही, वे प्राचीन महापुरुष, उनमें जो कुछ सत्य है, उसका अन्वेषण करने लगे और उसका फल है वेदांत दर्शन। उन्हें समस्त प्राचीन देवताओं और जगत के शासनकर्ता एक ईश्वर की धारणा से भी उच्चतर धारणाओं का पता चला। इस प्रकार उन्होंने जिस उच्चतम सत्य की खोज

की, उसी को निर्गुण, पूर्ण ब्रह्म कहते हैं और इस निर्गुण ब्रह्म की उपलब्धि में उन्हें विश्व-ब्रह्मांडव्यापी एक अखंड सत्ता प्राप्त हुई।

जो इस बहुत्त्वपूर्ण जगत में उस एक अखंड स्वरूप को देखते हैं, जो इस मर्त्य जगत में उस एक अनंत जीवन को देखते हैं, जो इस जड़ता और अज्ञान से पूर्ण जगत में उस एक प्रकाश और ज्ञानस्वरूप को देखते हैं, उन्हीं को चिरशांति मिलती है, अन्य किसी को नहीं।

3

माया और मुक्ति

विश्वगुरु विवेकानंद ने लंदन-प्रवास के दौरान जो भी व्याख्यान दिए, उनमें से 22 अक्तूबर, 1896 को 'माया और मुक्ति' को आधार बनाकर दिया गया व्याख्यान बहुचर्चित हुआ। इस व्याख्यान में उन्होंने विभिन्न दृष्टांत देते हुए माया, ईश्वर और धर्म को वेदांत-दर्शन के आधार पर परिभाषित किया। यदि सभी क्रियाओं को प्रकृति अथवा ब्रह्मस्वरूप में सहज ही स्वीकार कर लें तो संसार की सारी पीड़ाएं, यंत्रणाएं, रोग, शोक और क्लेश आदि नष्ट हो सकते हैं। यही माया और मुक्ति का वास्तविक स्वरूप है–

कवि कहता है, 'हम जगत में अपने पीछे मानो एक हिरण्यमय मेघजाल लेकर प्रवेश करते हैं।' पर सच पूछो तो हममें से सभी इस प्रकार महिमामंडित होकर संसार में प्रवेश नहीं करते। हममें से बहुत से तो अपने पीछे कुहरे की कालिमा लेकर ही जगत में प्रवेश करते हैं। इसमें कोई संदेह नहीं।

हम लोग हममें से सभी मानो युद्ध करने के लिए युद्धक्षेत्र में भेजे गए हैं। रोते-रोते हमें इस संसार में प्रवेश करना पड़ता है। यथासाध्य प्रयत्न

करके अपना मार्ग बना लेना पड़ता है–इस अनंत जीवन-समुद्र में हम अपना मार्ग बनाते हैं। हम आगे बढ़ते जाते हैं और अगणित युग हमारे पीछे रहते हैं और असीम विस्तार हमारे परे। इसी प्रकार हम चलते रहते हैं और अंत में मृत्यु आकर हमें इस क्षेत्र से उठा ले जाती है–विजयी अथवा पराजित, कुछ भी निश्चित नहीं। यही माया है।

बालक के हृदय में आशा बड़ी बलवती होती है। बालकों के विस्फारित नयनों के समक्ष समस्त जगत मानो एक सुनहले चित्र के समान मालूम पड़ता है, वह समझता है कि मेरी जो इच्छा होगी, वही होगा। वह जैसे ही आगे बढ़ता है, वैसे ही प्रत्येक पद पर प्रकृति वज्रदृढ़ प्राचीर के रूप में उसकी भविष्य प्रगति रोककर खड़ी हो जाती है, उस प्राचीर को भंग करने के लिए वह भले ही बारंबार वेग के साथ उस पर टक्कर मारता रहे। जीवन-भर वह जैसे-जैसे अग्रसर होता जाता है, वैसे-वैसे उसका आदर्श उससे दूर होता जाता है–अंत में मृत्यु आ जाती है और शायद इस सबसे छुटकारा मिल जाता है। यही माया है।

एक वैज्ञानिक उठता है–महाज्ञान की पिपासा लिये। उसके लिए ऐसा कुछ भी नहीं है, जिसका वह त्याग न कर सकता हो, कोई भी संघर्ष उसे निरुत्साह नहीं कर सकता। वह लगातार आगे बढ़ता हुआ प्रकृति के एक के बाद एक गुप्त तत्त्वों का पता लगाता जाता है–प्रकृति के अंतःस्तल में से आभ्यंतरिक गूढ़ रहस्यों का उद्घाटन करता जाता है, पर इस सबका उद्देश्य क्या है? यह सब करने का हेतु क्या है?

हम इन वैज्ञानिकों को क्यों मान दें? उन्हें कीर्ति क्यों मिले? मनुष्य जितना कर सकता है, प्रकृति क्या उससे अनंत गुना अधिक नहीं करती? प्रकृति तो जड़ है, अचेतन है, तो फिर जड़ के अनुकरण में कौन-सा गौरव है? प्रकृति कितनी भी विद्युत शक्ति-संपन्न वज्र को चाहे जितनी दूर फेंक सकती है। यदि कोई मनुष्य उसका शतांश भी कर दे तो हम उसे आसमान पर चढ़ा देते हैं। यह सब क्यों?

प्रकृति के अनुकरण के लिए, मृत्यु के, जड़त्व के, अचेतन के, अनुकरण के लिए हम उसकी प्रशंसा क्यों करें? गुत्वाकर्षण शक्ति भारी-से-भारी पदार्थ को क्षण-भर में टुकड़े-टुकड़े कर फेंक सकती है, फिर भी वह जड़ है। जड़ के अनुकरण से क्या लाभ? फिर भी हम सारा जीवन उसी के लिए संघर्ष करते रहते हैं। यही माया है।

इंद्रियां मनुष्य की आत्मा को बाहर खींच लाती हैं। मनुष्य ऐसे स्थानों में सुख और आनंद की खोज कर रहा है, जहां वह उन्हें कभी नहीं पा सकता। युगों से हम यह शिक्षा पाते आ रहे हैं कि यह निरर्थक और व्यर्थ है, यहां हमें सुख नहीं

मिल सकता, परंतु हम सीख नहीं सकते। अपने अनुभव के अतिरिक्त और किसी उपाय से हम सीख नहीं सकते। हम प्रयत्न करते हैं और हमें एक धक्का लगता है, फिर भी क्या हम सीखते हैं? नहीं, फिर भी नहीं सीखते।

प्रत्येक सांस के साथ, हृदय की प्रत्येक धड़कन के साथ, अपनी प्रत्येक हलचल के साथ हम समझते हैं कि हम स्वतंत्र हैं और उसी क्षण हम देखते हैं कि हम स्वतंत्र नहीं हैं। बद्ध गुलाम–हम प्रकृति के गुलाम हैं। शरीर, मन, सर्वविध विचारों एवं समस्त भावों से हम प्रकृति के गुलाम हैं। यही माया है।

पतंगे जिस प्रकार दीपक की लौ पर टूट पड़ते हैं, उसी प्रकार हम इंद्रियों में सुख पाने की आशा से अपने को बारंबार झांकते रहते हैं, पुनः पुनः लौटकर हम फिर से नए उत्साह के साथ लग जाते हैं। बस इसी प्रकार चलता रहता है और अंत में लूले-लंगड़े होकर, धोखा खाकर हम मर जाते हैं। यही माया है।

यही बात हमारी बुद्धि के संबंध में भी है। हम विश्व के रहस्य का हल करने की चेष्टा करते हैं–हम इस जिज्ञासा, इस अनुसंधान की प्रवृत्ति को बंद नहीं रख सकते। ऐसा लगता है कि यह सब हमें अवश्य जान लेना चाहिए और हम विश्वास ही नहीं कर सकते कि ज्ञान कोई प्राप्त की जाने वाली वस्तु नहीं है। हम कुछ कदम आगे जाते हैं कि अनादि, अनंत काल रूपी प्राचीर बीच में व्यवधान के रूप में आ खड़ा होता है, जिसे हम लांघ नहीं सकते। कुछ दूर बढ़ते ही असीम देश का व्यवधान आकर खड़ा हो जाता है, जिसके अतिक्रमण करने की हममें शक्ति नहीं और फिर यह सब कार्य-कारण रूपी दीवार द्वारा सुदृढ़ रूप से सीमाबद्ध है। हम इस दीवार को नहीं लांघ सकते, तो भी हम संघर्ष करते रहते हैं। हमें संघर्ष करना ही पड़ता है और यही माया है।

प्रत्येक सांस के साथ, हृदय की प्रत्येक धड़कन के साथ, अपनी प्रत्येक हलचल के साथ हम समझते हैं कि हम स्वतंत्र हैं और उसी क्षण हम देखते हैं कि हम स्वतंत्र नहीं हैं। बद्ध गुलाम–हम प्रकृति के गुलाम हैं। शरीर, मन, सर्वविध विचारों एवं समस्त भावों से हम प्रकृति के गुलाम हैं। यही माया है।

ऐसी एक भी माता नहीं है, जो अपनी संतान को जन्मतः एक अद्‌भुत प्रतिभासंपन्न महापुरुष न समझती हो। वह उस बालक को लेकर पागल-सी हो जाती है, उस बालक में ही उसके प्राण पड़े रहते हैं।

बालक बड़ा होता है–शायद घोर शराबी और पशुतुल्य हो जाता है, जननी

के प्रति दुष्ट व्यवहार तक करने लगता है। जितना ही उसका दुर्व्यवहार बढ़ता है, उतना ही जननी का प्रेम भी बढ़ता है।

लोग इसे जननी का नि:स्वार्थ प्रेम कहकर प्रशंसा करते हैं। उनके मन में यह प्रश्न तक नहीं उठता कि वह माता जन्मतः एक गुलाम है–वह इस प्रकार प्रेम किए बिना रह नहीं सकती। हजारों बार उसकी इच्छा होती है कि वह इस मोह का त्याग कर दे, पर वह कर नहीं पाती। अत: वह इसे पुष्प-राशि द्वारा आच्छादित कर लेती है और उसी को अद्‌भुत प्रेम करती है। यही माया है। हम सबका भी सब यही हाल है।

नारद ने एक दिन श्रीकृष्ण से पूछा, 'प्रभो, आपकी माया कैसी है, मैं देखना चाहता हूं।'

श्रीकृष्ण नारद को लेकर एक मरुस्थल की ओर चले। बहुत दूर जाने के बाद श्रीकृष्ण नारद से बोले, 'नारद मुझे बड़ी प्यास लगी है। क्या कहीं से थोड़ा-सा जल ला सकते हो?'

नारद बोले, 'प्रभो, ठहरिए, मैं अभी जल लिये आया।' यह कहकर नारद चले गए।

कुछ दूर पर एक गांव था, नारद वहीं जल की खोज में गए। एक मकान में जाकर उन्होंने दरवाजा खटखटाया। द्वार खुला और एक परम सुंदरी कन्या उनके सम्मुख आकर खड़ी हुई। उसे देखते ही नारद सब कुछ भूल गए। भगवान मेरी प्रतीक्षा कर रहे होंगे, वे प्यासे होंगे। हो सकता है, प्यास से उनके प्राण भी निकल जाएं–ये सारी बातें नारद भूल गए। सब कुछ भूलकर वे उस कन्या के साथ बातचीत करने लगे। उस दिन वे अपने प्रभु के पास लौटे ही नहीं।

दूसरे दिन वे फिर से उस लड़की के घर उपस्थित हुए और उससे बातचीत करने लगे। धीरे-धीरे बातचीत ने प्रणय का रूप धारण कर लिया, तब नारद उस कन्या के पिता के पास जाकर उस कन्या के साथ विवाह करने की अनुमति मांगने लगे। विवाह हो गया। नवदंपती उसी गांव में रहने लगे। धीरे-धीरे उनके संतानें भी हुईं। इस प्रकार बारह वर्ष बीत गए। इस बीच नारद के ससुर मर गए और वे उनकी संपत्ति के उत्तराधिकारी हो गए। पुत्र-कलत्र, भूमि, पशु, संपत्ति, गृह आदि को लेकर नारद बड़े सुख-चैन से दिन बिताने लगे। कम-से-कम उन्हें तो यही लगने लगा कि वे बड़े सुखी हैं। इतने में उस देश में बाढ़ आई।

रात के समय नदी दोनों किनारों को तोड़कर बहने लगी और सारा गांव डूब

गया। मकान गिरने लगे, मनुष्य और पशु बह-बहकर डूबने लगे, नदी की धार में सब कुछ बहने लगा। नारद को भी भागना पड़ा। एक हाथ से उन्होंने स्त्री को पकड़ा, दूसरे हाथ से दो बच्चों को और एक बालक को कंधे पर बिठाकर वे उस भयंकर बाढ़ से बचने का प्रयत्न करने लगे। कुछ ही दूर जाने के बाद उन्हें लहरों का वेग अत्यंत तीव्र प्रतीत होने लगा। कंधे पर बैठे हुए शिशु की नारद किसी प्रकार रक्षा न कर सके, वह गिरकर लहरों में बह गया। उसकी रक्षा करने के प्रयास में एक और बालक, जिसका हाथ वे पकड़े हुए थे, छूटकर डूब गया।

जब जीवन की वर्तमान अवस्था में भयानक अशांति उत्पन्न हो जाती है, जब अपने जीवन के प्रति भी ममता नहीं रह जाती, जब इस जोड़-गांठ पर अपार घृणा उत्पन्न हो जाती है, जब मिथ्या और पाखंड के प्रति प्रबल वितृष्णा उत्पन्न हो जाती है, तभी धर्म का प्रारंभ होता है।

निराशा और दुख से नारद आर्तनाद करने लगे। अपनी पत्नी को वे अपने शरीर की सारी शक्ति लगाकर पकड़े हुए थे, अंत में लहरों के वेग से पत्नी भी उनके हाथ से छूट गई और वे स्वयं तट पर जा गिरे एवं मिट्टी में लोट-पोट हो, बड़े कातर स्वर में विलाप करने लगे।

इसी समय मानो किसी ने उनकी पीठ पर कोमल हाथ रखा और कहा, 'वत्स, जल कहां है? तुम तो जल लेने गए थे न, मैं तुम्हारी प्रतीक्षा में खड़ा हूं। तुम्हें गए आधा घंटा बीत चुका।'

'आधा घंटा!' नारद चिल्ला पड़े। उनके लिए तो बारह वर्ष बीत चुके थे और आधे घंटे के भीतर ही ये सब दृश्य उनके मन में से होकर निकल गए। यही माया है।

किसी-न-किसी रूप में हम सभी इस माया के भीतर हैं। यह बात समझना बड़ा कठिन है–विषय भी बड़ा जटिल है। इसका तात्पर्य क्या है? यही कि यह बात बड़ी भयानक है–सभी देशों में महापुरुषों ने इस तत्त्व का प्रचार किया है, सभी देशों के लोगों ने इसकी शिक्षा प्राप्त की है, पर बहुत कम लोगों ने इस पर विश्वास किया है। इसका कारण यही है कि स्वयं बिना भोगे, स्वयं बिना ठोकर खाए, हम इस पर विश्वास नहीं कर सकते।

सच पूछो तो सभी वृथा है, सभी मिथ्या है। सर्वसंहारक काल आकर सबको ग्रस लेता है, कुछ भी नहीं छोड़ता। वह पापी को खा जाता है, संत को खा जाता

है, राजा, प्रजा, सुंदर, कुत्सित–सभी को खा डालता है, किसी को नहीं छोड़ता। सब कुछ उस चरम गति से विनाश की ही ओर अग्रसर हो रहा है। हमारा ज्ञान, शिल्प, विज्ञान–सब कुछ उसी की ओर अग्रसर हो रहा है। कोई भी इस ज्वार की गति को नहीं रोक सकता।

हम भले ही उसे भूले रहने की चेष्टा करें, जैसे किसी देश में महामारी फैलने पर लोग शराब, नाच, गान आदि व्यर्थ की चेष्टाओं में रत रहकर सब कुछ भूलने का प्रयत्न करते हुए, पक्षाघात से ग्रस्त हो जाते हैं।

हम लोग भी उसी प्रकार इस मृत्यु की चिंता को भूलने का कठोर प्रयत्न कर रहे हैं–सब प्रकार के इंद्रिय सुखों में रत रहकर उसे भूल जाने की चेष्टा कर रहे हैं। यही माया है।

लोगों के सामने दो मार्ग हैं। इनमें से एक को तो सभी जानते हैं। वह यह है–"संसार में दुख है, कष्ट है–सब सत्य है, पर इस संबंध में बिलकुल मत सोचो। 'यावज्जीवेत्सुखं जीवेत् ऋणं कृत्वा घृतं पिबेत्।' दुख है अवश्य, पर उधर नजर मत डालो। जो कुछ थोड़ा-बहुत सुख मिले, उसका भोग कर लो। इस संसार-चित्र के अंधकारमय भाग को मत देखो–केवल प्रकाशमय और आशाप्रद पक्ष की ओर दृष्टि रखो।"

इस मत में कुछ सत्य तो अवश्य है, पर साथ ही एक खतरा भी है। इसमें सत्य इतना ही है कि यह हमें कार्य की प्रेरणा देता है। आशा एवं इसी प्रकार का एक प्रत्यक्ष आदर्श हमें कार्य में प्रवृत्त और उत्साहित करता है अवश्य, पर इसमें विपत्ति यह है कि अंत में हमें हताश होकर सब चेष्टाएं छोड़ देनी पड़ती हैं। यही हाल होता है उन लोगों का, जो कहते हैं–"संसार को जैसा देखते हो, वैसा ही ग्रहण करो, जितना स्वच्छंद रह सकते हो रहो, दुख, कष्ट आने पर भी संतुष्ट रहो, आघात होने पर भी कहो कि यह आघात नहीं, पुष्पवृष्टि है, दास के समान दुत्कारे जाने पर भी कहो–'मैं मुक्त हूं, स्वाधीन हूं।' दूसरों तथा अपनी आत्मा के सम्मुख दिन-रात झूठ बोलो, क्योंकि संसार में रहने का, जीवित रहने का यही एकमात्र उपाय है।" इसी को सांसारिक ज्ञान कहते हैं और इस उन्नीसवीं शताब्दी में इसका जितना प्रभाव है, उतना और कभी नहीं रहा।

लोग इस समय जो चोटें खा रहे हैं, वैसी उन्होंने पहले कभी नहीं खाईं, इतनी तीव्र प्रतिद्वंद्विता भी पहले कभी नहीं थी और इसीलिए आजकल यह सांत्वना दी जाती है। आजकल इस उपदेश का ही जोर है, पर अब उससे कोई लाभ नहीं होता।

सड़े-गले मुर्दे को फूलों से ढककर नहीं रखा जा सकता। यह संभव है, लेकिन ऐसा अधिक दिन नहीं चलता। एक दिन ये सब फूल सूख जाएंगे और

तब वह शव पहले से भी अधिक वीभत्स दिखाई देगा। हमारा सारा जीवन भी ऐसा ही है।

हम भले ही अपने पुराने, सड़े भाव को स्वर्ण के वस्त्र से ढके रखने की चेष्टा करें, पर एक दिन ऐसा आएगा, जब वह स्वर्ण वस्त्र खिसक पड़ेगा और वह घाव अत्यंत वीभत्स रूप में आंखों के सामने प्रकट हो जाएगा।

तब क्या कोई आशा नहीं है? यह सत्य है कि हम सभी माया के दास हैं, हम सभी माया के अंदर ही जन्म लेते हैं और माया में ही जीवित रहते हैं। तब क्या कोई उपाय नहीं है? कोई आशा नहीं? ये सब बातें तो सैकड़ों युगों से लोगों को मालूम हैं कि हम सब अतीव दुर्दशा में पड़े हैं।

यह जगत वास्तव में एक कारागार के समान है। मनुष्य चाहे जो कुछ कहे, पर ऐसा कोई भी व्यक्ति नहीं है, जो किसी-न-किसी समय इस बात को हृदय से अनुभव न करता हो। वृद्ध लोग इससे और भी तीव्रता के साथ अनुभव करते हैं, क्योंकि उनकी जीवन-भर की संचित अभिलाषा रहती है। प्रकृति की मिथ्या भाषा उन्हें और अधिक नहीं ठग सकती। इस बंधन को तोड़ने का क्या उपाय है? क्या कोई उपाय नहीं है?

हम देखते हैं कि इस भयंकर व्यापार के बावजूद, हमारे सामने, पीछे, चारों ओर यह बंधन रहने पर भी, इस दुख और कष्ट के बीच, इस जगत में ही, जहां जीवन और मृत्यु समानार्थी हैं, एक महावाणी समस्त युगों, समस्त देशों और समस्त व्यक्तियों के हृदय में गूंज रही है–

'दैवी ह्येषा गुणमयी मम माया दुरत्यया।
मामेव ये प्रपद्यन्ते मायामेतां तरन्ति ते॥'

–गीता-7/14

अर्थात् मेरी वह दैवी, त्रिगुणमयी माया, बड़ी मुश्किल से पार की जाती है। जो मेरी शरण में आते हैं, वे इस माया से पार हो जाते हैं। हे थके-मांदे, भार से लदे मनुष्यो, आओ, मैं तुम्हें आश्रय दूंगा।

वह वाणी ही हम सबको बराबर अग्रसर कर रही है। मनुष्य ने इस वाणी को सुना है और अनंत युगों से सुनता आ रहा है। जब मनुष्य को लगता है कि उसका सब कुछ चला जा रहा है, जब उसकी आशा टूटने लगती है, जब अपने बल से उसका विश्वास हटने लगता है, जब सब कुछ मानो उसकी उंगलियों में से खिसककर भागने लगता है और जीवन केवल एक भग्नावशेष में परिणत हो जाता है, तब यह उस वाणी को सुन पाता है। यही धर्म है।

अतएव, एक ओर तो यह अभयवाणी है कि यह समस्त कुछ नहीं, केवल

माया है और साथ ही यह आशाप्रद वाक्य है कि माया के बाहर जाने का मार्ग भी है और दूसरी ओर, हमारे सांसारिक लोग कहते हैं, 'धर्म, दर्शन–ये सब व्यर्थ की वस्तुएं लेकर दिमाग खराब मत करो। दुनिया में रहो। माना, यह दुनिया बड़ी खराब है, पर जितना हो सके, इसका मजा ले लो।' सीधे-सादे शब्दों में इसका अर्थ यही है कि दिन-रात पाखंडपूर्ण जीवन व्यतीत करो–अपने घाव को जब तक हो सके, ढके रखो।

एक के बाद दूसरी जोड़-गांठ करते जाओ, यहां तक कि सब कुछ नष्ट हो जाए और तुम केवल जोड़-गांठ का समूह-मात्र रह जाओ। इसी को कहते हैं–सांसारिक जीवन। जो इस जोड़-गांठ से संतुष्ट हैं, वे कभी भी धर्मलाभ नहीं कर सकते। जब जीवन की वर्तमान अवस्था में भयानक अशांति उत्पन्न हो जाती है, जब अपने जीवन के प्रति भी ममता नहीं रह जाती, जब इस जोड़-गांठ पर अपार घृणा उत्पन्न हो जाती है, जब मिथ्या और पाखंड के प्रति प्रबल वितृष्णा उत्पन्न हो जाती है, तभी धर्म का प्रारंभ होता है।

भगवान बुद्ध ने बोधिवृक्ष के नीचे बैठकर दृढ़ स्वर से जो बात कही थी, उसे जो अपने रोम-रोम से बोल सकता है, वही वास्तविक धर्मिक होने योग्य है। सांसारिक होने की इच्छा उनके भी हृदय में एक बार उत्पन्न हुई थी। इधर वे स्पष्ट रूप से देख रहे थे कि उनकी यह अवस्था, यह सांसारिक जीवन एकदम व्यर्थ है, पर इससे बाहर जाने का उन्हें कोई मार्ग नहीं मिल रहा था। मार (मोह) एक बार उनके निकट आया और कहने लगा–'छोड़ो भी सत्य की खोज, चलो संसार में लौट चलो और पहले जैसा पाखंडपूर्ण जीवन बिताओ, सब वस्तुओं को उसके मिथ्या नामों से पुकारो, अपने निकट और सबके निकट दिन-रात मिथ्या बोलते रहो।'

उस महावीर ने अपने अतुल पराक्रम से उसे उसी क्षण परास्त कर दिया। उन्होंने कहा, 'अज्ञानपूर्वक केवल खा-पीकर जीने की अपेक्षा मरना ही अच्छा है, परवश होकर जीने की अपेक्षा युद्धक्षेत्र में मरना श्रेयस्कर है।' यही धर्म की नींव है। जब मनुष्य इस नींव पर खड़ा होता है, तब समझना चाहिए कि वह सत्य की प्राप्ति के पथ पर, ईश्वर की प्राप्ति के पथ पर चल रहा है।

धार्मिक होने के लिए भी पहले यह दृढ़ प्रतिज्ञा आवश्यक है। मैं अपना रास्ता स्वयं ढूंढ लूंगा। सत्य को जानूंगा अथवा इस प्रयत्न में प्राण दे दूंगा। कारण, संसार की ओर से तो और कुछ पाने की आशा है ही नहीं, यह तो शून्यस्वरूप है–दिन-रात उड़ता जा रहा है।

आज का सुंदर, आशापूर्ण तरुण कल का बूढ़ा है। आशा, आनंद, सुख–ये

सब मुकुलों की भांति कल के शिशिर-पात से नष्ट हो जाएंगे। यह हुई इस ओर की बात और दूसरी ओर है विजय का प्रलोभन–जीवन के समस्त अशुभों पर विजय-प्राप्ति की संभावना। और-तो-और स्वयं जीवन और जगत पर भी विजय-प्राप्ति की संभावना है। इसी उपाय से मनुष्य अपने पैरों पर खड़ा हो सकता है। अतएव जो लोग इस विजय-प्राप्ति के लिए, सत्य के लिए, धर्म के लिए चेष्टा कर रहे हैं, वे ही सत्यपथ पर हैं और वेद भी यही उपदेश करते हैं, 'निराश मत होओ, मार्ग बड़ा कठिन है-तलवार की धार पर चलने से भी दुर्गम, फिर भी निराश मत होओ, उठो, जागो और अपने परम आदर्श को प्राप्त करो।'

सारे धर्मों की, चाहे वे किसी भी रूप में मनुष्य के निकट अपनी अभिव्यक्ति करते हों, यही एक सामान्य केंद्रीय नींव है और वह है संसार के बाहर जाने का अर्थात् मुक्ति का उपदेश। इन सब धर्मों का उद्देश्य संसार और धर्म के बीच सुलह कराना नहीं, बल्कि धर्म को अपने आदर्श में दृढ़-प्रतिष्ठित करना है। संसार के साथ बिना समझौता किए ही उसकी जटिल समस्या का समाधान करना है। प्रत्येक धर्म इसका प्रचार करता है और वेदांत का कर्तव्य है–इन सभी महत्त्वाकांक्षाओं में सामंजस्य स्थापित करना और संसार के सारे उच्चतम और निम्नतम धर्मों में विद्यमान सामान्य तत्त्व को अभिव्यक्त करना।

हम जिसे अत्यंत भ्रांत अंधविश्वास कहते हैं और जो सर्वोच्च दर्शन है, सभी की यही एक साधारण नींव है कि वे सभी इस प्रकार के संकट से निस्तार पाने का मार्ग दिखाते हैं और अधिकांश में किसी प्रपंचातीत पुरुष विशेष की सहायता से अधिक प्राकृतिक नियमों से आबद्ध न रहने वाले नित्य मुक्त पुरुष विशेष की सहायता से इस मुक्ति की प्राप्ति करनी पड़ती है। इस मुक्त पुरुष के स्वरूप के संबंध में नाना प्रकार की कठिनाइयां और मतभेद होने पर भी–वह ब्रह्म सगुण है या निर्गुण, मनुष्य की भांति ज्ञानसंपन्न है अथवा नहीं, वह पुरुष है, स्त्री या निर्लिंग–इस प्रकार के अनंत विचार तथा विभिन्न मतों के प्रबल विरोध होने पर भी, मूलभूत तत्त्व एक ही है।

विविध मतवादों के इस प्रचंड परस्पर विरोध के बावजूद, हमें उन सबमें एकत्व का एक स्वर्ण-सूत्र मिलता है और इस दर्शन में ही इस स्वर्ण-सूत्र की खोज हुई है, जो हमारी दृष्टि के सामने थोड़ा-थोड़ा करके अभिव्यक्त हुआ है और यह सामान्य तत्त्व ही इस अभिव्यक्ति का पहला सोपान है कि हम सभी मुक्ति की ही ओर अग्रसर हो रहे हैं।

अपने सुख, दुख, विपत्ति और कष्ट–सभी अवस्थाओं में हम यह आश्चर्य की बात देखते हैं कि हम सभी धीरे-धीरे मुक्ति की ओर अग्रसर हो रहे हैं। प्रश्न

उठा–यह जगत वास्तव में क्या है? कहां से इसकी उत्पत्ति हुई और कहां इसका लय है? इसका उत्तर था–मुक्ति में ही इसकी उत्पत्ति है, मुक्ति में यह विश्राम करता है और अंत में मुक्ति में ही इसका लय हो जाता है। यह जो मुक्ति की भावना है कि वास्तव में हम मुक्त हैं, इस आश्चर्यजनक भावना के बिना हम एक क्षण भी नहीं चल सकते। इस भाव के बिना तुम्हारे सभी कार्य, यहां तक कि तुम्हारा जीवन तक व्यर्थ है। प्रतिक्षण प्रकृति यह सिद्ध किए दे रही है कि हम दास हैं, पर उसके साथ ही यह दूसरा भाव भी हमारे मन में उत्पन्न होता रहा है कि हम मुक्त हैं।

प्रतिक्षण हम माया से आहत होकर बद्ध-से प्रतीत होते हैं, पर उसी क्षण, उस आघात के साथ ही–'हम बद्ध हैं' इस भावना के साथ ही–और भी एक भाव हमें आता है कि हम मुक्त हैं मानो हमारे अंदर से कोई कह रहा है कि हम मुक्त हैं। इस मुक्ति की हृदय से उपलब्धि करने में, अपने मुक्त स्वभाव को प्रकट करने में जो बाधाएं उपस्थित होती हैं, वे भी तो एक प्रकार से अनतिक्रमणीय हैं। तो भी अंदर से, हमारे हृदय के अंतःस्तल से मानो कोई सर्वदा कहता रहता है–मैं मुक्त हूं, मैं मुक्त हूं।

यदि तुम संसार के विभिन्न धर्मों का अध्ययन करो तो देखोगे, उन सभी में किसी-न-किसी रूप में यह भाव प्रकाशित हुआ है। केवल धर्म नहीं–धर्म शब्द को तुम संकीर्ण अर्थ में मत लो, वरन् सारा सामाजिक जीवन इसी एक मुक्त भाव की अभिव्यक्ति है।

सभी प्रकार की सामाजिक गतियां उसी एक मुक्त भाव की विभिन्न अभिव्यक्तियां हैं मानो सभी ने, जाने-अनजाने उस स्वर को सुना है, जो दिन-रात कह रहा है, 'हे थके-मांदे और बोझ से लदे हुए मनुष्यो! मेरे पास आओ!' मुक्ति के लिए आह्वान करने वाली यह वाणी भले ही एक ही प्रकार की भाषा अथवा एक ही ढंग से प्रकाशित न होती हो, पर किसी-न-किसी रूप में वह हमारे साथ सदैव विद्यमान है।

हमारा यहां जो जन्म हुआ है, वह भी इसी वाणी के कारण, हमारी प्रत्येक गति इसी के लिए है। जाने या न जाने, पर हम सभी मुक्ति की ओर चल रहे हैं, उसी वाणी का अनुसरण कर रहे हैं। जिस प्रकार गांव के बालक वंशीवादक के संगीत में खिचंकर चले जाते थे, उसी प्रकार हम भी बिना जाने ही, उस मधुर वाणी का अनुसरण कर रहे हैं।

जब हम उस वाणी का अनुसरण करते हैं, तभी हम नीति-परायण होते हैं। केवल जीवात्मा नहीं, वरन् छोटे-से-छोटे जड़ प्राणी से लेकर ऊंचे-से-ऊंचे मनुष्यों

तक सभी ने वह स्वर सुना है और सब उसी की दिशा में दौड़ जा रहे हैं और इस चेष्टा में या तो हम परस्पर मिल जाते हैं या एक दूसरे को धक्का देते रहते हैं। इससे प्रतिद्वंद्विता, हर्ष, संघर्ष, जीवन और मृत्यु उत्पन्न होते हैं और उस वाणी तक पहुंचने के लिए यह जो संघर्ष चल रहा है, समग्र विश्व उसी का परिणाम-मात्र है। हम यही करते आ रहे हैं। यही व्यक्त प्रकृति का परिचय है।

वेदांत कहता है–तुमने जो वाणी सुनी थी, वह ठीक सुनी थी, पर उसे सुनकर तुम ठीक मार्ग पर चले नहीं। जिस मुक्ति के महान आदर्श का तुमने अनुभव किया था, वह सत्य है, पर उसे बाहर की ओर खोजकर तुमने भूल की। इसी भाव को अपने निकट और निकटतर लाते चलो, जब तक कि तुम यह न जान लो कि यह मुक्ति, यह स्वाधीनता तुम्हारे अंदर ही है, यह तुम्हारी आत्मा की अंतरात्मा है।

इस वाणी के सुनने से क्या होता है? इससे हमारे सामने का दृश्य परिवर्तित होने लगता है। जैसे ही तुम इस स्वर को सुनते हो और समझते हो कि यह क्या है, वैसे ही तुम्हारे सामने का सारा दृश्य बदल जाता है। यही जगत, जो पहले माया का वीभत्स युद्ध-क्षेत्र था, अब और कुछ–अपेक्षाकृत अधिक सुंदर हो जाता है, तब फिर प्रकृति को कोसने की कोई आवश्यकता नहीं रह जाती।

संसार बड़ा वीभत्स है अथवा यह सब वृथा है, यह कहने की भी आवश्यकता नहीं रह जाती, रोने-चिल्लाने का भी प्रयोजन नहीं रह जाता। जैसे ही तुम इस स्वर का अर्थ समझते हो, वैसे ही तुम्हारी समझ में आ जाता है कि इस सब चेष्टा, इस युद्ध, इस प्रतिद्वंद्विता, इस कठिनाई, इस निष्ठुरता–इन सब छोटे-छोटे सुख एवं आनंद आदि का प्रयोजन क्या है! तब यह स्पष्ट समझ में आ जाता है कि यह सब प्रकृति के स्वभाव से ही होता है।

हम सब जाने-अनजाने इसी स्वर की ओर अग्रसर हो रहे हैं, इसीलिए यह सब हो रहा है। अतएव समस्त मानव-जीवन, समस्त प्रकृति उसी मुक्त भाव को अभिव्यक्त करने की चेष्टा कर रही है। बस, सूर्य भी उसी ओर जा रहा है, पृथ्वी भी इसीलिए सूर्य के चारों ओर परिक्रमा कर रही है, चंद्र भी इसीलिए पृथ्वी के चारों ओर घूम रहा है। उस स्थान पर पहुंचने के लिए ही समस्त ग्रह-नक्षत्र दौड़ रहे हैं और वायु बह रही है। उस मुक्ति के लिए ही बिजली तीव्र घोष करती है और मृत्यु भी उसी के लिए चारों ओर घूम-फिर रही है। सब कोई उसी दिशा में जाने का प्रयत्न कर रहे हैं। साधु भी उसी ओर जा रहे हैं, बिना गए वे रह ही नहीं सकते।

उनके लिए यह कोई प्रशंसा की बात नहीं। पापियों की भी यही दशा है। बड़ा दानी व्यक्ति भी उसी को लक्ष्य बनाकर सरल भाव से चला जा रहा है, बिना गए वह रह ही नहीं सकता और एक भयानक कंजूस भी उसी को लक्ष्य बनाकर चल रहा है।

जो बड़े सत्कर्मशील हैं, उन्होंने भी उसी वाणी को सुना है, वे सत्कर्म किए बिना रह नहीं सकते और एक घोर आलसी व्यक्ति का भी यही हाल है। हो सकता है, एक व्यक्ति दूसरे की अपेक्षा अधिक ठोकरें खाए। जो व्यक्ति अधिक ठोकरें खाता है, उसे हम बुरा कहते हैं और जो कम, उसे सज्जन या भला कहते हैं। भला और बुरा ये दो भिन्न चीजें नहीं हैं, दोनों एक ही हैं, उनके बीच का भेद प्रकारगत नहीं, परिमाणगत है।

अब देखो, यदि वह मुक्त भाव रूपी शक्ति वास्तव में समस्त जगत में कार्य कर रही है तो अपने विशेष आलोच्य विषय धर्म में उसका प्रयोग करने पर हम देखते हैं कि सभी धर्मों में इस एक भाव को स्वीकार किया गया है।

अत्यंत निम्न कोटि के धर्म को लो, जिसमें किसी मृत पूर्वज अथवा निष्ठुर देवताओं की उपासना होती है। इन उपास्य देवताओं अथवा मृत पूर्वजों के बारे में क्या धारणा है?

उपासक की उपास्य के प्रति यही धारणा है कि वे प्रकृति से उन्नत हैं, इस माया के द्वारा वे बद्ध नहीं हैं। हां, प्रकृति के बारे में उपासक की धारणा अवश्य बिलकुल सामान्य है। उपासक एक मूर्ख अज्ञानी व्यक्ति है, उसकी बिलकुल स्थूल धारणा है, वह घर की दीवार को भेदकर नहीं जा सकता अथवा आकाश में विचरण नहीं कर सकता। अतः इन सब बाधाओं का अतिक्रमण करना–बस इसके अतिरिक्त उसकी शक्ति की कोई उच्चतर धारणा है ही नहीं। अतएव वह ऐसे देवता की उपासना करता है, जो दीवार भेदकर अथवा आकाश में उड़कर आ-जा सकते हैं अथवा जो अपना रूप परिवर्तित कर सकते हैं।

दार्शनिक भाव से देखने पर इस प्रकार की देवोपासना में कौन-सा रहस्य है? यह कि यहां भी वह मुक्ति का भाव मौजूद है, उसकी देवता संबंधी धारणा प्रकृति संबंधी अपनी धारणा से उन्नत है और जो लोग तदपेक्षा उन्नत देवों के उपासक हैं, उनकी भी उस एक ही मुक्ति की दूसरे प्रकार की धारणा है। जैसे-जैसे प्रकृति के संबंध में हमारी धारणा उन्नत होती जाती है, वैसे-ही-वैसे प्रकृति की प्रभु आत्मा के संबंध में भी हमारी धारणा उन्नत होती जाती है। अंत में हम एकेश्वरवाद में पहुंच जाते हैं, जो माया या प्रकृति को स्वीकार करता है और जिसके मतानुसार मायाधीश एक ईश्वर ही है।

जहां सर्वप्रथम इस एकेश्वरवाद-सूचक भाव का आरंभ होता है, वहीं वेदांत

का आरंभ हो जाता है। वेदांत इससे भी अधिक गंभीर अन्वेषण करना चाहता है। वह कहता है कि इस माया-प्रपंच के पीछे जो एक आत्मा मौजूद है, जो माया का स्वामी है, पर जो माया के अधीन नहीं है, वह हमें अपनी ओर आकर्षित कर रहा है और हम भी धीरे-धीरे उसी की ओर जा रहे हैं। यह धारणा है तो ठीक, पर अभी भी यह धारणा शायद स्पष्ट नहीं हुई है।

अब भी यह दर्शन मानो अस्पष्ट और अस्फुट है, यद्यपि वह स्पष्ट रूप से मुक्ति विरोधी नहीं है। जिस प्रकार तुम्हारे यहां प्रार्थना में कहा जाता है–'मेरे ईश्वर, तेरे अति निकट (Nearer, my God to thee), वेदांती भी ऐसी ही प्रार्थना करता है, केवल एक शब्द बदलकर–'मेरे ईश्वर, मेरे अति निकट' (Nearer, My God to me)।

हमारा चरम लक्ष्य बहुत दूर है, प्रकृति से अतीत प्रदेश में है। वह हमें अपनी ओर खींच रहा है, उसे धीरे-धीरे हमें अपने निकट लाना होगा, पर आदर्श की पवित्रता और उच्चता को अक्षुण्ण रखते हुए मानो यह आदर्श क्रमशः हमारे निकटतर होता जाता है। अंत में स्वर्ग का ईश्वर मानो प्रकृतिस्थ ईश्वर बन जाता है, फिर प्रकृति में और ईश्वर में कोई भेद नहीं रह जाता, वही मानो इस देहमंदिर के अधिष्ठातृ देवता के रूप में और अंत में इसी देहमंदिर के रूप में जाना जाता है और वही मानो अंत में जीवात्मा और मनुष्य के रूप में परिज्ञात होता है। बस यही वेदांत की शिक्षा का अंत है, जिसे ऋषिगण विभिन्न स्थानों में खोजा करते थे, वह हमारे अंदर ही है। वेदांत कहता है–तुमने जो वाणी सुनी थी, वह ठीक सुनी थी, पर उसे सुनकर तुम ठीक मार्ग पर चले नहीं।

जिस मुक्ति के महान आदर्श का तुमने अनुभव किया था, वह सत्य है, पर उसे बाहर की ओर खोजकर तुमने भूल की। इसी भाव को अपने निकट और निकटतर लाते चलो, जब तक कि तुम यह न जान लो कि यह मुक्ति, यह स्वाधीनता तुम्हारे अंदर ही है, यह तुम्हारी आत्मा की अंतरात्मा है। यह मुक्ति बराबर तुम्हारा स्वरूप ही थी और माया ने तुम्हें कभी भी बद्ध नहीं किया।

तुम पर अपना अधिकार जमाने की सामर्थ्य प्रकृति में कभी नहीं थी। डरे हुए बालक के समान तुम स्वप्न देख रहे थे कि प्रकृति तुम्हारा गला दबा रही है। इस भय से मुक्त होना ही लक्ष्य है। केवल इसे बुद्धि से जानना ही नहीं, वरन् प्रत्यक्ष करना होगा, अपरोक्ष करना होगा।

हम इस जगत को जितने स्पष्ट रूप से देखते हैं, उससे भी अधिक स्पष्ट रूप से देखना होगा, तभी हम मुक्त होंगे, तभी हमारी सारी कठिनाइयों का अंत होगा, तभी हृदय की सारी उलझनें नष्ट होंगी, सारी वक्रताएं सरल हो जाएंगी, तब

यह विविधता और प्रकृति का भ्रम चला जाएगा, तब यह माया, आज के समान भयानक अवसादकारक स्वप्न न होकर अति सुंदर रूप में दिखेगी।

यह जगत जो इस समय कारागार के समान प्रतीत हो रहा है, क्रीड़ा-क्षेत्र का रूप धारण कर लेगा। तब सारी विपत्तियां, जटिलताएं, और-तो-और हम जो सब यंत्रणाएं भोग रहे हैं, वे भी ब्रह्म-भाव में परिणत हो जाएंगी और हमारे सम्मुख अपना प्राकृत स्वरूप अभिव्यक्त करेंगी, तब हम देखेंगे कि सारी वस्तुओं के पीछे, सबके सार-सत्तास्वरूप 'वही' विद्यमान है और हम जान लेंगे कि 'वही' हमारा वास्तविक अंतरात्मा स्वरूप है।

4

कर्तव्य क्या है

विश्वगुरु विवेकानंद ने 'कर्मयोग' में कर्तव्य के बारे में विस्तृत चर्चा की है। कर्तव्य के बारे में विश्वगुरु का स्पष्ट विचार है कि जीवन के विभिन्न कर्तव्यों के प्रति मनुष्य का जो मानसिक और नैतिक दृष्टिकोण रहता है, वह अनेक अंशों में उसके जन्म और उसकी अवस्था द्वारा नियमित होता है। अतः अपनी सामाजिक स्थिति के अनुरूप एवं हृदय तथा मन को उन्नत बनाने वाले कार्य करना ही हमारा कर्तव्य है। इस व्याख्यान में विश्वगुरु ने बड़े तार्किक एवं सरल ढंग से कई प्रकार की उक्तियां देकर कर्तव्य को समझाने का सफल प्रयास किया है–

कर्मयोग का तत्त्व समझने के लिए यह जान लेना आवश्यक है कि कर्तव्य क्या है। यदि कोई काम करना है तो पहले मुझे यह जान लेना चाहिए कि वह मेरा कर्तव्य है, तभी मैं उसे कर सकता हूं। विभिन्न जातियों में, विभिन्न देशों में इस कर्तव्य के संबंध में भिन्न-भिन्न धारणाएं हैं। एक मुसलमान कहता है कि जो कुछ कुरान शरीफ में लिखा है, वही मेरा कर्तव्य है, इसी प्रकार एक हिंदू कहता है कि जो कुछ वेदों में

लिखा है, वही मेरा कर्तव्य है, फिर एक ईसाई की दृष्टि में जो कुछ बाइबिल में लिखा है, वही उसका कर्तव्य है। इससे हमें स्पष्ट दिखाई पड़ता है कि जीवन में अवस्था, काल एवं जाति के भेद से कर्तव्य के संबंध में धारणाएं भी बहुविध होती हैं। अन्यान्य सार्वभौमिक भावसूचक शब्दों की तरह 'कर्तव्य' शब्द की भी ठीक-ठीक व्याख्या करना दुरूह है। व्यावहारिक जीवन में उसकी परिणति तथा उसके फलाफलों द्वारा ही उसके संबंध में कुछ धारणा हो सकती है।

जब हमारे सामने कुछ बातें घटती हैं, तो हम सब लोगों में उस संबंध में विशेष रूप से कार्य करने की स्वाभाविक अथवा पूर्व संस्कारानुयायी प्रवृत्ति उदित हो जाती है। इस प्रवृत्ति के उदय होने पर मन उस घटना के संबंध में सोचने लगता है। कभी तो वह यह सोचता है कि इस प्रकार की अवस्था में इसी तरह कार्य करना उचित है, फिर किसी दूसरे समय उसी प्रकार की अवस्था होने पर भी पूर्वोक्त रूप से कार्य करना अनुचित प्रतीत होता है। कर्तव्य के संबंध में सर्वत्र साधारण धारणा यही देखी जाती है कि सत्पुरुषगण अपने विवेक के आदेशनुसार कर्म किया करते हैं, परंतु वह क्या है, जिससे एक कर्म 'कर्तव्य' बन जाता है?

पिछली शताब्दी में भारतवर्ष में डाकुओं का एक मशहूर दल था, जिन्हें ठग कहते थे। वे किसी मनुष्य को मार डालना तथा उसका धन छीन लेना अपना कर्तव्य समझते थे। वे जितने अधिक मनुष्यों को मारने में समर्थ होते थे, उतना ही अपने को श्रेष्ठ समझते थे। साधारणतया यदि एक मनुष्य सड़क पर जाकर किसी दूसरे मनुष्य को बंदूक से मार डाले, तो निश्चय ही उसे यह सोचकर दुःख होगा कि कर्तव्य-भ्रष्ट होकर उसने अनुचित कार्य कर डाला है। यदि वही मनुष्य एक फौज में सिपाही की हैसियत से एक नहीं बल्कि बीसों आदमियों को भी मार डाले, तो उसे यह सोचकर अवश्य प्रसन्नता होगी कि उसने अपने कर्तव्य का पालन किया। स्पष्ट है कि केवल किसी कार्य-विशेष का विचार करने से ही हमारा कर्तव्य निर्धारित नहीं होता।

अतएव केवल बाह्य कार्यों के आधार पर कर्तव्य की व्याख्या करना नितांत असंभव है। अमुक कार्य कर्तव्य है तथा अमुक अकर्तव्य–कर्तव्याकर्तव्य का इस प्रकार विभाग-निर्देश नहीं किया जा सकता, परंतु फिर भी आंतरिक दृष्टिकोण (Subjective side) से कर्तव्य की व्याख्या हो सकती है। यदि किसी कर्म द्वारा हम भगवान की ओर बढ़ते हैं, तो वह सत् कर्म है और वह हमारा कर्तव्य है, परंतु जिस कर्म द्वारा हम नीचे गिरते हैं, वह बुरा है, वह हमारा कर्तव्य नहीं। आंतरिक दृष्टिकोण से देखने पर हमें यह प्रतीत होता है कि कुछ कार्य ऐसे होते हैं, जो हमें उन्नत बनाते हैं और दूसरे ऐसे, जो हमें नीचे ले जाते हैं और पशुवत् बना देते

हैं, किंतु विभिन्न व्यक्तियों में कौन-सा कार्य किस तरह का भाव उत्पन्न करेगा, यह निश्चित रूप से बताना असंभव है। सभी युगों में समस्त संप्रदायों और देशों के मनुष्यों द्वारा मान्य यदि कर्तव्य का कोई एक सार्वभौमिक भाव रहा है, तो वह है–'परोपकारः पुण्याय, पापाय परपीड़नम्' अर्थात् परोपकार ही पुण्य है और दूसरों को दुःख पहुंचाना ही पाप है।

एक अमेरिकावासी समझता है कि उसके देश की प्रथाएं ही सर्वोत्कृष्ट हैं, अतएव जो कोई उसकी प्रथाओं के अनुसार बर्ताव नहीं करता, वह दुष्ट है। इसी प्रकार एक हिंदू सोचता है कि उसी के रस्मो-रिवाज संसार-भर में ठीक और सर्वोत्तम हैं और जो उनका पालन नहीं करता, वह महादुष्ट है। हम सहज ही इस भ्रम में पड़ जाते हैं, संसार में परस्पर सहानुभूति का अभाव एवं पारस्परिक घृणा का यह प्रधान कारण है।

श्रीमद्भगवद्गीता में जन्मगत तथा अवस्थागत कर्तव्यों का बारंबार वर्णन है। जीवन के विभिन्न कर्तव्यों के प्रति मनुष्य का जो मानसिक और नैतिक दृष्टिकोण रहता है, वह अनेक अंशों में उसके जन्म और उसकी अवस्था द्वारा नियमित होता है। अतएव अपनी सामाजिक अवस्था के अनुरूप एवं हृदय तथा मन को उन्नत बनाने वाले कार्य करना ही हमारा कर्तव्य है, परंतु यह विशेष रूप से ध्यान रखना चाहिए कि सभी देश और समाज में एक ही प्रकार के आदर्श एवं कर्तव्य प्रचलित नहीं हैं। इस विषय में हमारी अज्ञता ही एक जाति की दूसरी के प्रति घृणा का मुख्य कारण है।

एक अमेरिकावासी समझता है कि उसके देश की प्रथाएं ही सर्वोत्कृष्ट हैं, अतएव जो कोई उसकी प्रथाओं के अनुसार बर्ताव नहीं करता, वह दुष्ट है। इसी प्रकार एक हिंदू सोचता है कि उसी के रस्मो-रिवाज संसार-भर में ठीक और सर्वोत्तम हैं और जो उनका पालन नहीं करता, वह महादुष्ट है। हम सहज ही इस भ्रम में पड़ जाते हैं, संसार में परस्पर सहानुभूति का अभाव एवं पारस्परिक घृणा का यह प्रधान कारण है।

मुझे स्मरण है, जब मैं इस देश में आया और जब मैं शिकागो प्रदर्शनी में से जा रहा था, तो किसी आदमी ने पीछे से मेरा साफा खींच लिया। मैंने पीछे घूमकर देखा, तो अच्छे कपड़े पहने हुए एक सज्जन दिखाई पड़े। मैंने उनसे बातचीत की और जब उन्हें यह मालूम हुआ कि मैं अंग्रेजी भी जानता हूं तो वे बहुत शर्मिंदा हुए। इसी प्रकार, उसी सम्मेलन में एक दूसरे अवसर पर एक मनुष्य ने मुझे

धक्का दे दिया, पीछे घूमकर जब मैंने उससे कारण पूछा, तो वह भी लज्जित हुआ और हकला-हकलाकर मुझसे माफी मांगते हुए कहने लगा, 'आप ऐसी पोशाक क्यों पहनते हैं?' इन लोगों की सहानुभूति बस अपनी ही भाषा और वेशभूषा तक सीमित थी। शक्तिशाली जातियां कमजोर जातियों पर जो अत्याचार करती हैं, उसका अधिकांश इसी दुर्भावना के कारण होता है।

मानव-मात्र के प्रति मानव का जो बंधु भाव रहता है, उसको यह सोख लेता है। संभव है, वह मनुष्य जिसने मेरी पोशाक के बारे में पूछा था तथा जो मेरे साथ मेरी पोशाक के कारण ही दुर्व्यवहार करना चाहता था, एक भला आदमी रहा हो, एक संतानवत्सल पिता और एक सभ्य नागरिक रहा हो, परंतु उसकी स्वाभाविक सहृदयता का अंत बस उसी समय हो गया, जब उसने मुझ-जैसे एक व्यक्ति को दूसरे देश में देखा।

सभी देशों में विदेशियों को अनेक अत्याचार सहने पड़ते हैं, क्योंकि वे यह नहीं जानते कि परदेश में अपने को कैसे बचाएं! इस प्रकार वे उन देशवासियों के प्रति अपने देश में मूल धारणाएं साथ ले जाते है। मल्लाह, सिपाही और व्यापारी दूसरे देशों में ऐसे अद्‌भुत व्यवहार किया करते हैं, जैसा अपने देश में करना वे स्वप्न में भी नहीं सोच सकेंगे। शायद यही कारण है कि चीनी लोग यूरोप और अमेरिका के निवासियों को 'विदेशी भूत' कहा करते हैं। यदि उन्हें पश्चिमी देशों की सज्जनता तथा उनकी नम्रता का भी अनुभव हुआ होता, तो वे शायद ऐसा न कहते।

हमें जो एक बात विशेष रूप से ध्यान में रखनी चाहिए, वह यह है कि हम दूसरों के कर्तव्यों को उसी की दृष्टि से देखें, दूसरों के रीति-रिवाज़ों को अपने रीति-रिवाज के मापदंड से न जांचें। यह हमें विशेष रूप से जान लेना चाहिए कि हमारी धारणा के अनुसार सारा संसार नहीं चल सकता, बल्कि हमें ही सारे संसार के साथ मिल-जुलकर चलना होगा। सारा संसार कभी भी हमारे भाव के अनुकूल नहीं चल सकता। इस प्रकार हम देखते हैं कि देश-काल-पात्र के अनुसार हमारे कर्तव्य कितने बदल जाते हैं। सबसे श्रेष्ठ कर्म तो यह है कि जिस विशिष्ट समय पर हमारा जो कर्तव्य हो, उसी को हम भली-भांति निबाहें। पहले तो हमें जन्म से प्राप्त कर्तव्य को करना चाहिए, उसे कर चुकने के बाद, समाज-जीवन में हमारे 'पद' के अनुसार जो कर्तव्य हो, उसे संपन्न करना चाहिए। प्रत्येक व्यक्ति जीवन में किसी-न-किसी अवस्था में अवस्थित है, उसके लिए पहले उसी अवस्थानुयायी कर्म करना आवश्यक है।

मानव-स्वभाव की एक विशेष कमजोरी यह है कि वह स्वयं अपनी ओर कभी नजर नहीं फेरता। वह तो सोचता है कि मैं भी राजा के सिंहासन पर बैठने

योग्य हूं। यदि मान लिया जाए कि वह योग्य है भी, तो सबसे पहले उसे यह दिखा देना चाहिए कि वह अपने वर्तमान पद का कर्तव्य भली-भांति पूरा कर चुका है। ऐसा होने पर तब उसके सामने उच्चतर पद आएंगे।

जब संसार में हम लगन से काम शुरू करते हैं, तो प्रकृति हमें चारों ओर से धक्के देने लगती है और शीघ्र ही हमें इस योग्य बना देती है कि हम अपना वास्तविक पद निर्धारित कर सकें। जो जिस कार्य के उपयुक्त नहीं है, वह दीर्घ काल तक उस पद में रहकर सबको संतुष्ट नहीं कर सकता। अतएव प्रकृति हमारे लिए जिस कर्तव्य का विधान करती है, उसका विरोध करना व्यर्थ है। यदि कोई मनुष्य छोटा कार्य करे, तो उसी कारण वह छोटा नहीं कहा जा सकता। कर्तव्य के केवल ऊपरी रूप से ही मनुष्य की उच्चता या नीचता का निर्णय करना उचित नहीं, देखना तो यह चाहिए कि वह अपना कर्तव्य किस भाव से करता है।

बाद में हम देखेंगे कि कर्तव्य की यह धारणा भी परिवर्तित हो जाती है और यह भी देखेंगे कि सबसे श्रेष्ठ कार्य तो तभी होता है, जब उसके पीछे किसी प्रकार के स्वार्थ की प्रेरणा न हो। यह फिर भी स्मरण रखना चाहिए कि कर्तव्य-ज्ञान से किया हुआ कर्म ही हमें कर्तव्य-ज्ञान से अतीत कर्म की ओर ले जाता है, तब कर्म उपासना में परिणत हो जाता है। इतना ही नहीं, वरन् उस समय कर्म का अनुष्ठान केवल कर्म के लिए ही होता है। फिर हमें प्रतीत होगा कि कर्तव्य, चाहे वह नीति पर अधिष्ठित हो अथवा प्रेम पर, उसका उद्देश्य वही है, जो अन्य किसी योग का अर्थात् 'कच्चे मैं' को क्रमशः घटाते-घटाते बिलकुल नष्ट कर देना, जिससे अंत में 'पक्का मैं' अपनी असली महिमा में प्रकाशित हो जाए तथा निम्न स्तर में अपनी शक्तियों का क्षय होने से रोकना, जिससे आत्मा अधिकाधिक उच्च भूमि में प्रकाशमान हो सके।

नीच वासनाओं के उदय होने पर भी यदि हम उन्हें वश में ले आएं, तो उससे हमारी आत्मा की महिमा का विकास होता रहता है। कर्तव्यपालन में भी इस स्वार्थ-त्याग की आवश्यकता अनिवार्य है। इसी प्रकार ज्ञान अथवा अज्ञानवश सारी समाज-संस्थाएं संगठित हुई हैं, वह मानो एक कार्य-क्षेत्र है-सत्-असत् की एक परीक्षा-भूमि है। इस कार्य-क्षेत्र में स्वार्थपूर्ण वासनाओं को धीरे-धीरे कम करते हुए हम मनुष्य के प्राकृतिक स्वरूप के अनंत विकास का पथ खोल देते हैं।

कर्तव्य का पालन शायद ही कभी मधुर होता हो। कर्तव्य-चक्र तभी हल्का और आसानी से चलता है, जब उसके पहियों में प्रेम रूपी चिकनाई लगी होती है, नहीं तो यह निरंतर एक घर्षण-सा ही है। यदि ऐसा न हो, तो माता-पिता अपने बच्चों के प्रति, बच्चे अपने माता-पिता के प्रति, पति अपनी स्त्री के प्रति तथा

स्त्री अपने पति के प्रति अपना-अपना कर्तव्य कैसे निभा सके? क्या इस घर्षण के उदाहरण हमें अपने दैनिक जीवन में सदैव दिखाई नहीं देते? कर्तव्य-पालन की मधुरता प्रेम में ही है और प्रेम का विकास केवल स्वतंत्रता में होता है। सोचो तो सही! इंद्रियों का, क्रोध का, ईर्ष्या का तथा मनुष्य के जीवन में प्रतिदिन होने वाली अन्य सैकड़ों छोटी-छोटी बातों का गुलाम होकर रहना क्या स्वतंत्रता है? अपने जीवन के इन सब क्षुद्र संघर्षों में सहिष्णुता धारण करना ही स्वतंत्रता की सर्वोच्च अभिव्यक्ति है। स्त्रियां स्वयं अपने चिड़चिड़े एवं ईर्ष्यापूर्ण स्वभाव की गुलाम होकर अपने पतियों को दोष दिया करती हैं। वे दावा करती हैं कि हम स्वाधीन हैं, परंतु वे नहीं जानतीं कि ऐसा करने से वे स्वयं को निरी गुलाम सिद्ध कर रही हैं। यही हाल उन पतियों का भी है, जो सदैव अपनी स्त्रियों में दोष देखा करते हैं।

पावित्र्य ही स्त्री का सर्वप्रथम धर्म है। ऐसा उदाहरण शायद ही कहीं हो कि एक पुरुष–वह चाहे जितना भी पथभ्रष्ट क्यों न हो गया हो, अपनी नम्र, प्रेमपूर्ण तथा पतिव्रता स्त्री द्वारा ठीक रास्ते पर न लाया जा सके। संसार अभी भी उतना गिरा नहीं है। हम बहुधा संसार में बहुत से निर्दयी पतियों तथा पुरुषों के भ्रष्टाचरण के बारे में सुनते रहते हैं, परंतु क्या यह बात सच नहीं है कि संसार में उतनी ही निर्दयी तथा भ्रष्ट स्त्रियां भी हैं?

यदि अमेरिका की सभी स्त्रियां इतनी शुद्ध और पवित्र होतीं जितना कि वे दावा करती हैं, तो मुझे पूरा विश्वास है कि समस्त संसार में एक भी अपवित्र मनुष्य न रह जाता। ऐसा कौन-सा पाशविक भाव है, जिसे पावित्र्य और सतीत्व पराजित नहीं कर सकता? एक शुद्ध पतिव्रता स्त्री, जो अपने पति को छोड़कर अन्य सभी पुरुषों को पुत्रवत् समझती है तथा उनके प्रति माता का भाव रखती है, वह धीरे-धीरे अपनी पवित्रता की शक्ति में इतनी उन्नत हो जाएगी कि एक अत्यंत पाशविक प्रवृत्तिवाला मनुष्य भी उसके सान्निध्य में पवित्र वातावरण का अनुभव करेगा। इसी प्रकार प्रत्येक पति को, अपनी स्त्री को छोड़कर अन्य सब स्त्रियों को अपनी माता, बहन अथवा पुत्री के समान देखना चाहिए। विशेषकर उस मनुष्य को, जो धर्म का प्रचारक होना चाहता है, यह आवश्यक है कि वह प्रत्येक स्त्री को मातृवत् देखे और उसके साथ सदैव तद्रूप व्यवहार करे।

मातृपद ही संसार में सबसे श्रेष्ठ पद है, क्योंकि यही एक ऐसा पद है, जिससे अधिक-से-अधिक निःस्वार्थता की शिक्षा प्राप्त हो सकती है–निःस्वार्थ कार्य किया जा सकता है। केवल भगवत्प्रेम ही माता के प्रेम से उच्च है, अन्य सब तो निम्न श्रेणी के हैं। माता का कर्तव्य है कि पहले वह अपने बच्चों के बारे में सोचे और फिर अपने बारे में, परंतु उसके बजाय यदि माता-पिता सर्वदा पहले अपने ही बारे

में सोचें तो फल यह होगा कि उनमें तथा उनके बच्चों में वही संबंध स्थापित हो जाएगा, जो चिड़ियों तथा उनके बच्चों में होता है। चिड़ियों के बच्चे जब उड़ने योग्य हो जाते हैं, तो अपने मां-बाप को पहचानते तक नहीं। वास्तव में वह पुरुष धन्य है, जो स्त्री को ईश्वर के मातृभाव की प्रतिमूर्ति समझता है और वह स्त्री भी धन्य है, जो पुरुष को ईश्वर के पितृभाव की प्रतिमूर्ति मानती है तथा वे बच्चे भी धन्य है, जो अपने माता-पिता को भगवान् का ही रूप मानते हैं।

मानव-स्वभाव की एक विशेष कमजोरी यह है कि वह स्वयं अपनी ओर कभी नजर नहीं फेरता। वह तो सोचता है कि मैं भी राजा के सिंहासन पर बैठने योग्य हूं। यदि मान लिया जाए कि वह योग्य है भी, तो सबसे पहले उसे यह दिखा देना चाहिए कि वह अपने वर्तमान पद का कर्तव्य भली-भांति पूरा कर चुका है। ऐसा होने पर तब उसके सामने उच्चतर पद आएंगे।

हमारी उन्नति का एकमात्र उपाय यह है कि हम पहले वह कर्तव्य करें, जो हमारे हाथ में है। इस प्रकार धीरे-धीरे शक्तिसंचय करते हुए क्रमशः हम सर्वोच्च अवस्था को प्राप्त कर सकते हैं। किसी भी कर्तव्य को घृणा की दृष्टि से नहीं देखना चाहिए। मैं पुनः कहता हूं, जो व्यक्ति अपेक्षाकृत निम्न कार्य करता है, वह किसी उच्चतर कार्य करनेवाले की अपेक्षा निम्नतर श्रेणी का नहीं हो जाता। केवल मनुष्य के कर्तव्य का रूप देखकर उसकी उच्चता-नीचता का विचार करने से नहीं बनेगा, देखना तो यह होगा कि वह उस कर्तव्य का पालन किस ढंग से करता है। कार्य करने की उसकी शक्ति और ढंग से ही उसकी जांच की जानी चाहिए।

एक तरुण संन्यासी किसी वन में गया। वहां उसने दीर्घकाल तक ध्यान-भजन तथा योगाभ्यास किया। अनेक वर्षों की कठिन तपस्या के बाद एक दिन जब वह एक वृक्ष के नीचे बैठा था, तो उस वृक्ष से कुछ सूखी पत्तियां आ गिरीं। उसने ऊपर निगाह उठाई, तो देखा कि एक कौआ और एक बगुला पेड़ पर लड़ रहे हैं। यह देखकर संन्यासी को बहुत क्रोध आया। उसने कहा, "यह क्या! तुम्हारा इतना साहस कि तुम ये सूखी पत्तियां मेरे सिर पर फेंको?" इन शब्दों के साथ संन्यासी की क्रुद्ध आंखों से आग की एक ज्वाला-सी निकली और वे बेचारी दोनों चिड़ियां उससे जलकर भस्म हो गईं।

वह संन्यासी अपने अंदर यह शक्ति देखकर बड़ा खुश हुआ। उसने सोचा, 'वाह, अब तो मैं दृष्टि-मात्र से कौए-बगुले को भस्म कर सकता हूं।'

कुछ समय बाद भिक्षा के लिए वह एक गांव में गया। गांव में जाकर वह एक दरवाजे पर खड़ा हुआ और पुकारा, "मां, कुछ भिक्षा मिले।"

भीतर से आवाज आई, ''थोड़ा रुको, मेरे बेटे!''

संन्यासी ने मन में सोचा, 'अरे दुष्टा, तेरा इतना साहस कि तू मुझसे प्रतीक्षा कराए! तू मेरी शक्ति नहीं जानती?'

संन्यासी ऐसा सोच ही रहा था कि भीतर से फिर एक आवाज आई, "बेटा, अपने को इतना बड़ा मत समझ। यहां न तो कोई कौआ है और न बगुला।"

यह सुनकर संन्यासी को बड़ा आश्चर्य हुआ। बहुत देर तक खड़े रहने के बाद अंत में घर में से एक स्त्री निकली और उसे देखकर संन्यासी उसके चरणों पर गिर पड़ा और बोला, "मां, तुम्हें यह सब कैसे मालूम हुआ?"

स्त्री ने उत्तर दिया, "बेटा, न तो मैं तुम्हारा योग जानती हूं और न तुम्हारी तपस्या। मैं तो एक साधारण स्त्री हूं। मैंने तुम्हें इसलिए थोड़ी देर रोका था कि मेरे पतिदेव बीमार हैं और मैं उनकी सेवा-शुश्रूषा में संलग्न थी। यही मेरा कर्तव्य है। जीवन-भर मैं इसी बात का यत्न करती रही हूं कि मैं अपना कर्तव्य पूर्ण रूप से निबाहूं। जब मैं अविवाहित थी, तब मैंने अपने माता-पिता के प्रति कन्या का कर्तव्य किया और अब जब मेरा विवाह हो गया है, तो मैं अपने पतिदेव के प्रति पत्नी का कर्तव्य करती हूं। बस यही मेरा योगाभ्यास है। अपना कर्तव्य करने से ही मेरे दिव्य चक्षु खुल गए हैं, जिससे मैंने तुम्हारे विचारों को जान लिया और मुझे इस बात का भी पता चल गया कि तुमने वन में क्या किया है। यदि तुम्हें इससे भी कुछ उच्चतर तत्त्व जानने की इच्छा है, तो अमुक नगर के बाजार में जाओ, वहां तुम्हें एक व्याध मिलेगा। वह तुम्हें कुछ ऐसी बातें बताएगा, जिन्हें सुनकर तुम बड़े प्रसन्न होगे।"

संन्यासी ने विचार किया, 'भला मैं उस शहर में उस व्याध के पास क्यों जाऊं?' परंतु उसने अभी जो घटना देखी, उसे सोचकर उसकी आंखें कुछ खुल गईं। अतएव वह उस शहर में गया। जब वह शहर के नजदीक आया, तो उसने दूर से एक बड़े मोटे व्याध को बाजार में बैठे हुए और बड़े-बड़े छुरों से मांस काटते हुए देखा। वह लोगों से अपना सौदा कर रहा था।

संन्यासी ने मन-ही-मन सोचा, 'हरे! हरे! क्या यही वह व्यक्ति है, जिससे मुझे शिक्षा मिलेगी? दिखता तो यह शैतान का अवतार है!'

इतने में व्याध ने संन्यासी की ओर देखा और कहा, "महाराज, क्या उस स्त्री ने आपको मेरे पास भेजा है? कृपया बैठ जाइए। मैं जरा अपना काम समाप्त कर लूं।"

संन्यासी ने सोचा, 'यहां मुझे क्या मिलेगा?'

खैर, वह बैठ गया। इधर व्याध अपना काम लगातार करता रहा और जब वह अपना काम पूरा कर चुका, तो उसने अपने रुपये-पैसे समेटे और संन्यासी से कहा, "चलिए महाराज, घर चलिए।"

घर पहुंचकर व्याध ने उन्हें आसन दिया और कहा, "आप यहां थोड़ा ठहरिए।" व्याध अपने घर में चला गया। उसने अपने वृद्ध माता-पिता को स्नान कराया, भोजन कराया और उन्हें प्रसन्न करने के लिए जो कुछ कर सकता था, किया। उसके बाद वह उस संन्यासी के पास आया और कहा, "महाराज! अब बताइए, मैं आपकी क्या सेवा कर सकता हूं?"

संन्यासी ने उससे आत्मा तथा परमात्मा संबंधी कुछ प्रश्न किए और उनके उत्तर में व्याध ने उसे जो उपदेश दिया, वही महाभारत में 'व्याध-गीता' के नाम से प्रसिद्ध है। 'व्याध-गीता' में हमें वेदांत दर्शन की उच्च बातें मिलती हैं। जब व्याध अपना उपदेश समाप्त कर चुका, तो संन्यासी को बड़ा आश्चर्य हुआ और उसने कहा, "फिर आप ऐसे क्यों रहते हैं? इतने ज्ञानी होते हुए भी आप व्याध क्यों हैं, इतना निंदित और कुत्सित कार्य क्यों करते हैं?"

व्याध ने उत्तर दिया, "वत्स! कोई भी कर्तव्य निंदित नहीं है। कोई कर्तव्य अपवित्र नहीं है। मैं जन्म से ही इस परिस्थिति में हूं, यही मेरा प्रारब्धलब्ध कर्म है। बचपन से ही मैंने यह व्यापार सीखा है, परंतु इसमें मेरी आसक्ति नहीं है। कर्तव्य के नाते मैं इसे उत्तम रूप से किए जाता हूं। मैं गृहस्थ के नाते अपना कर्तव्य करता हूं और अपने माता-पिता को प्रसन्न रखने के लिए जो कुछ मुझसे बन पड़ता है, करता हूं। न तो मैं तुम्हारा योग जानता हूं और न मैं कभी संन्यासी ही हुआ। संसार छोड़कर मैं कभी वन में नहीं गया, परंतु फिर भी जो कुछ तुमने मुझसे सुना तथा देखा, वह सब मुझे अनासक्त भाव से अपनी अवस्था के अनुरूप कर्तव्य का पालन करने से ही प्राप्त हुआ है।"

भारत में एक बहुत बड़े महात्मा हैं। अपने जीवन में मैंने जितने बड़े-बड़े महात्मा देखे, उनमें से वे एक हैं। वे एक बड़े अद्‌भुत व्यक्ति हैं; कभी किसी को उपदेश नहीं देते; यदि तुम उनसे कोई प्रश्न पूछो भी, तो भी वे उसका उत्तर नहीं देते। गुरु का पद ग्रहण करने में वे बड़े संकुचित होते हैं। यदि तुम उनसे आज एक प्रश्न पूछो और उसके बाद कुछ दिन प्रतीक्षा करो, तो किसी दिन अपनी बातचीत में वे उस प्रश्न को उठाकर उस पर बड़ा सुंदर प्रकाश डालते हैं। उन्होंने मुझे एक बार कर्म का रहस्य बताया था। उन्होंने कहा, "साधन और सिद्धि को एकरूप समझो।" अर्थात् साधनाकाल में साधन में ही मन-प्राण अर्पण कर कार्य

करो, क्योंकि उसकी चरम अवस्था का नाम ही सिद्धि है। जब तुम कोई कर्म करो, तब अन्य किसी बात का विचार ही मत करो। उसे एक उपसना के–बड़ी-से-बड़ी उपासना के बतौर करो और उस समय तक के लिए उसमें अपना सारा तन-मन लगा दो। यही बात हमने उपर्युक्त कथा में भी देखी है। व्याध एवं वह स्त्री–दोनों ने अपना-अपना कर्तव्य बड़ी प्रसन्नता से तथा तन्मय होकर किया और उसका फल यह हुआ कि उन्हें दिव्य ज्ञान प्राप्त हुआ। इससे हमें यह स्पष्ट प्रतीत होता है कि जीवन की किसी भी अवस्था में, कर्मफल में बिना आसक्ति रखे, यदि कर्तव्य उचित रूप से किया जाए, तो उससे हमें परम पद की प्राप्ति होती है।

कर्मफल में आसक्ति रखनेवाला व्यक्ति अपने भाग्य में आए हुए कर्तव्य पर भिनभिनाता है। अनासक्त पुरुष के लिए सब कर्तव्य एक समान हैं। उसके लिए तो वे कर्तव्य स्वार्थपरता तथा इंद्रिय-परायणता को नष्ट करके आत्मा को मुक्त कर देने के लिए शक्तिशाली साधन हैं। हम अपने कर्तव्य पर जो भिनभिनाते हैं, उसका कारण यह है कि हम सब अपने को बहुत योग्य समझते हैं, यद्यपि हम वैसे हैं नहीं।

प्रकृति ही सदैव कड़े नियम से हमारे कर्मों के अनुसार उचित कर्मफल का विधान करती है; इसमें तनिक भी हेर-फेर नहीं हो सकता और इसलिए अपनी ओर से चाहे हम किसी कर्तव्य को स्वीकार करने के लिए भले ही अनिच्छुक हों, फिर भी वास्तव में हमारे कर्मफल के अनुसार ही हमारे कर्तव्य निर्दिष्ट होंगे। स्पर्धा से ईर्ष्या उत्पन्न होती है और उससे हृदय की कोमलता नष्ट हो जाती है। असंतुष्ट तथा झगड़ालू पुरुष के लिए सभी कर्तव्य नीरस होते हैं। उसे तो कभी भी किसी चीज से संतोष नहीं होता, फलस्वरूप उसका जीवन दूभर हो उठना और असफल हो जाना स्वाभाविक है। हमें चाहिए कि हम काम करते रहें, जो कुछ भी हमारा कर्तव्य हो, उसे करते रहें, अपना कंधा सदैव काम से भिड़ाए रखें, तभी हमारा पथ ज्ञानालोक से आलोकित हो उठेगा।

5

परोपकार में हमारा ही उपकार है

विश्वगुरु विवेकानंद द्वारा 'कर्मयोग' में दिए गए व्याख्यानों में से यह अत्यंत अनमोल व्याख्यान है। इसमें विश्वगुरु समझाते हैं कि हम ही संसार के ऋणी हैं, संसार हमारा ऋणी नहीं। यह तो हमारा सौभाग्य है कि हमें संसार में कुछ करने का अवसर मिलता है। संसार की सहायता करने से हम वास्तव में स्वयं का ही कल्याण करते हैं–

यह विचार करने से पहले कि कर्तव्यनिष्ठा हमें आध्यात्मिक उन्नति में किस प्रकार सहायता पहुंचाती है, मैं आप लोगों को संक्षेप में यह भी बता देना चाहता हूं कि भारतवर्ष में जिसे हम कर्म कहते हैं, उसका एक दूसरा पहलू और कौन-सा है। प्रत्येक धर्म के तीन विभाग होते हैं–प्रथम दार्शनिक, दूसरा पौराणिक और तीसरा कर्मकांड। दार्शनिक भाग तो असल में प्रत्येक धर्म का सार है। पौराणिक भाग इस दार्शनिक भाग की व्याख्यास्वरूप है, उसमें महापुरुषों की कम या अधिक काल्पनिक

जीवनी तथा अलौकिक विषय-संबंधी कथाओं एवं आख्यायिकाओं द्वारा इसी दर्शन को उत्तम रूप से समझाने की चेष्टा की गई है। कर्मकांड इस दर्शन का ही और भी स्थूल रूप है, जिससे वह सर्वसाधारण की समझ में आ सके।

वास्तव में अनुष्ठान दर्शन का ही एक स्थूलतर रूप है। यह अनुष्ठान ही कर्म है। प्रत्येक धर्म में इसकी आवश्यकता है, क्योंकि जब तक हम आध्यात्मिक जीवन में बहुत उन्नत न हो जाएं, तब तक सूक्ष्म आध्यात्मिक तत्त्व को समझ ही नहीं सकते। मनुष्य को अपने बारे में यह मान लेना सरल है कि वह कोई भी बात समझ सकता है, परंतु जब वह उसे अमल में लाने की चेष्टा करता है, तो उसे मालूम होता है कि सूक्ष्म भावों को ठीक-ठीक समझना तथा उन्हें हृदयंगम करना बड़ा ही कठिन है, इसीलिए तो प्रतीक विशेष रूप से सहायक होते हैं।

प्रतीक द्वारा सूक्ष्म विषयों को समझने की जो प्रणाली है, उसका प्रयोग प्रत्येक धर्म में होता रहा है। एक दृष्टि से यदि कहा जाए कि हम प्रतीक के बिना किसी बात को सोच ही नहीं सकते, तो ठीक ही है। शब्द भी हमारे विचार के प्रतीक ही हैं। दूसरी दृष्टि से कहा जा सकता है कि संसार की प्रत्येक चीज प्रतीक के रूप में देखी जा सकती है। सारा संसार ही प्रतीक है और उसके पीछे मूल तत्त्व के रूप में ईश्वर विराजमान है। इस प्रकार का प्रतीक केवल मनुष्य द्वारा उत्पन्न किया हुआ ही नहीं है और न ऐसी ही बात है कि एक धर्म के कुछ अनुयायी एक साथ बैठ गए और उन्होंने कुछ प्रतीकों की कल्पना कर डाली। धर्म के प्रतीक की उत्पत्ति स्वाभाविक रूप से होती है। नहीं तो ऐसा क्यों है कि प्रायः सभी मनुष्यों के मन कुछ विशेष प्रतीक कुछ विशिष्ट भावों से सदा संबद्ध रहते हैं? कुछ प्रतीक तो सभी जगह पाए जाते हैं।

अनेक लोगों की यह धारणा है कि क्रॉस का चिह्न सर्वप्रथम ईसाई धर्म के साथ प्रचलित हुआ, परंतु वास्तव में तो वह ईसाई धर्म से बहुत पहले से, मूसा के भी जन्म से पहले, वेदों के आविर्भाव से भी पहले यहां तक कि मानवीय कार्यकलापों का किसी प्रकार का इतिहास लिपिबद्ध होने से भी पहले से विद्यमान है। ऐज्टिक्स तथा फिनिशिंस जातियों में भी इसकी मौजूदगी का प्रमाण मिलता है। प्रायः प्रत्येक जाति में इसका अस्तित्व था। इतना ही नहीं, बल्कि ऐसा भी प्रतीत होता है कि क्रॉस पर लटके हुए महापुरुष का प्रतीक लगभग प्रत्येक जाति में प्रचलित था। इसी प्रकार सारे संसार में वृत्त भी एक उत्कृष्ट प्रतीक माना गया है, फिर इसके अतिरिक्त सारे संसार में सबसे अधिक प्रचलित स्वस्तिक (卐) भी एक प्रतीक रहा है। एक समय ऐसी धारणा थी कि बौद्ध इसे अपने साथ-साथ सारे संसार-भर में ले गए, परंतु पता चलता है कि बौद्ध धर्म से सदियों पहले कई

जातियों में इसका प्रचार था। प्राचीन बेबिलोन तथा मिस्र देश में भी यह पाया जाता था। इस सबसे क्या प्रकट होता है? यही कि ये सब प्रतीक केवल काल्पनिक या स्वेच्छाकृत ही नहीं थे। इनका कोई-न-कोई विशेष कारण अवश्य रहा होगा, उनमें तथा मानवीय मन में कोई स्वाभाविक संबंध रहा होगा। इसी प्रकार भाषा भी कोई कृत्रिम वस्तु नहीं है।

ऐसी बात नहीं है कि कुछ लोगों ने एक साथ बैठकर यह तय कर लिया कि कुछ विशेष भाव, कुछ विशेष शब्दों द्वारा प्रकट किए जाएं और बस भाषा की उत्पत्ति हो गई। नहीं, भाषा की उत्पत्ति इस प्रकार नहीं हुई। कोई भी भाव अपने आनुषंगिक शब्द बिना नहीं रह सकता और न कोई शब्द ही अपने आनुषंगिक भाव बिना रह सकता है। शब्द और भाव स्वभावतः अविच्छेद्य हैं। भावों को प्रकट करने के लिए शब्द-प्रतीक अथवा वर्ण-प्रतीक–किसी का भी व्यवहार किया जा सकता है। गूंगों और बहरों को शब्द-प्रतीक किसी प्रकार की सहायता नहीं पहुंचा सकता, उन्हें किसी दूसरे प्रतीक की सहायता लेनी पड़ती है। मन में उठने वाले प्रत्येक विचार का एक दूसरा अंश भी होता है, वह है–आकृति। इसे संस्कृत दर्शन में 'नाम-रूप' कहते हैं। जिस प्रकार कृत्रिम उपाय द्वारा एक भाषा नहीं उत्पन्न की जा सकती, उसी प्रकार कृत्रिम उपायों से प्रतीक का निर्माण भी नहीं किया जा सकता।

संसार में कर्मकांड के सहकारी जो-जो प्रतीक हैं, वे मानव जाति के धार्मिक विचारों के एक बाह्य रूप हैं। यह कह देना बहुत सरल है कि अनुष्ठानों, मंदिरों तथा अन्य बाह्य आडंबरों की कोई आवश्यकता नहीं। यह बात तो कल का एक छोकरा भी कहा करता है, परंतु सरलतापूर्वक यह कोई भी देख सकता है कि जो लोग मंदिर में जाकर पूजा करते हैं, वे उन लोगों की अपेक्षा, जो ऐसा नहीं करते, कई बातों में भिन्न होते हैं। भिन्न-भिन्न धर्मों के साथ जो विशिष्ट मंदिर, अनुष्ठान और अन्य स्थूल क्रियाकलाप जुड़े हुए हैं, वे उन-उन धर्मावलंबियों के मन में उन सब भावों को जाग्रत कर देते हैं, जिनके कि ये मंदिर-अनुष्ठानादि स्थूल प्रतीकस्वरूप हैं। अतएव अनुष्ठानों एवं प्रतीकों को एकदम उड़ा देना उचित नहीं। इन सब विषयों का अध्ययन एवं अभ्यास स्वभावतः कर्मयोग का ही एक अंग है।

इस कर्मयोग के और भी कई पहलू हैं। इनमें से एक है–'भाव' तथा 'शब्द' के संबंध को जानना एवं यह भी ज्ञान प्राप्त करना कि शब्द-शक्ति से क्या-क्या हो सकता है। प्रत्येक धर्म शब्द की शक्ति को मानता है, यहां तक कि किसी-किसी धर्म की तो यह धारणा है कि समस्त सृष्टि 'शब्द' से ही निकली है। ईश्वर के संकल्प का बाह्य आकार 'शब्द' है और चूंकि ईश्वर ने सृष्टि-रचना से पूर्व संकल्प

एवं इच्छा की थी, इसलिए सृष्टि 'शब्द' से ही निकली है। इस जड़वादमय जीवन के कोलाहल में हमारे स्नायुओं में भी जड़ता आ गई है। ज्यों-ज्यों हम बूढ़े होते जाते हैं और संसार की ठोकरें खाते जाते हैं, त्यों-त्यों हममें अधिकाधिक जड़ता आती जाती है, फलस्वरूप चारों ओर निरंतर हमारे ध्यान को आकर्षित करने वाली जो सारी घटनाएं होती रहती हैं, उनके प्रति हम उदासीन रहकर उनसे कोई शिक्षा ग्रहण नहीं कर पाते, परंतु कभी-कभी ऐसा भी अवश्य होता है कि मनुष्य का स्वाभाविक भाव प्रबल हो उठता है और हम इन साधारण सांसारिक घटनाओं का रहस्य जानने का यत्न करने लगते हैं तथा उन पर आश्चर्यचकित हो जाते हैं। इस प्रकार आश्चर्यचकित होना ही ज्ञान-लाभ की पहली सीढ़ी है।

शब्द के उच्च दार्शनिक तथा धार्मिक महत्त्व को छोड़ देने पर भी हम देखते हैं कि हमारे इस जीवन-नाटक में शब्द-प्रतीक का विशेष स्थान है। मैं तुमसे बातचीत कर रहा हूं, तुम्हें स्पर्श नहीं कर रहा हूं, पर मेरे शब्द द्वारा उत्पन्न वायु के स्पंदन तुम्हारे कान में जाकर तुम्हारे कर्म-स्नायुओं को स्पर्श करते हैं और उससे तुम्हारे मन में असर पैदा होता है। इसे तुम रोक नहीं सकते। भला सोचो तो, इससे अधिक आश्चर्यजनक बात और क्या हो सकती है? एक मनुष्य दूसरे को 'बेवकूफ' कह देता है और बस इतने से ही वह दूसरा मनुष्य उठ खड़ा होता है और अपनी मुट्ठी बांधकर उसकी नाक पर एक घूंसा जमा देता है। देखो तो शब्द में कितनी शक्ति है!

एक स्त्री बिलख-बिलखकर रो रही है, इतने में एक दूसरी स्त्री आ जाती है और वह उससे कुछ सांत्वना के शब्द कहती है। प्रभाव यह होता है कि वह रोती हुई स्त्री उठ बैठती है, उसका दुःख दूर हो जाता है और वह मुस्कराने भी लगती है। देखो तो शब्द में कितनी शक्ति है! उच्च दर्शन में जिस प्रकार शब्द-शक्ति का परिचय मिलता है, उसी प्रकार साधारण जीवन में भी है। इस शक्ति के संबंध में विशेष विचार और अनुसंधान न करते हुए भी हम रात-दिन इस शक्ति को उपयोग में ला रहे हैं। इस शक्ति के स्वरूप को जानना तथा इसका उत्तम रूप से उपयोग करना भी कर्मयोग का एक अंग है।

दूसरों के प्रति हमारे कर्तव्य का अर्थ है–दूसरों की सहायता करना, संसार का भला करना। अब प्रश्न उठता है कि हम संसार का भला क्यों करें? वास्तव में बात यह है कि ऊपर से तो हम संसार का उपकार करते हैं, परंतु असल में हम अपना ही उपकार करते हैं। हमें सदैव संसार का उपकार करने की चेष्टा करनी चाहिए और कार्य करने में यही हमारा सर्वोच्च उद्देश्य होना चाहिए, परंतु यदि ध्यानपूर्वक देखा जाए, तो प्रतीत होगा कि इस संसार को हमारी सहायता की

बिलकुल आवश्यकता नहीं। यह संसार इसलिए नहीं बना कि हम अथवा तुम आकर इसकी सहायता करें।

यह सोचना भूल है कि धर्मांधता द्वारा मानव जाति की उन्नति हो सकती है, बल्कि उल्टे यह तो हमें पीछे हटानेवाली शक्ति है, जिससे घृणा और क्रोध उत्पन्न होकर मनुष्य एक दूसरे से लड़ने-भिड़ने लगते हैं और सहानुभूतिशून्य हो जाते हैं।

एक बार मैंने एक उपदेश पढ़ा था, वह इस प्रकार था—"यह सुंदर संसार बड़ा अच्छा है, क्योंकि इसमें हमें दूसरों की सहायता करने के लिए समय तथा अवसर मिलता है।" ऊपर से तो यह भाव सचमुच सुंदर है, परंतु यह कहना कि संसार को हमारी सहायता की आवश्यकता है, क्या घोर ईश्वर-निंदा नहीं है? यह सच है कि संसार में दुःख-कष्ट बहुत हैं और इसलिए लोगों की सहायता करना हमारे लिए सर्वश्रेष्ठ कार्य है, परंतु आगे चलकर हम देखेंगे कि दूसरों की सहायता करने का अर्थ है—अपनी ही सहायता करना। मुझे स्मरण है, एक बार जब मैं छोटा था, तो मेरे पास कुछ सफेद चूहे थे। वे चूहे एक छोटे-से संदूक में रखे गए थे और उस संदूक के भीतर उनके लिए छोटे-छोटे चक्के बना दिए गए थे। जब चूहे उन चक्कों को पार करना चाहते, तो वे चक्के वहीं-के-वहीं घूमते रहते और बेचारे चूहे कभी भी बाहर नहीं निकल पाते। बस यही हाल संसार का तथा संसार के प्रति हमारी सहायता का है। उपकार केवल इतना ही होता है कि हमें नैतिक शिक्षा मिलती है।

संसार न तो अच्छा है, न बुरा! बात इतनी ही है कि प्रत्येक मनुष्य अपने लिए अपना-अपना संसार बना लेता है। यदि एक अंधा संसार के बारे में सोचने लगे, तो वह उसके समक्ष या तो मुलायम या कड़ा प्रतीत होगा अथवा शीत या उष्ण। हम सुख या दुःख की समष्टि-मात्र है, यह हमने अपने जीवन में सैकड़ों बार अनुभव किया है। बहुधा नौजवान आशावादी होते हैं और वृद्ध निराशावादी। तरुण के सामने अभी उसका सारा जीवन पड़ा है, परंतु वृद्ध की केवल यही शिकायत रहती है कि उसका समय निकल गया, कितनी ही अपूर्ण इच्छाएं उसके हृदय में मचलती रहती हैं, जिन्हें पूर्ण करने की शक्ति उसमें आज नहीं, परंतु हैं दोनों ही मूर्ख।

हमारी मानसिक अवस्था के अनुसार ही यह संसार हमें भला या बुरा प्रतीत होता है। स्वयं यह न तो भला है, न बुरा। अग्नि स्वयं न अच्छी है, न बुरी। जब यह हमें गरम रखती है, तो हम कहते हैं, 'यह कितनी सुंदर है!' परंतु जब इससे हमारी उंगली जल जाती है, तो हम इसे दोष देते हैं, परंतु यह स्वयं न तो अच्छी

है, न बुरी। जैसा हम इसका उपयोग करते हैं, तदनुरूप यह अच्छी या बुरी बन जाती है। यही हाल इस संसार का भी है।

संसार स्वयं पूर्ण है। पूर्ण होने का अर्थ यह है कि उसमें अपने सब प्रयोजनों को पूर्ण करने की क्षमता है। हमें यह निश्चित रूप से जान लेना चाहिए कि हमारे बिना भी यह संसार बड़े मजे से चलता जाएगा। हमें इसकी सहायता करने के लिए माथापच्ची करने की आवश्यकता नहीं, परंतु फिर भी सदैव परोपकार करते ही रहना चाहिए।

यदि हम सदैव यह ध्यान रखें कि दूसरों की सहायता करना एक सौभाग्य है, तो परोपकार करने की इच्छा एक सर्वोत्तम प्रेरणाशक्ति है। एक दाता के ऊंचे आसन पर खड़े होकर और अपने हाथ में दो पैसे लेकर यह मत कहो, ''ऐ भिखारी, ले, यह मैं तुझे देता हूं।'' परंतु तुम स्वयं इस बात के लिए कृतज्ञ होओ कि तुम्हें वह निर्धन व्यक्ति मिला, जिसे दान देकर तुमने स्वयं अपना उपकार किया। धन्य पाने वाला नहीं होता, देनेवाला होता है। इस बात के लिए कृतज्ञ होओ कि इस संसार में तुम्हें अपनी दयालुता का प्रयोग करने और इस प्रकार पवित्र एवं पूर्ण होने का अवसर प्राप्त हुआ।

समस्त भले कार्य हमें शुद्ध बनने तथा पूर्ण होने में सहायता करते हैं। सच पूछो तो हम अधिक-से-अधिक कर ही कितना सकते हैं? या तो एक अस्पताल बनवा देते हैं, सड़कें बनवा देते हैं या सदाव्रत खुलवा देते हैं, बस इतना ही तो? हम गरीबों के लिए एक कोष खोल देते हैं, दस-बीस लाख रुपये इकठ्ठा कर लेते हैं। उसमें से पांच लाख का एक अस्पताल बनवा देते हैं, पांच लाख नाच-तमाशे में फूंक देते हैं और शेष का आधा कर्मचारी लूट लेते हैं, बाकी जो बचता है, वह किसी तरह गरीबों तक पहुंचता है, परंतु उतने से हुआ क्या? आंधी का एक झोंका तो तुम्हारी इन सारी इमारतों को पांच मिनट में नष्ट कर सकता है, फिर तुम क्या करोगे? एक भूकंप तो तुम्हारी तमाम सड़कों, अस्पतालों, नगरों और इमारतों को धूल में मिला सकता है। अतएव इस प्रकार की संसार की सहायता करने की खोखली बातों को हमें छोड़ देना चाहिए। यह संसार न तो तुम्हारी सहायता का भूखा है और न मेरी, परंतु फिर भी हमें निरंतर कार्य करते रहना चाहिए, निरंतर परोपकार करते रहना चाहिए। क्यों? इसलिए कि इसमें हमारा ही भला है। यही एक साधन है, जिससे हम पूर्ण बन सकते हैं।

यदि हमने किसी भिखारी को कुछ दिया हो, तो वास्तव में उसके ऊपर हमारा कुछ नहीं आता, हमारे ऊपर ही उसका आता है। हम पर उसका आभार है, क्योंकि उसने हमें इस बात का अवसर दिया है कि हम अपनी दया उस पर काम में ला

सकें। यह सोचना निरी भूल है कि हमने संसार का भला किया अथवा कर सकते हैं या यह कि हमने अमुक-अमुक व्यक्तियों की सहायता की। यह निरी मूर्खता का विचार है और मूर्खता के विचारों से दुःख उत्पन्न होता है। हम कभी-कभी सोचते हैं कि हमने अमुक मनुष्य की सहायता की और इसलिए आशा करते हैं कि वह हमें धन्यवाद दे, पर जब वह हमें धन्यवाद नहीं देता, तो उससे हमें दुःख होता है।

हम जो कुछ करें, उसके बदले में किसी भी बात की आशा क्यों रखें, बल्कि हमें उसी मनुष्य के प्रति कृतज्ञ होना चाहिए। मनुष्य की सहायता द्वारा ईश्वर की उपासना करना क्या हमारा परम सौभाग्य नहीं है? यदि हम वास्तव में अनासक्त हैं, तो हमें वृथा प्रत्याशाजनित कष्ट क्यों होना चाहिए? अनासक्त होने पर तो हम प्रसन्नतापूर्वक संसार में भलाई कर सकते हैं। अनासक्ति से किए हुए कार्य से कभी भी दुःख अथवा अशांति नहीं आएगी। वैसे तो संसार में अनंत काल तक सुख-दुःख का चक्र चलता ही रहेगा, फिर हम इसकी सहायता के लिए कुछ करें या न करें, उससे कुछ बनने-बिगड़ने का नहीं। दृष्टांतस्वरूप एक कहानी सुनो-

एक गरीब आदमी को कुछ रुपयों की जरूरत पड़ी। उसे कहीं से यह मालूम हो गया कि यदि वह किसी भूत को अपने वश में कर ले, तो वह उससे जो चाहे मंगवा सकता है। निदान उसे एक भूत ढूंढने की सूझी। वह किसी ऐसे आदमी को ढूंढने लगा, जिससे उसे एक भूत मिल जाए। ढूंढते-ढूंढते उसे एक साधु मिले। साधु के पास बड़ी शक्तियां थीं। उसने साधु से सहायता की याचना की।

साधु ने उससे पूछा, "तुम भूत का क्या करोगे?"

उसने उत्तर दिया, "महाराज, मैं भूत इसलिए चाहता हूं कि वह मेरा काम कर दे। कृपा कर मुझे उसको प्राप्त करने का ढंग बता दीजिए। मुझे उसकी बड़ी जरूरत है।"

साधु बोले, "देखो, तुम इस झमेले में मत पड़ो, अपने घर लौट जाओ।"

दूसरे दिन वह आदमी साधु के पास फिर गया और बहुत रोने-गाने लगा। उसने कहा, "महाराज, मुझे एक भूत दे ही दीजिए न! मुझे बड़ी आवश्यकता है।"

अंत में साधु कुछ चिढ़-से गए और उन्होंने कहा, "अच्छा, लो, यह मंत्र लो। इसका जप करने से एक भूत प्रकट होगा और फिर उससे तुम जो काम कहोगे, वही करेगा, परंतु देखो, होशियार रहना। ये बड़े भयंकर प्राणी होते हैं। उसे निरंतर काम में लगाए रखना। यदि कभी वह खाली रहा, तो तुम्हारी जान ही ले लेगा।"

उस मनुष्य ने कहा, "यह कौन कठिन बात है? मैं तो उसे इतना काम दे दूं कि जीवन-भर खत्म न हो।"

इसके बाद वह आदमी एक वन में चला गया और मंत्र का जप करने लगा। कुछ देर तक जप करने के बाद उसके सामने विकराल दांतोंवाला एक बड़ा भयंकर भूत प्रकट हुआ।

भूत ने कहा, "देखो, मैं भूत हूं। तुम्हारे मंत्र ने मुझे जीत लिया है, परंतु तुम्हें मुझको निरंतर काम में लगाए रहना होगा, क्योंकि ज्यों ही मुझे थोड़ा-सा भी अवकाश मिला कि मैं तुम्हारी जान ले लूंगा।"

आदमी बोला, "ठीक है, जाओ, मेरे लिए एक महल तैयार करो।"

भूत ने जवाब दिया, "लो, हो गया महल तैयार है।"

आदमी ने कहा, "जाओ, मेरे लिए धन ले आओ।"

भूत बोला, "लो, धन भी तैयार है।"

आदमी ने कहा, "यह जंगल काट डालो और यहां एक शहर बसा दो।"

भूत बोला, "लो, यह भी हो गया। बतलाओ अब और क्या करूं?"

अब तो वह आदमी बड़ा घबराने लगा, उसने मन में सोचा, 'अब तो मेरे पास कोई काम नहीं है, जो मैं इसे करने को कहूं। यह तो प्रत्येक काम क्षण-भर में ही कर डालता है।'

भूत इधर गरजकर बोला, "देखो, मुझे जल्दी कुछ काम करने को दो, नहीं तो मैं तुम्हें खा जाऊंगा।"

बेचारा आदमी अब कोई काम सोच ही न सका और मारे भय के थर-थर कांपने लगा। अब तो वह बेहताशा भागा और भागते-भागते उन्हीं साधु के पास पहुंचा। वहां जाकर गिड़गिड़ाने लगा, "महाराज, रक्षा कीजिए, रक्षा कीजिए, मेरी जान बचाइए।"

साधु ने पूछा, "कहो, क्या हुआ?"

मनुष्य ने उत्तर दिया, "अब मैं क्या करूं? अब तो मेरे पास उस भूत को देने के लिए कोई काम शेष नहीं है। मैं उससे जो कुछ भी करने को कहता हूं, वह क्षण-भर में कर डालता है और जब उसके पास कोई काम नहीं रह जाता, तो मुझे खा डालने की धमकी देता है।"

इतने में ही वह भूत वहां आ पहुंचा और कहने लगा, "अब तो मैं तुम्हें खा जाऊंगा।" और सचमुच वह उसे खा जाता!

आदमी मारे डर के कांपने लगा। उसने साधु से अपने प्राणों की भिक्षा मांगी। साधु ने कहा, "अच्छा, मैं तुम्हें रास्ता बताता हूं। देखो, उस कुत्ते की पूंछ टेढ़ी है, अपनी तलवार निकालो और यह पूंछ काटकर इस भूत को दे दो और उससे कहो कि इसे सीधी कर दे।"

आदमी ने झट से कुत्ते की पूंछ काट ली और उसे भूत को देकर कहा, "लो, इसे सीधी करके मुझे दो।"

भूत ने पूंछ ले ली और उसे बड़ी सावधानी से सीधी की, पर ज्यों ही उसने उसको सीधी करके छोड़ दिया, त्यों ही वह फिर टेढ़ी हो गई। भूत ने दुबारा कोशिश की, परंतु ज्यों ही उसने छोड़ दी, त्यों ही वह फिर टेढ़ी हो गई। उसने तीसरी बार फिर प्रयत्न किया, परंतु वह फिर टेढ़ी-की-टेढ़ी हो गई। इस प्रकार वह कई दिनों तक प्रयत्न करता रहा, यहां तक कि वह थक गया और बोला, "मुझे ऐसा कष्ट तो अपने जीवन में कभी नहीं हुआ। मैं एक बड़ा पुराना भूत हूं, ऐसी मुसीबत में मैं कभी नहीं पड़ा।"

अब वह भूत उस आदमी से कहने लगा, "आओ भाई, हम-तुम समझौता कर लें। तुम मुझे छोड़ दो और मैंने अब तक तुम्हें जो कुछ दिया है, वह सब अपने पास ही रखे रहो। मैं वादा करता हूं कि अब तुम्हें कोई कष्ट न दूंगा।"

यह सुन वह आदमी खुश हुआ और प्रसन्नतापूर्वक उसने इस समझौते को स्वीकार कर लिया।

हमारा यह संसार भी बस कुत्ते की टेढ़ी पूंछ के ही समान है। सैकड़ों वर्ष से लोग इसे सीधा करने का प्रयत्न कर रहे हैं, परंतु ज्यों ही वे इसे छोड़ देते हैं, त्यों ही यह फिर से टेढ़ा-का-टेढ़ा हो जाता है। इसके अतिरिक्त और क्या हो सकता है? मनुष्य पहले यह जान ले कि आसक्तिरहित होकर उसे किस प्रकार कर्म करना चाहिए, तभी वह दुराग्रह और मतांधता से परे हो सकता है। जब हमें यह ज्ञान हो जाएगा कि संसार कुत्ते की टेढ़ी दुम की तरह है और कभी भी सीधा नहीं हो सकता, तब हम दुराग्रही नहीं होंगे। यदि संसार में यह दुराग्रह, कट्टरता न होती, तो अब तक यह बहुत उन्नति कर लेता।

यह सोचना भूल है कि धर्मांधता द्वारा मानव जाति की उन्नति हो सकती है, बल्कि उल्टे यह तो हमें पीछे हटानेवाली शक्ति है, जिससे घृणा और क्रोध उत्पन्न होकर मनुष्य एक दूसरे से लड़ने-भिड़ने लगते हैं और सहानुभूतिशून्य हो जाते हैं। हम सोचते हैं कि जो कुछ हमारे पास है अथवा जो कुछ हम करते हैं, वही संसार में सर्वश्रेष्ठ है और जो कुछ हम नहीं करते अथवा जो कुछ हमारे पास नहीं है, वह एक कौड़ी मूल्य का भी नहीं। अतएव जब कभी तुममें दुराग्रह का यह भाव आए, तो सदैव कुत्ते की टेढ़ी पूंछ का दृष्टांत स्मरण कर लिया करो। तुम्हें अपने-आपको संसार के बारे में चिंतित बना लेने की कोई आवश्यकता नहीं, तुम्हारी सहायता के बिना भी यह चलता ही रहेगा।

जब तुम दुराग्रह और मतांधता से परे हो जाओगे, तभी तुम अच्छी तरह कार्य

कर सकोगे। जो ठंडे मस्तिष्क वाला और शांत है, जो उत्तम ढंग से विचार करके कार्य करता है, जिसके स्नायु सहज ही उत्तेजित नहीं हो उठते तथा जो अत्यंत प्रेम और सहानुभूति-संपन्न है, केवल वही व्यक्ति संसार में महान कार्य कर सकता है और इस तरह उससे अपना भी कल्याण कर सकता है। दुराग्रही व्यक्ति मूर्ख और सहानुभूतिशून्य होता है। वह न तो कभी संसार को सीधा कर सकता है और न स्वयं ही शुद्ध एवं पूर्ण हो सकता है।

आज के व्याख्यान का सारांश यह है–सर्वप्रथम हमें यह ध्यान में रखना चाहिए कि हम ही संसार के ऋणी हैं, संसार हमारा ऋणी नहीं। यह तो हमारा सौभाग्य है कि हमें संसार में कुछ करने का अवसर मिलता है। संसार की सहायता करने से हम वास्तव में स्वयं का ही कल्याण करते हैं। दूसरी बात यह है कि इस विश्व का एक ईश्वर है। यह बात सच नहीं कि यह संसार पिछड़ रहा है और इसे तुम्हारी अथवा मेरी सहायता की आवश्यकता है। ईश्वर सर्वत्र विराजमान है। वह अविनाशी, सतत क्रियाशील और जाग्रत है। जब सारा विश्व सोता है, तब भी वह जागता रहता है। वह निरंतर कार्य में लगा हुआ है। संसार के समस्त परिवर्तन और विकास उन्हीं के कार्य हैं। तीसरी बात यह है कि हमें किसी से घृणा नहीं करनी चाहिए। यह संसार सदैव ही अच्छे और बुरे का मिश्रणस्वरूप रहेगा। हमारा कर्तव्य है कि हम दुर्बल के प्रति सहानुभूति रखें और एक अन्यायी के प्रति भी प्रेम रखें। यह संसार तो चरित्र-गठन के लिए एक विशाल व्यायामशाला है। इसमें हम सभी को अभ्यास रूपी कसरत करनी पड़ती है, जिससे हम आध्यात्मिक बल से अधिकाधिक बलवान बनते रहें। चौथी बात यह है कि हममें किसी प्रकार का भी दुराग्रह नहीं होना चाहिए, क्योंकि दुराग्रह प्रेम का विरोधी है।

बहुधा दुराग्रहियों को तुम यह गाल बजाते सुनोगे, 'हमें पापी से घृणा नहीं है, हमें तो घृणा पाप से है।' परंतु यदि कोई मुझे एक ऐसा मनुष्य दिखा दे, जो सचमुच पाप और पापी में भेद कर सकता है, तो ऐसे मनुष्य को देखने के लिए मैं कितनी भी दूर जाने को तैयार हूं। मुख से ऐसा कहना सरल है। यदि हम द्रव्य और उसके गुण में भली-भांति भेद कर सकें, तो हम पूर्ण हो जाएं, पर इसे अमल में लाना इतना सरल नहीं। हम जितने ही शांतचित्त होंगे और हमारे स्नायु जितने शांत रहेंगे, हम उतने ही अधिक प्रेमसंपन्न होंगे और हमारा कार्य भी उतना ही अधिक श्रेष्ठ होगा।

6

मनुष्य का यथार्थ स्वरूप

विश्वगुरु विवेकानंद ने लंदन प्रवास के समय वेदांत-दर्शन के आधार पर मनुष्य के यथार्थ स्वरूप को इस प्रकार वर्णित किया कि उनकी बात का मर्म जन-सामान्य भली प्रकार समझ लें। उन्होंने मनुष्य, मन, आत्मा, ईश्वर आदि शब्दों के यथार्थ संबंध की स्पष्ट व्याख्या की। उन्होंने समझाया कि देह पंचभूतों का योग है, जबकि देह में वास करने वाली आत्मा परमात्मा का अंश है। अतः ईश्वर अर्थात् परमात्मा कहीं बाहर नहीं, अपितु अपने ही अंदर समाया हुआ है, बाहर खोजने के बजाय अपने अंतर में ही खोजना चाहिए–

इस पंचेंद्रिय-ग्राह्य जगत में मनुष्य इतना अधिक आसक्त है कि वह उसे सहज में ही छोड़ना नहीं चाहता। वह इस बाह्य जगत को चाहे जितना ही सत्य या साररूप क्यों न समझे, प्रत्येक व्यक्ति और जाति के जीवन में एक समय ऐसा अवश्य आता है कि जब उसे इच्छा न रहते हुए भी प्रश्न करना पड़ता है–'क्या यह जगत सत्य है?' जिन व्यक्तियों को अपनी इंद्रियों की विश्वसनीयता में शंका करने का तनिक भी समय नहीं मिलता, जिनके जीवन का प्रत्येक क्षण किसी-न-किसी प्रकार के विषय-भोग में

ही बीतता है, मृत्यु एक दिन उनके भी सिरहाने आकर खड़ी हो जाती है और विवश होकर उन्हें भी कहना पड़ता है–'क्या यह जगत सत्य है?' इसी एक प्रश्न से धर्म का आरंभ होता है और इसके उत्तर में ही धर्म की इति है। इतना ही क्यों, सुदूर अतीत काल में, जहां इतिहास की कोई पहुंच नहीं, उस रहस्यमय पौराणिक युग में, सभ्यता के उस अस्फुट उषाकाल में भी हम देखते हैं कि यही एक प्रश्न उस समय भी पूछा गया है–'इसका क्या होता है? क्या यह सत्य है?'

कवित्वमय कठोपनिषद् के प्रारंभ में हम यह प्रश्न देखते हैं–कोई-कोई कहते हैं कि मनुष्य के मरने पर उसका अस्तित्व समाप्त हो जाता है और कोई कहते हैं कि नहीं, उसका अस्तित्व फिर भी रहता है। इन दोनों बातों में कौन-सी सत्य है? ***"येयं प्रेते विचिकित्सा मनुष्ये, अस्तीत्येके नायमस्तीति चैके।"*** संसार में इस संबंध में अनेक प्रकार के उत्तर मिलते हैं। जितने प्रकार के दर्शन या धर्म संसार में हैं, वे सब वास्तव में इसी प्रश्न के विभिन्न उत्तरों से परिपूर्ण हैं।

अनेक बार तो इन प्रश्नों का–'परे क्या है? सत्य क्या है?' प्राणों की इस महती अशांति को संसार से अतीत परमार्थ सत्ता के इस अन्वेषण को व्यर्थ कहकर उड़ा देने की चेष्टा की गई है, किंतु जब तक मृत्यु नामक वस्तु जगत में है, तब तक इस प्रश्न को यूं ही उड़ा देने की सारी चेष्टाएं विफल रहेंगी। यह कहना सरल है कि हम जगदातीत सत्ता का अन्वेषण नहीं करेंगे, अपनी समस्त आशा और आकांक्षा को वर्तमान क्षण में ही सीमित रखेंगे। हम इसके लिए भरपूर चेष्टा भी कर सकते हैं, बहिर्जगत की सारी वस्तुएं भी हमें इंद्रियों की सीमा के भीतर बंद करने में सहायता पहुंचाती हैं, सारा संसार भी एक होकर हमें वर्तमान की क्षुद्र सीमा के बाहर दृष्टि डालने से रोक सकता है, पर जब तक जगत में मृत्यु रहेगी, तब तक यह प्रश्न बार-बार उठेगा–'हम जो इन सब वस्तुओं को सत्य का भी सत्य, सार का भी सार समझकर इनमें भयानक रूप से आसक्त हैं, तो क्या मृत्यु ही इन सब का अंतिम परिणाम है?' जगत तो एक क्षण में ही ध्वंस हो न जाने कहां चला जाता है!

ऊपर है अत्युच्च गगनचुंबी पर्वत और नीचे गहरी खाई मानो मुंह फैलाए जीव को निगलने के लिए आ रही हो। इस पर्वत के किनारे खड़े होने पर कितना ही कठोर अंतःकरण क्यों न हो, निश्चय ही सिहर उठेगा और पूछेगा–'क्या यह सब सत्य है?' कोई तेजस्वी हृदय जीवन-भर बड़े प्रयत्न के साथ जिस आशा को अपने हृदय में संजोए रहा, वह एक मुहूर्त में ही उड़कर न जाने कहां चली गई, तो क्या हम इन सब आशाओं को सत्य कहेंगे? इस प्रश्न का उत्तर देना होगा। काल प्राणों की इस आकांक्षा की, हृदय के इस गंभीर प्रश्न की शक्ति का कभी भी ह्रास नहीं कर सकता, प्रत्युत काल का स्रोत ज्यों-ज्यों आगे बढ़ता जाता है, त्यों-त्यों इस प्रश्न

की शक्ति भी बढ़ती जाती है और उतने ही अधिक प्रबल वेग से यह प्रश्न हृदय पर आघात करता रहता है।

हिंदुओं ने सतयुग कहकर जिस युग का वर्णन किया है–जब मनुष्य की मृत्यु उसकी इच्छानुसार होती थी, जब मनुष्य जितने दिन चाहे अपने शरीर को धारण कर सकता था, जब मनुष्यों का मन शुद्ध और दृढ़ था–उसमें भी इसी सार्वभौमिक सत्य का संकेत मिलता है। वे कहते हैं कि उस समय मृत्यु नहीं थी, किसी प्रकार का अशुभ या दुःख नहीं था और वर्तमान युग उसी उन्नत अवस्था का भ्रष्ट भाव-मात्र है।

मनुष्य को सुखी होने की इच्छा होती है। अपने को सुखी करने के लिए वह सभी ओर दौड़ता फिरता है, इंद्रियों के पीछे-पीछे भागता रहता है, पागल की भांति बाह्य जगत में कार्य करता जाता है। जो युवक जीवन-संग्राम में सफल हुए हैं, उनसे यदि पूछो, तो कहेंगे, 'यह जगत सत्य है'–उन्हें सभी बातें सत्य प्रतीत होती हैं। ये ही व्यक्ति जब वृद्धावस्था को प्राप्त हो जाएंगे, जब सौभाग्य-लक्ष्मी उन्हें बारंबार धोखा देगी, तब उनसे यदि पूछो, तो शायद यही कहेंगे, 'अरे भाई, सब भाग्य का खेल है।' इतने दिनों बाद वे जान सके कि वासना की पूर्ति नहीं होती। वे जिधर जाते हैं, उधर ही मानो वज्र के समान दृढ़ दीवार उनके सामने खड़ी हो जाती है, जिसे लांघना उनके बस की बात नहीं। प्रत्येक इंद्रिय-चंचलता के परिणामस्वरूप प्रतिक्रिया होती ही है। हर वस्तु क्षणभंगुर है। विलास, वैभव, शक्ति, दारिद्र्य, यहां तक कि जीवन भी क्षणभंगुर है।

मनुष्य के लिए दो उत्तर रह जाते हैं। एक है–शून्यवादियों की भांति विश्वास करना कि सब कुछ शून्य है, हम कुछ भी नहीं जान सकते। भूत, भविष्य या वर्तमान के भी संबंध में कुछ नहीं जान सकते, क्योंकि जो व्यक्ति भूत-भविष्य को अस्वीकार कर केवल वर्तमान को स्वीकार करते हुए उसी में अपनी दृष्टि को सीमित रखना चाहता है, वह निरा पागल है। यह तो बस वैसा ही हुआ, जैसा माता-पिता के अस्तित्व को अस्वीकार करते हु६ संतान के अस्तित्व को स्वीकार करना! दोनों समान रूप से युक्तिसंगत हैं। भूत और भविष्य को अस्वीकार करने का अर्थ है–वर्तमान को भी अस्वीकार करना। यह एक भाव हुआ–यह शून्यवादियों का मत, पर मैंने ऐसा मनुष्य आज तक नहीं देखा, जो एक क्षण के लिए भी शून्यवादी हो सके–मुख से कहना अवश्य बड़ा सरल है।

दूसरा उत्तर यह है कि इस प्रश्न के वास्तविक उत्तर की खोज करो–सत्य

की खोज करो–इस नित्य परिवर्तनशील नश्वर जगत में क्या सत्य है, इसकी खोज करो। कुछ भौतिक परमाणुओं के समष्टिस्वरूप इस देह के भीतर क्या कोई ऐसी चीज है, जो सत्य हो? मानव जीवन के इतिहास में सदैव इस तत्त्व का अन्वेषण किया गया है। हम देखते हैं कि अति प्राचीन काल से ही मनुष्य के मन में इस तत्त्व का अस्पष्ट प्रकाश उद्भासित हो गया था। उसी समय से मनुष्य ने स्थूल देह से अतीत की एक अन्य देह का भी पता पा लिया है, जो अनेक अंशों में इस स्थूल देह के ही समान होने पर भी पूर्ण रूप से वैसी नहीं है, वह स्थूल देह से श्रेष्ठ है–शरीर का नाश हो जाने पर भी उसका नाश नहीं होता। हम ऋग्वेद के एक सूक्त में, मृत शरीर को दग्ध करने वाले अग्निदेव के प्रति यह मंत्र पाते हैं–'हे अग्नि! तुम इसे अपने हाथों में लेकर धीरे-धीरे ले जाओ। इसे सर्वांग सुंदर, ज्योतिर्मय देह से संपन्न करो। इसे उसी स्थान में ले जाओ, जहां पितृगण वास करते हैं, जहां दुःख नहीं है, जहां मृत्यु नहीं है।' तुम देखोगे कि सभी धर्मों में यह भाव विद्यमान है। इसके साथ ही हम और एक विचार पाते हैं।

आश्चर्य की बात है कि सभी धर्म एक स्वर में घोषणा करते हैं कि मनुष्य पहले निष्पाप और पवित्र था, पर आज उसकी अवनति हो गई है। इस भाव को फिर वे रूपक की भाषा में या दर्शन की स्पष्ट भाषा में अथवा कविता की सुंदर भाषा में क्यों न प्रकाशित करें, पर वे सब-के-सब अवश्य इस एक तत्त्व की घोषणा करते हैं। सभी शास्त्रों और पुराणों में यही एक तत्त्व पाया जाता है कि मनुष्य जैसा पहले था, वैसा अब नहीं है। आज वह पहले से गिरी हुई दशा में है।

यहूदियों के धर्मग्रंथ में आदम के पतन की जो कथा है, उसका भी मर्म वास्तव में यही है। हिंदू शास्त्रों में इसका बार-बार उल्लेख हुआ है। हिंदुओं ने सतयुग कहकर जिस युग का वर्णन किया है–जब मनुष्य की मृत्यु उसकी इच्छानुसार होती थी, जब मनुष्य जितने दिन चाहे अपने शरीर को धारण कर सकता था, जब मनुष्यों का मन शुद्ध और दृढ़ था–उसमें भी इसी सार्वभौमिक सत्य का संकेत मिलता है। वे कहते हैं कि उस समय मृत्यु नहीं थी, किसी प्रकार का अशुभ या दुःख नहीं था और वर्तमान युग उसी उन्नत अवस्था का भ्रष्ट भाव-मात्र है। इस वर्णन के साथ-साथ हम सभी धर्मों में जल-प्लावन अर्थात् प्रलय का वर्णन भी पाते हैं। प्रलय की यह कथा ही इस बात को प्रमाणित करती है कि सभी धर्म वर्तमान युग को प्राचीन युग की भ्रष्ट अवस्था मानते हैं। जगत की भ्रष्टता क्रमशः बढ़ती गई। इसके बाद जब प्रलय हुई, तो अधिकांश जगत उसमें डूब गया, फिर उन्नति आरम्भ हुई और अब यह जगत अपनी उसी प्राचीन, पवित्र अवस्था को प्राप्त करने के लिए धीरे-धीरे अग्रसर हो रहा है। तुम सब प्राचीन व्यवस्थान (Old Testament)

के प्रलय की कथा जानते ही हो। ठीक उसी प्रकार की कथा बेबिलोन, मिस्र, चीन और हिंदुओं में भी प्रचलित थी। हिंदू शास्त्रों में प्रलय का इस प्रकार का वर्णन है–

महर्षि मनु जब एक दिन गंगातट पर संध्या-वंदन में लगे थे, तो एक छोटी-सी मछली ने आकर उनसे कहा, "मुझे आश्रय दीजिए।"

मनु ने पास रखे हुए पात्र में उसे रखकर पूछा, "तू क्या चाहती है?"

मछली बोली, "एक बड़ी मछली मुझे मार डालने के लिए मेरा पीछा कर रही है। आप मेरी रक्षा कीजिए।"

मनु उसे घर ले गए। सवेरे देखा, वह बढ़कर पात्र के बराबर हो गई है। मछली बोली, "मैं अब इस पात्र में नहीं रह सकती।"

तब मनु ने उसे एक कुंड में रख दिया।

दूसरे दिन वह कुंड के बराबर हो गई और कहने लगी, "मैं इसमें भी नहीं रह सकती।"

तब मनु ने उसे नदी में डाल दिया। सवेरे देखा कि उसका शरीर सारी नदी में फैल गया था, तब उन्होंने उसे समुद्र में डाल दिया।

मछली कहने लगी, "मनु, मैं जगत का सृष्टिकर्ता हूं! मैं प्रलय से जगत का ध्वंस करूंगा। तुम्हें सावधान करने के लिए मैं मछली का रूप धारण करके आया था। तुम एक बहुत बड़ी नौका बनाकर उसमें सभी प्रकार के प्राणियों का एक-एक जोड़ा रखकर उनकी रक्षा करो और स्वयं भी सपरिवार उसमें जा बैठो। जब सारी पृथ्वी जल में डूब जाएगी, तब उस जल में तुम्हें मेरा एक सींग (कांटा) दिखेगा, तुम नौका को उसमें बांध देना। उसके बाद जल घट जाने पर नौका से उतरकर प्रजावृद्धि करना।"

इस प्रकार भगवान की कथनानुसार प्रलय हुई और मनु ने अपने परिवारसहित प्रत्येक प्राणी के एक-एक जोड़े और उद्‌भिदों के बीजों की प्रलय से रक्षा की। प्रलय समाप्त हो जाने पर इस नौका से उतरकर वे प्रजा उत्पन्न करने में लग गए और हम लोग मनु के वंशज होने के कारण मानव कहलाने लगे। (मन् धातु से मनु बनता है: मन् धातु का अर्थ है मनन अर्थात् चिंतन करना)।

अब देखो, मानवी भाषा उस आभ्यंतरिक सत्य को प्रकाशित करने का प्रयत्न-मात्र है। मेरा तो स्थिर विश्वास है कि एक छोटा बच्चा भी अपनी अस्पष्ट तोतली बोली में उच्चतम दार्शनिक सत्य को प्रकट करने की चेष्टा कर रहा है–पर हां, उसके पास उसे प्रकाशित करने के लिए कोई उपयुक्त इंद्रिय अथवा साधन नहीं है। उच्चतम दार्शनिक और शिशु की भाषा में जो भेद है, वह प्रकारगत नहीं है, वह केवल परिणामगत है।

आजकल की विशुद्ध, प्रणालीबद्ध, गणित के समान कटी-छंटी भाषा और प्राचीन ऋषियों की अस्फुट, रहस्यमय, पौराणिक भाषा में अंतर केवल मात्रा के तारतम्य में है। इन सब कथाओं के पीछे एक महान सत्य छिपा है, जिसे प्रकाशित करने का प्राचीन लोग मानो प्रयत्न कर रहे हैं।

बहुधा इन सब प्राचीन, पौराणिक कथाओं के भीतर ही बहुमूल्य सत्य रहता है और मुझे यह कहते हुए दुःख होता है कि आधुनिक लोगों की चटपटी भाषा में बहुधा भूसी ही रहती है, तत्त्व नहीं। अतएव रूपक में सत्य छिपा है, यह कहकर अथवा वह अमुक-अमुक के विचारों से मेल नहीं खाता, यह कहकर सभी प्राचीन बातों को एक किनारे कर देना उचित नहीं। 'अमुक महापुरुष ने ऐसा कहा है, अतएव इस पर विश्वास करो।' इस प्रकार घोषणा करने के कारण ही यदि सभी धर्म उपहासास्पद हो जाते हों, तब तो आजकल के लोग और भी अधिक उपहासास्पद हैं।

आजकल यदि कोई मूसा, बुद्ध अथवा ईसा की उक्ति उद्धृत करता है, तो उसकी हंसी उड़ाई जाती है, किंतु हक्सले, टिंडल अथवा डार्विन का नाम लेते ही बात एकदम अकाट्य और प्रामाणिक बन जाती है! 'हक्सले ने ऐसा कहा है'–इतना कहना ही बहुतों के लिए पर्याप्त है! हम लोग सचमुच अंधविश्वास से मुक्त हैं! पहले था धर्म का अंधविश्वास, अब है विज्ञान का अंधविश्वास, फिर भी पहले के अंधविश्वास के भीतर से तो केवल काम और लोभ ही आ रहे हैं। वह अंधविश्वास था ईश्वर की उपासना को लेकर और आजकल का अंधविश्वास है महाघृणित धन, यश और शक्ति की उपासना को लेकर। बस यही भेद है।

हां, तो पौराणिक कथाओं की बात चल रही थी। इन सब कथाओं में यही एक प्रधान भाव देखने में आता है कि मनुष्य जिस अवस्था में पहले था, अब उससे गिरी हुई दशा में है। आजकल के तत्त्वान्वेषी इस बात को एकदम अस्वीकार करते हैं। क्रम-विकासवादी विद्वानों ने तो मानो इस सत्य का संपूर्ण रूप से खंडन ही कर दिया है। उनके मत से मनुष्य एक विशेष प्रकार के क्षुद्र मांसल जंतु (Mollusc) का क्रम-विकास मात्र है, अतएव पूर्वोक्त पौराणिक सिद्धांत सत्य नहीं हो सकता, पर भारतीय पुराण दोनों मतों का समन्वय करने में समर्थ है।

भारतीय पुराण के मतानुसार, सभी प्रकार की उन्नति तरंगाकार होती है। प्रत्येक तरंग एक बार उठती है, फिर गिरती है, गिरकर फिर उठती है और फिर गिरती है। इसी प्रकार क्रम चलता रहता है। प्रत्येक गति चक्रों में होती है।

आधुनिक विज्ञान की दृष्टि से देखने पर भी यह दिखेगा कि मनुष्य केवल क्रम-विकास का परिणाम है, यह बात सिद्ध नहीं होती। क्रम-विकास कहने के साथ ही साथ क्रम-संकोच की प्रक्रिया को भी मानना पड़ेगा। क्रम-विकास ही

तुमसे कहते हैं कि किसी यंत्र में तुम जितनी शक्ति का प्रयोग करोगे, उसमें से तुम्हें बस उतनी ही शक्ति मिल सकती है। असत् (कुछ नहीं) से कभी भी सत् (कुछ) की उत्पत्ति नहीं हो सकती।

आत्मा मन नहीं है, वह मन पर कार्य करती है और मन के माध्यम से शरीर पर। तुम्हारी एक आत्मा है, मेरी भी एक आत्मा है। सभी की अलग-अलग आत्मा है और एक-एक सूक्ष्म शरीर भी। इस सूक्ष्म शरीर की सहायता से हम स्थूल शरीर पर कार्य करते हैं।

यदि मानव पूर्ण मानव, बुद्ध मानव, ईसा मानव एक क्षुद्र मांसल जंतु का ही विकास हो, तब तो इस क्षुद्र जंतु को संकुचित या अव्यक्त बुद्ध कहना पड़ेगा। यदि ऐसा न हो, तो यह सब महापुरुष फिर कहां से उत्पन्न हुए? असत् से तो कभी सत् की उत्पत्ति नहीं होती। इसी प्रकार हम शास्त्र के साथ आधुनिक विज्ञान का समन्वय कर सकते हैं। जो शक्ति धीरे-धीरे नाना सोपानों में से होती हुई पूर्ण मनुष्य के रूप में परिणत होती है, वह कभी भी शून्य से उत्पन्न नहीं हो सकती। वह कहीं-न-कहीं अवश्य विद्यमान थी और यदि तुम विश्लेषण करते-करते इस प्रकार के क्षुद्र मांसल जंतु विशेष या जीविसार (Protoplasm) तक ही पहुंचकर, उसी को आदि कारण सिद्ध करते हो, तो यह निश्चित है कि इस जीविसार में ही यह शक्ति किसी-न-किसी रूप में विद्यमान थी।

आजकल यह विवाद चल रहा है कि पंचभूतों की समष्टि यह देह ही आत्मा, चिंतन-शक्ति या विचार आदि नामों से परिचित शक्तियों के विकास का कारण है अथवा चिंतन-शक्ति ही देहोत्पत्ति का कारण है। निश्चय ही संसार के सभी धर्म कहते हैं कि विचार नामक शक्ति ही शरीर की प्रकाशक है और वे इसके विपरीत मत में आस्था नहीं रखते। अनेक आधुनिक विचारधाराएं (Comte's Positivism) मानती हैं कि चिंतन-शक्ति केवल शरीर नामक यंत्र के विभिन्न अंशों के एक विशेष रूप के समायोजन से उत्पन्न होती है। यदि इस द्वितीय मत को मान लिया अर्थात् यह स्वीकार कर लिया जाए कि यह आत्मा या मन या इसे किसी भी नाम से क्यों न पुकारो, इस जड़ देहस्वरूप यंत्र के ही फलस्वरूप है। जिन सब जड़ परमाणुओं से मस्तिष्क और शरीर का गठन होता है, यह उन्हीं के रासायनिक अथवा भौतिक योग से उत्पन्न होने वाली वस्तु है, तब तो यह प्रश्न ही अमीमांसित रह जाएगा।

शरीर की रचना कौन करता है? कौन-सी शक्ति इन भौतिक अणुओं को शरीर के रूप में परिणत करती है? कौन-सी शक्ति प्रकृति में पड़ी हुई जड़ वस्तु के ढेर में

से कुछ अंश लेकर तुम्हारा शरीर एक प्रकार का और मेरा शरीर दूसरे प्रकार का बना डालती है? यह सब अनंत विभिन्नता कैसे होती है? यह कहना कि आत्मा नामक शक्ति के भौतिक परमाणुओं के विभिन्न संघातों से उत्पन्न होती है, ठीक वैसा ही है, जैसे बैल के आगे गाड़ी जोतना। यह संघात कैसे उत्पन्न हुआ? किस शक्ति ने ऐसा कर दिया? यदि तुम समझते हो कि अन्य किसी शक्ति ने यह संघात कर दिया है और आत्मा, जो इस समय एक विशेष जड़ राशि के साथ संयुक्त दिखाई दे रही है, इन्हीं सब जड़ परमाणुओं के संघात का फल है, तब तो यह कोई उत्तर न हुआ।

जो मत अन्यान्य मतों का बिना खंडन किए, चाहे सब की न हो, पर अधिकतर घटनाओं की, अधिकतर विषयों की व्याख्या कर सकता है, वही ग्राह्य है। अतएव यही बात अधिक युक्तिसंगत है कि जो शक्ति जड़ तत्त्व को लेकर उससे शरीर का निर्माण करती है और जो शक्ति शरीर के भीतर व्यक्त है, वे दोनों एक ही हैं। अतः यह कहना कि 'जो चिंतन-शक्ति हमारे शरीर में व्यक्त है, वह केवल जड़ अणुओं के संयोग से उत्पन्न होती है और इसीलिए शरीर से पृथक उसका कोई अस्तित्व नहीं' बिलकुल निरर्थक है–इस कथन में कोई तथ्य नहीं। शक्ति कभी जड़ तत्त्व से उत्पन्न हो ही नहीं सकती, बल्कि यह प्रमाणित करना अधिक संभव है कि हम जिसे जड़ कहकर पुकारते हैं, उसका अस्तित्व ही नहीं है। वह केवल शक्ति की एक विशेष अवस्था है। यह सिद्ध किया जा सकता है कि ठोसपन, कठिनता आदि जो सब जड़ के गुण हैं, वे गति के फल हैं। द्रवों को प्रचुर गति देने से वे ठोस हो जाएंगे। वायुपुंज में यदि अतिशय शीर्षीय गति उत्पन्न कर दी जाए, जैसे तूफान में, तो वह ठोस-सा हो जाता है और अपने आघात से ठोस पदार्थों को तोड़ या काट सकता है। यदि मकड़ी के जाले के एक तंतु को अनंत वेग दिया जाए तो वह लोहे की जंजीर जैसा सशक्त हो जाएगा और बड़े पेड़ तक को काटकर पार हो जाएगा। इस प्रकार से विचार करने पर यह सिद्ध करना सहज है कि हम जिसे जड़ तत्त्व कहते हैं, उसका कोई अस्तित्व ही नहीं है, किंतु दूसरा मत सिद्ध नहीं किया जा सकता।

शरीर के भीतर यह जो शक्ति की अभिव्यक्ति देखी जाती है, यह क्या है? हम सभी यह बात सरलता से समझ सकते हैं कि यही शक्ति, फिर चाहे जो हो, जड़ परमाणुओं को लेकर उनसे एक विशेष आकृति–मनुष्य देह तैयार कर रही है। अन्य कोई आकार तुम्हारे या मेरे शरीर को नहीं बना देता। ऐसा मैंने कभी नहीं देखा कि दूसरा कोई मेरे लिए भोजन कर लेता हो। मुझे ही इस भोजन का सार शरीर में लेकर उससे रक्त, मांस, अस्थि आदि का गठन करना पड़ता है। यह अद्भुत शक्ति क्या है?

बहुतों को तो वे केवल आनुमानिक व्यापार ही प्रतीत होते हैं। अतएव वर्तमान में क्या होता है, हम यही समझने की चेष्टा करेंगे। हम प्रस्तुत विषय को ही लेंगे। वह शक्ति क्या है, जो इस समय हममें काम कर रही है? हम देख चुके हैं कि सभी प्राचीन शास्त्रों में इस शक्ति को, इसी शक्ति की अभिव्यक्ति को इसी शरीर की आकृतिवाला एक ऐसा ज्योतिर्मय पदार्थ माना है, जो इस शरीर के नष्ट हो जाने पर भी बचा रहता है।

मनुष्य 'ईश्वर, ईश्वर' करता क्यों घूमता फिरता है? सभी देशों में, सभी समाजों में मनुष्य क्यों पूर्ण आदर्श का अन्वेषण करता फिरता है–भले ही वह आदर्श मनुष्य में हो अथवा ईश्वर में या अन्य किसी वस्तु में? इसलिए कि वह भाव तुम्हारे ही भीतर विद्यमान है। वह थी तुम्हारे हृदय की धड़कन और तुम उसे नहीं जानते थे, तुम सोचते थे कि बाहर की कोई वस्तु यह ध्वनि कर रही है। तुम्हारी आत्मा में विराजमान ईश्वर ही तुम्हें अपना अनुसंधान करने को–अपनी उपलब्धि करने को प्रेरित कर रहा है।

क्रमशः हम देखते हैं कि केवल ज्योतिर्मय देह कहने से संतोष नहीं होता–एक और उच्चतर भाव लोगों के मन पर अधिकार करता दिखाई देता है। वह यह है कि किसी भी प्रकार का शरीर शक्ति का स्थान नहीं ले सकता। जिस किसी की आकृति है, वह बहुत से परमाणुओं की एक संहति-मात्र है, अतएव उसको चलाने के लिए दूसरी कोई चीज चाहिए। यदि इस शरीर का गठन और परिचालन करने के लिए इस शरीर से भिन्न अन्य किसी वस्तु की आवश्यकता होती हो, तो इसी तर्क के बल पर, इस ज्योतिर्मय देह का गठन और परिचालन करने के लिए भी इससे भिन्न अन्य कोई वस्तु चाहिए। यह 'अन्य कोई वस्तु' ही संस्कृत भाषा में आत्मा नाम से संबोधित हुई। यह आत्मा ही इस ज्योतिर्मय देह में से मानो स्थूल शरीर पर काम कर रही है। यह ज्योतिर्मय शरीर ही मन का आधार कहा जाता है और आत्मा इससे अतीत है।

आत्मा मन नहीं है, वह मन पर कार्य करती है और मन के माध्यम से शरीर पर। तुम्हारी एक आत्मा है, मेरी भी एक आत्मा है। सभी की अलग-अलग आत्मा है और एक-एक सूक्ष्म शरीर भी। इस सूक्ष्म शरीर की सहायता से हम स्थूल शरीर पर कार्य करते हैं। अब प्रश्न उठने लगा–आत्मा और उसके स्वरूप के संबंध में। शरीर और मन से पृथक इस आत्मा का क्या स्वरूप है? बहुत से वाद-प्रतिवाद होने लगे, नाना प्रकार के सिद्धांत और अनुमान होने लगे, अनेकविध दार्शनिक

अनुसंधान होने लगे। इस आत्मा के संबंध में वे जिन सिद्धांतों पर पहुंचे, मैं तुम्हारे समक्ष उनका वर्णन करने का प्रयत्न करूंगा।

भिन्न-भिन्न दर्शनों का इस विषय में मतैक्य देखा जाता है कि आत्मा का स्वरूप जो कुछ भी हो, उसकी कोई आकृति नहीं है और जिसकी आकृति नहीं, वह अवश्य सर्वव्यापी होगा। काल का आरंभ मन से होता है—देश भी मन के अंतर्गत है। काल को छोड़ कार्य-कारण भाव नहीं रह सकता। कर्म की भावना के बिना कार्य-कारण भाव नहीं रह सकता। अतएव देश-काल-निमित्त मन के अंतर्गत हैं और यह आत्मा, मन से अतीत और निराकार होने के कारण, देश-काल-निमित्त से परे है। जब वह देश-काल-निमित्त से अतीत है, तो अवश्य अनंत होगी। अब हमारे हिंदू दर्शन का उच्चतम विचार आता है। अनंत कभी दो नहीं हो सकते। यदि आत्मा अनंत है, तो केवल एक ही आत्मा हो सकती है और यह जो अनेक आत्माओं की धारणा है—तुम्हारी एक आत्मा, मेरी दूसरी आत्मा—यह सत्य नहीं है। अतएव मनुष्य का प्रकृत स्वरूप एक ही है, वह अनंत और सर्वव्यापी है और यह प्रातिभासिक जीव मनुष्य के इस वास्तविक स्वरूप का एक सीमाबद्ध भाव-मात्र है। इसी अर्थ में पूर्वोक्त पौराणिक तत्त्व भी सत्य हो सकते हैं कि प्रातिभासिक जीव, चाहे वह कितना ही महान क्यों न हो, मनुष्य के इस अतींद्रिय, प्रकृत स्वरूप का धुंधला प्रतिबिंब-मात्र है। अतएव मनुष्य का प्रकृत स्वरूप—आत्मा कार्य-कारण से अतीत होने के कारण, देश-काल से अतीत होने के कारण अवश्य मुक्तस्वभाव है। वह कभी बद्ध नहीं थी, न ही बद्ध हो सकती। यह प्रातिभासिक जीव, यह प्रतिबिंब, देश-काल-निमित्त के द्वारा सीमाबद्ध होने के कारण बद्ध है अथवा हमारे कुछ दार्शनिकों की भाषा में, 'प्रतीत होता है मानो वह बद्ध हो गई है, पर वास्तव में वह बद्ध नहीं है।'

हमारी आत्मा के भीतर जो यथार्थ सत्य है, वह यही है कि आत्मा सर्वव्यापी है, अनंत है, चैतन्य स्वभाव है। हम स्वभाव से ही वैसे है—हमें प्रयत्न करके वैसा नहीं बनना पड़ता। प्रत्येक आत्मा अनंत है, अतः जन्म और मृत्यु का प्रश्न उठ ही नहीं सकता। कुछ बालक परीक्षा दे रहे थे। परीक्षक कठिन-कठिन प्रश्न पूछ रहे थे। उनमें यह भी प्रश्न था—'पृथ्वी गिरती क्यों नहीं?' वे गुरुत्वाकर्षण के नियम आदि से संबंधी उत्तर की आशा कर रहे थे। अधिकांश बालक-बालिकाएं कोई उत्तर न दे सके। कोई-कोई गुरुत्वाकर्षण या और कुछ करके इस प्रश्न का समाधान कर दिया—'पृथ्वी गिरेगी कहां पर?' यह प्रश्न ही तो गलत है! पृथ्वी गिरे कहां? पृथ्वी के लिए गिरने और उठने का कोई अर्थ नहीं। अनंत देश में ऊपर और नीचे नहीं होता। ये दोनों सापेक्ष देश में है। जो अनंत है, वह कहां जाएगा और कहां से आएगा?

जब मनुष्य भूत और भविष्य की चिंता–'उसका क्या होगा', इस चिंता का त्याग कर देता है, जब वह देह को सीमाबद्ध और इसलिए उत्पत्ति-विनाशशील जानकर देहाभिमान का त्याग कर देता है, तब वह एक उच्चतर आदर्श में पहुंच जाता है। देह भी आत्मा नहीं और मन भी आत्मा नहीं, क्योंकि इन दोनों में ह्रास और वृद्धि होती है। जड़ जगत से अतीत आत्मा ही अनंत काल तक रह सकती है। शरीर और मन सतत परिवर्तनशील हैं। वे दोनों परिवर्तनशील कुछ घटना-श्रेणियों के केवल नाम हैं। वे मानो एक नदी के समान हैं, जिसका प्रत्येक जल-परमाणु सतत चलायमान है, फिर भी वह नदी सदा एक अविच्छिन्न प्रवाह-सी दिखती है। इस देह का प्रत्येक परमाणु सदैव सतत परिणामशील है, किसी भी व्यक्ति का शरीर कुछ क्षण के लिए भी, एक समान नहीं रहता, फिर भी मन पर एक प्रकार का संस्कार बैठ गया है, जिसके कारण हम इसे एक ही शरीर समझते हैं। मन के संबंध में यही बात है, क्षण में सुखी, क्षण में दु:खी, क्षण में सबल और क्षण में दुर्बल! वह सतत परिणामशील भंवर के समान है! अतएव मन भी आत्मा नहीं हो सकती, आत्मा तो अनंत है। इसमें परिवर्तन हो, यह एक असंभव बात है। यह कभी नहीं हो सकता। शरीर की दृष्टि से तुम और मैं एक स्थान से दूसरे स्थान को जा सकते हैं, जगत का प्रत्येक अणु-परमाणु नित्य परिणामशील है, पर जगत को एक समष्टि के रूप में लेने पर उसमें गति या परिवर्तन असंभव है। गति सर्वत्र सापेक्ष है। मैं जब एक स्थान से दूसरे स्थान को जाता हूं, तब किसी वस्तु के संदर्भ में ही। एक मेज अथवा अन्य किसी वस्तु के साथ तुलना करके ही मेरी वह गति समझ में आ सकती है। जगत का कोई परमाणु किसी दूसरे परमाणु की तुलना में ही परिणाम को प्राप्त हो सकता है, किंतु संपूर्ण जगत को एक समष्टि रूप में लेने पर किसकी तुलना में उसका स्थान परिवर्तन होगा?

इस समष्टि के अतिरिक्त और कुछ तो है नहीं? अतएव यह अनंत इकाई अपरिणामी, अचल और निरपेक्ष है और यही पारमार्थिक सत्ता है। अत: हमारा सत्य सर्वव्यापकता में है, विनाश में नहीं। यही धारणा है कि मैं एक क्षुद्र, विनाशी, सतत परिणामी जीव हूं, कितना ही सुखद क्यों न हो, फिर भी यह एक पुराना भ्रम ही है। यदि किसी से कहो कि 'तुम सर्वव्यापी, अनंत पुरुष हो', तो वह डर जाएगा। सब के माध्यम से तुम कार्य कर रहे हो, सब पैरों द्वारा तुम चल रहे हो, सब मुखों से तुम बातचीत कर रहे हो, सब हृदयों से अनुभव कर रहे हो।

ऐसी बातें यदि तुम किसी से कहो, तो वह डर जाएगा। वह तुमसे बार-बार पूछेगा कि क्या फिर उसका अपना व्यक्तित्व नहीं रह जाएगा? क्या मैं नहीं रह जाऊंगा? यह व्यक्तित्व 'मैं' क्या है? यदि जान पाऊं, तो अच्छा हो! छोटे बालक

के मूंछें नहीं होतीं। बड़े होने पर उसके दाढ़ी-मूंछें निकल आती हैं। यदि 'अहं' या व्यक्तित्व शरीर में रहता होता, तब तो बालक का व्यक्तित्व नष्ट हो गया होता। यदि 'अहं' या व्यक्तित्व शरीरगत् होता, तब तो हमारी एक आंख अथवा हाथ नष्ट हो जाने पर वह नष्ट हो जाता, फिर शराबी का शराब छोड़ना ठीक नहीं, क्योंकि तब तो उसका व्यक्तित्व ही नष्ट हो जाएगा। चोर का साधु बनना भी ठीक नहीं, क्योंकि इससे वह अपना व्यक्तित्व खो बैठेगा। तब तो फिर कोई भी अपना व्यसन छोड़ना न चाहेगा, पर बात यह है कि अनंत को छोड़कर और किसी में व्यक्तित्व है ही नहीं। केवल इस अनंत का ही परिवर्तन नहीं होता, अन्य शेष सभी का सतत परिवर्तन होता रहता है। व्यक्तित्व भाव स्मृति में भी नहीं है। स्मृति में यदि व्यक्तित्व भाव रहता, तो मस्तिष्क में गहरी चोट लगने से स्मृति-लोप हो जाने पर वह नष्ट हो जाता और हमारा बिलकुल लोप हो जाता! बचपन के पहले दो-तीन वर्षों का मुझे कोई स्मरण नहीं, यदि स्मृति पर मेरा अस्तित्व निर्भर होता तो फिर कहना पड़ेगा कि इन दो-तीन वर्षों में मेरा अस्तित्व ही नहीं था, तब तो मेरे जीवन का जो अंश मुझे स्मरण नहीं, उस समय मैं जीवित ही नहीं था-यही कहना पड़ेगा। यह 'व्यक्तित्व' का बहुत संकीर्ण अर्थ है।

हम अभी तक 'व्यक्ति' या 'मैं' नहीं हैं। हम इसी 'व्यक्तित्व' को प्राप्त करने के लिए संघर्ष कर रहे हैं और वह अनंत है, वही मनुष्य का प्राकृत स्वरूप है। जिनका जीवन संपूर्ण जगत को व्याप्त किए हुए है, वे ही जीवित हैं और हम जितना ही अपने जीवन को शरीर आदि छोटे-छोटे विनाशी पदार्थों में बद्ध करके रखेंगे, उतना ही हम मृत्यु की ओर अग्रसर होंगे। जितने क्षण हमारा जीवन समस्त जगत में व्याप्त रहता है, दूसरों में व्याप्त रहता है, उतने ही क्षण हम जीवित रहते हैं।

इस क्षुद्र जीवन में अपने को बद्ध कर रखना तो मृत्यु है और इसी कारण हमें मृत्यु-भय होता है। मृत्यु-भय तो तभी जीता जा सकता है, जब मनुष्य यह समझ ले कि जब तक जगत में एक भी जीवन शेष है, तब तक वह भी जीवित है। जब वह कह सकता है कि 'मैं सब वस्तुओं में, सब देहों में, सब प्राणियों में विद्यमान हूं। मैं ही जगत हूं, संपूर्ण जगत ही मेरा शरीर है! जब तक एक भी परमाणु शेष है, तब तक मेरी मृत्यु कहां? कौन कहता है कि मेरी मृत्यु होगी?' तभी यह निर्भीक अवस्था आती है। सतत परिणामशील वस्तुओं में अविनाशित्व खोजना भारी भूल है।

एक प्राचीन भारतीय दार्शनिक ने कहा है कि आत्मा अनंत है, इसलिए आत्मा ही 'अविभाज्य व्यक्तित्व' हो सकती है। अनंत का विभाजन नहीं किया

जा सकता–अनंत को खंड-खंड नहीं किया जा सकता। वह सदा एक, अविभक्त समष्टि स्वरूप, अनंत आत्मा ही है और वही मनुष्य का 'यथार्थ मैं' को व्यक्त जगत में अभिव्यक्त करने के प्रयत्न का फल-मात्र है। 'क्रम-विकास' आत्मा में नहीं है। यह जो सब परिवर्तन हो रहा है–बुरा व्यक्ति भला हो रहा है, पशु मनुष्य हो रहा है–यह सब कभी आत्मा में नहीं होता। कल्पना करो कि एक परदा मेरे सामने है और उसमें एक छोटा-सा छिद्र है, जिसमें से मैं केवल कुछ चेहरे देख सकता हूं। यह छिद्र जितना बड़ा होता जाता है, सामने का दृश्य उतना ही अधिक मेरे सम्मुख प्रकट होता जाता है और जब यह छिद्र पूरे परदे को व्याप्त कर लेता है, तब मैं तुम सबको स्पष्ट देख लेता हूं। यहां पर तुममें कोई परिवर्तन नहीं हुआ, तुम जो थे, वही रहे। केवल छिद्र का क्रम-विकास होता रहा और उसके साथ-साथ तुम्हारी अभिव्यक्ति क्रमशः अधिक होती रही। आत्मा के संबंध में भी यही बात है। तुम पहले से ही मुक्त स्वभाव और पूर्ण हो–पूर्णत्व को प्रयत्न करके मिलाना नहीं पड़ता।

हम देखते हैं, सब लोग सुख की खोज करते हैं, पर अधिकतर लोग नश्वर, मिथ्या वस्तुओं में उसको ढूंढते फिरते हैं। इंद्रियों में कभी किसी को सुख नहीं मिलता। सुख तो केवल आत्मा में मिलता है। अतएव आत्मा में इस सुख की प्राप्ति ही मनुष्य का सबसे बड़ा प्रयोजन है। एक और बात यह है कि अज्ञान ही सब दुःखों का कारण है और मूलभूत अज्ञान तो यही है कि जो अनंत स्वरूप है, वह अपने को विनाशी मानकर रोता है, चिल्लाता है। समस्त अज्ञान का आधार यही है कि हम अविनाशी, नित्य शुद्ध, पूर्ण आत्मा होते हुए भी सोचते हैं कि हम छोटे-छोटे मन हैं, हम छोटी-छोटी देह-मात्र हैं, यही समस्त स्वार्थपरता ही जड़ है।

धर्म, ईश्वर या परलोक संबंधी ये सब धारणाएं कहां से आईं? मनुष्य 'ईश्वर, ईश्वर' करता क्यों घूमता फिरता है? सभी देशों में, सभी समाजों में मनुष्य क्यों पूर्ण आदर्श का अन्वेषण करता फिरता है–भले ही वह आदर्श मनुष्य में हो अथवा ईश्वर में या अन्य किसी वस्तु में? इसलिए कि वह भाव तुम्हारे ही भीतर विद्यमान है। वह थी तुम्हारे हृदय की धड़कन और तुम उसे नहीं जानते थे, तुम सोचते थे कि बाहर की कोई वस्तु यह ध्वनि कर रही है। तुम्हारी आत्मा में विराजमान ईश्वर ही तुम्हें अपना अनुसंधान करने को–अपनी उपलब्धि करने को प्रेरित कर रहा है। यहां, वहां, मंदिर में, गिरजाघर में, स्वर्ग में, 'मर्त्य में, विभिन्न स्थानों में अनेक

उपायों से अन्वेषण करने के बाद अंत में हमने जहां से आरंभ किया था, वहीं अर्थात् अपनी आत्मा में ही हम एक चक्कर पूरा करके वापस आ जाते हैं और देखते हैं कि जिसकी हम समस्त जगत में खोज करते फिर रहे थे, जिसके लिए हमने मंदिरों और गिरजाघरों में जा-जा कातर होकर प्रार्थनाएं कीं, आंसू बहाए, जिसको हम सुदूर आकाश में मेघराशि के पीछे छिपा हुआ अव्यक्त और रहस्यमय समझते रहे, वह हमारे निकट से भी निकट है, प्राणों का प्राण है, हमारा शरीर है, हमारी आत्मा है। तुम ही 'मैं' हो, मैं ही 'तुम' हूं। यही तुम्हारा स्वरूप है–इसी को अभिव्यक्त करो। तुम्हें पवित्र होना नहीं पड़ेगा–तुम तो स्वरूपतः पवित्र ही हो। तुम्हें पूर्ण होना नहीं पड़ेगा–तुम तो स्वरूपतः पूर्ण ही हो। प्रकृति देश-कालातीत सत्य को परदे के समान ढके हुए है। तुम जो कुछ भी अच्छा विचार या अच्छा कार्य करते हो, उससे मानो वह आवरण धीरे-धीरे छिन्न होता रहता है और देश-कालातीत वह शुद्ध स्वरूप, अनंत स्वयं अभिव्यक्त होता रहता है।

यही मनुष्य का सारा इतिहास है। यह आवरण जितना ही सूक्ष्म होता जाता है, उतना ही प्रकृति के पीछे स्थित प्रकाश भी अपने स्वभाववश क्रमशः अधिकाधिक दीप्त होता जाता है, क्योंकि वह स्वयं नित्य ज्ञाता है। ज्ञान एक सीमाबद्ध भाव है, ज्ञान-लाभ करने के लिए उसका चिंतन ज्ञेय वस्तु के रूप में, विषय के रूप में करना पड़ता है। जो सारी वस्तुओं का ज्ञाता स्वरूप है, सब विषयों का विषयी स्वरूप है, इस विश्व ब्रह्मांड का साक्षी स्वरूप है, वह तुम्हारी ही आत्मा है। ज्ञान तो मानो एक निम्न अवस्था है–एक भ्रष्ट भाव-मात्र है। हम ही वह नित्य ज्ञाता आत्मा है, फिर उसे हम किस प्रकार जानेंगे?

प्रत्येक व्यक्ति वह आत्मा है और सब लोग विभिन्न उपायों से इसी आत्मा को जीवन में प्रकाशित करने का प्रयत्न कर रहे हैं! यदि ऐसा न होता तो ये सब नीति-संहिताएं कहां से आतीं? सारी नीति-संहिताओं का तात्पर्य क्या है? सभी नीति-संहिताओं में एक ही भाव भिन्न-भिन्न रूप से प्रकाशित हुआ है और वह है–दूसरों का उपकार करना। मनुष्य के प्रति, सारे प्राणियों के प्रति दया ही मानव जाति के समस्त सत्कर्मों का पथ-प्रदर्शक, प्रेरक है और यह सब 'मैं ही जगत हूं, यह जगत एक अखंड स्वरूप है' इसी सनातन सत्य के विचित्र भाव-मात्र हैं। यदि ऐसा न हो, तो दूसरों का हित करने में भला कौन-सी युक्ति है? मैं क्यों दूसरों का उपकार करूं? परोपकार करने को मुझे कौन बाध्य करता है? सर्वत्र समदर्शन से उत्पन्न जो सहानुभूति की भावना है, उसी से यह बात होती है। अत्यंत कठोर अंतःकरण भी कभी-कभी दूसरों के प्रति सहानुभूति से भर जाता है और-तो-और, जो व्यक्ति ''यह आपातप्रतीयमान 'व्यक्तित्व' वास्तव में भ्रम-मात्र

है, इस भ्रमात्मक 'व्यक्तित्व' में आसक्त रहना अत्यंत नीच कार्य है"–ये सब बातें सुनकर भयभीत हो जाता है, वही व्यक्ति तुमसे कहेगा कि संपूर्ण आत्मत्याग ही सारी नैतिकता का केंद्र है, किंतु पूर्ण आत्मत्याग क्या है? संपूर्ण 'अहं' या व्यक्तित्व का त्याग, सब प्रकार की स्वार्थपरता का त्याग। यह अहंकार और ममता पूर्व कुसंस्कारों के फल हैं और जितना ही इस 'व्यक्तित्व' का त्याग होता जाता है, उतनी ही आत्मा अपने नित्य स्वरूप में, अपनी पूर्ण महिमा में अभिव्यक्त होती है। यही वास्तविक आत्मत्याग है और यही समस्त नैतिक शिक्षा का आधार है, केंद्र है। मनुष्य इसे जाने या न जाने, समस्त जगत धीरे-धीरे इसी दिशा में जा रहा है, अल्पाधिक परिमाण में इसी का अभ्यास कर रहा है। बात केवल इतनी ही है कि अधिकांश लोग इसे अज्ञात रूप से कर रहे हैं। वे इसे ज्ञात रूप से करें। यह 'मैं' और 'मेरा' प्रकृत आत्मा नहीं है, किंतु केवल एक सीमाबद्ध भाव है–यह जानकर वे इस मिथ्या व्यक्तित्व को त्याग दें। आज जो मनुष्य नाम से परिचित है, वह जगत के अतीत उस अनंत सत्ता की एक झलक-मात्र है, उस सर्वस्वरूप अनंत अग्नि का एक स्फुल्लिंग-मात्र है, किंतु वह अनंत ही उसका यथार्थ स्वरूप है।

इस ज्ञान का फल, इस ज्ञान की उपयोगिता क्या है? आजकल सभी विषयों को उनकी उपयोगिता के मापदंड से नापा जाता है अर्थात् संक्षेप में यह कि इससे कितने रुपये, कितने आने और कितने पैसों का लाभ होगा? लोगों को इस प्रकार के प्रश्न का क्या अधिकार है? क्या सत्य को भी उपकार या धन के मापदंड से नापा जाएगा? मान लो कि उसकी कोई उपयोगिता नहीं है, तो क्या इससे सत्य घट जाएगा? उपयोगिता सत्य की कसौटी नहीं है। जो भी हो, इस ज्ञान में बड़ा उपकार तथा प्रयोजन भी है।

हम देखते हैं, सब लोग सुख की खोज करते हैं, पर अधिकतर लोग नश्वर, मिथ्या वस्तुओं में उसको ढूंढते फिरते हैं। इंद्रियों में कभी किसी को सुख नहीं मिलता। सुख तो केवल आत्मा में मिलता है। अतएव आत्मा में इस सुख की प्राप्ति ही मनुष्य का सबसे बड़ा प्रयोजन है। एक और बात यह है कि अज्ञान ही सब दुःखों का कारण है और मूलभूत अज्ञान तो यही है कि जो अनंत स्वरूप है, वह अपने को विनाशी मानकर रोता है, चिल्लाता है। समस्त अज्ञान का आधार यही है कि हम अविनाशी, नित्य शुद्ध, पूर्ण आत्मा होते हुए भी सोचते हैं कि हम छोटे-छोटे मन हैं, हम छोटी-छोटी देह-मात्र हैं, यही समस्त स्वार्थपरता की जड़ है।

ज्यों ही मैं अपने को एक क्षुद्र देह समझ बैठता हूं, त्यों ही मैं संसार के अन्यान्य शरीरों के सुख-दुःख की कोई परवाह न करते हुए अपने शरीर की रक्षा में, उसे सुंदर बनाने के प्रयत्न में लग जाता हूं। उस समय मैं तुमसे भिन्न हो जाता हूं। ज्यों

ही यह भेद-ज्ञान आता है, त्यों ही वह सब प्रकार के अमंगल के द्वार खोल देता है और सर्वविध दु:खों की उत्पत्ति करता है। अत: पूर्वोक्त ज्ञान की प्राप्ति से लाभ यह होगा कि यदि वर्तमान मानव जाति का एक बिलकुल छोटा-सा अंश भी इस क्षुद्र, संकीर्ण और स्वार्थी भाव का त्याग कर सके, तो कल ही यह संसार स्वर्ग में परिणत हो जाएगा, पर नाना प्रकार के यंत्र तथा बाह्य जगत संबंधी भौतिक ज्ञान की उन्नति से यह कभी संभव नहीं हो सकता। जिस प्रकार अग्नि में घी डालने से अग्निशिखा और भी वर्धित होती है, उसी प्रकार इन सब वस्तुओं से दु:खों की ही वृद्धि होती है।

आत्मा के ज्ञान के बिना जो कुछ भौतिक ज्ञान अर्जित किया जाता है, वह सब आग में घी डालने के समान है। उससे दूसरों के लिए प्राण उत्सर्ग कर देने की बात तो दूर ही रही, स्वार्थी लोगों को दूसरों की चीजें हर लेने के लिए, दूसरों के रक्त पर फलने-फूलने के लिए एक और यंत्र, एक और सुविधा मिल जाती है।

एक और प्रश्न है—क्या यह व्यवहार्य है? वर्तमान समाज में क्या इसे कार्यरूप में परिणत किया जा सकता है? इसका उत्तर यह है कि सत्य आधुनिक अथवा प्राचीन किसी समाज का सम्मान नहीं करता। समाज को ही सत्य का सम्मान करना पड़ेगा, अन्यथा समाज नष्ट हो जाएगा। समाजों को सत्य के अनुरूप ढाला जाना चाहिए, सत्य को समाज के अनुसार अपने को ढालना नहीं पड़ता। यदि नि:स्वार्थता के सामने महान सत्य समाज में कार्यरूप में परिणत नहीं किया जा सकता है, तो ऐसे समाज को छोड़कर वन में चले जाना ही बेहतर है। इसी का नाम साहस है।

साहस दो प्रकार का होता है। एक प्रकार का साहस है—तोप के मुंह में दौड़ जाना। दूसरे प्रकार का साहस है, आध्यात्मिक विश्वास।

एक बार एक दिग्विजयी सम्राट भारतवर्ष में आया। उसके गुरु ने उसे भारतीय साधुओं से साक्षात्कार करने का आदेश दिया था। बहुत खोज करने के बाद उसने देखा कि एक वृद्ध साधु एक पत्थर पर बैठे हैं। सम्राट ने उनके साथ कुछ देर बातचीत की और उनके ज्ञान से बहुत प्रभावित हुआ। उसने साधु को अपने साथ, अपने देश ले जाने की इच्छा प्रकट की।

साधु ने इसे स्वीकार नहीं किया और कहा, "मैं इस वन में बड़े आनंद से हूं।"

सम्राट बोला, "मैं समस्त पृथ्वी का सम्राट हूं। मैं आपको असीम ऐश्वर्य और उच्च पद-मर्यादा दूंगा।"

साधु बोले, "ऐश्वर्य, पद-मर्यादा आदि किसी बात की मेरी इच्छा नहीं।"

तब सम्राट ने कहा, "आप यदि मेरे साथ न चलेंगे, तो मैं आपको मार डालूंगा।"

इस पर साधु बहुत हंसे और बोले, "राजन्, आज तुमने अपने जीवन में सबसे

मूर्खतापूर्ण बात कही। तुम्हारी क्या हस्ती कि मुझे मारो? सूर्य मुझे सुखा नहीं सकता, अग्नि मुझे जला नहीं सकती, तलवार मेरा संहार नहीं कर सकती, क्योंकि मैं तो जन्मरहित, अविनाशी, नित्य विद्यमान, सर्वव्यापी, सर्वशक्तिमान आत्मा हूं।"

अपने में वह साहस लाओ, जो सत्य को जान सके, जो जीवन में निहित सत्य को दिखा सके, जो मृत्यु से न डरे, अपितु उसका स्वागत करे, जो मनुष्य को यह ज्ञान करा दे कि वह आत्मा है और सारे जगत में ऐसी कोई भी वस्तु नहीं, जो उसका विनाश कर सके–तब तुम मुक्त हो जाओगे, तब तुम अपनी यथार्थ आत्मा को जान लोगे।

यह आध्यात्मिक साहस है और दूसरा है सिंह का साहस।

सन् 1857 के गदर के समय एक मुसलमान सिपाही ने एक संन्यासी महात्मा को बुरी तरह घायल कर दिया। हिंदू विद्रोहियों ने उस मुसलमान को पकड़ लिया और उसे स्वामीजी के पास लाकर कहा, "आप कहें तो इसकी खाल खींच लें।"

स्वामीजी ने उसकी ओर देखकर कहा, "भाई, तुम्हीं वह हो, तुम्हीं वह हो–तत्वमसि।" और यह कहते-कहते उन्होंने शरीर छोड़ दिया।

यह दूसरा उदाहरण है। यदि तुम ऐसा समाज नहीं गढ़ सकते, जिसमें सर्वोच्च सत्य को स्थान मिले, तो धिक्कार है अपने बाहुबल पर तुम्हारे मिथ्या अभिमान को, धिक्कार है अपनी पाश्चात्य संस्थाओं पर तुम्हारे वृथा घमंड को! अपनी महत्ता और श्रेष्ठता को तुम क्यों व्यर्थ बघारते हो? यदि दिन-रात यही कहते रहो कि 'यह अव्यवहार्य है!' पैसे-कौड़ी को छोड़कर क्या और कुछ भी व्यवहार्य नहीं है? यदि ऐसा ही हो, तो फिर अपने समाज पर इतना घमंड क्यों करते हो? वही समाज सबसे श्रेष्ठ है, जहां सर्वोच्च सत्य को कार्य में परिणत किया जा सकता है–यही मेरा मत है। यदि समाज इस समय उच्चतम सत्य को स्थान देने में समर्थ नहीं है, तो उसे इस योग्य बनाओ। जितना शीघ्र तुम ऐसा कर सको, उतना ही अच्छा।

हे नर-नारियो! उठो, आत्मा के संबंध में जाग्रत होओ, सत्य में विश्वास करने का साहस करो, सत्य के अभ्यास का साहस करो। संसार को कुछ साहसी नर-नारियों की आवश्यकता है। अपने में वह साहस लाओ, जो सत्य को जान सके, जो जीवन में निहित सत्य को दिखा सके, जो मृत्यु से न डरे, अपितु उसका स्वागत करे, जो मनुष्य को यह ज्ञान करा दे कि वह आत्मा है और सारे जगत में

ऐसी कोई भी वस्तु नहीं, जो उसका विनाश कर सके–तब तुम मुक्त हो जाओगे, तब तुम अपनी यथार्थ आत्मा को जान लोगे।

आजकल के समाज में एक प्रवृत्ति देखी जा रही है और वह है–कार्य पर अधिक जोर देना और विचार की निंदा करना। कार्य अवश्य अच्छा है, पर वह भी तो विचार या चिंतन से उत्पन्न होता है, शरीर के माध्यम से शक्ति की जो छोटी-छोटी अभिव्यक्तियां होती हैं, उन्हीं को कार्य कहते हैं। बिना विचार या चिंतन के कोई कार्य नहीं हो सकता। अतः मस्तिष्क को ऊंचे-ऊंचे विचारों, ऊंचे-ऊंचे आदर्शों से भर लो और उनको दिन-रात मन के सन्मुख रखो, ऐसा होने पर इन्हीं विचारों से बड़े-बड़े कार्य होंगे। अपवित्रता की कोई बात मन में न लाओ, प्रत्युत मन से कहो कि मैं शुद्ध, पवित्र स्वरूप हूं। हम क्षुद्र हैं, हमने जन्म लिया है, हम मरेंगे, इन्हीं विचारों से हमने अपने आपको एकदम सम्मोहित कर रखा है और इसीलिए हम सर्वदा एक प्रकार के भय से कांपते रहते हैं।

एक सिंहनी, जिसका प्रसवकाल निकट था, एक बार अपने शिकार की खोज में बाहर निकली। उसने दूर भेडों के एक झुंड को चरते देख, उन पर आक्रमण करने के लिए ज्यों ही छलांग मारी, त्यों ही उसके प्राणपखेरू उड़ गए और एक मातृहीन सिंहशावक ने जन्म लिया। भेड़ें उस सिंह-शावक की देख-भाल करने लगीं। वह भेड़ों के बच्चों के साथ-साथ बड़ा होने लगा, भेड़ों की भांति घास-पात खाकर रहने लगा और भेड़ों की ही भांति 'मैं-मैं' करने लगा। यद्यपि वह कुछ समय बाद एक शक्तिशाली पूर्ण विकसित सिंह हो गया, फिर भी वह अपने को भेड़ ही समझता था।

इसी प्रकार दिन बीतते गए कि एक दिन एक बड़ा भारी सिंह शिकार के लिए उधर आ निकला, पर उसे यह देख बड़ा आश्चर्य हुआ कि भेड़ों के बीच में सिंह भी है और वह भेड़ों की ही भांति डरकर भागा जा रहा है। तब सिंह उसकी ओर यह समझाने के लिए बढ़ा कि तू सिंह है, भेड़ नहीं, पर ज्यों ही वह आगे बढ़ा, त्यों ही भेड़ों का झुंड और भी भागा और उसके साथ-साथ वह 'भेड़-सिंह' भी। जो हो, उसने उस भेड़-सिंह को उसके अपने यथार्थ स्वरूप को समझा देने का संकल्प नहीं छोड़ा। वह देखने लगा कि वह भेड़-सिंह कहां रहता है, क्या करता है।

एक दिन उसने देखा कि वह एक जगह पड़ा सो रहा है। देखते ही वह छलांग मारकर उसके पास जा पहुंचा और बोला, "अरे, तू भेड़ों के साथ रहकर अपना स्वभाव कैसे भूल गया? तू भेड़ नहीं है, तू तो सिंह है।"

भेड़-सिंह बोल उठा, "क्या कह रहे हो? मैं तो सिंह नहीं, भेड़ हूं?" उसे

विश्वास नहीं हुआ कि वह सिंह है और वह भेड़ों की भांति मिमियाने लगा। सिंह उसे उठाकर एक सरोवर के किनारे ले गया और बोला, ''यह देख अपना प्रतिबिंब और यह देख मेरा प्रतिबिंब।''

जगत की अनंत शक्ति तुम्हारे भीतर है। जो कुसंस्कार और भ्रम तुम्हारे मन को ढके हुए हैं, उन्हें भगा दो। साहसी बनो। सत्य को जानो और उसे जीवन में परिणत करो। चरम लक्ष्य भले ही बहुत दूर हो, पर 'उत्तिष्ठत, जाग्रत, प्राप्य वरान्निबोधत।' अर्थात् उठो, जागो, जब तक लक्ष्य तक न पहुंचो, तब तक मत रुको।

वह जल में उन दोनों परछाइयों की तुलना करने लगा। वह एक बार सिंह की ओर, फिर एक बार अपने प्रतिबिंब की ओर ध्यान से देखने लगा, तब वह क्षण-भर में ही जान गया कि 'सचमुच मैं तो सिंह ही हूं।' वह सिंह-गर्जना करने लगा और उसका भेड़ों का-सा मिमियाना न जाने कहां चला गया!

इसी प्रकार तुम सब सिंह हो—तुम आत्मा हो, शुद्ध, अनंत और पूर्ण हो। विश्व की महाशक्ति तुम्हारे भीतर है। 'हे सखे, तुम क्यों रोते हो? जन्म-मरण तुम्हारा भी नहीं है और मेरा भी नहीं। क्यों रोते हो? तुम्हें रोग-शोक कुछ भी नहीं है, तुम तो अनंत आकाश के समान हो। उस पर नाना प्रकार के मेघ आते हैं और कुछ देर खेलकर न जाने कहां अंतर्हित हो जाते हैं, पर वह आकाश जैसा पहले नीला था, वैसा ही नीला रहता है।' इसी प्रकार के ज्ञान का अभ्यास करना होगा। हम संसार में पाप-ताप क्यों देखते हैं?

किसी मार्ग में एक ठूंठ खड़ा था। एक चोर उधर से जा रहा था, उसने समझा कि वह कोई पहरेवाला है। अपनी प्रेमिका की बाट जोहनेवाले प्रेमी ने समझा कि वह उसकी प्रेमिका है। एक बच्चे ने जब उसे देखा, तो भूत समझकर डर के मारे चिल्लाने लगा। इस प्रकार भिन्न-भिन्न व्यक्तियों ने यद्यपि उसे भिन्न-भिन्न रूपों में देखा, तथापि वह एक ठूंठ के अतिरिक्त और कुछ भी न था।

हम स्वयं जैसे होते हैं, जगत को भी वैसा ही देखते हैं। मान लो, कमरे में मेज पर मोहर की एक थैली रखी है और एक छोटा बच्चा वहां खेल रहा है। इतने में एक चोर वहां आता है और उस थैली को चुरा लेता है। तो क्या बच्चा यह समझेगा कि चोरी हो गई? हमारे भीतर जो है, वही हम बाहर भी देखते हैं। बच्चे के मन में चोर नहीं है, अतएव वह बाहर भी चोर नहीं देखता। सब प्रकार के ज्ञान के संबंध में ऐसा ही है।

संसार के पाप-अत्याचार आदि की बात मन में न लाओ, पर रोओ कि तुम्हें जगत में अब भी पाप दिखता है। रोओ कि तुम्हें अब भी सर्वत्र अत्याचार दिखाई पड़ता है। यदि तुम जगत का उपकार करना चाहते हो तो जगत पर दोषारोपण करना छोड़ दो। उसे और भी दुर्बल मत करो। आखिर ये सब पाप, दुःख आदि क्या हैं? ये सब तो दुर्बलता के ही फल हैं। लोग बचपन से ही शिक्षा पाते हैं कि वे दुर्बल हैं, पापी हैं। इस प्रकार की शिक्षा से संसार दिन-पर-दिन दुर्बल होता जा रहा है। उनको सिखाओ कि वे सब उसी अमृत की संतान हैं–और-तो-और जिसके भीतर आत्मा का प्रकाश अत्यंत क्षीण है, उसे भी यही शिक्षा दो। बचपन से ही उनके मस्तिष्क में इस प्रकार के विचार प्रविष्ट हो जाएं, जिनसे उनकी यथार्थ सहायता हो सके, जो उनको सबल बना दे, जिनसे उनका कुछ यथार्थ हित हो। दुर्बलता और अवसादकारक विचार उनके मस्तिष्क में प्रवेश ही न करें।

सच्चिंतन के स्रोत में शरीर को बहा दो, अपने मन से सर्वदा कहते रहो, 'मैं ही वह हूं, मैं ही वह हूं', तुम्हारे मन में दिन-रात यह बात संगीत की भांति झंकृत होती रहे और मृत्यु के समय भी तुम्हारे अधरों पर 'सोऽहम्' खेलता रहे। यही सत्य है–जगत की अनंत शक्ति तुम्हारे भीतर है। जो कुसंस्कार और भ्रम तुम्हारे मन को ढके हुए हैं, उन्हें भगा दो। साहसी बनो। सत्य को जानो और उसे जीवन में परिणत करो। चरम लक्ष्य भले ही बहुत दूर हो, पर 'उत्तिष्ठत, जाग्रत, प्राप्य वरान्निबोधत' अर्थात् उठो, जागो, जब तक लक्ष्य तक न पहुंचो, तब तक मत रुको।

7

वेदांत दर्शन में अद्वैतवाद

तत्कालीन भारतवर्ष के सुप्रसिद्ध शहर लाहौर में 12 नवंबर, 1897 को विश्वगुरू विवेकानंद ने अपने देशवासियों को वेदांत दर्शन में अद्वैतवाद का मर्म समझाया। इस व्याख्यान में उन्होंने स्पष्ट किया कि अद्वैतवाद की शिक्षा से यह ज्ञान मिलता है कि दूसरों की हिंसा करते हुए तुम अपनी ही हिंसा करते हो, क्योंकि वे सब तुम्हारे ही स्वरूप हैं। दूसरों को कष्ट पहुंचाना स्वयं को ही कष्ट पहुंचाना है, अतः कदापि किसी को कष्ट नहीं देना चाहिए। इस व्याख्यान में विश्वगुरू आवश्यकतानुसार धर्मग्रंथों के उदाहरण भी प्रस्तुत करते हैं–

जगत दो हैं, जिनमें हम बसते हैं–एक बहिर्जगत और दूसरा अंतर्जगत। अति प्राचीन काल से ही मनुष्य इन दोनों भूमियों में समानांतर रेखाओं की तरह बराबर उन्नति करते आए हैं। खोज पहले बहिर्जगत में ही शुरू हुई। मनुष्यों ने पहले-पहल दुरूह समस्याओं के उत्तर बाह्य प्रकृति से पाने की चेष्टा की। प्रथमतः मनुष्यों ने अपने चारों ओर की वस्तुओं से सुंदर और उदात्त की तृष्णा निवृत्त करनी चाही। वे अपने को और अपने सभी

भीतरी भावों को स्थूल भाषा में प्रकाशित करने के लिए प्रवृत्त हुए तथा उन्हें जो सब उत्तर मिले, ईश्वर तत्त्व और उपासना तत्त्व के जो सब अति अद्भुत सिद्धांत उन्हें प्राप्त हुए और उस शिव-सुंदर का उन्होंने जो उच्छ्वासमय वर्णन किया, ये सभी वास्तव में अति अपूर्व हैं। बहिर्जगत से निस्संदेह उदात्त भावों का आविर्भाव हुआ, परंतु बाद में मनुष्य जाति के लिए जो अन्य जगत उन्मुक्त हुआ, वह और भी उदात्त, और भी सुंदर तथा अनंत गुना विस्तृत था।

वेदों के कर्मकांड भाग में हम धर्म के बड़े ही आश्चर्यजनक तत्त्वों का वर्णन पाते हैं। हम संसार की सृष्टि, स्थिति और प्रलय करने वाले विधाता के संबंध में यहां अत्यंत अद्भुत तत्त्व-समूह देखते हैं, ये सब हमारे सामने मर्मस्पर्शी भाषा में रखे गए हैं। तुममें से अनेक को ऋग्वेद संहिता का वह श्लोक, जो प्रलय के वर्णन में आया है, याद होगा। भावों को उद्दीप्त करने वाला ऐसा उदात्त वर्णन शायद कभी किसी ने नहीं किया। इन सबके होते हुए भी हम देखते हैं कि इनमें केवल बहिर्जगत की ही महत्ता का चित्रण किया गया है। वह वर्णन यद्यपि स्थूल का है और इसमें कुछ जड़त्व फिर भी लगा हुआ है, तथापि हम देखते हैं, जड़ और ससीम भाषा में यह असीम का ही वर्णन है। यह जड़ शरीर के अनंत विस्तार का वर्णन है, किंतु मन का नहीं, यह देश के अनंतत्व का वर्णन है, किंतु विचार का नहीं, इसलिए वेदों के दूसरे भाग में अर्थात् ज्ञानकांड में, हम देखते हैं, एक बिलकुल ही भिन्न प्रणाली का अनुसरण किया गया है। पहली प्रणाली थी, बाह्य प्रकृति में विश्व-ब्रह्मांड के प्रकृत सत्य का अनुसंधान। यह जड़ संसार से जीवन की सभी गंभीर समस्याओं का समाधान करने की चेष्टा थी।

'यस्यैते हिमवन्तो महित्वा'-'यह हिमालय पर्वत जिनकी महत्ता बता रहा है।' यह बड़ा ऊंचा विचार है अवश्य, किंतु फिर भी भारत के लिए यह पर्याप्त नहीं था। भारतीय मन को इस पथ का परित्याग करना पड़ा था। भारतीय गवेषणा पूर्णतया बर्हिजगत को छोड़कर दूसरी ओर मुड़ी-खोज अंतर्जगत में शुरू हुई, क्रमशः वे जड़ से चेतन में आए। चारों ओर से यह प्रश्न उठने लगा, मृत्यु के पश्चात् मनुष्य का क्या हाल होता है? 'अस्तीत्येके नायमस्तीति चैके'-'किसी-किसी का कथन है कि मनुष्य की मृत्यु के बाद भी आत्मा का अस्तित्व रहता है और कोई-कोई कहते हैं कि नहीं रहता, हे यमराज, इनमें कौन-सा सत्य है?'-**कठोपनिषद् -1/1/20**

यहां हम देखते हैं, एक दूसरी ही प्रणाली का अनुसरण किया गया है। भारतीय मन को बहिर्जगत से जो कुछ मिलना था, मिल चुका था, परंतु उससे इसकी तृप्ति नहीं हुई। अनुसंधान के लिए वह और आगे बढ़ा। समस्या के समाधान के लिए उसने अपने में ही गोता लगाया और तब यथार्थ मिला।

वेदों के इस भाग का नाम है—उपनिषद् या वेदांत या आरण्यक या रहस्य। यहां हम देखते हैं, धर्म बाहरी दिखावे से बिलकुल अलग है। यहां हम देखते हैं, आध्यात्मिक विषयों का वर्णन जड़ की भाषा से नहीं हुआ, आत्मा की भाषा से हुआ है। सूक्ष्मातिसूक्ष्म तत्त्वों के लिए तदनुरूप भाषा का व्यवहार किया गया है। यहां और कोई स्थूल भाव नहीं है, यहां जगत के विषयों से कोई समझौता नहीं है।

रामानुज ने उपनिषदों के संबंध में यथार्थ ही कहा है कि वेदांत वेदों का मुकुट है और सचमुच ही यह वर्तमान भारत की बाइबिल है। वेदों के कर्मकांड पर हिंदुओं को बड़ी श्रद्धा है, परंतु हम जानते हैं, युगों तक श्रुति के नाम से केवल उपनिषदों का ही अर्थ लिया जाता था। हम जानते हैं, हमारे बड़े-बड़े सब दर्शनकारों ने, व्यास हों, चाहे पतंजलि या गौतम, यहां तक कि सभी दर्शनशास्त्रों के जनकस्वरूप महापुरुष कपिल ने भी जब अपने मत के समर्थन में प्रमाणों का संग्रह करना चाहा, तब उनमें से प्रत्येक को उपनिषदों में ही प्रमाण मिले हैं और कहीं नहीं, क्योंकि शाश्वत् सत्य केवल उपनिषदों में ही है।

हमारी आज की धारणा से परे, उपनिषदों के वीर तथा साहसी महामना ऋषि निर्भय भाव से बिना समझौता किए ही मनुष्य जाति के लिए ऊंचे-से-ऊंचे तत्त्वों की घोषणा कर गए हैं, जो कभी भी प्रचारित नहीं हुए। ऐ हमारे देशवासियों, मैं उन्हीं को तुम्हारे आगे रखना चाहता हूं। वेदों का ज्ञानकांड एक विशाल महासागर है, इसका थोड़ा ही अंश समझने के लिए अनेक जन्मों की आवश्यकता है।

रामानुज ने उपनिषदों के संबंध में यथार्थ ही कहा है कि वेदांत वेदों का मुकुट है और सचमुच ही यह वर्तमान भारत की बाइबिल है। वेदों के कर्मकांड पर हिंदुओं को बड़ी श्रद्धा है, परंतु हम जानते हैं, युगों तक श्रुति के नाम से केवल उपनिषदों का ही अर्थ लिया जाता था। हम जानते हैं, हमारे बड़े-बड़े सब दर्शनकारों ने, व्यास हों, चाहे पतंजलि या गौतम, यहां तक कि सभी दर्शनशास्त्रों के जनकस्वरूप महापुरुष कपिल ने भी जब अपने मत के समर्थन में प्रमाणों का संग्रह करना चाहा, तब उनमें से प्रत्येक को उपनिषदों में ही प्रमाण मिले हैं और कहीं नहीं, क्योंकि शाश्वत् सत्य केवल उपनिषदों में ही है।

कुछ सत्य ऐसे हैं, जो किसी विशेष पथ से, विशेष-विशेष अवस्थाओं और समयों के अनुकूल, किसी-किसी निर्दिष्ट लक्ष्य की ओर बढ़ने के लिए होते हैं। युग की प्रथाओं के अनुसार उनकी प्रतिष्ठा होती है और वे किसी खास समय के

लिए ही उपयोगी होते हैं और कुछ सत्य ऐसे हैं, जिनकी प्रतिष्ठा मानव प्रकृति पर हुई है। उनका अस्तित्व तब तक रहेगा, जब तक मनुष्य जाति का अस्तित्व रहेगा। यही पिछले सत्य सार्वजनीन और सार्वकालिक कहे जा सकते हैं और भारत में बहुत कुछ परिवर्तन होने पर भी, हमारे खान-पान, रहन-सहन, वेषभूषा और उपासना प्रणालियों के बहुत कुछ परिवर्तित हो जाने पर भी श्रुतियों के ये सार्वभौम सत्य, वेदांत के ये अपूर्व तत्त्व, अपनी ही महिमा से अचल, अजेय और अविनाशी बनकर आज भी विद्यमान हैं।

उपनिषदों में जो तत्त्व अच्छी तरह विकसित हो पाए हैं, उनके बीज पहले ही से कर्मकांड में पाए जाते हैं। ब्रह्मांड तत्त्व की धारणा, जिसका अस्तित्व सब संप्रदायों के वेदांती मानते हैं, यहां तक कि मनोविज्ञान-तत्त्व भी, जिसे भारत की संपूर्ण चिंतन-प्रणालियों का उद्‍गम स्थान कहना चाहिए, कर्मकांड में वर्णित एवं संसार के सम्मुख प्रचारित हो चुके हैं। अतः वेदांत के आध्यात्मिक भाग पर कुछ कहने से पहले मुझे कर्मकांड के संबंध में कुछ कहना आवश्यक प्रतीत हो रहा है और वेदांत शब्द को मैं किस अर्थ में प्रयोग करता हूं, इसकी व्याख्या सर्वप्रथम करना चाहता हूं।

दुख की बात है कि आजकल हम लोग प्रायः एक विशेष भ्रम में पड़ जाते हैं। हम वेदांत से केवल अद्वैतवाद समझ लेते हैं, परंतु तुम लोगों को याद रखना चाहिए कि सभी धार्मिक पंथों का अध्ययन करना है, तो भारत के वर्तमान समय में प्रस्थानत्रय पढ़ने की भी उतनी ही आवश्यकता है। सबसे पहले हैं–श्रुतियां अर्थात् उपनिषद, दूसरे हैं–व्यास-सूत्र, जो अपने पहले के दर्शनों की समष्टि तथा चरम परिणतिस्वरूप होने के कारण अन्य दर्शनों से बढ़कर समझे जाते हैं और बात ऐसी नहीं कि ये दर्शन एक-दूसरे के विरोधी हैं, बल्कि वे एक-दूसरे के आधारस्वरूप हैं मानो सत्य की खोज करने वाले मनुष्यों को सत्य का क्रम-विकास दिखाते हुए, व्यास-सूत्रों में उनकी चरम परिणति हो गई है, व्यास-सूत्रों के मध्य में वेदांत की दिव्य टीका के रूप में गीता विद्यमान है।

भारत का हर एक धर्माभिमानी संप्रदाय–चाहे वह द्वैतवादी, अद्वैतवादी या वैष्णव हो, उपनिषद, गीता या व्यास-सूत्र को प्रामाणिक ग्रंथ मानता है। ये तीनों प्रस्थानत्रय कहे जाते हैं। हम देखते हैं, शंकराचार्य हों, चाहे रामानुज, मध्वाचार्य हों, चाहे वल्लभाचार्य अथवा चैतन्य हों, जिस किसी ने एक नवीन संप्रदाय की नींव डाली है, उसे इन तीनों प्रस्थानों को ग्रहण करना ही पड़ा और उन पर एक नए भाष्य की रचना करनी पड़ी। अतः वेदांत को उपनिषदों के किसी एक ही भाव में, द्वैतवाद विशिष्टाद्वैतवाद या अद्वैतवाद के रूप में आबद्ध कर देना ठीक नहीं।

जब वेदांत से ये सभी मत निकले हैं, तो उसे इन मतों की समष्टि ही कहना चाहिए। एक अद्वैतवादी अपने को वेदांती कहकर परिचय देने का जितना अधिकारी है, उतना ही रामानुज संप्रदाय का विशिष्टाद्वैतवादी भी है, परंतु मैं कुछ और बढ़कर कहना चाहता हूं कि हिंदू शब्द कहने से हम लोगों का वही अभिप्राय है, जो वास्तव में वेदांती का है। मैं तुमसे कहता हूं कि ये तीनों भारत में स्मरणातीत काल से प्रचलित हैं। तुम कदापि यह विश्वास न करो कि अद्वैतवाद के आविष्कारक शंकर थे। उनके जन्म से बहुत पहले ही से यह मत यहां था। वे केवल इसके अंतिम प्रतिनिधियों में से एक थे।

रामानुज के मत के लिए भी यही बात कहनी चाहिए। उनके भाष्य से ही यह सूचित हो जाता है कि उनके आविर्भाव से बहुत पहले से यह मत विद्यमान था। जो द्वैतवादी संप्रदाय अन्य संप्रदायों के साथ-साथ भारत में विद्यमान है, उन पर भी यही बात लागू होती है और अपने थोड़े से ज्ञान के आधार पर मैं इस निष्कर्ष पर पहुंचा हूं कि ये सब मत एक दूसरे के विरोधी नहीं हैं।

यह सच है कि संपूर्ण उपनिषदों का लक्ष्य एक है, 'कस्मिन्नु भगवो विज्ञाते सर्वमिदं विज्ञातं भवति'-वह कौन-सी वस्तु है, जिसे जान लेने पर संपूर्ण ज्ञान करतलगत हो जाता है?-**मुंडकोपनिषद् -1/3**

आजकल की भाषा में अगर कहा जाए तो यही कहना चाहिए कि उपनिषदों का उद्देश्य चरम एकत्व के आविष्कार की चेष्टा है और भिन्न तत्त्व में एकत्व की खोज ही ज्ञान है। हर एक विज्ञान इसी नींव पर प्रतिष्ठित है।

मनुष्यों का संपूर्ण ज्ञान भिन्नत्व में एकत्व की खोज पर ही प्रतिष्ठित है और यदि दृश्य-जगत की थोड़ी सी घटनाओं में ही एकत्व के अनुसंधान की चेष्टा क्षुद्र मानवीय विज्ञान का कार्य हो तो इस अपूर्व विचित्रता संकुल विश्व के भीतर, हम जिनके नाम और रूपों में सहसा वैभिन्न देख रहे हैं, जहां जड़ और चेतन में भेद विद्यमान है, जहां सभी चित्त-वृत्तियां एक-दूसरे से भिन्न हैं, जहां कोई रूप किसी दूसरे से नहीं मिलता, जहां प्रत्येक वस्तु अपर वस्तु से पृथक है, एकत्व का आविष्कार करने का हमारा उद्देश्य कितना कठिन है, परंतु इन विभिन्न स्तरों और अनंत लोकों के भीतर एकत्व का आविष्कार करना ही उपनिषदों का लक्ष्य है।

दूसरी ओर हमें अरुंधति न्याय का ही सहारा लेना चाहिए। यदि किसी को अरुंधति नक्षत्र दिखाना है तो पहले पासवाला उससे कोई बड़ा और उज्ज्वलतर नक्षत्र दिखाकर उस पर देखने वाले की दृष्टि स्थिर करनी चाहिए। इसके बाद छोटे नक्षत्र अरुंधति को दिखाना आसान होगा। इसी तरह सूक्ष्मतम ब्रह्म तत्त्व समझाने के लिए, दूसरे कितने ही स्थूल भावों के उपदेश देकर ऋषियों ने उच्च तत्त्व को

समझाया है। इस कथन को प्रमाणित करने के लिए मुझे ज्यादा कुछ नहीं करना, केवल उपनिषदों को तुम्हारे सामने रख देना है, फिर तुम स्वयं समझ जाओगे।

प्रायः प्रत्येक अध्याय द्वैतवाद या उपासना के उपदेश से आरंभ होता है। पहले शिक्षा दी गई है कि ईश्वर संसार का सृष्टिकर्ता है, संरक्षक है और अंत में प्रत्येक वस्तु उसी में विलीन हो जाती है, वही हमारा उपास्य है, वही शासक है, वही बहिर्प्रकृति और अंतर्प्रकृति का प्रेरक है, फिर भी वह मानो प्रकृति से बाहर है। एक कदम और बढ़कर हम देखते हैं, वे ही आचार्य बताते हैं कि ईश्वर प्रकृति से बाहर नहीं, बल्कि प्रकृति में अंतर्व्याप्त है। अंत में ये दोनों भाव भी छोड़ दिए गए हैं और जो कुछ है, सब वही है, कोई भेद नहीं।

'तत्त्वमसि श्वेतकेतो' अर्थात् हे श्वेतकेतु, तुम वही (ब्रह्म) हो।' अंत में यही घोषणा की गई कि जो समग्र जगत के भीतर विद्यमान है, वही मनुष्यों की आत्मा में भी विराजमान है। यहां किसी तरह का समझौता नहीं, यहां दूसरों के मतामत की परवाह नहीं की गई। यहां सत्य, निर्भीक सत्य निर्भीक भाषा में प्रचारित किया गया है। आजकल उस महान सत्य का उसी निर्भीक भाषा से प्रचार करने में हमें हरगिज न डरना चाहिए और ईश्वर की कृपा से मैं स्वयं को कम-से-कम उसी प्रकार के एक निर्भीक प्रचारक होने की आशा रखता हूं।

जब कोई यथार्थवादी कहता है कि इस मेज का अस्तित्व है, तब उसके कहने का अभिप्राय होता है कि उस मेज की अपनी एक खास निरपेक्ष सत्ता है, उसका अस्तित्व संसार की किसी भी दूसरी वस्तु पर अवलंबित नहीं और यदि यह संपूर्ण विश्व नष्ट हो जाए, तो भी वह ज्यों-की-त्यों ही बनी रहेगी। कुछ थोड़ा-सा विचार करने पर ही बात तुम्हारी समझ में आ जाएगी कि ऐसा कभी हो नहीं सकता। इस इंद्रिय-ग्राह्य संसार की सभी चीजें एक-दूसरे पर अवलंबित हैं, वे एक-दूसरे की अपेक्षा रखती हैं, वे सापेक्ष और परस्पर संबंधित हैं—एक का अस्तित्व दूसरे पर निर्भर है।

हमारे वस्तु-ज्ञान के तीन सोपान हैं—पहला यह है कि प्रत्येक वस्तु स्वतंत्र है और एक-दूसरे से अलग है, दूसरा यह है कि सभी वस्तुओं में पारंपरिक संबंध है और अंतिम सोपान यह है कि वस्तु एक ही है, जिसे हम लोग अनेक रूपों में देख रहे हैं।

ईश्वर के संबंध में अज्ञ मनुष्य की पहली धारणा यह होती है कि वह इस ब्रह्मांड के बाहर कहीं रहता है, जिसका मतलब है कि उस समय का ईश्वर-विषयक ज्ञान पूर्णतः मानवीय होता है अर्थात् जो कुछ मनुष्य करते हैं, ईश्वर भी वही करता है, भेद केवल यही है कि ईश्वर के कार्य अधिक बड़े

पैमाने पर तथा अधिक उच्च प्रकार के होते हैं। हम लोग पहले समझ चुके हैं कि ईश्वर-संबंधी ऐसी धारणा थोड़े ही शब्दों में कैसे अयौक्तिक और अपर्याप्त प्रमाणित की जा सकती है।

तुम सोच रहे हो, तुम शरीर भी हो और आत्मा भी हो और एक साथ ही तुम शरीर और आत्मा बन गए हो। यह कैसे हो सकता है? मन-ही-मन इसकी जांच करो। यदि तुम लोगों में कोई योगी होगा तो वह अपने को चैतन्य स्वरूप जानता होगा, उसके लिए शरीर है ही नहीं। यदि तुम साधारण मनुष्य होगे तो तुम अपने को देह सोचोगे, उस समय आत्मा के संपूर्ण ज्ञान का लोप हो जाएगा।

ईश्वर के संबंध में दूसरी धारणा यह है कि वह एक शक्ति है और उसी की सर्वत्र अभिव्यक्तियां हैं। इसे वास्तव में हम सगुण ईश्वर कह सकते हैं। 'चंडी' में इसी ईश्वर की बात कही गई है, परंतु इस पर ध्यान रहे कि यह ईश्वर केवल संपूर्ण कल्याणकारी गुणों का ही आधार नहीं है। ईश्वर और शैतान–दो देवता नहीं रह सकते, एक ही ईश्वर का अस्तित्व मानना पड़ेगा और हिम्मत बांधकर भला और बुरा उसी ईश्वर को मानना पड़ेगा और यह युक्तिसम्मत सिद्धांत मान लेने पर जो कुछ ठहरता है, उसे भी लेना होगा। हम 'चंड़ी' में पढ़ते हैं–

या देवी सर्वभूतेषु शान्तिरूपेण संस्थिता।
नमस्तस्यै नमस्तस्यै नमस्तस्यै नमो नमः॥
या देवी सर्वभूतेषु शुद्धिरूपेण संस्थिता।
नमस्तस्यै नमस्तस्यै नमस्तस्यै नमो नमः॥

–चंडी–5/47-1, 5/74-6

अर्थात् जो देवी सभी प्राणियों में शांति के रूप में अवस्थित है, उसे हम नमस्कार करते हैं। जो देवी सभी प्राणियों में शुद्धिरूपा होकर स्थित है, उसे हम नमस्कार करते हैं। उन्हें सर्व स्वरूप कहने से उसका फल चाहे जैसा हो, साथ ही उसे भी लेना होगा।

'हे गार्गी, सब कुछ आनंद है, इस संसार में जो कुछ आनंद देख रही हो, सब उसी आध्यात्मिक तत्त्व का अंश है।' इसकी सहायता से तुम हर एक काम कर सकते हो। मेरे सामने के इस प्रकाश में चाहे तुम किसी गरीब को हजार रुपए गिन दो और चाहे कोई दूसरा इसी प्रकाश में तुम्हारा जाली हस्ताक्षर करे, प्रकाश दोनों ही के लिए बराबर है। यह हुआ ईश्वर-ज्ञान का दूसरा सोपान।

तीसरा सोपान यह है कि ईश्वर न तो प्रकृति से बाहर ही है और न भीतर ही, बल्कि ईश्वर, प्रकृति, आत्मा, विश्व–ये सब पर्यायवाची शब्द हैं। दो वस्तुएं वास्तव में हैं ही नहीं, कुछ दार्शनिक शब्दों ने ही तुम्हें धोखा दिया है।

तुम सोच रहे हो, तुम शरीर भी हो और आत्मा भी हो और एक साथ ही तुम शरीर और आत्मा बन गए हो। यह कैसे हो सकता है? मन-ही-मन इसकी जांच करो। यदि तुम लोगों में कोई योगी होगा तो वह अपने को चैतन्य स्वरूप जानता होगा, उसके लिए शरीर है ही नहीं। यदि तुम साधारण मनुष्य होगे तो तुम अपने को देह सोचोगे, उस समय आत्मा के संपूर्ण ज्ञान का लोप हो जाएगा।

मनुष्य की देह है, आत्मा है और भी बहुत-सी चीजें हैं–इन सब दार्शनिक धारणाओं के रहने के कारण तुम लोग सोचते होगे कि ये सब एक ही समय में मौजूद हैं, परंतु ऐसा नहीं है। एक समय में एक वस्तु का अस्तित्व है। जब तुम जड़ वस्तु देख रहे हो, तब ईश्वर की चर्चा मत करो, क्योंकि तुम केवल कार्य ही देख रहे हो, उसका कारण तुम्हें नहीं दिखाई पड़ता और जिस समय तुम कारण देखोगे, उस समय कार्य का लोप हो जाएगा। तब यह संसार न जाने कहां चला जाता है, न जाने कौन इसे ग्रसित कर लेता है।

हे महात्मन्, हे तत्त्वविद्, समाधि अवस्था में ज्ञानी के हृदय में अनिर्वचनीय, केवल आनंद स्वरूप, उपमारहित, अपार, नित्यमुक्त, निष्क्रिय, असीम, आकाशतुल्य, अंशहीन, भेदरहित, पूर्ण स्वरूप ऐसा ही ब्रह्म प्रकाशमान होता है।

हे महात्मन्, हे तत्त्वविद्, समाधि अवस्था में ज्ञानी के हृदय में ऐसा पूर्ण ब्रह्म प्रकाशमान होता है, जो प्रकृति की विकृति से रहित है, अचिंत्य स्वरूप है, समभाव होने पर भी जिसकी समता करने वाला कोई नहीं है, जिसमें किसी तरह के परिणाम का संबंध नहीं है (जो अपरिमेय है), जो वेद-वाक्यों द्वारा सिद्ध है और जिसे हम अपनी सत्ता कहते हैं तथा जो उसका सार है।

हे महात्मन्, हे तत्त्वविद्, समाधि अवस्था में ज्ञानी के हृदय में ऐसा ब्रह्म प्रकाशमान होता है, जो जरा और मृत्यु से रहित है, जो पूर्ण, अद्वय और अतुलनीय है और जो महाप्रलयकालीन जलप्लावन में निमग्न उस समस्त विश्व के सदृश है, जिसके ऊपर, नीचे चारों तरफ जल-ही-जल है और जल की सतह पर तरंग की कौन कहे, एक छोटी-सी लहर भी नहीं है–निस्तब्धता और शांति है, समस्त दर्शन आदि का अंत हो गया है, मूर्खों तथा संतों के सभी लड़ाई-झगड़ों और युद्धों का सदा के लिए अंत हो गया है।–**विवेकचूडामणि–408-10**

मनुष्य की ऐसी अवस्था भी होती है और जब यह अवस्था आती है, तब संसार विलीन हो जाता है।

अब हमने देखा कि सत्य स्वरूप ब्रह्म अज्ञात और अज्ञेय है, परंतु अज्ञेयवादियों की दृष्टि से नहीं। हम 'उसे' जान गए, यह कहना भी पाखंडपूर्ण बात है, क्योंकि पहले ही से तुम वही (ब्रह्म) हो। हमने यह भी देखा है कि एक तरीके से ब्रह्म यह मेज नहीं है, फिर दूसरे तरीके से वह मेज है भी। नाम और रूप उठा लो, फिर जो सत्य वस्तु बची रहती है, वह वही है। वह हर एक वस्तु में सत्य स्वरूप है–

त्वं स्त्री त्वं पुमानसि त्वं कुमार उत वा कुमारी।
त्वं जीर्णो दण्डेन वंचसि त्वं जातो भवसि विश्वतोन्मुखः॥

–श्वेताश्वतरोपनिषद्–4/3

अर्थात् तुम्हीं स्त्री हो, पुरुष भी तुम्हीं हो, तुम कुमार, तुम कुमारी भी हो और तुम्हीं दंड का सहारा लिये हुए वृद्ध हो, विश्व में सर्वत्र तुम्हीं हो। अद्वैतवाद का यही विषय है। इस संबंध में कुछ बातें और हैं। इस अद्वैतवाद से सभी वस्तुओं के मूल तत्त्व की व्याख्या मिल जाती है।

हमने देखा है, तर्कशास्त्र और विज्ञान के आक्रमणों के विरोध में हम केवल इसी अद्वैतवाद को लेकर खड़े हो सकते हैं। अंत में सारे तर्कों को यहीं ठहरने की एक दृढ़ भूमि मिलती है। भारतीय वेदांती अपने सिद्धांत के पूर्ववर्ती सोपानों पर कभी दोषारोपण नहीं करते, बल्कि वे अपने सिद्धांत पर ठहरकर उन पर नजर डालते हुए, उनका समर्थन करते हैं। वे जानते हैं, वे सत्य हैं, सिर्फ वे गलत ढंग से उपलब्ध हुए हैं। भ्रम के आधार पर उनका वर्णन किया गया है। वे भी वही सत्य हैं, अंतर इतना ही है कि वे माया के माध्यम से देखे गए हैं, कुछ विकृत होने पर भी वे सत्य केवल सत्य ही हैं।

एक ही ब्रह्म है, जिसे अज्ञानी प्रकृति के बाहर देखता है, जिसे अल्पज्ञ संसार का अंतर्यामी देखता है, जिसका अनुभव ज्ञानी अपनी आत्मा के रूप में या स्वयं संपूर्ण विश्व के रूप में करता है। यह सब एक ही वस्तु है, एक ही वस्तु भिन्न-भिन्न भावों से दृष्टिगोचर हो रही है, माया के विभिन्न शीशों के भीतर से दिखाई दे रही है, विभिन्न मन से दिखाई दे रही है और पृथक-पृथक मन से दिखाई देने के कारण ही यह सब विभिन्नता है। केवल इतना ही नहीं, उनमें से एक भाव दूसरे में ले जाता है।

विज्ञान और सामान्य ज्ञान में क्या भेद है? रास्ते पर जब कभी कोई असाधारण घटना घट जाती है तो पथिकों में से किसी से उसका कारण पूछो। दस आदमियों में से कम-से-कम नौ आदमी कहेंगे, यह घटना भूतों की करामात है। वे बाहर सदा भूत-प्रेतों के पीछे दौड़ते हैं, क्योंकि अज्ञान का स्वभाव भी है, कार्य के बाहर कारण की खोज करना। एक पत्थर गिरने पर अज्ञ कहता है, भूत या शैतान

का फेंका हुआ पत्थर है, परंतु वैज्ञानिक कहता है, यह प्रकृति का नियम या गुरुत्वाकर्षण है।

विज्ञान और धर्म में सर्वत्र कौन-सा विरोध है? प्रचलित धर्म जितने हैं, सभी बहिरागत व्याख्या द्वारा आच्छन्न हैं। सूर्य के अधिष्ठाता देवता, चंद्र के अधिष्ठाता देवता–इस तरह के अनंत देवता हैं और जितनी घटनाएं घट रही हैं, सब कोई-न-कोई देवता या भूत कर रहा है। इसका सारांश यही है कि किसी विषय के कारण की खोज उसके बाहर की जाती है और विज्ञान का अर्थ यह है कि किसी वस्तु के कारण की व्याख्या उसी प्रकृति से की जाती है। धीरे-धीरे विज्ञान ज्यों-ज्यों प्रगति कर रहा है, त्यों-त्यों वह प्राकृतिक घटनाओं की व्याख्या भूत-प्रेतों और देवताओं के हाथ से छीनता जा रहा है। चूंकि आध्यात्मिक क्षेत्र में अद्वैतवाद इसकी साधना कर चुका है, इसलिए यही सबसे अधिक विज्ञानसम्मत धर्म है। इस जगत को विश्व के बाहर किसी ईश्वर ने नहीं बनाया, संसार के बाहर की किसी प्रतिभा ने इसे सृजित नहीं किया। यह आप-ही-आप सृष्ट हो रहा है, आप-ही-आप उसकी अभिव्यक्ति हो रही है, आप-ही-आप उसका प्रलय हो रहा है–एक ही अनंत सत्ता ब्रह्म है। 'तत्त्वमसि श्वेतकेतो' अर्थात् श्वेतकेतो, तुम वही ब्रह्म हो।

इस तरह तुम देख रहे हो, यही एकमात्र वैज्ञानिक धर्म बन सकता है, कोई दूसरा नहीं। इस अर्धशिक्षित वर्तमान भारत में आजकल प्रतिदिन विज्ञान की जो बकवास चल रही है, प्रतिदिन मैं जिस युक्तिवाद और विचारशीलता की दुहाई सुन रहा हूं, उससे मुझे आशा है, तुम्हारे समस्त संप्रदाय अद्वैतवादी होंगे और बुद्ध के शब्दों में 'बहुजन हिताय, बहुजन सुखाय' संसार में इस अद्वैतवाद का प्रचार करने का साहस करेंगे। यदि तुम ऐसा न कर सको तो मैं तुम्हें डरपोक समझूंगा। यदि तुमने अपनी कायरता दूर नहीं की, यदि अपने भय को तुमने बहाना बना लिया तो दूसरों को भी वैसी ही स्वाधीनता दो। बेचारे मूर्तिपूजक को बिलकुल उड़ा देने की चेष्टा न करो, उसे शैतान मत कहो। जो तुम्हारे साथ पूर्णतया सहमत न हो, उसी के पास अपना मत प्रचार करने के लिए न जाओ।

पहले यह समझो कि तुम खुद कायर हो और यदि तुम्हें समाज का भय है, यदि तुम्हें अपने ही प्राचीन कुसंस्कारों का इतना भय है, तो यह भी सोच लो कि जो लोग अज्ञ हैं, उन्हें अपने कुसंस्कारों का और कितना अधिक भय और बंधन होगा? अद्वैतवादियों की यही बात है। दूसरों पर दया करो। परमात्मा करे, कल ही संपूर्ण संसार केवल मत में ही नहीं, अनुभूति के संबंध में भी अद्वैतवादी हो जाए, परंतु यदि वैसा नहीं हो सकता, तो हमको जो अच्छा करते बने, वही करना चाहिए। अज्ञानी का हाथ पकड़कर उनकी शक्ति के अनुसार उन्हें धीरे-धीरे आगे ले चलो,

जितना वे आगे बढ़ सकते हैं और समझो कि भारत में सभी धर्मों का विकास क्रमोन्नति के नियमानुसार धीरे-धीरे हुआ है। बात ऐसी नहीं है कि बुरे से भला हो रहा है, बल्कि भले से और भी भला हो रहा है।

एक ही ब्रह्म है, जिसे अज्ञानी प्रकृति के बाहर देखता है, जिसे अल्पज्ञ संसार का अंतर्यामी देखता है, जिसका अनुभव ज्ञानी अपनी आत्मा के रूप में या स्वयं संपूर्ण विश्व के रूप में करता है। यह सब एक ही वस्तु है, एक ही वस्तु भिन्न-भिन्न भावों से दृष्टिगोचर हो रही है, माया के विभिन्न शीशों के भीतर से दिखाई दे रही है, विभिन्न मन से दिखाई दे रही है और पृथक-पृथक मन से दिखाई देने के कारण ही यह सब विभिन्नता है।

अद्वैतवाद की शिक्षा से तुम्हें यह ज्ञान होता है कि दूसरों की हिंसा करते हुए तुम अपनी ही हिंसा करते हो, क्योंकि वे सब तुम्हारे ही स्वरूप हैं। तुम्हें मालूम हो या न हो, सब हाथों से तुम्हीं कार्य कर रहे हो, सब पैरों से तुम्हीं चल रहे हो, राजा के रूप में तुम्हीं प्रासाद में सुखों का भोग कर रहे हो, फिर तुम्हीं रास्ते के भिखारी के रूप में अपना दु:खमय जीवन बिता रहे हो।

अज्ञ में भी तुम हो, विद्वान में भी तुम हो, दुर्बल में भी तुम हो, सबल में भी तुम हो। इस तत्त्व का ज्ञान प्राप्त कर तुम्हें सबके प्रति सहानुभूति रखनी चाहिए। चूंकि दूसरे को कष्ट पहुंचाना अपने ही को कष्ट पहुंचाना है, इसलिए हमें कदापि दूसरों को कष्ट नहीं देना चाहिए। यदि मैं बिना भोजन के मर भी जाऊं, तो भी मुझे इसकी चिंता नहीं, क्योंकि जिस समय मैं भूखा मर रहा हूं, उस समय मैं लाखों मुंह से भोजन भी कर रहा हूं। अतएव यह 'मैं' और 'मेरा' इन सब विषयों पर हमें ध्यान ही नहीं देना चाहिए। यह संपूर्ण संसार मेरा ही है, मैं ही एक दूसरी रीति से संसार के संपूर्ण आनंद का भोग कर रहा हूं और मेरा या इस संपूर्ण संसार का विनाश भी कौन कर सकता है? इस तरह देखते हो, अद्वैतवाद ही नैतिक तत्त्वों की एकमात्र व्याख्या है। अन्यान्य बाद में तुम्हें नैतिकता की शिक्षा दे सकते हैं, परंतु हम क्यों नीति-परायण हों, इसका हेतु निर्देश नहीं कर सकते। यह सब तो हुई व्याख्या की बात।

अद्वैतवाद की साधना में लाभ क्या है? उससे शक्ति प्राप्त होती है। तुमने जगत पर सम्मोहन का जो परदा डाल रखा है, उसे हटा दो। मनुष्य को दुर्बल न सोचो, उसे दुर्बल न कहो। समझ लो कि एक दुर्बलता शब्द में ही सब पापों और संपूर्ण अशुभ कर्मों का निर्देश हो जाता है। हमारे दोषपूर्ण कार्यों की मूल प्रेरक दुर्बलता

ही है। दुर्बलता के कारण ही मनुष्य सभी स्वार्थों में प्रवृत्त होता है। दुर्बलता के कारण ही मनुष्य दूसरों को कष्ट पहुंचाता है, दुर्बलता के कारण ही मनुष्य अपना सच्चा स्वरूप प्रकाशित नहीं कर सकता। सब लोग जानें कि वे क्या हैं? दिन-रात वे अपने स्वरूप 'सोऽहम्' का जप करें। माता के स्तनपान के साथ 'सोऽह्म' (मैं वही हूं)–इस ओजमयी वाणी का पान करें, *'श्रोतव्यो मन्तव्यो निदिध्या सितव्य'* आदि का पहले श्रवण करें, तत्पश्चात् वे उसका चिंतन करें और उसी चिंतन, उसी मनन से ऐसे कार्य होंगे, जिन्हें संसार ने कभी देखा ही नहीं था। किस तरह यह काम में लाया जाए? कोई-कोई कहते हैं–यह अद्वैतवाद कार्य में परिणत नहीं किया जा सकता अर्थात् भौतिक धरातल पर उसकी शक्ति का प्रकाश नहीं हुआ। इस कथन में आंशिक सत्य अवश्य है। वेद की इस वाणी का स्मरण करो–

ओमित्येकाक्षरं ब्रह्म ओमित्येकाक्षरं परम्।
ओमित्येकाक्षरं ज्ञात्वा, यो यदिच्छति तस्य तत्॥

अर्थात् ॐ ही ब्रह्म है, ॐ ही परम सत्ता है। जो इस ओंकार का रहस्य जानते हैं, वे जो कुछ चाहते हैं, वही उन्हें मिलता है।

अतएव पहले तुम इस ओंकार का रहस्य समझो। वह ओंकार तुम्हीं हो, इसका ज्ञान प्राप्त करो। इस 'तत्त्वमसि' महावाक्य का रहस्य समझो, तभी, केवल तभी तुम जो कुछ चाहोगे, वह पाओगे। यदि भौतिक दृष्टि से बड़े होना चाहो तो विश्वास करो, तुम बड़े हो। मैं एक छोटा-सा बुलबुला हो सकता हूं, तुम पर्वताकार ऊंची तरंग हो सकते हो, परंतु यह समझ रखो कि हम दोनों के लिए पृष्ठभूमि अनंत समुद्र ही है। अनंत ब्रह्म हमारी सब शक्ति और वीर्य का भंडार है और हम दोनों क्षुद्र हो या महान उसमें अपनी इच्छा-भर शक्ति-संग्रह कर सकते हैं। अतएव अपने पर विश्वास करो।

अद्वैतवाद का यह रहस्य है कि पहले अपने पर विश्वास करो, फिर अन्य सब पर। संसार के इतिहास में देखोगे कि केवल वे ही राष्ट्र महान एवं प्रबल हो सके हैं, जो आत्मविश्वास रखते हैं। हर एक राष्ट्र के इतिहास में तुम देखोगे, जिन व्यक्तियों ने अपने पर विश्वास किया, वे ही महान तथा सबल हो सके हैं।

यहां इस भारत में एक अंग्रेज आया था, वह एक साधारण क्लर्क था, रुपये-पैसे के अभाव से और दूसरे कारणों से भी उसने अपने सिर में गोली मारकर दो बार आत्महत्या करने की चेष्टा की और जब वह उसमें असफल हुआ, तब उसे विश्वास हो गया कि वह बड़े-बड़े काम करने के लिए पैदा हुआ है, वही लॉर्ड क्लाइव इस साम्राज्य का प्रतिष्ठाता बन गया। यदि वह पादरियों पर विश्वास करके घुटने टेककर 'हे प्रभु, मैं दुर्बल हूं, दीन हूं' ऐसा किया करता तो जानते

हो, उसे कहां जगह मिलती? निस्संदेह उसे पागलखाने में रहना पड़ता। उसी प्रकार की कुशिक्षाओं ने तुम्हें पागल बना डाला है।

हमारे इस देश में, इस वेदांत की जन्मभूमि में साधारण जनता को शत-शत वर्षों से सम्मोहित बनाकर इस तरह की हीन अवस्था में डाल दिया गया है। उनके स्पर्श में अपवित्रता समाई है, उनके साथ बैठने में छूत समा जाती है। उनसे कहा जा रहा है, निराशा के अंधकार में तुम्हारा जन्म हुआ है, सदा तुम इसी अंधेरे में पड़े रहो और उसका परिणाम यह हुआ कि वे लगातार डूबते चले जा रहे हैं, गहरे अंधेरे से और गहरे अंधेरे में डूबते चले जा रहे हैं।

मैंने सारे संसार में देखा है, दीनता के उस उपदेश से, जो दुर्बल का पोषक है, बड़े अशुभ परिणाम हुए हैं, मनुष्य जाति को उसने नष्ट कर डाला है। हमारी संतानों को जब ऐसी ही शिक्षा दी जाती है, तब इसमें क्या आश्चर्य, यदि वे अंत में अर्धविक्षिप्त हो जाते हैं।

यह अद्वैतवाद के व्यावहारिक पक्ष की शिक्षा है। अतएव अपने पर विश्वास रखो और यदि तुम्हें भौतिक ऐश्वर्य की आकांक्षा हो तो इसे कार्यान्वित करो, धन तुम्हारे पास आएगा। यदि विद्वान और बुद्धिमान होने की इच्छा है तो उसी ओर अद्वैतवाद का प्रयोग करो, तुम महामनीषी हो जाओगे और यदि तुम मुक्ति-लाभ करना चाहते हो तो तुम्हें आध्यात्मिक भूमि में इस अद्वैतवाद का प्रयोग करना होगा, तभी तुम परमानंद स्वरूप निर्वाण-लाभ करोगे। इतनी ही भूल हुई थी कि आज तक उसका प्रयोग आध्यात्मिकता की ओर हुआ था—बस। अब व्यावहारिक जीवन में उसके प्रयोग का समय आया है। अब उसे रहस्य-मात्र या गोपनीय रखने से काम नहीं चलेगा, अब वह हिमालय की गुफाओं और जंगलों में साधु-संन्यासियों ही के पास बंधा नहीं रहेगा—अब लोगों के दैनिक जीवन के कार्यों में उसका प्रयोग अवश्य होना चाहिए।

राजप्रासाद में, साधु-संन्यासियों की गुहा में, गरीबों की कुटियों में—सर्वत्र, यहां तक कि रास्ते के भिखारी द्वारा भी वह कार्यान्वित होगा, कारण क्या गीता में नहीं बतलाया गया?

स्वल्पमप्यस्य धर्मस्य त्रायते महतो भयात्।

—गीता—2/40

अर्थात् इस धर्म का अल्प-मात्र उपयोग भी बड़े भय से हमारा उद्धार कर सकता है। अतएव चाहे तुम स्त्री हो, चाहे शूद्र अथवा चाहे और ही कुछ हो,

तुम्हारे लिए भय का अल्प-मात्र भी कारण नहीं, कारण श्रीकृष्ण कहते हैं, धर्म इतना महान है कि इसका अल्प-मात्र अनुष्ठान करने से भी महाकल्याण की प्राप्ति होती है।

हे आर्य-संतान! आलसी होकर बैठे मत रहो–जागो, उठो और जब तक चरम लक्ष्य तक न पहुंच जाओ, तब तक मत रुको। अब अद्वैतवाद को व्यावहारिक क्षेत्र में प्रयोग करने का समय आया है। उसे अब स्वर्ग से मर्त्य में ले आना होगा। इस समय विधाता का विधान यही है।

हमारे प्राचीन काल के पूर्वज की वाणी से हमें निर्देश मिल रहा है कि इस अद्वैतवाद को स्वर्ग से पृथ्वी पर ले आओ। तुम्हारे उस प्राचीन शास्त्र का उपदेश संपूर्ण संसार में इस प्रकार व्याप्त हो जाएगा कि समाज के प्रत्येक मनुष्य की वह साधारण संपत्ति हो जाए, हमारी नस-नस में, रुधिर के प्रत्येक कण में उसका प्रवाह हो जाएगा।

तुम्हें सुनकर आश्चर्य होगा कि हम लोगों से कहीं बढ़कर अमेरिकनों ने वेदांत को अपने व्यावहारिक जीवन में चरितार्थ कर लिया है। मैं न्यूयॉर्क के समुद्र तट पर खड़ा-खड़ा देखा करता था, भिन्न-भिन्न देशों के लोग बसने के लिए अमेरिका आ रहे हैं। उन्हें देखकर मुझे यह मालूम होता था मानो उनका हृदय झुलस गया है, वे पैरों तले कुचले गए हैं, उनकी आशा मुरझा गई है, किसी से निगाह मिलाने की उनमें हिम्मत नहीं है, कपड़ों की एक पोटली-मात्र उनका सर्वस्व है और वे कपड़े भी फटे हुए हैं। पुलिस के आदमी को देखते ही वे भय से दूसरी ओर फुटपाथ पर चलने का इरादा करते हैं और फिर छह ही महीने में उन्हें देखो, वे साफ-सुथरे कपड़े पहने हुए सिर उठाकर सीधे चल रहे हैं और डटकर लोगों की नजर-से-नजर मिलाते हैं। ऐसा विचित्र परिवर्तन किसने किया?

सोचो, वह आदमी आरमेनिया या किसी दूसरी जगह से आ रहा है, वहां कोई उसे कुछ समझता नहीं था, सभी पीस डालने की चेष्टा करते थे। वहां सभी उससे कहते थे–'तू गुलाम होकर पैदा हुआ है, गुलाम ही रहेगा।' वहां उसके जरा भी हिलने-डुलने की चेष्टा करने पर वह कुचल डाला जाता था। चारों ओर की सभी वस्तुएं मानो उससे कहती थीं–'तेरे लिए कोई आशा नहीं, गुलाम होकर चिरकाल तक तू नैराश्य के अंधकार में पड़ा रह।' वहां बलवानों ने पीसकर उसकी जान निकाल ली थी और ज्यों ही वह जहाज से उतरकर न्यूयॉर्क के रास्ते पर चलने लगा, उसने देखा कि अच्छे कपड़े पहने हुए किसी भले आदमी ने उससे हाथ मिलाया। वह फटे कपड़े पहने था, जबकि दूसरा अच्छे-अच्छे कपड़ों से सुसज्जित था। उसे कोई अंतर नहीं पड़ा और कुछ आगे बढ़कर भोजनालय में जाकर उसने

देखा–भद्रमंडली मेज के चारों ओर बैठी भोजन कर रही थी। उसी मेज के एक ओर उससे भी बैठने के लिए कहा गया।

तुम चाहे हजारों समितियां गढ़ लो, चाहे बीस हजार राजनीतिक सम्मेलन करो, चाहे पचास हजार संस्थाएं स्थापित करो, इसका कोई फल न होगा, जब तक तुम्हारे भीतर वह सहानुभूति, वह प्रेम न आएगा, जब तक तुम्हारे भीतर वह हृदय न आएगा, जो सबके लिए सोचता है। जब तक फिर से भारत को बुद्ध का हृदय प्राप्त नहीं होता और भगवान कृष्ण की वाणी व्यावहारिक जीवन में परिणत नहीं की जाती, तब तक तुम्हारे लिए कोई आशा नहीं।

वह चारों ओर घूमने लगा–देखा, यह एक नया जीवन है। उसने देखा, ऐसी जगह भी है, जहां और पांच आदमियों में वह भी एक आदमी गिना जा रहा है। कभी मौका मिला तो वाशिंगटन जाकर संयुक्त राज्य के राष्ट्रपति से हाथ मिला आया, वहां उसने देखा, दूर के गांवों से मैले कपड़े पहने हुए किसान आकर राष्ट्रपति से हाथ मिला रहे हैं। तब उसकी आंखों से माया का परदा दूर हो गया। वह ब्रह्म ही है–मायावश इस तरह दुर्बलता तथा दासता के सम्मोहन में पड़ा हुआ था। अब उसने फिर से जाकर देखा–मनुष्यों के संसार में वह भी एक मनुष्य है।

हमारे इस देश में, इस वेदांत की जन्मभूमि में साधारण जनता को शत-शत वर्षों से सम्मोहित बनाकर इस तरह की हीन अवस्था में डाल दिया गया है। उनके स्पर्श में अपवित्रता समाई है, उनके साथ बैठने में छूत समा जाती है। उनसे कहा जा रहा है, निराशा के अंधकार में तुम्हारा जन्म हुआ है, सदा तुम इसी अंधेरे में पड़े रहो और उसका परिणाम यह हुआ कि वे लगातार डूबते चले जा रहे हैं, गहरे अंधेरे से और गहरे अंधेरे में डूबते चले जा रहे हैं। अंत में मनुष्य जितनी निकृष्ट अवस्था तक पहुंच सकता है, वहां तक वे पहुंच चुके हैं। ऐसा देश कहां है, जहां मनुष्य को जानवरों के साथ एक ही जगह पर सोना पड़ता हो? इसके लिए किसी दूसरे पर दोषारोपण न करो।

अज्ञ मनुष्य जो भूल किया करते हैं, वही भूल तुम मत करो। कार्य-कारण दोनों यहीं विद्यमान हैं। दोष वास्तव में हमारा ही है। हिम्मत बांधकर खड़े हो जाओ, अपने ही सिर सब दोष ले लो। दूसरों पर दोष न मढ़ो। तुम जो कष्ट भोग रहे हो, उसके एकमात्र कारण तुम ही हो।

अतः लाहौर के युवको, निश्चयपूर्वक समझो, इस आनुवंशिक तथा राष्ट्रीय

महापाप के लिए हमीं लोग उत्तरदायी हैं। बिना इसे दूर किए हमारे लिए कोई दूसरा उपाय नहीं है। तुम चाहे हजारों समितियां गढ़ लो, चाहे बीस हजार राजनीतिक सम्मेलन करो, चाहे पचास हजार संस्थाएं स्थापित करो, इसका कोई फल न होगा, जब तक तुम्हारे भीतर वह सहानुभूति, वह प्रेम न आएगा, जब तक तुम्हारे भीतर वह हृदय न आएगा, जो सबके लिए सोचता है। जब तक फिर से भारत को बुद्ध का हृदय प्राप्त नहीं होता और भगवान कृष्ण की वाणी व्यावहारिक जीवन में परिणत नहीं की जाती, तब तक तुम्हारे लिए कोई आशा नहीं। तुम लोग यूरोपियनों और उनकी सभा-समितियों का अनुकरण कर रहे हो, परंतु उनके हृदय के भावों का तुमने क्या अनुकरण किया है?

मैं तुमसे एक आंखों देखा किस्सा कहूंगा। यहां के यूरोपियनों का एक दल कुछ बर्मी लोगों को लेकर लंदन गया, बाद में पता चला कि वे यूरेशियन थे। वहां उन्होंने उन लोगों की एक प्रदर्शनी खोलकर खूब धनोपार्जन किया। अंत में सब धन आपस में बांटकर उन्होंने उन लोगों को यूरोप के किसी दूसरे देश में ले जाकर छोड़ दिया। ये गरीब बेचारे यूरोप की किसी भाषा का एक शब्द भी नहीं जानते थे, लेकिन ऑस्ट्रिया के अंग्रेज वैदेशिक प्रतिनिधि ने इन्हें लंदन भेज दिया। वे लोग लंदन में भी किसी को नहीं जानते थे, अतएव वहां जाकर भी निराश्रय अवस्था में पड़ गए, परंतु एक अंग्रेज महिला को इनकी सूचना मिली। वे इन बर्मी विदेशियों को अपने घर ले गईं और अपने कपड़े, अपने बिछौने तथा जो कुछ आवश्यक हुआ, सब देकर उनकी सेवा करने लगीं और समाचार-पत्रों में उन्होंने इनका हाल प्रकाशित करा दिया।

देखो, उसका फल कैसा हुआ? उसके दूसरे ही दिन मानो सारा राष्ट्र सचेत हो गया। चारों ओर से उनकी सहायता के लिए रुपये आने लगे। अंत में वे बर्मा वापस भेज दिए गए। उनकी राजनीतिक और दूसरी जितनी सभा-समितियां हैं, वे ऐसी ही सहानुभूति पर प्रतिष्ठित हैं, कम-से-कम अपने लिए उनकी दृढ़ नींव प्रेम पर आधारित है। वे संपूर्ण संसार को चाहे प्यार न कर सकें, बर्मी चाहे उनके शत्रु भले ही हों, परंतु इतना तो निश्चय ही है कि अपनी जाति के लिए उनका प्रेम अगाध है और अपने द्वार पर आए हुए विदेशियों के साथ भी वे सत्य, न्याय और दया का व्यवहार करते हैं।

पश्चिमी देशों के सभी स्थानों में उन्होंने किस तरह मेरा आतिथ्य-सत्कार और खातिरदारी की थी, इसका यदि मैं तुमसे उल्लेख न करूं तो यह मेरी अकृतज्ञता होगी। यहां वह हृदय कहां है कि जिसकी बुनियाद पर इस जाति की दीवार उठाई जाएगी? हम पांच आदमी मिलकर एक छोटी-सी सम्मिलित पूंजी से कंपनी खोलते

हैं। कुछ दिनों के अंदर हम लोग आपस में एक-दूसरे को पट्टी पढ़ाना शुरू कर देते हैं, अंत में सब कारोबार नष्ट-भ्रष्ट हो जाता है। तुम लोग अंग्रेजों के अनुकरण की बात कहते हो और उनकी तरह विशाल राष्ट्र का संगठन करना चाहते हो, परंतु तुम्हारी वह नींव कहां है? हमारी नींव बालू की है, इसलिए उस पर जो घर उठाया जाता है, वह थोड़े ही दिनों में टूटकर ध्वस्त हो जाता है।

हे आर्य संतान! आलसी होकर बैठे मत रहो–जागो, उठो और जब तक चरम लक्ष्य तक न पहुंच जाओ, तब तक मत रुको। अब अद्वैतवाद को व्यावहारिक क्षेत्र में प्रयोग करने का समय आया है। उसे अब स्वर्ग से मर्त्य में ले आना होगा। इस समय विधाता का विधान यही है।

अत: हे लाहौर के युवको! फिर अद्वैत की वही प्रबल पताका फहराओ, क्योंकि और किसी आधार पर तुम्हारे भीतर वैसा अपूर्व प्रेम नहीं पैदा हो सकता। जब तक तुम लोग उसी एक भगवान को सर्वत्र एक ही भाव से अवस्थित नहीं देखते, तब तक तुम्हारे भीतर वह प्रेम पैदा नहीं हो सकता, उसी प्रेम की पताका फहराओ। उठो, जागो, जब तक लक्ष्य पर नहीं पहुंच जाते, तब तक मत रुको। उठो, एक बार और उठो, क्योंकि त्याग के बिना कुछ नहीं हो सकता। दूसरे की यदि सहायता करना चाहते हो तो तुम्हें अपने अहंभाव को छोड़ना होगा।

मैं ईसाइयों की भाषा में कहता हूं–तुम ईश्वर और शैतान की सेवा एक साथ नहीं कर सकते। तुम्हें चाहिए वैराग्य। तुम्हारे पूर्व पुरुषों ने बड़े-बड़े कार्य करने के लिए संसार का त्याग किया था।

वर्तमान समय में ऐसे अनेक मनुष्य हैं, जिन्होंने अपनी ही मुक्ति के लिए संसार का त्याग किया है। तुम सब कुछ दूर फेंको, यहां तक कि अपनी मुक्ति का विचार भी दूर रखो–जाओ, दूसरों की सहायता करो।

तुम सदा बड़ी-बड़ी साहसिक बातें करते हो, परंतु अब तुम्हारे सामने यह व्यावहारिक वेदांत रखा गया है। तुम अपने इस तुच्छ जीवन की बलि देने के लिए तैयार हो जाओ। यदि ये राष्ट्र बचे रहे, तो तुम्हारे और हमारे जैसे हजारों आदमियों के भूखों मरने से भी क्या हानि होगी? यह राष्ट्र डूब रहा है। लाखों प्राणियों का शाप हमारे सिर है, सदा ही अजस्र जलधारा वाली नदी के समीप रहने पर भी तृष्णा के समय पीने के लिए हमने जिन्हें नाबदान का पानी दिया, उन अगणित लाखों मनुष्यों का, जिनके सामने भोजन के भंडार रहते हुए भी, जिन्हें हमने भूखों मार डाला, जिन्हें हमने अद्वैतवाद का तत्त्व सुनाया और जिनसे हमने तीव्र घृणा

की, जिनके विरोध में हमने लोकाचार का आविष्कार किया, जिनसे जबानी तो यह कहा कि सब बराबर हैं, सब वही एक ब्रह्म है, परंतु इस उक्ति को काम में लाने का तिल-मात्र भी प्रयत्न नहीं किया। 'मन में रखने ही से काम हो जाएगा, परंतु व्यावहारिक संसार में अद्वैतवाद को घसीटना? हरे! हरे!' अपने चरित्र का यह दाग मिटा दो। उठो, जागो! यदि वह क्षुद्र जीवन चला भी जाए तो क्या हानि है? सभी मरेंगे–साधु या असाधु, धनी या दरिद्र–सभी मरेंगे। चिरकाल तक किसी का शरीर नहीं रहेगा। अतएव उठो, जागो और संपूर्ण रूप से निष्कपट हो जाओ। भारत में घोर कपट समा गया है। चाहिए चरित्र, चाहिए इस तरह की दृढ़ता और चरित्र का बल, जिसमें मनुष्य आजीवन दृढ़व्रत बन सकें।

निन्दन्तु नीतिनिपुणा यदि वा स्तुवन्तु
लक्ष्मीः समाविशतु गच्छतु वा यथेष्टम्।
अद्यैव वा मरणमस्तु युगान्तरे वा
न्यायात्पथः प्रविचलन्ति पदं प धीराः॥

–भर्तृहरि नीतिशतकम्

अर्थात् नीति-निपुण मनुष्य निंदा करें, चाहे स्तुति, लक्ष्मी आएं या चली जाएं, मृत्यु आज ही हो, चाहे शताब्दी के पश्चात्, जो धीर हैं, वे न्यायमार्ग से एक पग भी नहीं हिलते।

उठो, जागो, समय बीतता जा रहा है और व्यर्थ के वितंडावाद में हमारी संपूर्ण शक्ति का क्षय होता जा रहा है। उठो, जागो, छोटे-छोटे विषयों और मत-मतांतरों को लेकर व्यर्थ का विवाद मत करो। तुम्हारे सामने सबसे महान कार्य पड़ा हुआ है-लाखों आदमी डूब रहे हैं, उनका उद्धार करो। उठो, जागो, संसार की आध्यात्मिकता की रक्षा के लिए हाथ बढ़ाओ और पहले अपने देश के कल्याण के लिए इस तत्त्व को काम में लाओ।

हमें आध्यात्मिकता की उतनी आवश्यकता नहीं, जितनी इस भौतिक संसार में अद्वैतवाद को थोड़ा कार्य में परिणत करने की। पहले रोटी और तब धर्म चाहिए। गरीब बेचारे भूखों मर रहे हैं और हम उन्हें आवश्यकता से अधिक धर्मोपदेश दे रहे हैं। मत-मतांतरों से पेट नहीं भरता।

हमारे दो दोष बड़े ही प्रबल हैं–पहला दोष हमारी दुर्बलता है, दूसरा है घृणा करना, हृदयहीनता। लाखों मत-मतांतरों की बात कह सकते हो, करोड़ों संप्रदायों को संगठित कर सकते हो, परंतु जब तक उनके दुख का अपने हृदय में अनुभव नहीं करते, वैदिक उपदेशों के अनुसार, जब तक स्वयं नहीं समझते कि वे तुम्हारे ही शरीर के अंश हैं, जब तक तुम और वे, धनी और दरिद्र, साधु और असाधु

सभी उसी एक अनंत पूर्ण के, जिसे तुम ब्रह्म कहते हो, अंश नहीं हो जाते, तब तक कुछ न होगा।

हमारे दो दोष बड़े ही प्रबल हैं–पहला दोष हमारी दुर्बलता है, दूसरा है घृणा करना, हृदयहीनता। लाखों मत-मतांतरों की बात कह सकते हो, करोड़ों संप्रदायों को संगठित कर सकते हो, परंतु जब तक उनके दुख का अपने हृदय में अनुभव नहीं करते, वैदिक उपदेशों के अनुसार, जब तक स्वयं नहीं समझते कि वे तुम्हारे ही शरीर के अंश हैं, जब तक तुम और वे, धनी और दरिद्र, साधु और असाधु सभी उसी एक अनंत पूर्ण के, जिसे तुम ब्रह्म कहते हो, अंश नहीं हो जाते, तब तक कुछ न होगा।

सज्जनो! मैंने तुम्हारे सामने अद्वैतवाद के कुछ प्रधान भावों को प्रकाशित करने की चेष्टा की और अब इसे काम में लाने का समय आ गया है। केवल इसी देश में नहीं, सब जगह।

आधुनिक विज्ञान के लोहे के मुग्दरों की चोट खाकर द्वैतवादात्मक धर्मों की मजबूत दीवार चूर-चूर हो रही है। ऐसा नहीं है कि द्वैतवादी संप्रदाय केवल यहीं शास्त्रों का अर्थ खींच-खींचकर कुछ-का-कुछ कर रहे हैं। खींचातानी की हद हो गई है–कहां तक खींचातानी हो? श्लोक रबर नहीं है। ऐसा नहीं कि केवल यहीं ये द्वैतवादी आत्मरक्षा के लिए अंधेरे के किसी कोने में छिपने की चेष्टा कर रहे हैं। नहीं, यूरोप और अमेरिका में तो यह प्रयत्न और भी ज्यादा है और वहां भी भारत के इस अद्वैतवाद का कुछ अंश जाना चाहिए। वह वहां पहुंच भी गया है। वहां दिन-दिन उसका प्रसार बढ़ाना चाहिए। पश्चिमी सभ्यता की भी इससे रक्षा होगी। कारण, पश्चिमी देशों में पहले का भाव उठ गया है और एक नया ढंग–कांचन की पूजा के रूप में शैतान की पूजा प्रवर्तित हुई है।

इस आधुनिक धर्म अर्थात् पारंपरिक प्रतियोगिता और कांचन की पूजा की अपेक्षा तो पहले से अपरिमार्जित धर्म की राह अच्छी थी। कोई भी राष्ट्र हो, चाहे वह कितना भी प्रबल क्यों न हो, ऐसी बुनियाद पर कभी नहीं टिक सकता और संसार का इतिहास हमसे पुकार-पुकारकर कह रहा है, जिन किन्हीं लोगों ने ऐसी बुनियाद पर अपने समाज की प्रतिष्ठा की, वे विनष्ट हो गए। भारत में कांचन-पूजा की यह तरंग न आ सके, उसकी ओर पहले ही से नजर रखनी होगी। अतएव सब में यह अद्वैतवाद प्रचारित करो, जिससे धर्म आधुनिक विज्ञान के प्रबल आघातों से भी अक्षत बना रहे। केवल इतना ही नहीं, तुम्हें दूसरों की भी सहायता करनी

होगी, तुम्हारे विचार यूरोप और अमेरिका के सहायक होंगे, परंतु सबसे पहले तुम्हें याद दिलाता हूं कि व्यावहारिक कार्य की आवश्यकता है और उसका प्रथमांश यह है कि घोर से घोरतम दारिद्र्य और अज्ञान-तिमिर में डूबे हुए साधारण लाखों भारतीयों की उन्नति-साधना के लिए उनके समीप जाओ और उनको अपने हाथ का सहारा दो तथा भगवान कृष्ण की यह वाणी याद रखो–

इहैव तैर्जितः सर्गो येषां साम्ये स्थितं मनः।
निर्दोष हि समं ब्रह्म तस्माद्ब्रह्मणि ते स्थिताः॥

अर्थात् जिनका मन इस साम्य भाव में अवस्थित है, उन्होंने इस जीवन में ही संसार पर विजय प्राप्त कर ली है। चूंकि ब्रह्म निर्दोष और सबके लिए सम है, इसलिए वे ब्रह्म में अवस्थित हैं।

खंड-3

पत्रावलियां

पत्र प्रायः व्यक्तिगत रूप से लिखे जाते हैं। इनमें एक व्यक्ति किसी अन्य व्यक्ति अथवा व्यक्तियों के प्रति अपने मन के उद्गारों को स्वाभाविक रूप से प्रकट करता है। पत्रों में स्नेह, प्रेम, उत्साह, घृणा, द्वेष और आक्रोश जैसे विभिन्न प्रकार के भावों की विशुद्ध व विस्तृत अभिव्यक्ति होती है। इनमें पत्र-लेखक की मानसिक स्थिति और व्यक्तित्व के स्पष्ट दर्शन मिलते हैं। इस खंड में विश्वगुरु विवेकानंद द्वारा लिखे गए कुछ चुने हुए विशेष पत्रों को प्रस्तुत किया गया है।

“ भारतवर्ष के सभी अनर्थों की जड़ है–जनसाधारण की गरीबी। पाश्चात्य देशों के गरीब तो निरे पशु हैं, उनकी तुलना में हमारे यहां के गरीब देवता हैं, इसीलिए हमारे यहां के गरीबों की उन्नति करना अपेक्षाकृत सहज है। अपने निम्न श्रेणी वालों के प्रति हमारा एकमात्र कर्तव्य है–उन्हें शिक्षा देना, उन्हें सिखाना कि इस संसार में तुम भी मनुष्य हो, तुम लोग भी प्रयत्न करने पर अपनी सब प्रकार की उन्नति कर सकते हो। अभी वे लोग यह भाव खो बैठे हैं। ”

1

हम अवश्य सफल होंगे

विश्वगुरु विवेकानंद ने मद्रास निवासी अपने शिष्य अलासिंगा पेरुमल को अमेरिका से 20 अगस्त, 1893 को पत्र लिखा। अमेरिका और भारत की विभिन्न रूपों में तुलना करते हुए विश्वगुरु पेरुमल को समझा रहे हैं कि अमेरिका में तो कैदियों तक से मानवीय व्यवहार किया जाता है, जबकि भारत में समस्याओं के अंबार लगे हैं। इन समस्याओं के निराकरण के लिए वे पेरुमल को सुझाव देते हैं कि इनका साहसपूर्वक सामना करो–यद्यपि हम क्षुद्र शक्ति हैं, तथापि हम अनंत ज्योति स्वरूप के बालक हैं। अतः एक दिन हम अवश्य सफल होंगे–

कल स्त्री-कैदखाने की व्यवस्थापिका श्रीमती जॉनसन महोदया यहां पधारी थीं। यहां 'कैदखाना' नहीं कहते, बल्कि 'सुधारशाला' कहते हैं। मैंने अमेरिका में जो बातें देखी हैं, उनमें यह एक बड़ी आश्चर्यजनक बात है। कैदियों से कैसा सहृदय व्यवहार किया जाता है, कैसे उनका चरित्र सुधर जाता है और वे लौटकर फिर कैसे समाज के आवश्यक अंग बन जाते हैं, ये सब बातें इतनी अद्भुत और सुंदर हैं कि तुम्हें बिना देखे

विश्वास नहीं होगा। यह सब देखकर जब मैंने अपने देश की दशा सोची तो मेरे प्राण बेचैन हो गए।

भारतवर्ष में हम लोग गरीबों को, साधारण लोगों को, पतितों को क्या समझा करते हैं, उनके लिए न कोई उपाय है, न बचने की राह और न उन्नति के लिए कोई मार्ग। भारत के दरिद्रों का, भारत के पतितों का, भारत के पापियों का कोई साथी नहीं, उन्हें कोई सहायता देने वाला नहीं। वे कितनी ही कोशिश क्यों न करें, उनकी उन्नति का कोई उपाय नहीं। वे दिन-पर-दिन डूबते जा रहे हैं। राक्षस जैसा नृशंस समाज उन पर जो लगातार चोटें कर रहा है, उसका अनुभव वे खूब कर रहे हैं, पर वे जानते नहीं कि वे चोटें कहां से आ रही हैं। वे भूल गए हैं कि वे भी मनुष्य हैं। इसका फल हुआ–दासत्व और पशुत्व।

चिंतनशील लोग कुछ समय से समाज की यह दुर्दशा समझ गए हैं, परंतु दुर्भाग्यवश वे हिंदू धर्म के माथे ये दोष मढ़ रहे हैं। वे सोचते हैं कि जगत के इस सर्वश्रेष्ठ धर्म का नाश ही समाज की उन्नति का एकमात्र उपाय है।

सुनो मित्र! प्रभु की कृपा से मुझे इसका रहस्य मालूम हो गया है। दोष धर्म का नहीं है, इसके विपरीत तुम्हारा धर्म तो तुम्हें यही सिखाता है कि संसार-भर के सभी प्राणी तुम्हारी ही आत्मा के विविध रूप हैं। समाज की इस हीनावस्था का कारण है–इस तत्त्व को व्यावहारिक आचरण में लाने का अभाव, सहानुभूति का अभाव, हृदय का अभाव।

भगवान तुम्हारे पास बुद्ध रूप में आए और तुम्हें गरीबों, दुखियों और पापियों के लिए आंसू बहाना और उनसे सहानुभूति करना सिखाया, परंतु तुमने उनकी बात पर ध्यान नहीं दिया। तुम्हारे पुरोहितों ने यह भयानक किस्सा गढ़ा कि भगवान भ्रांत मत का प्रचार कर असुरों को मोहित करने आए थे। सच है, पर असुर हम लोग हैं, न कि वे, जिन्होंने विश्वास किया और जिस तरह यहूदी प्रभु ईसा का निषेध कर आज सारी दुनिया में सताए और दुत्कारे जाकर भीख मांगते हुए फिर रहे हैं, उसी तरह तुम भी, जो भी जाति चाहती है, उसी के गुलाम बन रहे हो। हाय अत्याचारियो! तुम जानते नहीं कि अत्याचार और गुलामी मानो एक ही सिक्के के दो पहलू हैं। गुलामी और अत्याचारी समानार्थक हैं।

बालाजी और जी.जी. को उस दिन की बात याद होगी, जब शाम को पांडिचेरी में एक पंडित से समुद्र-यात्रा के विषय पर हमारा वाद-विवाद हुआ था। उसके चेहरे की विकट बनावट और उसकी 'कदापि न' की बात मुझे सदैव याद रहेगी। इनकी अज्ञता की गहराई देखकर आश्चर्य करना पड़ता है। वे जानते नहीं कि भारतवर्ष जगत का एक अत्यंत छोटा हिस्सा है और सारा जगत इन तीस करोड़

मनुष्यों को बड़ी घृणा की दृष्टि से देखता है। वह देखता है कि ये सब मानो कीड़ों की तरह भारत के रमणीय क्षेत्र पर रेंग रहे हैं और एक दूसरे पर अत्याचार करने की कोशिश कर रहे हैं।

समाज की यह दशा दूर करनी होगी, धर्म का नाश करके नहीं, वरन् हिंदू धर्म के महान उपदेशों का अनुसरण करके और उसके साथ हिंदू धर्म की स्वाभाविक परिणति स्वरूप बौद्ध धर्म की अपूर्व सहृदयता को मुक्त करके। लाखों स्त्री-पुरुष पवित्रता के अग्नियंत्र से दीक्षित होकर, भगवान के प्रति अटल विश्वास से शक्तिमान बनकर और गरीबों, पतितों और पददलितों के प्रति सहानुभूति से

सिंह के समान साहसी बनकर इस संपूर्ण भारत देश में सर्वत्र उद्धार के संदेश का, सेवा के संदेश का, सामाजिक उत्थान के संदेश का, समानता के संदेश का प्रचार करते हुए विचरण करेंगे।

पृथ्वी पर ऐसा कोई धर्म नहीं है, जो हिंदू धर्म के समान इतने उच्च स्वर से मानवता के गौरव का उपदेश देता हो और पृथ्वी पर ऐसा कोई धर्म नहीं, जो हिंदू धर्म के समान गरीबों और निम्न जाति वालों का गला ऐसी क्रूरता से घोंटता हो। प्रभु ने मुझे दिखा दिया है कि इसमें धर्म का कोई दोष नहीं है, वरन् दोष उनका है, जो ढोंगी और दंभी हैं, जो 'पारमार्थिक' और 'व्यावहारिक' सिद्धांतों के रूप में अनेक प्रकार के अत्याचार के अस्त्रों का निर्माण करते हैं।

हताश न होना। याद रखना कि भगवान गीता में कह रहे हैं, तुम्हारा अधिकार कर्म है, फल में नहीं।' कमर बांधो वत्स, प्रभु ने मुझे इसी काम के लिए बुलाया है। जीवन-भर मैं अनेक कष्ट उठाता आया हूं। मैंने प्राणप्रिय आत्मीय जनों को एक प्रकार से अनाहार मरते देखा है। लोगों ने मेरी हंसी और अवज्ञा की है और मुझे कृपण कहा है। मद्रास से बहुत से लोग अब भी मुझे ऐसा समझते हैं और ये सब वे ही लोग हैं, जिन पर सहानुभूति करने से मुझे यह फल मिला। वास्तव में, यह संसार दुख का आगार तो है, परंतु यही महापुरुषों के लिए शिक्षणालय स्वरूप है। इस दुख से ही सहानुभूति, सहिष्णुता और सर्वोपरि उस अदम्य दृढ़ इच्छाशक्ति का विकास होता है, जिसके बल से मनुष्य सारे जगत के चूर-चूर हो जाने पर भी रत्ती-भर नहीं हिलता। मुझे उन लोगों के लिए दुख होता है, जो मुझे कपटी समझते हैं। वे दोषी नहीं हैं। वे बालक हैं, निरे बच्चे हैं, भले ही समाज में वे बड़े गणमान्य समझे जाएं।

उनके नियमित कार्य केवल खान-पान अर्थोपार्जन और वंश वृद्धि ही है और ये सब कार्य वे घड़ी के कांटे की तरह नियमित रूप से किए जाते हैं। इसके सिवा उन्हें और कुछ नहीं सूझता। अहा, कैसे सुखी हैं वे बेचारे! उनकी नींद किसी तरह टूटती ही नहीं।

सदियों के पाशविक अत्याचार के फलस्वरूप दुख, दीनता और दरिद्रता की आहें भारत के गगन को आच्छादित किए हुए हैं, उनसे उनके जीवन संबंधी सुखकर स्वप्न कभी टूटते नहीं। युगों के मानसिक नैतिक और दैहिक अत्याचार की बातें, जिन्होंने ईश्वर की प्रतिमा स्वरूप मनुष्य को भारवाही पशु, भगवती की प्रतिभारूपिणी रमणी को संतान पैदा करने वाली दासी और जीवन को विषमय बना दिया है, उन लोगों को कभी सपने में भी उन दुखी और पीड़ित जनों की याद नहीं आती, परंतु ऐसे भी अनेक मनुष्य हैं, मन-ही-मन खून के आंसू बहाते

हैं, जो सोचते हैं कि इनका इलाज है और किसी भी कीमत पर इन्हें हटाने को तैयार हैं, यहां तक कि अपने प्राण भी देने को प्रस्तुत हैं। इन्हीं लोगों से स्वर्ग का राज्य बना है। अतएव मित्रो, क्या यह स्वाभाविक नहीं है कि उच्च स्थान में अवस्थित इन महापुरुषों को उन जघन्य कीड़ों की बकवास सुनने की फुरसत नहीं, जो प्रतिक्षण अपनी शक्ति-भर विष उगलने के लिए तैयार हैं।

ऊंचे पद वालों या धनिकों का भरोसा न करना। उनमें जीवन-शक्ति नहीं है, वे जीते हुए भी मुर्दे के समान हैं। भरोसा तुम लोगों पर है, जो गरीब, पद-मर्यादा रहित, परंतु विश्वासी हैं और तुम ईश्वर पर भरोसा रखो। किसी चालबाजी की आवश्यकता नहीं, उससे कुछ भी नहीं होता। दुखियों का दर्द समझो और ईश्वर के पास सहायता की प्रार्थना करो, सहायता अवश्य मिलेगी। मैं बारह वर्ष तक हृदय में यह बोझ लिये और सिर पर यह विचार लादे बहुत से तथाकथित धनिकों, अमीरों के दर-दर घूम चुका, उन्होंने मुझे केवल कपटी समझा। हृदय का रक्त बहाते हुए मैं आधी पृथ्वी का चक्कर लगाकर विदेश में सहायता मांगने आया। जब मेरे स्वदेश में ही लोग मुझे कपटी समझते हैं, तब यदि अमेरिका वाले एक अज्ञात विदेशी भिक्षुक को भिक्षा मांगते देखें तो वे भला क्या समझेंगे?

भगवान अनंत शक्तिमान हैं–मैं जानता हूं, वे मुझे सहायता देंगे। मैं इस देश में भूख या जाड़े से भले ही मर जाऊं, परंतु हे मद्रासवासी युवको! मैं गरीबों, मूर्खों और उत्पीड़तों के लिए सहानुभूति और प्राणपण की थाती के तौर पर तुम्हें अर्पण करता हूं। जाओ, इसी क्षण जाओ, उस पार्थसारथि के मंदिर में, जो गोकुल के दीन-दरिद्र ग्वालों के सखा थे, जो घृणित चांडाल को भी गले लगाने में नहीं हिचके, जिन्होंने अपने बुद्ध अवतार में अमीरों का न्योता त्यागकर एक वारांगना का न्योता स्वीकार किया और उसे उबारा। जाओ उनके पास, जाकर साष्टांग प्रणाम करो और उनके सम्मुख एक महाबलि दो, अपने जीवन की बलि दो, उन दरिद्रों, पतितों और उत्पीड़ितों के लिए, जिनके लिए भगवान युग-युग में अवतार लिया करते हैं और जिन्हें वे सबसे अधिक प्यार करते हैं और अपना सारा जीवन इन तीस करोड़ लोगों के उद्धार के लिए अर्पण कर देने का व्रत लो, जो दिनोदिन डूबते जा रहे हैं।

यह एक दिन का काम नहीं और रास्ता भी भयंकर कंटीला है, परंतु पार्थसारथि हमारे भी सारथि होने के लिए तैयार हैं, हम यह जानते हैं। उनका नाम लेकर और उन पर अनंत विश्वास रखकर भारत के शत-शत युगों से संचित, पर्वतकाय, अनंत दुखराशि में आग लगा दो–वह जलकर राख हो जाएगी।

तो आओ भाइयो, साहसपूर्वक इसका सामना करो। यह व्रत गुरुतर है और हम

भी क्षुद्र शक्ति हैं तो भी हम अनंत ज्योतिस्वरूप भगवान के बालक हैं। भगवान की जय हो, हम अवश्य सफल होंगे। सैकड़ों लोग इसमें खेत रहें, पर सैकड़ों पुनः उनकी जगह खड़े हो जाएंगे। प्रभु की जय! संभव है कि मैं यहां विफल होकर मर जाऊं, परंतु कोई और यह काम जारी रखेगा। तुम लोगों ने रोग भी जान लिया और दवाई भी, अब केवल विश्वास रखना।

हम धनी या अमीर लोगों की परवाह नहीं करते। हृदयहीन, कोरे मस्तिष्कयुक्त लेखकों और समाचार-पत्रों में प्रकाशित उनके निस्तेज लेखों की परवाह नहीं करते। हमें विश्वास, सहानुभूति, दृढ़ विश्वास और ज्वलंत सहानुभूति चाहिए। प्रभु की जय हो। जीवन तुच्छ है, मरण भी तुच्छ है, ग्रीष्म तुच्छ है और जाड़ा भी तुच्छ है। प्रभु की जय! आगे बढ़ते रहो। प्रभु हमारे नायक हैं। पीछे मत देखो। कौन गिरा, इसकी खबर मत लो, आगे बढ़ो, सामने चलो। भाइयो, इसी तरह हम आगे बढ़ते जाएंगे, एक गिरेगा तो दूसरा वहां खड़ा हो जाएगा।

तुम्हारा
विवेकानंद
अमेरिका, 20 अगस्त, 1893

2

पामर का आतिथ्य

विश्वगुरु विवेकानंद फरवरी, 1894 में शिकागो विश्व-धर्म सम्मेलन आयोग के अध्यक्ष टॉमस डब्ल्यू. पामर के घर डेट्रॉएट आ गए। यहां उन्होंने लगभग दो सप्ताह तक अतिथि के रूप में निवास किया। डेट्रॉएट से ही विश्वगुरु ने 15 मार्च, 1894 को हेल बहनों के लिए एक आलोचनात्मक पत्र लिखा–

प्रिय बच्चियो!

मैं वृद्ध पामर के साथ आनंदपूर्वक हूं। वे बड़े विनोदी और भले व्यक्ति हैं। पिछले व्याख्यान से मुझे 126 डॉलर मिले। मैं सोमवार को फिर डेट्रॉएट में व्याख्यान देने जा रहा हूं।

मेरे विषय में यहां के समाचार-पत्र ने सबसे अजीब बात यह लिखी है कि 'तूफानी हिंदू' यहां आ धमका है और वह श्री पामर का अतिथि है। श्री पामर हिंदू हो गए हैं और भारत जा रहे हैं...मैं वास्तव में 'तूफान' कतई नहीं हूं, उससे बिलकुल दूर।

मैं जिस वस्तु को चाहता हूं, वह यहां नहीं और मैं इस 'तूफानी' वातावरण

को और अधिक समय तक सहन करने में असमर्थ हूं। पूर्णता का मार्ग यह है कि स्वयं पूर्ण बनने का प्रयत्न करना तथा कुछ थोड़े से स्त्री-पुरुषों को पूर्ण बनाने का प्रयत्न करना।

भला करने का मेरा यह अर्थ है कि कुछ असाधारण योग्यता के मनुष्यों का विकास करूं, न कि 'भैंस के आगे बीन बजाकर' समय, स्वास्थ्य और शक्ति का अपव्यय करूं।

चिर कृतज्ञ तुम्हारा भाई,
विवेकानंद
डेट्रॉएट, 15 मार्च, 1894

3

पुष्पों की तरह खिलो

17 मार्च, 1894 को विश्वगुरु विवेकानंद ने डेट्रॉएट से कुमारी ईसाबेल मैकिंडले को स्नेह से भरा एक पत्र लिखा। इस पत्र में विश्वगुरु की उस समय की स्नेहिल एवं उदार भावनाओं का सुंदर चित्रण मिलता है। वे ईसाबेल के बारे में ईश्वर से प्रार्थना करते हैं कि इस भयावह संसार के रोग-शोक भी तुम्हारा स्पर्श न करें और तुम पुष्पों की तरह खिलो और महको–

प्रिय बहन,

तुम्हारा पैकेट मुझे कल मिला। तुमने मुझे मोजे नाहक भेजे, वे तो मैं यहां स्वयं ही कहीं से ले लेता, पर प्रसन्नता की बात है कि यह तुम्हारा स्नेह व्यक्त करता है। मेरा थैला तो पहले ही से मांस भरे जाने वाले चमड़े के थैले से भी अधिक कड़ा हो गया है। समझ में नहीं आता कि अब मैं उसे कैसे ले जाऊं।

आज श्रीमती बैग्ले के यहां लौट आया। श्री पामर के यहां अधिक दिन रुकने के कारण वे नाराज थीं। निश्चय ही पामर के घर में दिन बड़ी तफरीह से कटे। वे बहुत ही मनमौजी और हंसमुख आदमी हैं--जरूरत से

जरा ज्यादा और फिर उनकी 'गरम स्कॉच', लेकिन हैं वे एकदम अकलक और बच्चों जैसे साधारण।

मेरे चले जाने से वे दुखी थे, लेकिन मैं विवश था। यहां एक बहुत सुंदर लड़की है। मैं उससे दो बार मिला। मैं उसका नाम भूल रहा हूं, लेकिन इतनी तेज, सुंदर, आध्यात्मिक एवं असांसारिक, ईश्वर उस पर कृपा रखे। आज सवेरे वह श्रीमती मैकड्यूवेल के साथ आई और इतनी सुंदरता तथा आध्यात्मिक गंभीरता से उसने बातें कीं कि मैं तो चकित रह गया। वह योग के बारे में सभी बातें जानती है और साधना में काफी आगे बढ़ चुकी है।

'तेरा ढंग खोज से परे है।' ईश्वर उस जैसी भोली, पवित्र और निर्मल लड़की को प्रसन्न रखे। यह मेरे कठोर और कष्टप्रद जीवन का महान प्रतिफल है कि समय-समय पर तुम जैसे पवित्र और आनंदित लोगों के दर्शन मुझे हो जाते हैं।

बौद्धों की एक प्रमुख प्रार्थना है-'पृथ्वी पर समस्त पवित्र मनुष्यों के समक्ष मैं नतमस्तक हूं।' उस प्रार्थना से सही अर्थ का अनुभव मुझे तभी होता है, जब मैं ऐसी आकृति देखता हूं, जिस पर परमात्मा अपनी उंगली से 'मेरा' शब्द स्पष्ट रूप से अंकित कर देता है। ईश्वर सदा के लिए तुम सबको पवित्र और निर्मल बनाए रखे। इस भयावह संसार की पंक और धूल तुम्हारे चरणों को स्पर्श न करें। तुम्हारे भाई की यही प्रार्थना है कि तुम पुष्पों की तरह खिलो, जिनके सामने तुमने जन्म लिया है।

तुम्हारा भाई,
विवेकानंद
डेट्रॉएट, 17 मार्च, 1894

4

पाखंड से नफरत

विश्वगुरू विवेकानंद ने 2 मई, 1894 को न्यूयॉर्क से कुमारी ईसाबेल मैकिंडले को पत्र लिखा। इस पत्र में उन्होंने अपनी तत्कालीन स्थिति और होने वाली आमदनी की चर्चा के साथ ही यह भी लिखा कि न्यूयॉर्क या बोस्टन से तुम्हें कुछ मंगाना हो तो लिख देना, इसमें कुछ भी अशोभनीय नहीं है। मैं भाई हूं तो भाई हूं। मेरे संबंध में कोई पाखंड नहीं और मैं सबसे ज्यादा पाखंड से नफरत करता हूं–

प्रिय बहन,

मैं विवश हूं कि अभी तत्काल तुम्हें पुस्तिका नहीं भेज सकूंगा। अखबार की कुछ कतरने भारत से आई हैं, जिन्हें मैं तुम्हारे पास प्रेषित कर रहा हूं। तुम पढ़ने के पश्चात् उन्हें कृपया श्रीमती बैग्ले के पास भेज देना। इस पत्र के संपादक मजूमदार के संबंधी हैं। मैं बेचारे मजूमदार के लिए दुखी हूं।

मुझे यहां अपने कोट के लिए अभिष्ट नारंगी रंग के कपड़े नहीं मिल सके। अतः जो सबसे अधिक उपयुक्त रंग मिला, उसी से संतोष

करना पड़ा–गहरे लाल रंग के चटक पीले की आब वाला। कुछ दिनों में कोट तैयार हो जाएगा।

उस दिन वॉलडोर्क में व्याख्यान से मुझे 70 डॉलर प्राप्त हुए। कल के व्याख्यान से आशा है कि कुछ अधिक ही प्राप्त होंगे।

7 तारीख से 19 तारीख तक बोस्टन में कार्यक्रम है, पर वे लोग बहुत कम देंगे। कल मैंने एक पाइप 13 डॉलर का खरीदा है–कृपया 'फादर पोप' से इसकी चर्चा न करना। कोट के 30 डॉलर लगेंगे। मुझे खाना ठीक मिल रहा है...और पर्याप्त रुपये भी। आगामी व्याख्यान के बाद बैंक में कुछ जमा करवा सकूंगा। शाम को मैं एक निरामिष दावत सम्मेलन में बोलने जा रहा हूं।

हां, मैं निरामिष हूं...क्योंकि जब वैसा खाना मिलता है तो मैं उसे अधिक पसंद करता हूं। परसों दिन के खाने का निमंत्रण और है....लीमन एवोंट के यहां। समय बहुत अच्छा बीतेगा, सिर्फ उस गर्हित व्याख्यानबाजी को छोड़कर। जैसे ही 19 तारीख बीतेगी, बोस्टन से शिकागो, एक कुदान...और फिर आराम और विराम की लंबी सांस, दो-तीन हफ्ते तक विश्राम। बस बैठा रहूंगा और बातें करूंगा, बातें और धूम्रपान।

हां, तुम्हारे न्यूयॉर्क के लोग भले हैं, सिर्फ बुद्धि की अपेक्षा धन अधिक है। मैं हॉर्वर्ड विश्वविद्यालय के विद्यार्थियों के बीच व्याख्यान देने जा रहा हूं। श्रीमती ब्रॉड ने बोस्टन और हॉर्वर्ड में तीन-तीन व्याख्यान आयोजित किए हैं। कुछ की योजना लोग यहां भी कर रहे हैं, जिससे शिकागो जाते समय मैं न्यूयॉर्क एक बार फिर आऊंगा और उन्हें कुछ जोरदार मुक्के लगाकर मूर्खों को जोबियाऊंगा और शिकागो उड़ जाऊंगा।

न्यूयॉर्क या बोस्टन से यदि तुम्हें कुछ मंगाना हो, जो शिकागो में नहीं मिलता हो तो जल्दी लिख देना। अब मेरे पास ढेर सारे डॉलर हैं। तुम जो चाहोगी, क्षण-भर में भेज दूंगा। यह मत सोचना कि इसमें कुछ अशोभनीय होगा। मेरे संबंध में कोई पाखंड नहीं। यदि मैं भाई हूं तो भाई हूं। मैं दुनिया में किसी बात से नफरत करता हूं तो पाखंड से।

तुम्हारा स्नेही भाई,
विवेकानंद
न्यूयॉर्क, 2 मई, 1894

5

पूर्व-पश्चिम की संस्कृतियों का संगम

अमेरिका में जब ईसाई मिशनरी के साथ ही कुछ भारतीय संगठन भी विश्वगुरु विवेकानंद पर धूर्त और कपटी होने के अनर्गल आरोप लगा रहे थे, तो किसी भारतीय ने इसका खंडन तक न किया और न कोई भारतीय संगठन उनके पक्ष में खड़ा हुआ। इससे विश्वगुरु बड़े दुखी हुए और उन्होंने 20 जून, 1894 को शिकागो, अमेरिका से दीवान श्री हरिदास बिहारीदास देसाई को बड़ा मार्मिक पत्र लिखा—

प्रिय दीवानजी साहब,

आज आपका कृपापत्र मिला, मुझे बहुत दुख है कि आप जैसे सहृदय को मैंने उद्दंड एवं कड़े शब्दों द्वारा ठेस पहुंचाई। मैं आपके मृदु सुधारों के प्रति नतमस्तक हूं। मैं आपकी संतान हूं, मुझ नतमस्तक को शिक्षा दो, परंतु दीवानजी साहब, आप यह अच्छी तरह जानते हैं कि मेरे स्नेह ने ही ऐसा कहने के लिए प्रेरित किया। आपको यह बताना चाहता

हूं कि पीठ पीछे मेरी निंदा करने वालों ने परोक्ष रूप से मुझे लाभ नहीं पहुंचाया, बल्कि इस दृष्टि से मेरा घोर अपकार ही किया है कि हमारे हिंदू भाइयों ने अमेरिकनों को यह बताने के लिए उंगली भी नहीं हिलाई कि मैं उनका प्रतिनिधि हूं। मेरे प्रति अमेरिकनों के कृपा-भाव के निमित्त काश, हमारी जनता उनके लिए धन्यवाद के कुछ शब्द प्रेषित कर पाती और यह बताती कि मैं उनका प्रतिनिधित्व कर रहा हूं। इसके विपरीत कुछ लोग अमेरिकनों से कहते रहे कि मैंने अमेरिका में ही संन्यासियों के वस्त्र धारण किए हैं और मैं एकदम धूर्त हूं।

जहां तक मेरे स्वागत का प्रश्न है, इसका अमेरिकी जनता पर कोई प्रभाव नहीं पड़ा, परंतु जहां तक धनवानों द्वारा मेरी सहायता का प्रश्न है, इसका बहुत बुरा प्रभाव पड़ा, क्योंकि उन्होंने मेरी ऐसी सहायता करने से अपने हाथ खींच लिये और मैं यहां एक वर्ष से हूं, किंतु किसी भी प्रतिष्ठित भारतीय ने अमेरिकनों को यह बताना तक उचित नहीं समझा कि मैं 'धूर्त' नहीं हूं।

यहां मिशनरी लोग सदा मेरे विरुद्ध कही गई बातों की ताक में रहते हैं और भारत के ईसाई पत्रों द्वारा मेरे विरुद्ध लिखी गई बातों को खोजने और उनके यहां प्रकाशित कराने में सदा व्यस्त रहते हैं। आपको यह विदित होना चाहिए कि यहां के लोग भारत में ईसाई एवं हिंदू के अंतर के संबंध में बहुत कम जानते हैं।

मेरे यहां आने का मुख्य प्रयोजन अपनी एक योजना के लिए धन एकत्र करना ही था। मैं आपसे ये बातें फिर कह रहा हूं।

पूर्व एवं पश्चिम में बड़ा अंतर यह है कि वे एक राष्ट्र हैं, हम नहीं अर्थात् सभ्यता एवं शिक्षा का प्रसार यहां व्यापक है, सर्व-साधारण में व्याप्त है। उच्च वर्ग के लोग भारत और अमेरिका में समान हैं, लेकिन दोनों देशों के निम्न वर्गों में जमीन-आसमान का अंतर है।

अंग्रेजों के लिए भारत को जीतना इतना आसान क्यों सिद्ध हुआ? यह इसलिए कि वे एक राष्ट्रबद्ध थे, हम नहीं। जब हमारा कोई महान पुरुष संसार से विदा हो जाता है तो दूसरे की प्रतीक्षा में हमें शताब्दियों बैठना पड़ता है और ये महान पुरुषों का सृजन उसी अनुपात में कर सकते हैं, जिस अनुपात में उनकी मृत्यु होती है। जब हमारे दीवानजी साहब नहीं रहेंगे, (जिन्हें हमारे देश के कल्याण के लिए भगवान दीर्घकाल तक जीवित रखें) तो उनके स्थान की पूर्ति के लिए जो कठिनाई उपस्थित होगी, उसका अनुभव देश को तत्काल ही हो जाएगा। कठिनाई का प्रत्यक्ष आभास तो इसी बात से हो जाता है कि लोगों का काम आपकी सेवाओं के बिना नहीं चल सकता है। यह महान पुरुषों का अभाव है। ऐसा क्यों? क्योंकि महान पुरुषों के चुनाव के लिए उनके पास उतना बड़ा क्षेत्र है, जबकि हमारे पास

बहुत ही छोटा। तीस-चालीस या साठ करोड़ आबादी वाले राष्ट्रों की तुलना में तीस करोड़ जनसंख्या वाले राष्ट्र के पास अपनी महान आत्माओं के चुनाव के लिए सबसे छोटा क्षेत्र है।

इसका कारण यह है कि शिक्षित पुरुषों एवं स्त्रियों की संख्या इन देशों में बहुत अधिक है। मेरे उदार मित्र, अब मुझे गलत न समझ, यह हमारे देश का सबसे बड़ा दोष है और इसे दूर करना ही होगा।

सर्व-साधारण को शिक्षित बनाइए एवं उन्नत कीजिए, तभी एक राष्ट्र का निर्माण हो सकता है। हमारे समाज सुधारकों को तो घाव के स्थान का भी ज्ञान नहीं है, वे विधवाओं का विवाह कराके राष्ट्र का उद्धार करना चाहते हैं। क्या आप यह मानेंगे कि किसी की रक्षा इस तथ्य पर आश्रित है कि उनकी विधवाओं के लिए कितने पति प्राप्त होते हैं? इसके लिए धर्म को ही दोषी ठहराया जा सकता है, क्योंकि एक मूर्ति-पूजा से यूं कोई विशेष अंतर नहीं हो जाता। सारे दोष यहां हैं: यथार्थ राष्ट्र जो झोंपड़ियों में निवास करता है, अपना पौरुष विस्मृत कर बैठा है, अपना व्यक्तित्व खो चुका है। हिंदू मुसलमान या ईसाई के पैरों से रौंदे जाने वाले वे लोग यह समझ बैठे हैं कि जिस किसी के पास पैसा हो, वे उसी के पैरों से कुचले जाने के लिए ही पैदा हुए हैं। उन्हें उनका खोया हुआ व्यक्तित्व प्रदान करना होगा। उनको शिक्षित बनाना होगा।

मैं ऐसे प्रश्नों से अपने आपको उलझाना नहीं चाहता कि परिपाटियां रहें या न रहें, विधवाओं के लिए पतियों की पर्याप्त संख्या हो या न हो, जाति-प्रथा दोषपूर्ण है या नहीं। प्रत्येक को अपनी मुक्ति का मार्ग ढूंढना होगा। केवल रासायनिक सामग्री को एकत्र कर देना हमारा कर्तव्य है, ईश्वरीय विधान से रवे तो अपने आप जम जाएंगे। केवल हमें उनके मस्तिष्क में भावनाओं को आरोपित करना है, शेष सब वे अपने आप कर लेंगे। इसका तात्पर्य है, सर्व-साधारण को शिक्षित करना। यहां ये कठिनाइयां हैं। एक अकिंचन सरकार कभी कुछ नहीं कर सकती, न करेगी, अतः उस दिशा में किसी सहायता की आशा ही बेकार है।

अगर यह भी मान लिया जाए कि प्रत्येक गांव में हम लोग निःशुल्क पाठशाला खोलने में समर्थ हैं, तब भी गरीब लड़के पाठशालाओं में आने की अपेक्षा अपने जीविकोपार्जन हेतु हल चलाने जाएंगे। न तो हमारे पास धन है और न हम उनको शिक्षा के लिए बुला ही सकते हैं। समस्या निराशाजनक प्रतीत होती है। मैंने एक रास्ता ढूंढ निकाला है। वह यह है, अगर पहाड़ मुहम्मद के पास नहीं आता तो मुहम्मद को पहाड़ के पास जाना पड़ेगा। यदि गरीब शिक्षा के निकट नहीं आ सकता तो शिक्षा ही को हल पर, कारखाने में और हर जगह गरीब के पास पहुंचना होगा। यह कैसे होगा? आपने मेरे गुरुभाइयों को देखा है। मुझे सारे भारत में ऐसे निःस्वार्थी, अच्छे एवं शिक्षित सैकड़ों लोग मिल सकते हैं। इन लोगों को गांव-गांव जाने दीजिए, दरवाजे-दरवाजे पर धर्म ही नहीं, अपितु शिक्षा को भी लाना है। अपनी महिलाओं को शिक्षित बनाने के लिए भी मैंने विधवा-संगठन का एक केंद्र रखा है।

अब मान लीजिए कि ग्रामीण अपना दिन-भर का काम करके अपने गांव लौट आए हैं और किसी पेड़ के नीचे या कहीं बैठकर हुक्का पी रहे हैं। मान लीजिए, कोई दो शिक्षित संन्यासी वहां इनको पाकर कैमरे से खगोल-विद्या संबंधी या भिन्न-भिन्न देशों के इतिहासों के अन्य चित्र दिखाने लगें। इस प्रकार ग्लोब, नक्शे आदि के द्वारा जबानी ही कितना काम हो सकता है। केवल आंख ही ज्ञान का एकमात्र द्वार नहीं है, कान भी यह सब काम कर सकता है, दीवानजी साहब! इस प्रकार उनमें भावनाओं, सदाचरणों अच्छे बनने की आशाओं का उदय होगा। यहां हमारा काम खत्म हो जाता है। शेष उनके ऊपर छोड़ देना होगा। संन्यासियों में इस त्याग, इतने बड़े कार्य के लिए प्रेरणा कहां से मिलेगी? धार्मिक उत्साह से।

प्रत्येक नई धार्मिक लहर के लिए एक केंद्र की आवश्यकता होती है। पुराने धर्म को केवल एक नया केंद्र ही पुनर्जीवित कर सकता है। अपनी रूढ़ियों एवं पुराने सिद्धांतों को सूली पर चढ़ा दीजिए, उनसे कोई लाभ नहीं होता। एक चरित्र,

एक जीवन, एक केंद्र, एक ईश्वरीय पुरुष ही मार्ग सुझा सकता है। यही एक केंद्र है, जिसके चारों ओर सभी तत्त्व एकत्र हो जाएंगे एवं ज्वार की एक लहर की तरह अपने सामने की सारी चीजें बहाते हुए सारी गंदगी को दूर करके समाज पर छा जाएंगे। जैसे लकड़ी को उसके रेशे की दिशा में ही चीरने में आसानी होती है, वैसे ही पुराने हिंदू धर्म का हिंदू धर्म से ही पुनरुद्धार किया जा सकता है, नए-नए सुधारों के द्वारा नहीं। साथ-ही-साथ सुधारकों को अपने में पूर्व एवं पश्चिम दोनों की संस्कृतियों का संगम कराना होगा।

अब क्या आप यह नहीं सोचते हैं कि ऐसे आंदोलन का एक केंद्र बिंदु आपके दृष्टि-पथ में आ चुका है और क्या आपने आने वाले ज्वार की लहर की मर्मर ध्वनि नहीं सुनी? नेतृत्व करने वाला वह देव-मानव, वह केंद्रक भारत में उत्पन्न हुआ था। वे थे महान श्रीरामकृष्ण परमहंस और उनके चारों ओर इस प्रकार का एक समुदाय एकत्र हो रहा है। वे ही लोग यह कार्य कर दिखाएंगे।

दीवानजी महाराज, अब इसके लिए एक संगठन की आवश्यकता है, रुपये की जरूरत भी है थोड़ी-सी, जिससे कार्य के चक्र का प्रवर्तन किया जा सके। भारत में हमें धन किससे मिल पाता? इसलिए, दीवानजी महाराज, मैं अमेरिका चला आया। आपको यह बात शायद याद हो कि मैंने सारा धन गरीबों से मांगा था और धनियों के दान को मैं इसलिए अस्वीकार कर देता था कि मेरी भावनाओं को वे नहीं समझ पाते। इस देश में साल-भर तक व्याख्यान देने पर भी मैं अपने कार्य को आरंभ करने के लिए धनार्जन की इस योजना में जरा भी सफल नहीं हो सका हूं (निश्चय ही मुझे अपने लिए कोई अभाव नहीं है)। इसमें पहली बात यह है कि यह साल अमेरिका के लिए बहुत बुरा साल है, हजारों गरीब बेरोजगार हैं। दूसरे, मिशनरी तथा...मेरी योजनाओं में बाधा डालने का प्रयत्न किया करते हैं। तीसरी बात यह है, एक साल गुजर गया और हमारे देशवासी मेरे लिए इतना भी नहीं कर सके कि अमेरिकियों से वे कहते कि मैं वंचक नहीं हूं बल्कि यथार्थ संन्यासी हूं तथा मैं उनका धर्म-प्रतिनिधि हूं। इतना तक भी कुछ शब्दों का व्यय, वे नहीं कर सके।

शाबाश मेरे देशवासियो! दीवानजी, मैं उनको प्यार करता हूं। मानवीय सहायता को मैं लात मारता हूं।

मुझे आशा है कि वह (भगवान) मेरे साथ रहेगा, जो सदा पर्वत-श्रेणियों एवं उपत्काओं में, मरुस्थलों एवं वनों में मेरे साथ रहा है, यदि यह नहीं तो किसी-न-किसी दिन इस कार्य को आगे बढ़ाने के लिए मुझसे भी बहुत अधिक योग्य एक वीर पुरुष उत्पन्न हो जाएगा।

दीवानजी, आप लंबे पत्र के लिए मुझे क्षमा कर देंगे, आप मेरे अच्छे मित्र हैं, उन बहुत थोड़ों में से एक, जो मेरे प्रति सहानुभूति रखते हैं, जो मेरे ऊपर यथार्थ में कृपालु हैं। आप यह सोचने के लिए स्वतंत्र हैं कि मैं एक स्वप्नद्रष्टा हूं या एक कल्पनाशील व्यक्ति हूं, लेकिन आप कम-से-कम इतना विश्वास रखें कि मैं पूर्णत: एक सच्चा ईमानदार पुरुष हूं और मुझमें सबसे बड़ा दोष यही है कि मैं अपने देश से केवल अधिक, बहुत अधिक प्रेम रखता हूं।

मेरे प्रिय मित्र, आप और आपके संबंधीजन सदा ही कल्याण के भागी हों, जो आपका प्यारा हो, उस पर भगवान की दया-दृष्टि सदा बनी-ही-बनी रहे। मैं आपके प्रति चिरंतन कृतज्ञ हूं। आपके प्रति मैं अगाध ऋणी हूं, केवल इसीलिए नहीं कि आप मेरे मित्र हैं, बल्कि इसलिए भी कि आपने यावज्जीवन इतने उत्तम रूप से भारत मां की एवं परमात्मा की सेवा की है।

आपका सतत कृतज्ञ,
विवेकानंद
शिकागो, 20, जून, 1894

6

शिक्षा को गरीबों के पास जाना चाहिए

विश्वगुरु विवेकानंद ने 23 जून, 1894 को शिकागो से मैसूर के महाराजाधिराज को एक पत्र लिखा। इस पत्र में उन्होंने देश की प्रगति के लिए शिक्षा की भूमिका का उल्लेख किया। इसके साथ ही उन्होंने यह भी स्पष्ट किया कि अधिकांश लोग घोर गरीबी में जी रहे हैं। गरीब शिक्षा के मंदिर जाने के बजाय खेतों में जाकर रोटी कमाना अधिक पसंद करेंगे। अतः यदि गरीब शिक्षा के मंदिर तक न जा सके तो शिक्षा को ही उसके पास जाना चाहिए। यह कैसे होगा? इसका उल्लेख उन्होंने पत्र में स्पष्ट रूप से किया–

श्रीनारायण आपका और आपके कुटुंब का मंगल करे।

आपकी उदार सहायता से ही मेरा इस देश में आना संभव हो सका। यहां आने के बाद से यहां के लोग मुझे खूब जान गए हैं और इस देश के अतिथिपरायण अधिवासियों ने मेरे सब अभाव दूर कर दिए हैं। यह एक

अद्‌भुत देश है और यह जाति भी कई बातों में एक अद्‌भुत जाति है। कोई जाति अपने दैनिक कामों में इतने कल-पुर्जों का व्यवहार नहीं करती, जितने कि यहां के लोग करते हैं। यहां केवल कल-ही-कल है, फिर देखिए ये लोग संसार की सारी जनसंख्या के सामने केवल पांच प्रतिशत-मात्र हैं, फिर भी संसार के कुल धन के पूरे छटांश के ये मालिक हैं। इनके धन तथा विलास की सामग्रियों का कोई ठिकाना नहीं है, परंतु फिर भी यहां सभी चीजें बहुत महंगी हैं, पर मजदूरों का मेहनताना यहां दुनिया में सबसे ज्यादा हैं, फिर भी मजदूरों और पूंजीपतियों के बीच झगड़ा सदा चलता ही रहता है।

अमेरिका की महिलाओं को जितने अधिकार प्राप्त हैं, उतने दुनिया में और कहीं की महिलाओं को नहीं। धीरे-धीरे वे सब कुछ अपने अधिकार में करती जा रही हैं और आश्चर्य की बात यह है कि शिक्षित पुरुषों की अपेक्षा यहां शिक्षित स्त्रियों की संख्या कहीं अधिक है। हां, उच्च प्रतिभा का विकास अधिकतर पुरुषों में ही है। पाश्चात्यवासी हमारे जाति-भेद की चाहे जितनी कड़ी समालोचना करें, पर उनके बीच भी एक ऐसा जाति-भेद है, जो हमारे यहां से भी बुरा है और वह है, अर्थगत जाति-भेद। अमेरिका निवासी कहते हैं कि 'सर्वशक्तिमान डॉलर' यहां सब कुछ कर सकता है। संसार के अन्य किसी भी देश में इतने कानून नहीं हैं जितने यहां हैं, परंतु यहां उनकी जितनी कम परवाह की जाती है, उतनी अन्य किसी देश में नहीं।

सब ओर देखने पर हमारे गरीब हिंदू किसी भी पाश्चात्य देशवासी से लाखों गुना अधिक नीति-परायण हैं। धर्म के विषय में यहां के लोग या तो कपटी होते हैं या हठी। विचारशील लोग अपने कुसंस्कारपूर्ण धर्मों से ऊब गए हैं और नए प्रकाश के लिए भारत की ओर ताक रहे हैं।

महाराज, आप बिना देखे ठीक से नहीं समझ सकेंगे कि ये लोग पवित्र वेदों के उदात्त भावों का एक छोटा-सा कण भी किस चाव से ग्रहण करते हैं, क्योंकि आधुनिक विज्ञान धर्म पर जो बार-बार तीव्र आक्रमण कर रहा है, उससे लोहा लेने में केवल वेद ही समर्थ हैं और वे ही धर्म के साथ विज्ञान का सामंजस्य स्थापित कर सकते हैं। शून्य से सृष्टि का होना, आत्मा का एक सृष्ट पदार्थ होना, स्वर्ग नामक स्थान में सिंहासन पर बैठे हुए एक महाक्रूर और अत्याचारी ईश्वर का होना, अनंत नरक का होना—ये सब जो इन लोगों के मन में हैं, उनसे सभी शिक्षित लोगों का जी ऊब गया है और सृष्टि और आत्मा के अनादित्व तथा परमात्मा की हमारी अपनी आत्मा में अवस्थित वेदों के उदात्त भावों को वे शीघ्र ही किसी-न-किसी रूप में ग्रहण कर रहे हैं।

पचास वर्ष के भीतर ही संसार के सभी शिक्षित लोग आत्मा और सृष्टि दोनों के

अनादित्व का विकास करने लगेंगे और ईश्वर को हमारी ही आत्मा का उच्चतम और श्रेष्ठ रूप मानने लगेंगे, जैसा कि हमारे पवित्र वेद शिक्षा दे रहे हैं। अभी से उनके विद्वान पादरियों ने बाइबिल की वैसी ही व्याख्या आरंभ कर दी है। मेरा सिद्धांत यह है कि उन्हें और भी धार्मिक शिक्षा की आवश्यकता है एवं हमें और भी अधिक ऐहिक तथा भौतिक शिक्षा की।

भारतवर्ष के सभी अनर्थों की जड़ है–जनसाधारण की गरीबी। पाश्चात्य देशों के गरीब तो निरे पशु हैं, उनकी तुलना में हमारे यहां के गरीब देवता हैं, इसीलिए हमारे यहां के गरीबों की उन्नति करना अपेक्षाकृत सहज है। अपने निम्न श्रेणी वालों के प्रति हमारा एकमात्र कर्तव्य है–उन्हें शिक्षा देना, उन्हें सिखाना कि इस संसार में तुम भी मनुष्य हो, तुम लोग भी प्रयत्न करने पर अपनी सब प्रकार की उन्नति कर सकते हो। अभी वे लोग यह भाव खो बैठे हैं। हमारे जनसाधारण और देशी राजाओं के सम्मुख यही एक विस्तृत कार्य-क्षेत्र पड़ा हुआ है। अब तक इस ओर कुछ काम नहीं हुआ। पुरोहित शक्ति और विदेशी विजेतागण सदियों से उन्हें कुचलते रहे हैं, जिसके फलस्वरूप भारत के गरीब बेचारे यह तक भूल गए हैं कि वे भी मनुष्य हैं। उनमें विचार पैदा करना होगा। उनके चारों ओर दुनिया में क्या-क्या हो रहा है, इस संबंध में उनकी आंखें खोलनी होंगी। बस, फिर वे अपनी मुक्ति स्वयं सिद्ध करा लेंगे। प्रत्येक जाति, प्रत्येक पुरुष और प्रत्येक स्त्री को अपनी-अपनी मुक्ति स्वयं सिद्ध करनी पड़ेगी। उनमें विचार पैदा कर दो, बस उन्हें उसी एक सहायता की आवश्यकता है और शेष सब कुछ इसके फलस्वरूप आप-ही-आप हो जाएगा। हमें केवल रासायनिक सामग्रियों को इकट्ठा कर देना है, उनका निर्दिष्ट आकार प्राप्त करना और रवे बन जाना प्राकृतिक नियमों से ही साधित होगा। हमारा कर्तव्य है–उनमें भावों का संचार कर देना, बाकी सब वे स्वयं कर लेंगे।

भारतवर्ष में बस यही करना है। बहुत समय से यही विचार मेरे मन में काम कर रहा है। भारत इसे कार्यरूप में परिणत न कर सका। यही कारण था कि मैं इस देश में आया। गरीबों की शिक्षा देने में मुख्य बाधा यही है। मान लीजिए, महाराज आपके हरेक गांव में एक नि:शुल्क पाठशाला खोल दें तो भी इससे कुछ काम न होगा, क्योंकि भारत में इतनी अधिक गरीबी है कि गरीब लड़के पाठशाला जाने के बजाय खेतों में अपने माता-पिता को मदद देना या दूसरे किसी उपाय से रोटी कमाने का प्रयत्न करना अधिक पसंद करेंगे। अच्छा, यदि पहाड़ मुहम्मद के पास न आए तो मुहम्मद ही पहाड़ के पास क्यों न जाए? यदि गरीब शिक्षा के मंदिर तक न जा सके तो शिक्षा को ही उसके पास जाना चाहिए।

हमारे देश में हजारों एकनिष्ठ और त्यागी साधु हैं, जो गांव-गांव धर्म की शिक्षा देते फिरते हैं। यदि उनमें से कुछ सुनियंत्रित रूप से ऐहिक विषयों के भी शिक्षक बन जाएं तो गांव-गांव, घर-घर जाकर वे केवल धर्मशिक्षा ही नहीं देंगे, बल्कि ऐहिक शिक्षा भी दिया करेंगे। कल्पना कीजिए कि उनमें से एक ही शाम को साथ में एक मैजिक लैन्टर्न, एक गोलक और कुछ नक्शे आदि लिये किसी गांव में गए। इनकी सहायता से वे अनपढ़ लोगों को बहुत कुछ गणित, ज्योतिष और भूगोल सिखा सकते हैं। विभिन्न जातियों के संबंध की कहानियां सुनकर वे गरीबों को नाना प्रकार के समाचार दे सकते हैं। जितनी जानकारी वे गरीब जीवन-भर पुस्तकें पढ़ने से न पा सकेंगे, उससे कई सौ गुना अधिक वे इस तरह बातचीत द्वारा पा जाएंगे। इसके लिए एक नियंत्रित कार्य-प्रणाली की आवश्यकता है, जो पुनः धन पर निर्भर करती है। इस प्रस्ताव को कार्यरूप में परिणत करने के लिए भारत में मनुष्य तो बहुत हैं, पर हाय! वे निर्धन हैं।

किसी पहिए को पहले गतिशील करना बड़ा कठिन काम है, पर एक बार गतिशील हुआ कि वह क्रमशः अधिकाधिक वेग से चलने लगता है। अपने देश से सहायता पाने का प्रयत्न करने के बाद जब मैंने धनिकों से कुछ भी सहानुभूति न पाई, तब मैं महाराज की सहायता से दूर देश में आया। अमेरिकावासियों को इस बात की तनिक भी परवाह नहीं कि भारत के गरीब जिएं या मरें और भला वे परवाह क्यों करने लगे, जबकि हमारे अपने ही देशवासी सिवा अपने स्वार्थ की बातों के और किसी विषय की चिंता नहीं करते।

हे महामना राजन्! यह जीवन क्षण-स्थाई है, संसार के भोग-विलास की सामग्रियां क्षणभंगुर हैं। वे ही यथार्थ जीवित हैं, जो दूसरों के लिए जीवन धारण करते हैं। बाकी लोगों का जीना तो मरने ही के बराबर है। महाराज, आप जैसे एक उन्नत, महामना देशीय राजा भारत को फिर से अपने पैरों पर खड़ा कर देने के लिए बहुत कुछ कर सकते हैं और इस तरह भावी वंशजों के लिए एक ऐसा नाम छोड़ सकते हैं, जो चिरकाल तक पूजित होता रहे। ईश्वर आपके महान हृदय में भारत के उन लाखों नर-नारियों के लिए गहरी सहानुभूति पैदा कर दें, जो अज्ञानता में बड़े दुख झेल रहे हैं, यही विवेकानंद की प्रार्थना है।

आपका

विवेकानंद

शिकागो, 25 जून, 1894

7

सभी जातियों से मिलना-जुलना होगा

विश्वगुरु विवेकानंद ने 15 नवंबर, 1894 को कलकत्ता (अब कोलकाता) टाउन हॉल के सभापति को अमेरिका से पत्र लिखा। उन्होंने टॉउन हॉल में अपने प्रति सहृदय प्रस्ताव पारित होने पर धन्यवाद प्रकट करते हुए स्पष्ट किया कि यदि हमें उन्नति के पथ पर अग्रसर होना है तो सभी जातियों से मिलना-जुलना होगा और 'न खाएं, न खाने दें' वाली कहावत के अनुसार 'न अपना हित करना और न दूसरों का'-इससे कोई लाभ नहीं-

कलकत्ता टाउन हॉल की सभा में जो प्रस्ताव स्वीकृत हुए और साथ ही मेरे नगरवासियों ने जिन सहृदयतापूर्ण शब्दों में मुझे याद किया, उन्हें मैंने पढ़ा।

महाशय, मेरी तुच्छ-सी सेवा के लिए आपने जो आदर भाव मेरे लिए प्रकट किया, उसके लिए कृपया आप मेरा हार्दिक धन्यवाद स्वीकार कीजिए।

मुझे पूरा विश्वास हो गया है कि कोई भी मनुष्य या जाति अपने को दूसरों से अलग रखकर जी नहीं सकती और जहां कहीं भी गौरव, नीति या पवित्रता की भ्रांत धारणा के वशीभूत होकर ऐसा प्रयत्न किया गया, उसका परिणाम उस पृथक होने वाले पक्ष के लिए सदैव घातक सिद्ध हुआ।

मेरी समझ में भारतवर्ष के पतन और अवनति का एकमात्र मुख्य कारण था–जाति के चारों ओर रीति-रिवाजों की एक ऊंची और मजबूत दीवार खड़ी कर देना, जो दूसरों के प्रति घृणा पर स्थापित थी और जिसका यथार्थ उद्देश्य प्राचीनकाल में हिंदू जाति को आसपास वाली बौद्ध जातियों के संसर्ग से अलग रखना था।

प्राचीन या आधुनिक तार्किकगण मिथ्या तर्कजाल फैलाकर इसे कितना ही ढकने का प्रयत्न क्यों न करें, पर दूसरों से घृणा करते रहने पर कोई भी स्वयं अवनत हुए बिना नहीं रह सकता।

धर्मनीति के इस अचूक नियम का ज्वलंत प्रमाण, इसका अनिवार्य फल, यह हुआ कि जो जाति सभी प्राचीन जातियों में सर्वश्रेष्ठ थी, वही आज पृथ्वी की समस्त जातियों में एक तुच्छ और घृणा की वस्तु हो गई है।

जिस नियम का आविष्कार और विवेचन पहले-पहल हमारे ही पूर्वजों ने किया था, आज हमीं लोग उस नियम की अचूक क्रिया के प्रत्यक्ष दृष्टांतस्वरूप हो गए हैं।

लेन-देन ही संसार का नियम है और यदि भारत फिर से उठना चाहे तो यह परमावश्यक है कि वह अपने रत्नों को बाहर लाकर पृथ्वी की जातियों में बिखेर दे और उसके बदले में वे जो कुछ दें, उसे सहर्ष ग्रहण करे। विस्तार ही जीवन है और संकीर्णता मृत्यु।

प्रेम ही जीवन है और द्वेष मृत्यु। हमारा नाश उसी दिन से आरंभ हो गया था, जब से हम अन्य जातियों से घृणा करने लगे और जब तक हम पुनः इस जीवनस्वरूप विस्तार को नहीं अपनाते, हम किसी भी तरह अपनी इस मृत्यु को नहीं रोक सकते।

अतएव हमें संसार की सभी जातियों से मिलना-जुलना होगा। प्रत्येक हिंदू, जो भ्रमण करने विदेश जाता है, उन सैकड़ों मनुष्यों से अपने देश को अधिक लाभ पहुंचाता है, जो केवल कुसंस्कार और स्वार्थपरता की समष्टि हैं और जिनके जीवन का एकमात्र उद्देश्य 'न खाएं, न खाने दें' वाली कहावत के अनुसार, न अपना हित करना है, न किसी और का।

पाश्चात्य जातियों ने जातीय जीवन के ज़ो आश्चर्यजनक प्रसाद बनाए हैं, वे

चरित्र रूपी सुदृढ़ स्तंभों पर खड़े हैं और हम लोग जब तक ऐसे सैकड़ों उत्कृष्ट चरित्र नहीं गढ़ते, तब तक हमारे लिए इस जाति या उस जाति के विरुद्ध अपना असंतोष प्रकट करना निरर्थक है।

क्या वे लोग स्वाधीनता पाने के योग्य हैं, जो दूसरों को स्वाधीनता देने के लिए प्रस्तुत नहीं?

आइए, व्यर्थ का असंतोष प्रकट करते हुए शक्तिक्षय करने के बदले हम धीरता के साथ और पुरुषोचित रूप से काम में लग जाएं। मेरा तो यह पूर्ण विश्वास

है कि संसार की कोई भी शक्ति किसी से वह चीज अलग नहीं रख सकती, जिसके वह समुचित योग्य हो। अतीत तो हमारा गौरवमय है ही, पर मुझे हार्दिक विश्वास है कि भविष्य और भी गौरवमयी होगा।

शंकर हमें पवित्रता, धैर्य और अध्यवसाय में अविचलित रखें।

आपका

विवेकानंद

अमेरिका, 15 नवंबर, 1894

8

काम करो, काम करो

विश्वगुरु विवेकानंद 19 नवंबर, 1894 को न्यूयॉर्क से अपने प्रिय शिष्य अलासिंगा पेरुमल के माध्यम से सभी मद्रासी शिष्यों को पत्र लिखकर संदेश दे रहे हैं कि दूसरों की भलाई के लिए काम करना ही जीवन है, अतः काम करो, काम करो। इस तरह काम करो कि मानो तुममें से हरेक के ऊपर सारा काम आ पड़ा है। भारत का भविष्य तुम पर ही निर्भर है, अतः आगे बढ़ो और काम करो। इसके अलावा भी विश्वगुरु पत्र में कई संवेदनशील तथ्यों पर गंभीरतापूर्वक प्रकाश डालते हैं–

वीर हृदय युवको!

तुम्हारा 11 अक्तूबर का पत्र कल पाकर बड़ा ही आनंद हुआ। यह बड़े संतोष की बात है कि अब तक हमारा कार्य बिना रोक-टोक के उन्नति ही करता चला आ रहा है। जैसे भी हो सके, हमें संघ को दृढ़प्रतिष्ठ और उन्नत बनाना होगा और इसमें हमें सफलता मिलेगी, अवश्य मिलेगी। 'नहीं' कहने से न बनेगा और किसी बात की आवश्यकता नहीं, आवश्यकता है केवल प्रेम, निश्छलता और धैर्य की।

जीवन का अर्थ ही वृद्धि अर्थात् विस्तार यानी प्रेम है, इसलिए प्रेम ही जीवन है। यही जीवन का एकमात्र नियम है और स्वार्थपरता ही मृत्यु है। इहलोक एवं परलोक में यही बात सत्य है।

परोपकार ही जीवन है, परोपकार न करना ही मृत्यु है। जितने नरपशु तुम देखते हो, उनमें नब्बे प्रतिशत मृत हैं, वे प्रेत हैं, क्योंकि मेरे बच्चो! जिसमें प्रेम नहीं है, वह जी भी नहीं सकता।

मेरे बच्चो! सबके लिए तुम्हारे दिल में दर्द हो–गरीब, मूर्ख एवं पददलित मनुष्यों के दुख को तुम महसूस करो, तब तक महसूस करो, जब तक तुम्हारे हृदय की धड़कन न रुक जाए, मस्तिष्क चकराने न लगे और तुम्हें ऐसा प्रतीत न होने लगे कि तुम पागल हो जाओगे–फिर ईश्वर के चरणों में अपना दिल खोलकर रख दो और तब तुम्हें शक्ति, सहायता और अदम्य उत्साह की प्राप्ति होगी।

गत दस वर्षों से मैं अपना मूल मंत्र घोषित करता आया हूं–संघर्ष करते रहो और अब भी मैं कहता हूं कि अविराम संघर्ष करते चलो।

जब चारों ओर अंधकार-ही-अंधकार दिखता था, तब मैं कहता था–संघर्ष करते रहो। अब जब थोड़ा-थोड़ा उजाला दिखाई दे रहा है, तब भी मैं कहता हूं कि संघर्ष करते चलो।

डरो मत मेरे बच्चो! अनंत नक्षत्रखचित आकाश की ओर भयभीत दृष्टि से ऐसे मत ताको, जैसे कि वह हमें कुचल ही डालेगा। धीरज धरो। देखोगे कि कुछ ही घंटों में वह सब-का-सब तुम्हारे पैरों तले आ गया है। धीरज धारण करो, न धन से काम होता है, न नाम से, न यश काम आता है, न विद्या; प्रेम ही से सब कुछ होता है। चरित्र ही कठिनाइयों की संगीन दीवारें तोड़कर अपना रास्ता बना सकता है।

अब हमारे सामने समस्या यह है कि स्वाधीनता के बिना किसी प्रकार की उन्नति संभव नहीं। हमारे पूर्वजों ने धार्मिक विचारों में स्वाधीनता दी थी और उसी से हमें एक आश्चर्यजनक धर्म मिला है, पर उन्होंने समाज के पैर बड़ी-बड़ी जंजीरों से जकड़ दिए और इसके फलस्वरूप हमारा समाज, एक शब्द में, भयंकर और पैशाचिक हो गया है। पाश्चात्य देशों में समाज को सदैव स्वाधीनता मिलती रही, इसलिए उनके समाज को देखो। दूसरी तरफ उनके धर्म को भी देखो।

उन्नति की पहली शर्त है–स्वाधीनता। मनुष्य को जैसे सोचने-विचारने और उसे व्यक्त करने की स्वाधीनता मिलनी चाहिए, वैसे ही उसे खान-पान, पोशाक-पहनावा, विवाह-शादी, हरेक बात में स्वाधीनता मिलनी चाहिए, जब तक कि वह दूसरों को हानि न पहुंचाए।

हम मूर्खों की तरह भौतिक सभ्यता की निंदा किया करते हैं। अंगूर खट्टे हैं न! उस मूर्खोचित बात को मान लेने पर भी यह कहना पड़ेगा कि सारे भारतवर्ष में लगभग एक लाख नर-नारी ही यथार्थ रूप से धार्मिक हैं।

अब प्रश्न यह है कि क्या इतने लोगों की धार्मिक उन्नति के लिए भारत के तीस करोड़ अधिवासियों को बर्बरों का-सा जीवन व्यतीत करना और भूखों मरना होगा? क्यों कोई भूखों मरे? मुसलमानों के लिए हिंदुओं को जीत सकना कैसे संभव हुआ? यह हिंदुओं की भौतिक सभ्यता का निरादर करने के कारण ही हुआ। सिले हुए कपड़े तक पहनना मुसलमानों ने इन्हें सिखलाया। क्या अच्छा होता, यदि हिंदू मुसलमानों से साफ ढंग से खाने की तरकीब सीख लेते, जिसमें रास्ते की गर्द भोजन के साथ न मिलने पाती।

भौतिक सभ्यता, यहां तक कि विलासमयता की भी जरूरत होती है, क्योंकि उससे गरीबों को काम मिलता है—रोटी! रोटी! मुझे इस बात का विश्वास नहीं है कि वह भगवान जो मुझे यहां पर रोटी नहीं दे सकता, वही स्वर्ग में मुझे अनंत सुख देगा!

राम कहो! भारत को उठाना होगा, गरीबों को भोजन देना होगा, शिक्षा का विस्तार करना होगा और पुरोहित-प्रपंच की बुराइयों का निराकरण करना होगा। पुरोहित-प्रपंच की बुराइयों और सामाजिक अत्याचारों का कहीं नाम-निशान न रहे। सबके लिए अधिक अन्न और सबको अधिकाधिक सुविधाएं मिलती रहें।

हमारे मूर्ख नौजवान अंग्रेजों से अधिक राजनीतिक अधिकार पाने के लिए सभाएं आयोजित करते हैं। इस पर अंग्रेज केवल हंसते हैं। स्वाधीनता पाने का अधिकार उसे नहीं, जो औरों को स्वाधीनता देने को तैयार न हो। मान लो कि अंग्रेजों ने तुम्हें सब अधिकार दे दिए, पर उसका क्या फल होगा? कोई-न-कोई वर्ग प्रबल होकर सब लोगों से सारे अधिकार छीन लेगा और उन लोगों को दबाने की कोशिश करेगा और गुलाम तो शक्ति चाहता है, दूसरों को गुलाम बनाने के लिए। अतएव हमें वह अवस्था धीरे-धीरे लानी पड़ेगी—अपने धर्म पर अधिक बल देते हुए और समाज को स्वाधीनता देते हुए।

प्राचीन धर्म से पुरोहित-प्रपंच की बुराइयों को एक बार उखाड़ दो तो तुम्हें संसार का सबसे अच्छा धर्म उपलब्ध हो जाएगा। मेरी बात समझते हो न? भारत का धर्म लेकर एक यूरोपीय समाज का निर्माण कर सकते हो? मुझे विश्वास है कि यह संभव है और एक दिन ऐसा अवश्य होगा।

इसके लिए सबसे अच्छा उपाय मध्य भारत में एक उपनिवेश की स्थापना करना है, जहां तुम अपने विचारों का स्वतंत्रतापूर्वक अनुसरण कर सको, फिर ये

ही मुट्ठी-भर लोग सारे संसार में अपने विचार फैला देंगे। इस बीच एक मुख्य केंद्र बनाओ और भारत-भर में उसकी शाखाएं खोलते जाओ। अभी केवल धर्मभित्ति पर ही इसकी स्थापना करो और अभी किसी उथल-पुथल मचाने वाले सामाजिक सुधार का प्रचार मत करो। इसके साथ ही इतना ध्यान रहे कि किन्हीं मूर्खताप्रसूत कुसंस्कारों को सहारा न देना।

मुक्ति में सबका समान अधिकार है, सभी समान हैं। ये जो तत्त्व पूर्वकाल में शंकराचार्य, रामानुज तथ चैतन्य आदि आचार्यों द्वारा प्रचारित हुए थे, उन्हीं के आधार पर समाज को पुनः गठित करने की कोशिश करो।

उत्साह से हृदय भर लो और सब जगह फैल जाओ। काम करो, काम करो। नेतृत्व करते समय सबके दास हो जाओ, निःस्वार्थी हो और कभी पीठ पीछे एक मित्र को दूसरे की निंदा करते मत सुनो। अनंत धैर्य रखो, तभी सफलता तुम्हारे हाथ आएगी।

भारत का कोई अखबार या किसी के पते अब मुझे भेजने की आवश्यकता नहीं। मेरे पास उनके ढेर जमा हो गए, अब बस करो। अब इतना ही समझो कि जहां-जहां तुम कोई सार्वजनिक सभा बुला सको, वहीं काम करने का तुम्हें थोड़ा मौका मिल गया। उसी के सहारे काम करो। काम करो, काम करो, औरों के हित के लिए काम करना ही जीवन का लक्ष्य है।

मैंने श्री अय्यर को अलग पत्र नहीं लिखा, पर अभिनंदन-पत्र का जो उत्तर मैंने दिया, शायद वही पर्याप्त हो। उनसे और मेरे अन्यान्य मित्रों से मेरा हार्दिक प्रेम, सहानुभूति और कृतज्ञता ज्ञापन करना। वे सभी महानुभाव हैं। हां, एक बात के लिए सतर्क रहना–दूसरों पर अपना रोब जमाने की कोशिश मत करना। मैं सदा तुम्हीं को पत्र भेजता हूं, इसलिए तुम मेरे अन्य मित्रों से अपना महत्त्व प्रकट करने की फिक्र में न रहना।

मैं जानता हूं कि तुम इतने निर्बोध न होगे, पर फिर भी मैं तुम्हें सतर्क कर देना अपना कर्तव्य समझता हूं। सभी संगठनों का सत्यानाश इसी से होता है। काम करो, काम करो, दूसरों की भलाई के लिए काम करना ही जीवन है।

मैं चाहता हूं कि हममें किसी प्रकार की कपटता, कोई मक्कारी, कोई दुष्टता न रहे। मैं सदैव प्रभु पर निर्भर रहा हूं, सत्य पर निर्भर रहा हूं, जो दिन के प्रकाश की भांति उज्ज्वल है।

मरते समय मेरी विवेक-बुद्धि पर यह धब्बा न रहे कि मैंने नाम या यश पाने के लिए, यहां तक कि परोपकार करने के लिए दुरंगी चालों से काम लिया था। दुराचार की गंध या बदनीयती का नाम तक न रहने पाए।

किसी प्रकार की टालमटोल या छिपे तौर से बदमाशी या गुप्त शठता हममें न रहे–परदे की आड़ में कुछ न किया जाए। गुरु का विशेष कृपापात्र होने का कोई भी दावा न करे–यहां तक कि हममें कोई गुरु भी न रहे।

मेरे साहसी बच्चो! आगे बढ़ो–चाहे धन आए या न आए, आदमी मिलें या न मिलें। क्या तुम्हारे पास प्रेम है? क्या तुम्हें ईश्वर पर भरोसा है? बस, आगे बढ़ो, तुम्हें कोई न रोक सकेगा।

भारत से प्रकाशित थियोसोफिस्टों की पत्रिका में लिखा है कि थियोसोफिस्टों ने ही मेरी सफलता की राह साफ कर दी थी। ऐसा! क्या बकवास है! थियोसोफिस्टों ने मेरी राह साफ की!

सतर्क रहो! जो कुछ असत्य है, उसे पास न फटकने दो। सत्य पर डटे रहो। बस, तभी हम सफल होंगे–शायद थोड़ा अधिक समय लगे, पर सफल हम अवश्य होंगे। इस तरह काम करते जाओ कि मानो मैं कभी था ही नहीं। इस तरह काम

करो कि मानो तुममें से हर एक के ऊपर सारा काम आ पड़ा है। भविष्य की पचास सदियां तुम्हारी ओर ताक रही हैं, भारत का भविष्य तुम पर ही निर्भर है। काम करते जाओ। पता नहीं, कब मैं स्वदेश लौटूंगा। यहां काम करने का बड़ा अच्छा क्षेत्र है।

भारत में लोग अधिक-से-अधिक मेरी प्रशंसा-भर कर सकते हैं, पर वे किसी काम के लिए एक पैसा भी न देंगे और दें भी तो कहां से? वे स्वयं भिखारी हैं न? गत दो हजार या उससे भी अधिक वर्षों से वे परोपकार करने की प्रवृत्ति ही खो बैठे हैं। 'राष्ट्र', 'जनसाधारण' आदि के विचार वे अभी-अभी सीख रहे हैं, इसलिए मुझे उनकी कोई शिकायत नहीं करनी है। आगे और भी विस्तार से लिखूंगा। तुम लोगों को सदैव मेरा आशीर्वाद।

तुम्हारा
विवेकानंद
न्यूयॉर्क, 19 नवंबर, 1894

9

जाति को स्वतंत्रता दीजिए

विश्वगुरु विवेकानंद ने सर एस. सुब्रह्मण्य अय्यर को 3 जनवरी, 1895 को शिकागो से एक प्रेरक पत्र लिखा। इस पत्र में उन्होंने भारत को प्रगति के पथ पर अग्रसर करने के लिए संदेश दिया कि जाति को स्वतंत्रता दीजिए, जाति की राह से प्रत्येक रोड़े को हटा दीजिए, बस इतना होने से हमारा उत्थान हो जाएगा। उन्होंने स्पष्ट कहा कि छोटी शुरुआत से ही बड़े कार्य संपादित होते हैं–

प्रेम, कृतज्ञता और विश्वासपूर्ण हृदय से आज मैं आपको यह पत्र लिख रहा हूं। मैं आपसे यह पहले ही कहे देता हूं कि आप उन थोड़े मनुष्यों में से हैं, जिन्हें अपने जीवन में मैंने विश्वास का पक्का पाया। आपमें पूरी मात्रा में भाव और ज्ञान का अपूर्व सम्मिलन है और इसके साथ ही अपने विचारों को कार्य-रूप में परिणत करने में आप पूरे समर्थ हैं। सबसे बड़ी बात तो यह है कि आप निष्कपट हैं और इसीलिए मैं अपने थोड़े से विचार आपके सामने विश्वासपूर्वक प्रकट करता हूं।

भारत में हमारा कार्य अच्छे ढंग से शुरू हुआ है, इसे न केवल किसी

तरह जारी रखना होगा, वरन् पूरे जोर के साथ इसकी उन्नति और विस्तार भी करना होगा। यह ठीक समय है, इसे खोने से फिर ऐसा और कभी नहीं मिलेगा। बहुत सोच-विचार के बाद मेरा मन अब निम्नलिखित कार्यशैली पर स्थिर है।

पहले मद्रास (अब चेन्नई) में धर्मशिक्षा के लिए एक कॉलेज खोलना ठीक होगा, फिर इसका कार्य-क्षेत्र धीरे-धीरे बढ़ाया जाएगा। युवकों को वेदों तथा विभिन्न भाष्यों और दर्शनों की पूरी शिक्षा देनी होगी, जगत के अन्यान्य धर्मों का ज्ञान भी इसमें शामिल रहेगा। इसके साथ ही एक अंग्रेजी और एक देशी भाषा का पत्र निकालना होगा, जो उस कॉलेज के मुख-पत्र होंगे।

पहला काम यही है और छोटे-छोटे आरंभ से ही बड़े-बड़े कार्य सपंन्न होते हैं। कई कारणों से मद्रास ही इस समय इस काम के लिए सबसे अच्छी जगह है। बंबई (अब मुंबई) में बड़ी मुद्दत से वही जड़ता चली आ रही है। बंगाल में यह डर है कि अभी जैसा वहां पाश्चात्य विचारों का मोह फैला हुआ है, वैसा ही कहीं उसके विपरीत घोर प्रतिक्रिया न हो जाए। इस समय मद्रास ही प्राचीन तथा आधुनिक जीवन-प्रणालियों के यथार्थ गुणों को ग्रहण करता हुआ मध्यपथ का अनुसरण कर रहा है।

भारत के शिक्षित समाज से मैं इस बात पर सहमत हूं कि समाज का आमूल-चूल परिवर्तन करना आवश्यक है, परंतु यह किया किस तरह जाए? संस्कारों की सब कुछ तोड़ डालने की रीति व्यर्थ सिद्ध हुई। मेरी योजना यह है कि हमने अतीत में बुरा नहीं किया, बेशक नहीं किया और हमारा समाज खराब नहीं है, वह अच्छा है। मैं केवल चाहता हूं कि वह और भी अच्छा हो। हमें मूल से सत्य तक अथवा बुरे से अच्छे तक पहुंचना नहीं है, पर सत्य से उच्चतर सत्य तक, अच्छे से अधिकतर अच्छे तक पहुंचना है। मैं अपने देशवासियों से कहता हूं कि अब तक जो तुमने किया, वह अच्छा किया है, अब इस समय और भी अच्छा करने का मौका आया है।

जाति विभाग की ही बात लीजिए–संस्कृत में 'जाति' का अर्थ है–वर्ग या श्रेणी विशेष। यह सृष्टि के मूल में ही विद्यमान है। विचित्रता अर्थात् जाति का अर्थ ही सृष्टि है। 'एकोऽहं बहुस्याम्' (मैं एक हूं, अनेक हो जाऊं) वेदों में इस प्रकार की बात पाई जाती है।

सृष्टि से पूर्व एकत्व रहता है, सृष्टि हुई कि वैचित्र्य शुरू हुआ। अतः यदि वह विचित्रता बंद हो जाए तो सृष्टि का ही लोप हो जाएगा। जब तक कोई श्रेणी विशेष शक्तिशाली और क्रियाशील रहेगी, तब तक वह विचित्रता अवश्य पैदा करेगी, ज्यों ही उसका ऐसी विचित्रता उत्पादन करना बंद होता है या बंद कर दिया

जाता है, त्यों ही वह नष्ट हो जाती है। जाति का मूल अर्थ था–प्रत्येक व्यक्ति को अपनी प्रकृति, अपने विशेषत्व को प्रकाशित करने की स्वाधीनता और यह अर्थ हजारों वर्ष तक प्रचलित रहा।

आधुनिक शास्त्र-ग्रंथों में भी विभिन्न जातियों का आपस में खाना-पीना निषिद्ध नहीं हुआ है और न किसी प्राचीन ग्रंथ में उनका आपस में ब्याह-शादी करना मना है, फिर भारत के अध:पतन का कारण क्या था? जाति संबंधी इस भाव का त्याग! जैसे गीता कहती है, जाति नष्ट हुई कि संसार भी नष्ट हुआ। यह हमें सत्य प्रतीत होता है कि इस विचित्रता का नाश होते ही जगत का भी नाश हो जाएगा। आजकल का वर्ण विभाग (Cast) यथार्थ जाति नहीं है, बल्कि जाति की प्रगति में वह एक रुकावट है। सचमुच इसने सच्ची जाति अर्थात् विचित्रता की स्वच्छंदता की गति को रोक दिया है। कोई भी दृढ़-मूल प्रथा अथवा किसी जाति विशेष का विशेष अधिकार अथवा किसी भी प्रकार का वंश परंपरागत जाति विभाग सच्ची जाति की स्वच्छंद गति को रोक देता है और जब कभी कोई जाति इस अनंत विचित्रता का सृजन करना छोड़ देती है, तब उसकी मृत्यु अनिवार्य है।

अतएव मुझे अपने देशवासियों से यही कहना है कि जाति उठा देने से ही भारत का पतन हुआ है। प्रत्येक दृढ़-मूल सामंतशाही अथवा विशेष अधिकार प्राप्त संप्रदाय जाति का घातक है, वह जाति नहीं है। जाति को स्वतंत्रता दीजिए, जाति की राह से प्रत्येक रोड़े को हटा दीजिए, बस इतना होने से हमारा उत्थान हो जाएगा। अभी यूरोप को देखिए। ज्यों ही वह जाति को संपूर्ण स्वाधीनता देने में सफल हुआ और प्रत्येक व्यक्ति की अपनी-अपनी जाति के गठन के संबंध में जो बाधाएं हैं, उनके अधिकार को उसने हटा दिया, त्यों ही वह उठ खड़ा हुआ। अमेरिका में यथार्थ जाति के विकास के लिए सबसे अधिक सुविधा है और इसीलिए अमेरिका वाले बड़े हैं। प्रत्येक हिंदू जानता है कि किसी लड़के या लड़की के जन्म लेते ही ज्योतिषी लोग उसके जाति निर्वाचन की चेष्टा करते हैं। वह असली जाति है–हर एक व्यक्ति का व्यक्तित्व और ज्योतिष इसे स्वीकार करता है। हम लोग केवल तभी उठ सकते हैं, जब इसे फिर से पूरी स्वतंत्रता दें। याद रखिए कि इस विचित्रता का अर्थ वैषम्य नहीं और न कोई विशेष अधिकार ही है।

यह मेरी कार्य-प्रणाली है, हिंदुओं को यह दिखा देना कि उन्हें कुछ भी छोड़ना नहीं पड़ेगा, केवल उन्हीं ऋषियों द्वारा प्रदर्शित पथ पर चलना होगा और सदियों की दासता के फलस्वरूप प्राप्त अपनी जड़ता को उखाड़ फेंकना होगा। हमें आगे बढ़ना ही चाहिए, स्वधर्मत्यागी और मिशनरियों द्वारा बताए गए तोड़-फोड़ के रास्ते से नहीं, वरन् अपने स्वयं के भाव के अनुसार, अपने स्वयं के पथ से। हमारा

जातीय प्रसाद अभी अधूरा ही रहा है, इसलिए सब कुछ भद्दा दिखाई दे रहा है। सदियों के अत्याचार के कारण हमें प्रासाद-निर्माण का कार्य छोड़ देना पड़ा था। अब निर्माण कार्य पूरा कर लो, बस सब कुछ अपनी-अपनी जगह पर सजा सुंदर दिखाई देगा। यही मेरी कार्य-योजना है। मैं इसका पूरा कायल हूं।

प्रत्येक राष्ट्र के जीवन में एक मुख्य प्रवाह रहता है, भारत में वह धर्म है। हमें प्रबल बनाओ। बस, दोनों ओर से अन्यान्य स्त्रोत उसी के साथ चलेंगे। यह मेरी विचार-प्रणाली का एक पहलू है। आशा है, समय पाकर मैं देखता हूं कि इस देश (अमेरिका) में भी मेरा विशेष कार्य है। विशेषतः मुझे इस देश से और केवल यहीं से सहायता पाने की आशा है, परंतु तब तक अपने विचारों को फैलाने के सिवा मैं और कुछ न कर सका। अब मेरी इच्छा है कि भारत में भी एक ऐसी चेष्टा की जाए।

मैं कब तक भारत लौटूंगा, इसका मुझे पता नहीं। मैं प्रभु की प्रेरणा का दास हूं, उन्हीं के हाथ का यंत्र हूं।

इस संसार में धन की खोज में लगे हुए मैंने तुम्हें ही सबसे श्रेष्ठ रत्न पाया है। प्रभो! मैं तुम पर अपने को न्यौछावर करता हूं।

प्रेम करने के लिए किसी को ढूंढते हुए एकमात्र तुम्हीं को मैंने प्रेमास्पद पाया है। मैं अपने को तुम्हारे श्रीचरणों में बलि देता हूं। (यजुर्वेद संहिता) प्रभु का आप पर चिरकाल तक आशीर्वाद रहे।

आपका

विवेकानंद

शिकागो, 3 जनवरी, 1895

10

मैं जन्मजात आदर्शवादी हूं

विश्वगुरु विवेकानंद ने 10 फरवरी, 1896 को कुमारी मैरी हैल को एक भावभीना पत्र लिखा। इस पत्र में उन्होंने अमेरिका प्रवास के अंतिम दिनों की अपने स्वास्थ्य की स्थिति और मनोदशा की ओर संकेत करते हुए लिखा कि अब मेरा स्वास्थ्य खराब रहने लगा है और वास्तव में मैं स्वप्नविलासी और आरामतलब हूं। मैं जन्मजात आदर्शवादी हूं। वास्तविकता का स्पर्श-मात्र मुझे दुखी बना देता है–

लगातार काम करते रहने के कारण मेरा स्वास्थ्य इस वर्ष बहुत खराब हो गया है। मैं बहुत घबरा रहा हूं। इस जाड़े में एक भी रात मैं ठीक से नहीं सो पाया हूं। मुझे लगता है कि मैं काम तो खूब कर रहा हूं, फिर भी इंग्लैंड में बहुत अधिक काम मेरी प्रतीक्षा कर रहा है।

मुझे यह झेलना ही पड़ेगा और तब मैं आशा करता हूं कि भारत पहुंचकर विश्राम करूंगा। जीवन-भर मैंने संसार की भलाई के लिए शक्ति के अनुसार चेष्टा की। फल भगवान के हाथ में है। अब मैं विश्राम करना चाहता हूं। आशा करता हूं कि मुझे विश्राम मिलेगा और भारत के लोग

मुझे छुट्टी देंगे। मैं कितना चाहता हूं कि कई वर्षों तक गूंगा हो जाऊं और एक भी शब्द न बोलूं।

मैं संसार के इन झमेलों और संघर्षों के लिए बना था। वास्तव में मैं स्वप्नविलासी और आरामतलब हूं। मैं जन्मजात आदर्शवादी हूं, सिर्फ सपनों की दुनिया में रह सकता हूं। वास्तविकता का स्पर्श-मात्र दृष्टि धुंधली कर देता है और मुझे दुखी बना देता है।

तुम्हारी इच्छा पूर्ण हो। मैं तुम चारों बहनों का चिर कृतज्ञ हूं। इस देश में मेरा जो कुछ भी है, सब तुम लोगों का है। भगवान तुम्हारा सर्वदा मंगल करे और सुखी रखे। मैं जहां भी रहूंगा, प्यार तथा हार्दिक कृतज्ञता के साथ तुम्हारी याद आती रहेगी। सारा जीवन सपनों की माला है। मेरी आकांक्षा जागते हुए सपने देखते रहने की है। बस, मेरा प्यार जॉस्फिन को भी।

तुम्हारा
विवेकानंद
अमेरिका, 10 फरवरी, 1896

11

हमें उन्नतिशील होना चाहिए

शिकागो के विश्व-धर्म सम्मेलन में भारतीय दर्शन और ज्ञान की पताका फहराने के बाद जब विश्वगुरु विवेकानंद भारत लौटे तो मदुरा में उनका भावभीना स्वागत करते हुए अभिनंदन-पत्र भेंट किया गया। उन्होंने प्रत्युत्तर में एक पत्र लिखा और विभिन्न तार्किक एवं प्रामाणिक उदाहरण देते हुए समझाया कि हमें संसार की किसी भी उन्नत जाति की तरह ही उन्नतिशील होना चाहिए। प्रथाओं, परंपराओं और देशाचारों के संबंध में हमें मुख्य और गौण का भेद समझना चाहिए। इनमें मुख्य सार्वकालिक हैं, जबकि गौण किसी विशेष समय तक ही रहता है। गौण को समयानुसार बदलकर ही प्रगति के पथ पर अग्रसर हुआ जा सकता है–

जब कभी संसार के किसी भाग में किसी वस्तु की चाह होती है, तब वहां जाने और उसे नया जीवन देने के लिए वह अपना रास्ता ढूंढ निकालती है। यह बात भौतिक संसार के लिए भी सत्य है और आध्यात्मिक संसार के लिए भी। यदि संसार के किसी भाग में आध्यात्मिकता रहे और यदि किसी दूसरे भाग में उसका अभाव हो, फिर

चाहे हम जान-बूझकर उसके लिए प्रयत्न करें या न करें, जहां धर्म का अभाव है, वहां जाने के लिए आध्यात्मिकता अपना रास्ता साफ कर लेती है और इस तरह वह सामंजस्य की स्थापना करती है।

मनुष्य जाति के इतिहास में हम पाते हैं कि एक या दो बार नहीं, प्रत्युत पुनः-पुनः प्राचीन भारत के भाग्य का यही निर्णय हुआ है कि संसार को उसे आध्यात्मिकता की शिक्षा देनी पड़ी। इस तरह हम देखते हैं कि जब किसी जाति की दिग्विजय द्वारा अथवा व्यवसाय की प्रधानता से संसार के विभिन्न भाग एक सूत्र में बद्ध हुए और संसार के एक कोने से दूसरे कोने तक दान का भंडार खुल पड़ा, एक जाति के लिए दूसरी जाति को कुछ देने का अवसर हाथ आया, तब प्रत्येक जाति ने दूसरी जातियों को राजनीतिक, सामाजिक अथवा आध्यात्मिक जिसके निकट जो भाव थे, वे दिए।

संपूर्ण मनुष्य जाति के ज्ञान-भंडार को भारत ने आध्यात्मिकता और दर्शन का ही दान दिया है। फारस साम्राज्य के उदय से बहुत पहले ही वह इस तरह का दान दे चुका था। फारस साम्राज्य के उदयकाल में भी उसने दूसरी बार ऐसा दान किया। यूनान को प्रभुता के समय उसका तीसरा दान था और अंग्रेजों की प्रधानता के समय चौथी बार विधि के उसी विधान को वह कर रहा है। जिस तरह संघ स्थापना की पश्चिमी कार्य-प्रणाली और बाहरी सभ्यता के भाव हमारे देश की नस-नस में समा रहे हैं, चाहे हम उन्हें ग्रहण करें या न करें, उसी तरह भारत की आध्यात्मिकता और दर्शन पाश्चात्य देशों को प्लावित कर रहे हैं।

इस गति को कोई नहीं रोक सकता और हम भी पश्चिम की जड़ वाली प्रधान सभ्यता का पूर्ण प्रतिरोध नहीं कर सकते। संभव है, इसका कुछ अंश हमारे लिए अच्छा हो और आध्यात्मिकता का कुछ अंश पश्चिम के लिए लाभदायक हो–सामंजस्य की रक्षा इसी तरह हो सकेगी। यह बात नहीं है कि प्रत्येक विषय हमें पश्चिम वालों से सीखना चाहिए या पश्चिम वालों को जो कुछ सीखना है, हम ही से सीखें, परंतु प्रत्येक ने सदियों से, भिन्न-भिन्न जातियों में सामंजस्य स्थापना या एक आदर्श संसार के निर्माण के जो-जो स्वप्न देखें, उनकी पूर्ति के लिए प्रत्येक के पास जो कुछ हो, उसे भावी संतानों के हाथ अर्पण कर देना चाहिए। ऐसा आदर्श संसार कभी आएगा या नहीं, मैं नहीं जानता। समाज कभी ऐसी संपूर्णता तक पहुंच सकेगा, इस संबंध में मुझे ही संदेह हो रहा है, परंतु चाहे ऐसा हो या न हो, हममें से हरेक को इसी भाव को लेकर काम करना चाहिए, ताकि वह संगठन कल ही हो जाए और प्रत्येक मनुष्य को यही सोचना चाहिए कि यह काम उसी पर निर्भर है। हममें से प्रत्येक को यही विश्वास रखना चाहिए कि

संसार के अन्य सभी लोगों ने अपना-अपना कार्य संपन्न कर डाला है। एकमात्र मेरा ही कार्य शेष है और यदि मैं अपना भाग पूरा करूं, तभी संसार संपूर्ण होगा। अगर हमें अपने सिर पर कोई दायित्व लेना है तो वह यही है।

भारत में वर्तमान समय में धर्म का प्रबल पुनरुत्थान हो रहा है। यह एक बड़े आनंद की बात है, पर साथ ही इसमें विपत्ति की आशंका है, क्योंकि धर्मोदय के साथ उसमें घोर कट्टरता भी आ जाया करती है और कभी-कभी तो यह कट्टरता इतनी बढ़ जाती है कि जिन लोगों से यह धर्म का अभ्युत्थान साधित होता है, वे भी उसे रोकने में असमर्थ होते हैं, उसका नियमन नहीं कर सकते। अतएव पहले से ही सावधान रहना चाहिए। हमें रास्ते के बीचोबीच चलना चाहिए। एक ओर कुसंस्कारों से भरा हुआ प्राचीन समाज है और दूसरी ओर है—जड़वाद, यूरोपीय नास्तिकता के भाव और ऐसे ही संस्कार, जो पश्चिमी उन्नति के मूल तक में समाए हुए हैं। हमें उन दोनों से खूब बचकर चलना होगा। पहले तो हम पश्चिमी नहीं हो सकते, इसलिए पश्चिम वालों की नकल करना वृथा है। मान लीजिए, आप पश्चिम वालों का संपूर्ण अनुकरण करने में सफल हो गए तो उसी समय आपकी मृत्यु अनिवार्य है, फिर आपमें जीवन का लेश भी न रह जाएगा, परंतु ऐसा होना असंभव है। काल की प्रारंभिक अवस्था से मनुष्य जाति के इतिहास में लाखों वर्षों से लगातार एक नदी हिमालय से बहती आ रही है। तुम क्या धक्के लगाकर उसे उसके उद्‍गम स्थान हिमालय के तुषार-मंडित शृंग पर ले जाना चाहते हो? यदि यह संभव भी हो तो तुम यूरोपीय नहीं हो सकते।

यदि कुछ शताब्दियों की शिक्षा का संस्कार छोड़ना यूरोपियों के लिए तुम असंभव सोचते हो...? तो सैकड़ों सदियों के संस्कार छोड़ना तुम्हारे लिए कब संभव है? नहीं, ऐसा कभी नहीं हो सकता। हमें यह भी स्मरण रखना चाहिए कि हम प्राय: जिन्हें अपना धर्म-विश्वास कहते हैं, वे हमारे गांव के छोटे-छोटे देवताओं पर आधारित या ऐसे ही कुसंस्कारों से पूर्ण देशाचार-मात्र हैं। ऐसे देशाचार असंख्य हैं और वे एक दूसरे के विरोधी हैं। इनमें से हम किसे मानें और किसे न मानें, उदाहरण के लिए—दक्षिण का कोई ब्राह्मण यदि किसी दूसरे ब्राह्मण को मांस का एक ग्रास खाते हुए देखे तो मारे डर के सिकुड़ जाता है, लेकिन आर्यावर्त के ब्राह्मण महाप्रसाद के बड़े भक्त हैं, पूजा के निमित्त वे सैकड़ों बकरों की बलि चढ़ा देते हैं। अगर तुम अपने देशाचार आगे रखोगे तो वे भी अपने देशाचारों को सामने लाएंगे। तमाम भारत में सैकड़ों आचार हैं, परंतु अपने ही स्थान में उनकी सीमा परिमित है। सबसे बड़ी भूल यही होती है कि अज्ञ साधारण जन सर्वदा अपने प्रांत के ही आचार को हमारे धर्म का सार समझ लेते हैं।

इसके अतिरिक्त इससे बड़ी एक और कठिनाई है। हम अपने शास्त्रों में दो प्रकार के सत्य देखते हैं। एक की नींव मनुष्य के नित्य स्वरूप पर पड़ी है, उनमें परमात्मा, जीवात्मा और प्रकृति के सार्वकालिक संबंध का विचार होता है। दूसरे प्रकार का सत्य किसी देश, काल या विशेष अवस्था पर टिका हुआ है। पहला मुख्यतः वेदों या श्रुतियों में संगृहीत है और दूसरा स्मृतियों और पुराणों में। हमें स्मरण रखना चाहिए कि सारे समय वेद ही हमारे चरम लक्ष्य और मुख्य प्रमाण रहे हैं।

यदि किसी पुराण का कोई हिस्सा वेदों के अनुकूल न हो तो निर्दयतापूर्वक उतने अंश का त्याग कर देना चाहिए और हम यह भी देखते हैं कि सभी स्मृतियों की शिक्षाएं अलग-अलग हैं।

एक स्मृति बताती है–'यही देशाचार है, इस युग में इसी का अनुशासन मानना चाहिए।' दूसरी स्मृति इसी युग में एक दूसरे आचार की पीठ ठोकती है। स्मृति का बस यही हाल है।

इस समय तुम्हारे लिए वही सत्य सबसे बढ़कर है, जो काल के सत्य हैं, जो मनुष्य की प्रकृति पर प्रतिष्ठित है, जिनका परिवर्तन तब तक न होगा, जब तक मनुष्य के शरीर में प्राण रहेंगे, परंतु स्मृतियां प्रायः स्थानीय परिस्थितियों और अवस्था भेद के अनुशासन बताती और समयानुसार बदलती जाती हैं। यह तुम्हें सदा स्मरण रखना चाहिए कि यद्यपि सामाजिक प्रथा बदलती जाती है, तथापि उससे यह न समझना कि धर्म ही डूब गया।

याद रखो, ये आचार-प्रथाएं चिरकाल से ही बदलती आई हैं। इसी भारत में कभी ऐसा भी समय था, जब कोई ब्राह्मण बिना मांस खाए न रह पाता था। तुम वेद पढ़ोगे, देखोगे कि जब कोई संन्यासी या राजा या बड़ा आदमी मकान में आता था, तब किस तरह बकरों और बैलों के सिर धड़ से जुदा होते थे। बाद में धीरे-धीरे लोगों ने समझा कि हम कृषिजीवी हैं तो अच्छे-अच्छे बैलों को मारना हमारे ध्वंस का कारण है, इसलिए इस हत्या को निषेध कर दिया गया और गौ-वध के विरुद्ध तीव्र आंदोलन उठाया गया। पहले ऐसे भी आचार प्रचलित थे, जिन्हें अब हम वीभत्स मानते हैं। जब समय का परिवर्तन होगा, तब वे स्मृतियां न रहेंगी और उनकी जगह दूसरी स्मृतियों की योजना की जाएगी।

विशेष ध्यान देने योग्य केवल एक विषय है और वह यह है कि वेद चिरकालिक सत्य होने के कारण सदा सम भाव से विद्यमान रहते हैं, परंतु स्मृतियों की प्रधानता युग-परिवर्तन के साथ की जाती रहती है। ज्यों-ज्यों समय व्यतीत होता जाएगा, त्यों-त्यों स्मृतियों का प्रामाण्य लुप्त होता जाएगा और ऋषिगण आविर्भूत

होकर समाज को पहले से अच्छे पथ पर ले जाएंगे। उस समय के लिए जिस बात की आवश्यकता होगी और जिसके बिना समाज का जीना असंभव हो जाएगा, वे लोग आकर वही पथ और कर्तव्य समाज को दिखा देंगे। इस तरह हमें इन दोनों विघ्नों से बचकर चलना होगा और मुझे आशा है, हममें से प्रत्येक का हृदय इतना उदार होगा और साथ ही उसमें इतना विश्वास और दृढ़ निष्ठा होगी कि तुम लोग मेरे कथन का अर्थ समझ सकोगे। समझ सकोगे कि मेरा उद्देश्य सभी को अपनाना है, किसी का तिरस्कार करना नहीं।

मैं 'कट्टरता' वाली निष्ठा भी चाहता हूं और जड़वादियों का उदार भाव भी। हृदय सागर-सा गंभीर और आकाश-सा उदार होना चाहिए, हमें ऐसे ही हृदय की आवश्यकता है।

हमें संसार की किसी भी उन्नत जाति की तरह उन्नतिशील होना चाहिए और अपने चिरकाल के अर्जित संस्कारों के प्रति वही श्रद्धा रखनी चाहिए, जो केवल हिंदुओं में ही आ सकती है। सीधी बात यह है कि पहले हमें हरेक विषय का मुख्य और गौण भेद समझ लेना चाहिए। मुख्य सार्वकालिक है, गौण का मूल किसी खास समय तक होता है, उस समय के अनंतर उसमें यदि कोई परिवर्तन न किया जाए तो वह भयानक हो जाता है।

मेरे कथन का यह उद्देश्य नहीं कि तुम अपने प्राचीन आचारों और पद्धतियों की निंदा करो। नहीं, ऐसा हरगिज न करो। उनमें से अत्यंत हीन आचार को भी तिरस्कार की दृष्टि से न देखना चाहिए।

निंदा किसी की न करो, क्योंकि जो प्रथा इस समय यथार्थ में बुरी जंच रही है, अतीत के किसी समय वही जीवनप्रद थी। अतएव अभिशाप द्वारा उसका बहिष्कार करना ठीक नहीं, परंतु धन्यवाद देकर और कृतज्ञता दिखाते हुए उसे अलग करना उचित है, क्योंकि हमारी जीत की रक्षा के लिए एक समय उसने भी प्रशंसनीय कार्य किया था।

हमें यह भी स्मरण रखना चाहिए कि यह काम जिन्होंने किया, वे कोई वीर या राजा न थे, वे थे ऋषि। ऋषि कौन हैं? उनके संबंध में उपनिषदें कहती हैं, ऋषि कोई साधारण मनुष्य नहीं, वे मनद्रष्टा हैं। ऋषि वे हैं, जिन्होंने धर्म को प्रत्यक्ष किया है, जिनके निकट धर्म केवल पुस्तकों का अध्ययन नहीं, न युक्तिजाल ही और न व्यावसायिक विज्ञान अथवा वाग्वितंडा ही। वह प्रत्यक्ष अनुभव, अतींद्रिय सत्य से प्रत्यक्ष संबंध, जहां पहुंचकर मनुष्य संसार के छाया दृश्यों को पार कर जाता है, यही ऋषित्व है और यह ऋषित्व किसी उम्र या समय या किसी संप्रदाय या जाति की अपेक्षा नहीं रखता।

वात्स्यायन कहते हैं, सत्य का साक्षात्कार करना होगा और स्मरण रखना होगा कि हममें से प्रत्येक को ऋषि होना है और साथ ही हमें अगाध आत्मविश्वास संपन्न भी होना चाहिए। हम भी समग्र संसार में शक्ति संचार करेंगे, क्योंकि सब शक्ति हममें ही विद्यमान है।

हमें धर्म का प्रत्यक्ष प्रदर्शन करना होगा, उसकी उपलब्धि करनी होगी, तभी ऋषित्व की उज्ज्वल ज्योति से पूर्ण होकर हम महापुरुष पद प्राप्त कर सकेंगे, तभी हमारे मुख से जो वाणी निकलेगी, वह अव्यर्थ और अमोघ शक्ति से पूर्ण होगी और तब हमें किसी को अभिशाप देने की आवश्यकता न रह जाएगी, किसी की निंदा या किसी के साथ विरोध करने की जरूरत न होगी, तब पाप आप ही हमारी दृष्टि से दूर हो जाएगा।

यहां जितने मनुष्य उपस्थित हैं, उनमें से प्रत्येक को अपनी और दूसरों की मुक्ति के लिए ऋषित्व प्राप्त करने में श्रीभगवान सहायता करें।

आपका
विवेकानंद
मदुरा, भारत

12

कोई हमें हानि नहीं पहुंचा सकता

विश्वगुरु विवेकानंद को मानमदुरा में खूब आदर-सत्कार के साथ अभिनंदन-पत्र भेंट किया गया। इसके प्रत्युत्तर में उन्होंने एक पत्र लिखकर तत्कालीन परिस्थितियों में देश और समाज के कल्याण हेतु लोगों को आगे आने के लिए प्रेरित किया। उन्होंने यह भी समझाया कि जब हम वेदांतिक हैं तो हम निःसंदेह यह समझते हैं कि अगर पहले हम ही अपने को हानि न पहुंचाएं तो संसार में ऐसी कोई शक्ति नहीं, जो हमें हानि पहुंचा सके–

पश्चिम में मुझसे जो थोड़ा-सा काम हुआ है, उसके लिए देश में हर जगह जो अपूर्व आनंद और सहानुभूति दिखाई देती है, वह सचमुच देखने लायक है। मैं इसे इस ढंग से देखता हूं, इसे मैं उन महान आत्माओं पर आरोपित करना चाहता हूं, जो भविष्य में आने वाले हैं। अगर मेरा किया हुआ यह थोड़ा-सा काम सारी जाति से इतनी प्रशंसा पा सकता है तो मेरे बाद संसार में उथल-पुथल मचा देने वाले धर्मवीर इस जाति से कितनी प्रशंसा प्राप्त करेंगे? भारत धर्म की भूमि है, हिंदू लोग धर्म, केवल धर्म समझते हैं। सदियों से उन्हें इसी रास्ते की शिक्षा मिलती आई है, जिसका

फल यह हुआ कि उसके जीवन के साथ इसी का घनिष्ठ संबंध हो गया और तुम लोग जानते हो कि बात ऐसी ही है। इसकी कोई जरूरत नहीं कि सभी दुकानदार हो जाएं या सभी अध्यापक कहलाएं या सभी वीर बन जाएं, परंतु इन विभिन्न भावों में ही संसार की भिन्न-भिन्न जातियां सामंजस्य की स्थापना कर सकेंगी। जान पड़ता है कि इस जातीय एकता का आध्यात्मिक स्वर अलापने के लिए हम लोग विधाता द्वारा ही नियुक्त किए गए हैं और यह देखकर मुझे बड़ा आनंद होता है कि हम लोगों ने अब तक परंपरागत अपने उन महान अधिकारों को हाथ से नहीं जाने दिया, जो हमें अपने गौरवशाली पूर्वपुरुषों से मिले हैं, जिनका गर्व किसी भी जाति से हो सकता है। इससे मेरे हृदय में आशा का संचार हो जाता है, यही नहीं, बल्कि भविष्य में जाति की उन्नति का मुझे दृढ़-विश्वास हो जाता है।

यह जो मुझे आनंद हो रहा है, वह मेरी ओर व्यक्तिगत ध्यान के आकर्षित होने के कारण नहीं, बल्कि जातीय हृदय को अभी भी मजबूत बना देखकर हो रहा है। भारत अब भी जीवित है। कौन कहता है कि वह मर गया? पश्चिम वाले हमें कर्म-पटु देखना चाहते हैं, परंतु यदि वे हमारी कुशलता लड़ाई के मैदान में देखना चाहें तो उनको हताश होना पड़ेगा, क्योंकि वह क्षेत्र हमारे लिए नहीं, जैसे कि अगर हम किसी सिपाही जाति को धर्मक्षेत्र में कार्य-कुशल देखना चाहें तो हताश होंगे। वे यहां आएं और देखें, हम भी उनके ही समान कार्य-कुशल हैं। वे देखें, यह जाति कैसे जी रही है और इसमें पहले जैसा ही जीवन अब भी विद्यमान है।

हम लोग पहले से हीन हो गए हैं, इस विचार को जितना ही हटाओगे, उतना ही अच्छा है, परंतु अब मैं कुछ कड़े शब्द भी कहना चाहता हूं। मुझे आशा है, उनका ग्रहण बुरे भावों में न लिया जाएगा। अभी-अभी तुम लोगों ने यह दावा किया कि यूरोप के जड़वाद ने हमारी नाव उलट दी। सो सारा दोष यूरोप वालों का नहीं, अधिकांश दोष हमारा ही है। जब हम वेदांतिक हैं तो हमें सभी विषयों का निर्णय भारतीय आध्यात्मिक दृष्टि से भी करना चाहिए। जब हम वेदांतिक हैं तो यह बात हम निःसंदेह समझते हैं कि अगर पहले हम ही अपने को हानि न पहुंचाएं तो संसार में ऐसी कोई शक्ति नहीं, जो हमारा नुकसान कर सके।

भारत में पंचमांश जनता मुसलमान हो गई, जैसे इससे पहले उस सुंदर प्राचीनकाल में दो-तिहाई मनुष्य बौद्ध बन गए थे। इस समय पंचमाश जन-समूह मुसलमान हैं। दस लाख से भी ज्यादा मनुष्य ईसाई हो गए हैं, यह किसका दोष है? हमारे इतिहासकारों में से सदा-स्मरणीय भाषा में किसी का आक्षेप है, जब जीवन के सतत प्रवाहशील झरने में पानी बह रहा है तो ये अभागे प्यास के मारे गला सुखाकर क्यों मरें? प्रश्न है, जिन्होंने अपना धर्म छोड़ दिया, उन लोगों के

लिए हमने क्या किया? क्यों वे मुसलमान हो गए? इंग्लैंड में मैंने एक सीधी-सादी लड़की के संबंध में सुना था। वह वेश्या बनने जा रही थी। किसी महिला ने उसे ऐसा काम करने से रोका, तब वह लड़की बोली, 'मेरे लिए सहानुभूति प्राप्त करने का एकमात्र उपाय यही है। अभी मुझे किसी से सहायता नहीं मिल सकती, इसलिए मुझे पतित हो जाने दीजिए, गली-गली ठोकरें खाने वाली स्त्रियों से बदतर हालत को पहुंच जाऊं, तब संभव है दयावती महिलाएं मुझे किसी मकान में रखें और मेरे लिए सब कुछ करें।' आज हम अपने धर्म को छोड़ देने वालों के लिए रोते हैं, परंतु विचार करें कि इससे पहले उनके लिए हमने क्या किया?

आओ, हम लोग अपनी ही अंतरात्मा से पूछें कि हमने क्या सीखा? क्या हमने सत्य की मशाल हाथ में ली? अगर हां, तो ज्ञान के विस्तार के लिए उसे लेकर कितनी दूर बढ़े? तो समझ में आ जाएगा कि उन पतितों के घर तक ज्ञान-लोक विकीर्ण करने के लिए हमारी पहुंच नहीं हुई। यही एक प्रश्न है, जो अपनी अंतरात्मा से हमें पूछना चाहिए। चूंकि हम लोगों ने वैसा नहीं किया, इसलिए वह हमारा ही दोष था, हमारा ही कर्म था। अतएव हमें दूसरों पर दोष नहीं लादना चाहिए। जड़वाद, इस्लाम धर्म, ईसाई धर्म या संसार का कोई 'वाद' कदापि सफल हो सकता था, यदि तुम स्वयं उसका प्रवेश-द्वार खोल देते हो। नर-शरीरों में तब तक किसी प्रकार के जीवाणुओं की घुसपैठ नहीं हो सकती, जब तक वह पाप, कुखाद्य और असंयम के कारण पहले ही से दुर्बल और हीनवीर्य नहीं हो जाता। तंदुरुस्त आदमी सब तरह के विषैले जीवाणुओं के भीतर रहकर भी उनसे बचा रहता है। अस्तु, पहले की भूलों को दूर कर प्रतिकार का समय अभी है। सर्वप्रथम, पुराने तर्क-वितर्कों की अर्थहीन विषयों पर छिड़ी हुई पुरानी लड़ाइयों को त्याग दो। गत छह-सात सदियों तक के लगातार पतन पर विचार करो, जबकि पुख्ता दिमाग वाले सैकड़ों आदमी सिर्फ इस विषय को लेकर वर्षों तक बहस करते रह गए कि लोटा-भर पानी दाहिने हाथ से पिया जाए या बाएं हाथ से और कुल्ला पांच बार करना ठीक या छह बार। ऐसे अनावश्यक प्रश्नों के लिए तर्क पर तुले हुए संपूर्ण जीवन पार कर देने वाले और इन विषयों पर अत्यंत गवेषणपूर्ण दर्शन लिख डालने वाले पंडितों से और क्या आशा कर सकते हैं? हमारे लिए, धर्म के लिए, भय यही है कि वह अब रसोईघर में घुसना चाहता है।

हममें से अधिकांश मनुष्य इस समय न तो वेदांतिक हैं, न पौराणिक और न तांत्रिक—हम हैं छूत-धर्मी। हमारा ईश्वर है 'भारत की हांडी' और मंत्र है 'हमें न छुओ, हम महापवित्र हैं'। अगर यही भाव एक शताब्दी और चला तो हममें से हरेक की हालत पागलखाने में कैद होने लायक हो जाएगी। मन जब जीवन संबंधी ऊंचे तत्त्वों पर विचार नहीं कर सकता, तब समझना चाहिए कि मस्तिष्क दुर्बल हो

गया है। जब मन कमजोर हो जाता है, तब उसकी सारी मौलिकता नष्ट हो जाती है, उसकी काम करने की कुल शक्ति, उसकी संपूर्ण चिंतनशक्ति जाती रहती है, फिर वह छोटी-से-छोटी सीमा के भीतर चक्कर लगाता रहता है। अतएव पहले उन विषयों को बिलकुल छोड़ देना होगा और फिर हमें खड़ा होना होगा, कर्मी और वीर बनना होगा, तभी हम अपने उस अशेष धन के जन्मसिद्ध अधिकार को पहचान सकेंगे, जिसके लिए आज सारा संसार हाथ बढ़ा रहा है और जिसे हमारे लिए पूर्वपुरुष छोड़ गए हैं। यदि यह धन वितरित न किया जाए तो संसार मर जाएगा। इस धन-भंडार का ताला खोल दो और मुक्त हस्त होकर इसका वितरण करो।

भगवान व्यास कहते हैं, इस कलियुग में दान ही एकमात्र धर्म है और सब प्रकार के दानों में धर्म दान ही श्रेष्ठ है। इसके बाद है विद्यादान, फिर जीवनदान और सबसे निकृष्ट है अन्नदान। अन्नदान हम लोगों ने बहुत किया है। हमारी जैसी दानशील जाति दूसरी नहीं है। यहां तो भिक्षुक के घर भी जब तक रोटी का टुकड़ा रहेगा, वह उसमें से आधा दान कर देगा। ऐसा दृश्य केवल भारत में ही दिखाई पड़ता है। हमारे यहां इस दान की कमी नहीं। हमें अन्य दोनों धर्मदान और विद्यादान के लिए बढ़ना चाहिए। हिम्मत न हारें, हृदय को दृढ़ कर लें और संपूर्ण रूप से निश्चित होकर काम में हाथ लगाएं तो पच्चीस वर्ष के भीतर सारी समस्याओं का समाधान हो जाएगा। ऐसा कोई विषय न रह जाएगा, जिसके लिए लड़ाई छिड़ती रहे, तब संपूर्ण भारत फिर एक बार प्राचीन आर्यों के सदृश उन्नत हो जाएगा।

मुझे जो कुछ कहना था, मैंने कह दिया। युक्तियों पर ज्यादा बहस करना मुझे पसंद नहीं, बल्कि मुझे जो कुछ पसंद है, वह मैं करके दिखाना चाहता हूं और तभी मैं अपने संकल्पित विषय पर बोलूंगा। मेरे कुछ खास संकल्प हैं और यदि परमात्मा की इच्छा हुई और मैं जीवित रहा तो मैं उन्हें सफलता तक पहुंचाने की कोशिश करूंगा। मैं नहीं जानता, मुझे सफलता मिलेगी या नहीं, परंतु किसी महान आदर्श को लेकर, उसी के पीछे अपना सारा जीवन बिता देना मेरी समझ में एक बड़ी बात है। जीवन की सार्थकता इसी में है कि वह किसी महान आदर्श के पीछे लगाया जाए। भारत में करने लायक बड़ा काम इस समय यही है। मैं इस वर्तमान धर्म-जागृति का स्वागत करता हूं। यह महामूर्खता का काम होगा, यदि मैं लोहे के गर्म रहते उस पर हथौड़े की चोट लगाने के इस शुभ मुहूर्त को हाथ से जाने दूं।

आपका

विवेकानंद

मानमदुरा, भारत

13

हम तुम्हारा स्वागत करेंगे

विश्वगुरु अपनी शिष्या भगिनी निवेदिता को पत्र लिखकर भारत में उनके कार्य के दौरान आने वाली कुछ समस्याओं के बारे में अवगत करा रहे हैं। उनका कहना है कि यदि वे इन समस्याओं के बाद भी भारत आकर कार्य करने का साहस करती हैं तो हम तुम्हारा स्वगात करेंगे, सौ बार स्वागत करेंगे–

प्रिय कुमारी नोबल,

श्री स्टर्डी का यह पत्र कल मुझे मिला, जिससे मुझे मालूम हुआ कि तुमने भारत का और स्वयं सब चीजों को देखने का विचार मन में ठान लिया है। इसका उत्तर कल मैं दे चुका हूं, किंतु मैंने कुमारी मूलर से तुम्हारे इस संकल्प के विषय में जो कुछ सुना, उससे यह दूसरा संक्षिप्त पत्र आवश्यक हो गया और अच्छा है कि मैं तुम्हें सीधे ही लिखूं।

मैं तुमसे स्पष्ट कहता हूं कि मुझे विश्वास है कि भारत के काम में तुम्हारा भविष्य उज्ज्वल है। आवश्यकता है स्त्री की, पुरुष की नहीं–सच्ची सिंहनी की, जो भारतीयों के लिए, विशेषकर स्त्रियों के लिए काम करे।

भारत अभी तक महान महिलाओं को उत्पन्न नहीं कर सका, उसे दूसरे राष्ट्रों से उन्हें उधार लेना पड़ेगा। तुम्हारी शिक्षा, सच्चा भाव, पवित्रता, महान प्रेम, दृढ़ निश्चय और सबसे अधिक तुम्हारे केल्टिक रक्त ने तुमको वैसा ही बनाया है, जिसकी आवश्यकता है।

यहां कठिनाइयां भी बहुत हैं। यहां जो दुख, कुसंस्कार और दासत्व है, उसकी तुम कल्पना नहीं कर सकतीं। तुम्हें अर्द्धनग्न स्त्री-पुरुषों के एक समूह में रहना होगा, जिनके जाति और पृथकता के विचित्र विचार हैं, जो भय और द्वेष से सफेद चमड़ी से दूर रहना चाहते हैं और जिनसे सफेद चमड़ीवाले स्वयं अत्यंत घृणा करते हैं। दूसरी ओर श्वेत जाति के लोग तुम्हें सनकी समझेंगे और तुम्हारे आचार-व्यवहार को सशंकित दृष्टि से देखते रहेंगे, फिर यहां भयंकर गरमी पड़ती है, अधिकांश स्थानों में हमारा शीतकाल तुम्हारी गरमी के समान होता है और दक्षिण भारत में हमेशा आग बरसती रहती है।

नगरों के बाहर विलायती आराम की कोई भी सामग्री नहीं मिल सकती। ये सब बातें होते हुए भी यदि तुम काम करने का साहस करोगी, तो हम तुम्हारा स्वागत करेंगे, सौ बार स्वागत करेंगे। मेरे विषय में यह बात है कि जैसे अन्य स्थानों में, वैसे ही मैं यहां भी कुछ नहीं हूं, फिर भी जो कुछ मेरी सामर्थ्य होगी, वह तुम्हारी सेवा में लगा दूंगा।

इस कार्य-क्षेत्र में प्रवेश करने से पहले तुमको अच्छी तरह विचार कर लेना चाहिए और यदि काम करने के बाद तुम असफल हो जाओगी अथवा अप्रसन्न हो जाओगी तो मैं अपनी ओर से तुमसे प्रतिज्ञा करता हूं कि चाहे तुम भारत के लिए काम करो या न करो, तुम वेदांत को त्याग दो या उसमें स्थित रहो, मैं आमरण तुम्हारे साथ हूं।

'हाथी के दांत बाहर निकलते हैं, परंतु अंदर नहीं जाते।' इसी तरह मर्द के वचन वापस नहीं फिर सकते।

यह मैं तुमसे प्रतिज्ञा करता हूं, फिर से मैं तुमको सावधान करता हूं। तुमको अपने पैरों पर खड़ा होना चाहिए और कुमारी मूलर आदि के आश्रित न रहना चाहिए। अपने ढंग की वह एक शिष्ट महिला है, परंतु दुर्भाग्यवश जब वह बालिका ही थी, तभी से उसके मन में यह बात समा गई है कि वह जन्म से ही एक नेता है और संसार को हिलाने के लिए धन के अतिरिक्त किसी गुण की आवश्यकता नहीं है। यह भाव फिर-फिरकर उसकी इच्छा के विरुद्ध उसके मन में उठता है और थोड़े दिनों में तुम देखोगी कि उसके साथ मिलकर रहना तुम्हारे लिए असंभव होगा।

अब उसका विचार कलकत्ता में एक मकान लेने का है, जहां तुम और वह तथा अन्य यूरोपियन या अमेरिकी मित्र यदि आकर रहना चाहें तो रह सकें।

उसका विचार शुभ है, परंतु मेहनती बनने का उसका संकल्प दो कारणों से कभी सफल न होगा–उसका क्रोधी स्वभाव और अहंकारयुक्त व्यवहार तथा उसका अत्यंत अस्थिर मन। बहुतों से मित्रता करना दूर से ही अच्छा रहता है और जो मनुष्य अपने पैरों पर खड़ा होता है, उसका हमेशा भला होता है।

श्रीमती सेवियर नारियों में एक रत्न हैं, अत्यंत गुणवती और दयालु! केवल सेवियर दंपती ऐसे अंग्रेज हैं, जो भारतवासियों से घृणा नहीं करते, स्टर्डी की भी गिनती इनमें नहीं है। श्रीमान और श्रीमती सेवियर दो ही व्यक्ति हैं, जो अभिमानपूर्वक हमें उत्साह दिलाने नहीं आए थे, बल्कि उनका अभी कोई निश्चित कार्यक्रम नहीं है। जब तुम आओ, तब उन्हें अपने साथ काम में लगा आओ।

इससे तुम्हें भी सहायता मिलेगी और उन्हें भी, परंतु अंत में अपने पैरों पर ही खड़ा होना परमावश्यक है।

अमेरिका से मैंने यह सुना है कि बोस्टननिवासी मेरी दो मित्र श्रीमती बुल और कुमारी मैक्लिऑड शरद् ऋतु में भारत आने वाली हैं। कुमारी मैक्लिऑड को तुम लंदन में जानती थी, वह पेरिस के वस्त्र पहने हुए अमेरिकी युवती, श्रीमती बुल पचास वर्ष के लगभग हैं और अमेरिका में वे सहानुभूति रखने वाली मेरी मित्र थीं। मैं तुमको यह सम्मति दूंगा कि यदि तुम उनके साथ ही आओगी तो यात्रा की क्लांति कम हो जाएगी, क्योंकि वे भी यूरोप होते हुए आ रही हैं।

श्री स्टर्डी का बहुत दिनों के बाद पत्र पाकर मुझे हर्ष हुआ, किंतु वह पत्र रूखा और प्राणहीन था। मालूम होता है कि लंदन के कार्य के असफल होने से वे निराश हुए।

तुम्हें मेरा अनंत प्यार!

भगवत्पदाश्रित,
विवेकानंद

14

भारतवर्ष के सत्यानाश का मूल कारण

सरला घोषाल, बी.ए. 'भारती' की संपादिका थीं। विश्वगुरु विवेकानंद ने 24 अप्रैल, 1897 को दार्जिलिंग से सरला घोषाल को एक मर्मस्पर्शी पत्र लिखा। इस पत्र में उन्होंने शिक्षा के महत्त्व पर प्रकाश डालते हुए स्पष्ट लिखा कि जिस जाति की जनता में विद्या-बुद्धि का जितना अधिक प्रचार होता है, वह जाति उतनी ही अधिक उन्नत होती है। भारतवर्ष के सत्यानाश का मूल कारण यही है कि देश की संपूर्ण विद्या-बुद्धि राजकीय शासन और दंभ के बल पर केवल मुट्‌ठी-भर लोगों के अधिकार में रखी गई है। अतः विद्या का प्रचार-प्रसार करने से ही स्वाधीनता, सम्मान और समृद्धि मिल सकती है–

आपने मेरी कार्य-प्रणाली के संबंध में जो पूछा है, उस विषय में पहले यह कहना है कि 'किसी भी काम की जांच उसके फलानुसार करनी चाहिए।' अतः कार्य उस रूप में प्रारंभ किया जाए, जो अपेक्षित परिणामों के अनुरूप हो। अपनी मित्र कुमारी मूलर के मुंह से

आपकी उदार बुद्धि, स्वदेश प्रेम और दृढ़ अध्यव्यवसाय की बहुत-सी बातें मैं सुन चुका हूं और आपकी विद्वता का प्रमाण तो प्रत्यक्ष ही है, इसलिए आप जो मेरे क्षुद्र जीवन की तुच्छ चेष्टा के संबंध में जानना चाहती हैं, उसे मैं अपना बड़ा सौभाग्य मानकर यहां पर यथासंभव निवेदन करता हूं, परंतु पहले मैं आपके विचार के लिए अपने अनुभव किए हुए सिद्धांतों को आपके सम्मुख प्रस्तुत करता हूं।

हम लोग सदा पराधीन रहे हैं अर्थात् इस भारतभूमि में जन-साधारण को कभी भी अपने अधिकारों का ज्ञान प्राप्त करने का मौका नहीं दिया गया। पश्चिमी देश आज कुछ सदियों से स्वाधीनता की ओर बड़े वेग से बढ़ रहे हैं। भारत में कौलीनय प्रथा से लेकर खान-पान तक सभी विषय राजा ही निबटाते आए हैं, परंतु पश्चिमी देशों में सभी कार्य प्रजा स्वयं ही करती है।

अब राजा किसी सामाजिक विषय में हाथ नहीं डालते तो भी भारतीय जनता में अब तक आत्मविश्वास वेदांत की नींव है। अब भी यहां वह कार्य तनिक भी परिणत नहीं हुआ है, इसलिए पश्चिमी प्रणाली अर्थात् पहले उद्देश्य की चर्चा, तत्पश्चात् जो करना है, उसे सब कोई मिल-जुलकर कर डालना, इस देश में अभी तक सफल नहीं हुई और इसलिए हम विजातीय राजाओं के अधीन इतने अधिक अनुदार दिखाई पड़ते हैं। यदि यह सत्य हो तो जनता के बीच चर्चा या सार्वजनिक वाद-विवाद द्वारा कोई महान कार्य सिद्ध करने की चेष्टा करना वृथा है-'जब सिर ही नहीं, तो सिर में दर्द कैसा?' जनता है कहां? इसके सिवा हम इतने निर्बल हैं कि यदि हम किसी विषय के सुधार की चर्चा करें तो हम उसी में अपना सारा बल लगा देते हैं और कोई काम करने के लिए कुछ भी शक्ति शेष नहीं रह जाती। शायद इसलिए हम बंगाल में 'ऊंची दुकान फीका पकवान' वाली कहावत को प्रायः ही चरितार्थ होते हुए देखा करते हैं।

दूसरी बात यह है कि जैसा मैं पहले ही लिख चुका हूं-भारतवर्ष के धनिकों से मुझे कोई भी आशा नहीं। आशा है केवल युवकों से और उन्हीं के बीच धैर्यपूर्वक धीरे-धीरे और चुपचाप काम करते रहना उत्तम है। अब कार्य के विषय में कहता हूं।

जब से शिक्षा, सभ्यता आदि उच्च वर्ग वालों से धीरे-धीरे जन-साधारण में फैलने लगी, उसी दिन से पश्चिमी देशों की वर्तमान सभ्यता और भारत, मिस्र, रोम आदि की प्राचीन सभ्यता के बीच अंतर बढ़ने लगा। हम प्रत्यक्ष रूप से देखते हैं कि जिस जाति की जनता में विद्या-बुद्धि का जितना अधिक प्रचार होता है, वह जाति उतनी ही उन्नत होती है। भारतवर्ष के सत्यानाश का मूल कारण यही है कि देश की संपूर्ण विद्या-बुद्धि राजकीय शासन और दंभ के बल पर केवल मुट्ठी-भर

लोगों के अधिकार में रखी गई है। यदि फिर से उन्नति करनी है तो हमें उसी मार्ग पर चलना होगा अर्थात् जनता में विद्या का प्रचार करना होगा।

आधी सदी से समाज-सुधार की धूम मची हुई है। मैंने दस वर्ष तक भारत के अनेकानेक स्थानों में घूमकर देखा कि देश में समाज-सुधार समितियों की बाढ़-सी आई है, परंतु जिनका रुधिर शोषण करके हमारे 'भद्र लोगों' ने अपना यह खिताब प्राप्त किया है और कह रहे हैं, उन बेचारों के लिए एक भी सभा नजर न आई। मुसलमान शासक कितने सिपाही लाए थे? यहां अंग्रेज कितने हैं? चांदी के छह सिक्कों के लिए अपने बाप और भाई के गले पर चाकू फेरने वाले लाखों आदमी सिवा भारत के और कहां मिल सकते हैं? मौलिकता ने देश को बिलकुल त्याग दिया है? क्यों हमारे कुशल शिल्पी यूरोप वालों के साथ बराबरी करने में असमर्थ होकर दिनोदिन दुर्दशा को प्राप्त हो रहे हैं? पुनः किस बल से जर्मन कारीगरों ने अंग्रेज करीगरों के कई सदियों के दृढ़ प्रतिष्ठित आसन को हिला दिया।

केवल शिक्षा! शिक्षा!! शिक्षा!!! यूरोप के बहुत से नगरों में घूमते हुए वहां के गरीबों तक के लिए अमन-चैन और शिक्षा की सुविधाओं को देखकर अपने यहां के गरीबों की बात याद आती थी और मैं आंसू बहाता था। यह अंतर क्यों हुआ? उत्तर मिला शिक्षा के कारण। शिक्षा से आत्मविश्वास आता है और आत्मविश्वास से अंतर्निहित ब्रह्म भाव जाग उठता है, परंतु हमारा ब्रह्म भाव क्रमशः निद्रित और संकुचित होता जा रहा है।

न्यूयॉर्क में मैं देखता था, आइरिश उपनिवेशवासियों को आते हुए। अंग्रेजों के पैर से कुचलते हुए कांतिहीन, निसंबल, अति दरिद्र और महामूर्ख, साथ में एक लाठी और उसके सिरे पर लटकती हुई फटे कपड़े की एक छोटी-सी गठरी। उनकी चाल और चितवन में डर-ही-डर समाया रहता था। छह ही महीने बाद यही दृश्य बिलकुल बदल गया। अब वह तनकर चल रहा है, उसकी वेशभूषा बदल गई है, उसकी चाल और चितवन में पहले का डर दिखाई नहीं देता। ऐसा कैसे हुआ, उत्तर में हमारा वेदांत कहता है कि वह आइरिश अपने देश में चारों तरफ घृणा से घिरा था। सारी प्रकृति एक स्वर से उससे कह रही थी, 'बच्चू! तुझे और आशा नहीं है, तू गुलाम ही पैदा हुआ और सदा गुलाम ही बना रहेगा-आजन्म!' यह सुनते-सुनते बच्चू को उसी का विश्वास हो गया और बच्चू ने अपने को सम्मोहित कर डाला कि वह अति नीच है। उसका ब्रह्म भाव संकुचित हो गया, परंतु जब उसने अमेरिका में पैर रखे तो चारों ओर से ध्वनि सुनाई पड़ने लगी, 'बच्चू! तू भी वही मनुष्य है, जो हम लोग हैं। जो कुछ हुआ है, सब मनुष्यों ने ही किया है। तेरे और मेरे समान आदमी सब कुछ कर सकते हैं। बस, उसके अंदर सोता

हुआ ब्रह्म भाव जाग उठा मानो स्वयं प्रकृति ने ही कहा, 'उत्तिष्ठत जाग्रत प्राप्य वरान्निबोधत' उठो, जागो और लक्ष्य की प्राप्ति तक रुको नहीं।

इसी प्रकार हमारे लड़के जो शिक्षा पा रहे हैं, वह भी नकारात्मक है। स्कूल के लड़के इससे सीखते तो कुछ भी नहीं, वरन् जो कुछ अपना है, उसका भी नाश हो जाता है और इसका फल है–श्रद्धा का अभाव। जो श्रद्धा वेद-वेदांत का मूल मंत्र है, जिस श्रद्धा ने नचिकेता को यम के पास जाकर प्रश्न करने का साहस दिया, जिस श्रद्धा के बल से संसार चल रहा है, उसी श्रद्धा का लोप हो जाता है। गीता में कहा गया है कि अज्ञ तथा श्रद्धाहीन और संशययुक्त व्यक्ति का नाश हो जाता है। (अज्ञश्चाश्रद्‌ध–धानश्च संशयात्मा विनश्यति–गीता, 4-40) इसलिए तो हम मृत्यु के इतने समीप हैं। अतः अब उपाय क्या है?

उपाय है–शिक्षा का प्रसार। पहले आत्मविद्या, इससे मेरा मतलब जटा-जूट, दंड, कमंडल और पहाड़ों की कंदराओं से नहीं, जो उस शब्द के उच्चारण करते ही याद आते हैं। मेरा मतलब क्या है? जिस ज्ञान के द्वारा मनुष्य संसार बंधन से छुटकारा पा जाता है, उससे क्या तुच्छ वैषयिक उन्नति नहीं हो सकेगी। अवश्य हो सकती है। मुक्ति, वैराग्य, त्याग–बड़े श्रेष्ठ आदर्श हैं, परंतु गीता में लिखा है कि 'स्वल्पमप्यस्य धर्मस्य त्रायते महतो भयात्' अर्थात् इस धर्म का थोड़ा-सा भाग भी (जन्म और मृत्यु के) महाभय से उत्रृण करता है। द्वैत, विशिष्टद्वैत, अद्वैत, शैव सिद्धांत, वैष्णव, शाक्य और यहां तक कि बौद्ध और जैन आदि जितने संप्रदाय भारतवर्ष में स्थापित हुए हैं, सभी इस विषय पर सहमत हैं कि इस जीवात्मा में अनंत शक्ति अव्यक्त भाव से निहित है, चींटी से लेकर ऊंचे-से-ऊंचे सिद्ध पुरुष तक सभी में वह आत्मा विराजमान है और भेद जो कुछ है, वह है केवल प्रकाश के तारतम्य में। 'वरणमेदस्तु ततः क्षेत्रिकवत्' (पातंजलि योगसूत्र केवल्य पद, 3)। किसान जैसे खेतों की मेड़ तोड़ देता है और एक खेत का पानी दूसरे में बहने लगता है, वैसे ही आत्मा भी आवरण टूटते ही प्रकट हो जाती है। सुयोग और उपयुक्त देशकाल मिलते ही यह शक्ति स्वयं अभिव्यक्त करती है। चाहे व्यक्त अवस्था में हो, चाहे अव्यक्त–यह शक्ति प्रत्येक में ब्रह्मा से लेकर तृण तक सभी में विद्यमान है। हमें दर-दर जाकर इस शक्ति को जगाना होगा–यह हुई पहली बात।

दूसरी बात यह है कि इसके साथ-साथ विद्या भी सिखानी पड़ेगी। ऐसा कहना तो बड़ा सरल है, परंतु वह काम में किस तरह लाया जाए? हमारे देश में हजारों निःस्वार्थ, दयालु और त्यागी पुरुष हैं। जिस प्रकार वे बिना कोई पारिश्रमिक लिये घूम-घूमकर धर्मशिक्षा दे रहे हैं, उसी प्रकार उनमें से कम-से-कम आधे लोग इस विद्या के शिक्षक बनाए जा सकते हैं, जिसकी आज हमें सबसे अधिक आवश्यकता

है। इस कार्य के लिए पहले प्रत्येक प्रांत की राजधानी में फैसला होगा। मद्रास और कलकत्ता में हाल ही में दो केंद्र बने हैं, कुछ और भी शीघ्र बनने की आशा है। एक बात और...गरीबों को अधिकांश शिक्षा बातों से या मौखिक रूप से ही दी जानी चाहिए। स्कूल आदि का अभी समय नहीं आया। धीरे-धीरे उन मुख्य केंद्रों में खेती, व्यापार आदि भी सिखाए जाएंगे और उद्योगशालाएं भी खोली जाएंगी, जिससे इस देश में शिल्प आदि की उन्नति हो। उन उद्योगशालाओं का माल यूरोप और अमेरिका में बेचने के लिए, उन देशों में अभी जैसी समितियां हैं, वैसी और भी स्थापित हो जाएंगी। जिस प्रकार पुरुषों के लिए प्रबंध हो रहे हैं, ठीक उसी प्रकार स्त्रियों के लिए भी होने चाहिए। उनके लिए भी केंद्र खोलने चाहिए, पर आप जानती हैं, इस देश में ऐसा होना कितना कठिन है।

मुझे इस बात का दृढ़ विश्वास है कि जिसे सांप ने काटा है, वही पश्चिमी देशों से आएगा, इसीलिए हमारे धर्म का यूरोप और अमेरिका में प्रचार होना चाहिए। आधुनिक विज्ञान ने ईसाई आदि धर्मों की भित्ति बिलकुल चूर-चूर कर दी है। इसके सिवा विलासिता ने तो धर्मवृत्ति को प्रायः नष्ट ही कर डाला है। यूरोप और अमेरिका आशा-भरी दृष्टि से भारत की ओर ताक रहे हैं। परोपकार का यही ठीक समय है, शत्रु के किले पर अधिकार जमाने का यही उत्तम समय है। पश्चिमी देशों में नारियों का ही राज, नारियों का बल और नारियों की ही प्रभुता है।

यदि आप जैसी वेदांत जानने वाली तेजस्विनी और विदुषी महिलाएं प्रचार के लिए इंग्लैंड जाएं तो मैं निश्चित रूप से कहता हूं कि प्रत्येक वर्ष सैकड़ों स्त्री-पुरुष भारतीय धर्म ग्रहण कर कृतार्थ हो जाएंगे। अकेली रमाबाई ही हमारे यहां से गई थीं, अंग्रेजी भाषा, पश्चिम विज्ञान और शिल्प आदि में उनका ज्ञान बहुत ही कम था तो भी उन्होंने सबको चकरा दिया। यदि आप जैसी कोई पधारें तो इंग्लैंड हिल जाएगा, फिर अमेरिका की क्या बात है! मैं दिव्य दृष्टि से देख रहा हूं कि यदि भारतीय नारियां देशी पोशाक पहने भारत के ऋषियों के मुंह से निकले हुए धर्म का प्रचार करें तो एक ऐसी बड़ी तरंग उठेगी, जो सारी पश्चिमी भूमि को डुबो देगी।

क्या मैत्रेयी, लीलावती, सावित्री आदि की इस जन्मभूमि में किसी और नारी को यह साहस नहीं होगा? प्रभु ही जानें? इंग्लैंड पर हम लोग धर्म के बल पर अधिकार करेंगे, उसे जीत लेंगे। क्या कभी सभा-समितियों द्वारा इस प्रतापी असुर के हाथ से उद्धार हो सकता है? अपनी आध्यात्मिकता के बल पर हमें अपने विजेताओं को देवता बनाना होगा। मैं तो एक दीन भिक्षुक परिव्राजक हूं, मैं क्या कर सकता हूं? मैं तो अकेला और असहाय हूं। आप लोगों के पास धन है, बुद्धि

है और विद्या भी है। क्या आप लोग इस अवसर को हाथ से जाने देंगी? इंग्लैंड, यूरोप और अमेरिका पर विजय पाना अभी यही हमारा महामंत्र होना चाहिए। इसी से देश का भला होगा।

विस्तार ही जीवन का चिह्न है और हमें सारी दुनिया में अपने आध्यात्मिक आदर्शों का प्रचार करना होगा। हाय! मेरा शरीर। कितना निर्बल है, तिस पर बंगाली का शरीर, इस थोड़े परिश्रम से ही प्राणघातक व्याधि ने इसे घेर लिया है, फिर भी आशा है–

उत्पत्स्तेऽस्ति मम कोऽपि समानधर्मा।
कालो ह्ययं निरवधिर्विपुला च पृथ्वी॥

–भवभूति

अर्थात् इस कार्य को सिद्ध करने के लिए मेरे समान गुण वाला कोई पैदा हो गया है या होगा, क्योंकि काल का अंत, नदी और पृथ्वी भी विशाल है।

सर्वशक्तिमयी विश्वेश्वरी आपके हृदय में आविर्भूत हों।

आपका
विवेकानंद
दार्जिलिंग, 24 अप्रैल, 1897

15

शिक्षा क्या है?

23 दिसंबर, 1900 को विश्वगुरु विवेकानंद ने एक बंगाली महिला को यह पत्र लिखा। इस पत्र में उन्होंने आसक्ति, कामना और त्याग को उनके सही परिप्रेक्ष्य में निरूपित किया है। वे समझा रहे हैं कि वास्तविक शिक्षा क्या है। कुछ पुस्तकों का पठन-पाठन अथवा विविध विषयों का ज्ञान शिक्षा नहीं, बल्कि शिक्षा वह है जिसके सहारे इच्छाशक्ति का प्रवाह एवं उसकी अभिव्यक्ति संयत की जाती है और दोनों सार्थक हो जाते हैं–

‘सः ईशः अनिर्वचनीयः प्रेम स्वरूपः’ अर्थात् वे प्रभु अकथनीय प्रेम स्वरूप हैं। नारदोक्त प्रभु का यह विशिष्ट भाव चारों दिशाओं में अभिव्यक्त है और सर्वसम्मत है–यही मेरे जीवन की दृढ़ धारणा है। क्षुद्रात्माओं के योग को समष्टि कहा जाता है और प्रत्येक व्यक्ति क्षुद्रात्मा को व्यष्टि की संज्ञा दी गई है।

आप और हममें से प्रत्येक इनमें से एक है, पर समाज समष्टि है। आप, मैं, पशु, पक्षी, कीट-कीटाणु, वृक्ष, धरती, ग्रह, तारा प्रत्येक व्यष्टि है, परंतु यह ब्रह्मांड है–समष्टि, जिसे वेदांत ने विराट हिरण्यगर्भ या ईश्वर

की संज्ञा दी है और जिसे पुराणों ने ब्रह्मा, देवी इत्यादि कहकर पुकारा है। व्यष्टि को व्यक्तिगत स्वाधीनता है या नहीं और यदि यह है तो कहां तक? समष्टि के लिए व्यष्टि को अपनी इच्छा एवं सुख की संपूर्ण आहुति देनी चाहिए या नहीं, ये प्रत्येक समाज के लिए चिरंतन समस्याएं हैं। सभी इन्हीं समस्याओं को सुलझाने में व्यस्त हैं। ये समस्याएं उद्दात तरंगों के समान वर्तमान पाश्चात्य समाज को प्रक्षुब्ध कर रही हैं। जो सिद्धांत समाज की श्रेष्ठता की वेदी पर व्यक्तिगत स्वतंत्रता की आहुति चाहता है, उसे समाजवाद कहते हैं और जो व्यक्ति के पृथक अस्तित्व का प्रचार करता है, उसे व्यक्तिवाद कहते हैं।

व्यक्ति के सदा समाज के अधीन रहने के कारण और विधि-नियमों द्वारा बाध्य होकर अनिश्चित आत्म-त्याग के फलस्वरूप जो परिणाम होते हैं, उन सबका हमारी मातृभूमि एक जाज्वल्य उदाहरण है। इस देश में मनुष्यों का जन्म शास्त्रीय विधियों के अनुसार ही होता है, वे जन्म-भर निर्दिष्ट नियमों के अनुसार ही खान-पान किया करते हैं। वैवाहिक और अन्य कार्य भी उसी तरह किए जाते हैं—शास्त्रीय विधियों के अनुसार। इस कठोर नियम में केवल एक ही अच्छा गुण है और शेष दुर्गुणों से भरा हुआ है।

गुण यह है कि केवल एक ही मनुष्य लघु प्रयत्न से एक-दो कार्य सुचारू रूप से कर सकता है, क्योंकि पीढ़ियों से उन कार्यों को प्रतिदिन करने का उसे अभ्यास हो गया है। इस देश के रसोइए द्वारा तीन मृत्पिंडों तथा कुछ लकड़ियों की सहायता से पकाया गया स्वादिष्ट दाल और भात कहीं न मिलेगा। अपने पैरों को गढ़े में रखे हुए, एक रुपये वाले साधारण करघे की सहायता से उत्पादित बीस रुपये गज वाला वस्त्र केवल इसी देश की उपज है। एक फटी चटाई, अरंडी के तेल से जलता हुआ मिट्टी का एक दीया ऐसी ही वस्तुओं की सहायता से प्रकांड पंडितों का उत्पन्न होना केवल इसी देश में संभव है। अत्यंत कुरूप पत्नी के प्रति सर्व-सहनशील प्रेम, गुणहीन, दुष्ट पति पर आजीवन अनुराग केवल इसी देश में संभव है। ये तो हुए इसके गुण।

ये सब कार्य उन्हीं लोगों द्वारा होते हैं, जो निर्जीव यंत्र की तरह कार्य किए जाते हैं, न उनमें मानसिक सक्रियता है, न हृदय का विकास, न प्राण का स्पदन और न आज्ञा की लहर, न उनमें इच्छाशक्ति की तीव्र प्रेरणा होती है, न सुख का चोखा अनुभव और न तीव्र दुख से उनका पाला ही पड़ता है, न उनमें नव-निर्माणशाली प्रतिभा का स्फुरण होता है, न नवीनता के लिए उनमें कुछ उत्साह-अभिलाषा रहती है और न नवीन वस्तुओं का वे गुण ग्रहण कर सकते हैं। ऐसे मन तो सदा मेघाच्छन्न होते हैं, ऐसे हृदय को प्रभात-सूर्य की उज्ज्वल

छटा मुग्ध नहीं कर सकती। ऐसे मन से तो यह विचार कदापि उठता ही नहीं कि इससे उच्चतर और कोई भी अच्छी अवस्था है, यदि ऐसा विचार कभी उठा भी तो विश्वास नहीं होता, यदि विश्वास हुआ तो चेष्टा की कमी होती है और यदि कहीं चेष्टा भी हुई तो उत्साह का अभाव उसे नष्ट कर देता है।

'सर्प के सिर पर आघात होने से ही उसका फन उठता है।' जब हृदय में वेदना की टीस होती है, जब शोक की आंधी चारों ओर से घेर लेती है, जब मालूम होता है कि प्रकाश और न दिखेगा, जब आशा और साहस का प्रायः लोप हो जाता है, तभी इस भयानक आध्यात्मिक झंझावत के बीच अंतर्निहित ब्रह्म ज्योति प्रकाशित होती है। ऐश्वर्य की गोद में पलते हुए, पुष्प शैया का शयन करते हुए आंसू बहाए बिना, भला कौन महान हुआ है, किसका ब्रह्म भाव जाग्रत हुआ है? आंसू बहाने में डर ही क्या है? बहने दो, बहने से आंख साफ हो जाएगी और अंतरात्मा बोलेगी, तब अनेक दृश्य, मनुष्य, पशु, वृक्ष धीरे-धीरे अंतर्निहित हो जाएंगे और सर्वत्र अनंत ब्रह्म की अनुभूति का मार्ग उन्मुक्त हो जाएगा

यदि केवल विधि-नियमानुसार जीवनयापन ही उत्तमता का लक्षण हो, पीढ़ियों से आए हुए नियमों और रूढ़ियों का पालन ही सदाचार हो तो आप ही बताइए, वृक्ष से अधिक सदाचारी भला और कौन है? किसने पाषाण खंड को प्राकृतिक नियम का उल्लंघन करते देखा है? किसने पशु को कभी पापाचार करते जाना है?

प्रचंड जहाज, प्रचंड रेल-इंजन सब अचेतन हैं, जड़ हैं। वे चलते हैं, मुड़ते हैं, दौड़ते हैं, पर अचेतन हैं और सामने वह कीटाणु, जो अपने प्राणों की रक्षा हेतु रेल की पटरी से अलग हुआ, सचेतन बुद्धिवान क्यों कहलाता है? मशीन में इच्छाशक्ति की अभिव्यक्ति नहीं है, मशीन में कभी भी नियम का उल्लंघन करने की इच्छा नहीं होती, पर वह कीटाणु नियम से मुठभेड़ लेता है, नियम के विरुद्ध खड़ा होता है, चाहे वह सफल हो या न हो और इसलिए वह सचेतन है, बुद्धिवान है। जिस जीव में इस इच्छाशक्ति की अभिव्यक्ति जितनी ही अधिक सफलता से होगी, वह उतना ही अधिक उच्चतर होगा, उसे उतना ही अधिक उत्कंठ सुख प्राप्त होगा। प्रभु की इच्छा अभेद्य है, अव्यर्थ है, सदा सफल है और इसलिए वे सर्वोच्च और सर्वश्रेष्ठ हैं।

आखिर शिक्षा है क्या? क्या वह केवल कुछ पुस्तकों का पठन-पाठन ही है? नहीं, क्या फिर विविध विषयों का ज्ञान? वह भी नहीं। शिक्षा तो वह है, जिसके

सहारे इच्छाशक्ति का प्रवाह एवं उसकी अभिव्यक्ति संयत की जाती है और दोनों सार्थक हो जाते हैं।

अब यह विचार कीजिए कि क्या वह शिक्षा कहलाने योग्य है, जिसके फलस्वरूप इच्छाशक्ति पीढ़ियों से बलपूर्वक अनवरत अवरुद्ध होकर आज मृतप्राय: हो रही है, जिसके प्रभाव से नवीन विचारों की कौन कहे, पुराने विचार तक एक-एक करके विलुप्त होते जा रहे हैं? क्या वह शिक्षा है, जो धीरे-धीरे मानव को मशीन बना रही है? मेरे विचार में यंत्रवत् अच्छे होने की अपेक्षा निजी स्वतंत्र इच्छा और बुद्धि द्वारा प्रेरित होकर एक बार गलती भी कर लेना अधिक श्रेयस्कर है। पुनश्च, क्या उसे हम समाज कह सकते हैं, जो ऐसे मनुष्यों के योग से बना है, जो केवल मिट्टी के पुतले की भांति हैं, निर्जीव मशीनों के समान हैं, कंकड़ों की ढेरी सम हैं? ऐसा समाज उन्नत भी कैसे हो सकता है? यदि ऐसे समाज से भलाई की संभावना होती है तो शत-शत वर्षों से गुलाम बने रहने के बजाय हम संसार में सर्वश्रेष्ठ राष्ट्र होते और भारत की यह पुण्यभूमि मूर्खता की खान होने के बजाय ज्ञान की नित्य निर्झरिणी होती। तो फिर क्या आत्म-त्याग सद्गुण नहीं? बहुतों के हित के लिए एक के सुख और कल्याण की आहुति करना क्या सर्वश्रेष्ठ सत्कार्य नहीं? अवश्य है, परंतु बंगला कहावत के अनुसार 'क्या घिसने और रगड़ने से भी भला सुंदरता उत्पन्न हो सकती है? क्या प्रयत्न और बल-प्रयोग से भी कभी प्रेम प्रकट हो सकता है? जो सदैव ही भिखारी है, उसके त्याग में क्या गौरव? जिसकी इंद्रिय शक्ति विनष्ट हो चुकी है, उसके इंद्रिय संयम में कौन-सा सदाचार है? जो विचारहीन है, हृदयहीन है, उच्चाभिलाषाहीन है, जो यह नहीं जानता कि समाज का निर्माण कैसे होता है, उसके आत्म-त्याग का तात्पर्य ही क्या? विधवा को बलपूर्वक सती करवाने में उसकी क्या पतिभक्ति प्रकट होती है? अंधविश्वास के सहारे हम मनुष्यों को सत्कार्य करने में क्यों लगाए?

मैं कहता हूं, मुक्त कर दो, तोड़ दो मानव के सारे बंधन, जितने बन सकें, उतने। क्या मैल कभी मैल से स्वच्छ किया जा सकता है? क्या बंधन कभी टूट सकता है? ऐसा भी कभी हुआ है?

जिस दिन तुम समाज के हेतु अपने सुख की समस्त आकांक्षाओं की आहुति देने में समर्थ हो जाओगे, उस दिन तुम बुद्ध बन जाओगे, मुक्त हो जाओगे, परंतु वह दिन अभी दूर है।

पुन: क्या आप समझती हैं कि यह कार्य बलपूर्वक या अत्याचार द्वारा साबित हो सकता है? अहा, हमारी विधवाएं, आत्म-त्याग की कितनी सुंदर प्रतीक हैं। बाल विवाह कितना सुंदर है। क्या ऐसा भी कोई रिवाज संभव है? ऐसे विवाह

में मधुर दांपत्य प्रेम के अतिरिक्त क्या और कुछ संभव है? दबी आवाज से यह विलाप चारों ओर से सुनाई देता है, परंतु पुलिस के लिए, जो परिस्थिति के स्वामी हैं, ऐसे आत्म-त्याग की आवश्यकता नहीं है। दूसरों की सेवा की अपेक्षा उच्चतर सद्गुण क्या कोई है? पर यह हम ब्राह्मणों के लिए नहीं है, है तो केवल तुम दूसरों के लिए। सत्य तो यह है कि इस देश में माता-पिता और सगे-संबंधी अपनी स्वार्थपूर्ति के लिए, समाज से स्वयं को बचाने के लिए समझौतों के रूप में, निर्दयता से अपने बच्चों और दूसरों के सुख की आहुति दे सकते हैं और पीढ़ियों की शिक्षा ने उनके मन को निर्दयी तथा कठोर बनाकर इस कार्य को नितांत सरल कर डाला है। जो वीर है, वही आत्म-त्याग कर सकता है। कोड़े से भयभीत कायर एक हाथ से आंसू पोंछता है और दूसरे से दान करता है। ऐसा भी दान किस काम का? उनके लिए सार्वजनीय प्रेम झूठी बकवास है। नए पौधे को घेरकर उसकी रक्षा करनी चाहिए।

यदि कोई व्यक्ति किसी एक वस्तु से निःस्वार्थ प्रेम करना सीख सकता है, तभी वह धीरे-धीरे सार्वजनीय प्रेम की आशा कर सकता है। यदि किसी विशिष्ट इष्ट देवता के प्रति भक्ति की प्राप्ति हो गई तो समष्टि रूप विराट के प्रति भक्ति शनैः-शनैः संभव होती जाती है।

अतः जब कोई व्यक्ति किसी दूसरे व्यक्ति के लिए आत्म-त्याग करने में सफल हो चुका है, तभी उसे समाज के लिए आत्म-त्याग की बात करनी चाहिए, उससे पहले नहीं। सकाम कर्म ही निष्काम कर्म की ओर ले जाता है। यदि पहले कामना ही न रहे तो उसका त्याग संभव कैसे होगा? यदि अंधकार ही न हो तो प्रकाश का अर्थ ही क्या?

कामना और आसक्ति युक्त भक्ति पहली पीढ़ी है। अल्प की पूजा से आरंभ कीजिए, भूमा या महान स्वयं ही आ जाएगा।

मां, चिंतित न होइए। भयंकर आंधी महाकाय वृक्ष से ही टकराती है। 'अग्नि कुरेदने से वह और भी प्रज्वलित हो उठती है।' 'सर्प के सिर पर आघात होने से ही उसका फन उठता है।' जब हृदय में वेदना की टीस होती है, जब शोक की आंधी चारों ओर से घेर लेती है, जब मालूम होता है कि प्रकाश और न दिखेगा, जब आशा और साहस का प्रायः लोप हो जाता है, तभी इस भयानक आध्यात्मिक झंझावत के बीच अंतर्निहित ब्रह्म ज्योति प्रकाशित होती है।

ऐश्वर्य की गोद में पलते हुए, पुष्प शैया का शयन करते हुए आंसू बहाए बिना, भला कौन महान हुआ है, किसका ब्रह्म भाव जाग्रत हुआ है? आंसू बहाने में डर ही क्या है? बहने दो, बहने से आंख साफ हो जाएगी और अंतरात्मा बोलेगी,

तब अनेक दृश्य, मनुष्य, पशु, वृक्ष धीरे-धीरे अंतर्निहित हो जाएंगे और सर्वत्र अनंत ब्रह्म की अनुभूति का मार्ग उन्मुक्त हो जाएगा और तब-

सम पश्यन् ही समवस्थितमीश्वरम।

न हिनस्त्यात्मनात्मानं ततो याति परा गतिम्॥

-गीता-13/28

अर्थात् सब भूतों में समभाव से स्थिर हुए ईश्वर को सर्वत्र समान भाव से देखने वाला पुरुष अपने द्वारा अपनी हिंसा नहीं करता, इसीलिए वह मोक्ष रूपी परम गति को प्राप्त होता है।

आपका

विवेकानंद

23 दिसंबर, 1900, भारत

खंड-4

कवितावलियां

विश्वगुरु विवेकानंद ने अध्यात्म पर आधारित भारतीय दर्शन को अपने सुस्पष्ट व्याख्यानों में प्रकट किया है, लेकिन गूढ़ ज्ञान को उन्होंने कविताओं के माध्यम से प्रस्तुत किया। यद्यपि विश्वगुरु की कविताएं बहुत अधिक नहीं हैं, तथापि जो हैं, उनमें उनकी गहन आत्माभिव्यक्ति की झलक स्पष्ट रूप से दृष्टिगोचर होती है। गहनतम भावों एवं विचारों से ओत-प्रोत उनकी कुछेक कविताओं को इस खंड में प्रस्तुत किया गया है।

"मैं भटका हूं, पता नहीं, किधर चला जाऊं,
मुझे इस आग से बचाओ!
रक्षा करो दयामयी मां!
इन इच्छाओं में बहने से बचाओ।

अपना भयावना रौद्र मुख न दिखाओ मां!
यह मेरे लिए असह्य है,
मुझ पर कृपा करो, दया करो,
मां, मेरे अपराधों को सहन करो।
मां, मुझे उस तट पर पहुंचाओ,
जहां संघर्ष न हो।"

1

तोड़ दो बंधन

विश्वगुरु विवेकानंद का अमेरिका प्रवास के समय हेल परिवार से स्नेह भरा संबंध रहा। हेल दंपती की दो पुत्रियों–मैरी हेल और हैरियट हेल तथा दो भतीजियों–ईसाबेल मैंकिंडले और हैरियट मैंकिंडले को विश्वगुरु से सगे भाई-सा स्नेहिल दुलार मिला। यह कविता उन्होंने अपनी उन्हीं बहनों को संबोधित करते हुए लिखी थी–

बहन मैरी, दुख न मानो।
जो प्रताड़न दिया मैंने,
जानती हो तुम भली विधि।
किंतु फिर भी चाहती हो, मैं कहूं!
स्नेह करता मैं तुम्हें संपूर्ण मन से।

❁❁❁

प्रकृति की त्योरियां चढ़ें,
जैसे अभी वह कुचल देगी,
किंतु मेरे आत्मन हे, दिव्य हो तुम,

बढ़ो आगे और आगे,
नहीं दाएं और बाएं तनिक देखो,
दृष्टि हो गंतव्य पर ही।
देवदूत, मनुज, दनुज की हूं नहीं मैं,
देह या मस्तिष्क, नारी या पुरुष भी,
ग्रंथ केवल मूक, विस्मित,
देखते हैं प्रकृति मेरी, किंतु मैं 'वह'
बहुत पहले, बहुत पहले
जबकि रवि, शशि और उडुगन भी नहीं थे,
इस धरा का भी न था, अस्तित्व कोई,
बल्कि यह जब समय भी जन्मा नहीं था,
मैं सदा था, आज हूं और आगे भी रहूंगा।

❁❁❁

तत्त्व केवल एक मैं ही,
है कहीं न अनेक, मैं ही एक।
अतः मुझसे ही सभी, 'मुझ' हैं
मैं स्वयं से घृणा कर सकता नहीं,
प्यार, प्यार है, है मुझे संभव।
उठो, जागो स्वप्न से, तोड़ दो बंधन,
चलो निर्भय,
यह रहस्य, कुहेलिका,
छाया डरा सकती न मुझको,
क्योंकि मैं ही सत्य,
जानो तुम सदा यह।

2

सभी ब्रह्म हैं

यह कविता कुमारी मैरी हेल ने विश्वगुरु विवेकानंद को संबोधित करते हुए लिखी थी। इसमें कुमारी हेल ने विश्वगुरु की काव्य-कला की समीक्षात्मक ढंग से सराहना की है–

संन्यासी, जिसको स्वामित्व मिला
चिंतन पर, अब कवि भी है।
शब्दों और विचारों में भी काफी आगे,
किंतु जिसे ज्यादा मुश्किल हुई छंद में।
कहीं चरण छोटे हैं, कहीं बढ़ गए सहसा,
कविता के उपयुक्त छंद
मिल न सका जिसको,
उसने सानेट, गीत आजमाए हैं
और प्रबंध लिखा है।
बहुत श्रम,
लेकिन उसे अजीर्ण हो गया।

❋❋❋

❁ सभी ब्रह्म हैं ❁

तुमने, हम चारों बहनों को,
जो कुछ लिख भेजा,
भाई हे! सदा रहेगा,
सर-आंखों पर।
दिखा दिया है तुमने,
उनको जीवन का
चिर परम सत्य
'सभी ब्रह्म हैं।'

3

विश्व स्वप्न है

विश्वगुरु विवेकानंद कुमारी मैरी हेल को जीवन की यथार्थ स्थिति का आभास कराते हैं। वे इस कविता के माध्यम से कहते हैं कि प्रिय बहन, तुम मेरे व्याख्यानों के अन्यथा अर्थ न लगाकर सही अर्थ को समझो–

मैरी हेल, बहन! तुम भी तो,
कुछ ऐसे ही,
मेरे उपदेशों, व्याख्यानों, शब्दों–छंदों
के अजीब से अर्थ लगातीं।
'सब' कुछ ब्रह्म कहा जो मैंने,
उसका केवल यही अर्थ है, याद करो तुम-
केवल ब्रह्म ही सत्य है और सभी कुछ झूठा,
विश्व स्वप्न है, यद्यपि सत्य दिखाई देता है।
मुझमें भी जो सत्य,
ब्रह्म है, शाश्वत, अनिश्वर, अखंड है,
वही सत्य है, मात्र सत्य है।

❋❋❋

विश्वगुरु के पत्र का प्रत्युत्तर देते हुए कुमारी मैरी हेल ने लिखा कि आपने जो कुछ भी कहा, वह सत्य है–

हो गया अब स्पष्ट अंतर,
आपने जो कहा,
वह तो ठीक बिलकुल।
किंतु मेरी बुद्धि सीमित,
पूर्व का दर्शन समझने में
मुझे कठिनाइयां हैं।

4

रूपवान व्यक्तित्व तुम्हारा

इस कविता में विश्वगुरु विवेकानंद ने अपनी धर्मबहन कुमारी मैरी हेल के व्यक्तित्व और स्वाभाविक सौंदर्य की मनोविनोद के भाव से आध्यात्मिक समीक्षा-सी प्रस्तुत की है। जिसे उन्होंने संन्यासी भाई का विनोद कहा है, वास्तव में उन शब्दों में गहन-गंभीरता का भाव छुपा हुआ है–

झक्की, तेज मिजाज, अनोखी,
सुंदर है वह बाला, बेशक,
अनुपम आत्मा,
जिसको मिस मैरी कहते हैं।

गहन भावनाएं हैं जिसकी,
स्वयं प्रकट हो जाती हैं
जो मुक्त हृदय वाली
मिस मैरी, सचमुच,
वह तो ज्वालामयी है।

जिसका चिंतन अद्वितीय है,
वह संगीतमयी,
फिर भी कितनी पैनी है।

ठंडे मनवाली बाला,
नहीं किसी की सगी,
भले ही आए कोई,
हृदय उसे दे, नयन बिछाए।
मैरी बहन! सुना है मैंने,
रूपवान व्यक्तित्व तुम्हारा!
बहुचर्चित है।
नहीं ठहर पाता है,
कोई भी सौंदर्य तुम्हारे आगे।
फिर भी सावधान हो जाओ,
भौतिक बंधन बहुत मधुर,
फिर भी बंधन है, इनको मत स्वीकारो।
एक नया स्वर गूंजेगा!
जब रूप तुम्हारा,
गर्वीला व्यक्तित्व तुम्हारा,
कहीं एक जीवन कुचलेगा।

शब्द तुम्हारे टूक-टूक कर देंगे मन को,
लेकिन बहन, बुरा मत मानो।
यह जवाब जैसे को तैसा,
संन्यासी भाई का,
यह केवल विनोद है।

5

संन्यासी का गीत

'संन्यासी का गीत' नामक सुप्रसिद्ध कविता की रचना विश्वगुरु विवेकानंद ने अमेरिका प्रवास के दौरान न्यूयॉर्क के थाउजैंड आइलैंड पार्क में की थी। वहां वे अपने कुछ शिष्यों के साथ भ्रमण हेतु गए थे। एकाएक उनके मन में कुछ विचार कौंधा और प्रवचन देते हुए वे वहां से उठकर चले गए। उसी समय उन्होंने इस कविता की रचना की। इस कविता में विश्वगुरु के आदर्श व्यक्तित्व एवं उनकी सुंदर अभिव्यक्ति का स्पष्ट चित्रण दृष्टिगोचर होता है–

छेड़ो संन्यासी, छेड़ो, छेड़ो वह तान मनोहर,
गाओ वह गान, जगा जो अत्युच्च हिमाद्रि-शिखर पर।
सुगंभीर अरण्य जहां हैं, पार्वत्य प्रदेश जहां हैं,
भव-पाप-ताप ज्वालामय करते न प्रवेश जहां हैं।
जो संगीत-ध्वनि-लहरी अतिशय प्रशांत लहराती,
जो भेद जगत-कोलाहल नभ-अवनी में छा जाती।
धन-लोभ, यशोलिप्सा या दुर्दांत काम की माया,
सब विधि असमर्थ हुई है छूने में जिसकी छाया।

सत्-चित्-आनंद त्रिवेणी करती है जिसको पावन,
जिसमें करके अवगाहन होते कृत-कृत्य सुधीजन।
छेड़ो, छेड़ो, हां छेड़ो वह तान दिव्य लोकोत्तर,
गाओ, गाओ संन्यासी, गाओ वह गायन सुंदर।
ओम् तत् सत् ओम्॥

❁❁❁

तोड़ो जंजीरें जिनसे जकड़े हैं पैर तुम्हारे,
वे सोने की हैं तो क्या कसने में तुमको हारे?
अनुराग-घृणा-संघर्षण, उत्तम व अधम विवेचन,
इस द्वंद्व भाव को त्यागो, हैं त्याज्य उभय आलंबन।
आदर गुलाम पाए या कोड़ों की मारें खाए,
वह सदा गुलाम रहेगा कालिख का तिलक लगाए।
स्वातंत्र्य किसे कहते हैं—वह जान नहीं है पाता,
स्वाधीन सौख्य का—उसकी न समझ में आता।
त्यागो संन्यासी, त्यागो तुम द्वंद्व भाव को सत्वर,
तोड़ो, शृंखल को तोड़ो, गाओ व गान निरंतर।
ओम् तत् सत् ओम्॥

❁❁❁

घन अंधकार हट जाए, मिट जाए घोर महातम,
जो मृग-मरीचिका जैसा करता रहता बुद्धि-भ्रम।
मोहक भ्रामक आकर्षक अपनी है चमक दिखाता,
तम से घनतर तम में वह जीवात्मा को ले जाता।
जीवन की यह मृगतृष्णा बढ़ती अनवरत निरंतर,
मेटो तुम इसे सदा को पीयूष ज्ञान का पीकर।
यह तम अपनी डोरी में जीवात्मा पशु को कसकर,
खींचा करता बलपूर्वक दो जन्म-मरण छोरों पर।
जिसने अपने को जीता, उसने जय पाई सब पर,
यह तथ्य जान फंदे में पड़ना मत बुद्धि गवांकर।
बोलो संन्यासी, बोलो, हे वीर्यवान बलशाली,
सानंद गीत यह गाओ, छेड़ो यह तान निराली।
ओम् तत् सत् ओम्॥

❁❁❁

अपने-अपने कर्मों का फल-भोग जगत में निश्चित,
कहते हैं सब, कारण पर है सभी कार्य अवलंबित।
फल अशुभ अशुभ कर्मों के, शुभ कर्मों के हैं शुभ फल,
किसकी सामर्थ्य बदल दे, यह नियम अटल-औ-अविचल?
इस मृत्युलोक में जो भी करता है तनु को धारण,
बंधन उसके अंगों का होता नैसर्गिक भूषण।
यह सच है, किंतु परे जो गुण नाम-रूप से रहता,
वह नित्य मुक्त आत्मा है, स्वच्छंद सदैव विचरता।
'तत् त्वमसि'—वही तो तुम हो, वह ज्ञान करो हृदयांकित,
फिर क्या चिंता संन्यासी, सानंद करो उद्घोषित।
ओम् तत् सत् ओम्।।

❁❁❁

क्या मर्म सत्य का, इसको वे कुछ भी समझ न पाते,
सुत बंधु पिता-माता के स्वप्नों में जो मदमाते।
आत्मा अतीत नातों से, वह जन्म-मरण से विरहित,
वह लिंग-भेद से ऊपर, सुख-दुख भावों से अविजित।
वह पिता कहां किसका है, किसका सुत, किसकी माता?
वह शत्रु-मित्र किसका है, उसका किससे क्या नाता?
जो एक, सर्वमय शाश्वत, जिसका जोड़ा न कहीं है,
जिसके अभाव में कोई संभव अस्तित्व नहीं है।
'तत् त्वमसि'—वही तो तुम हो, समझो हे संन्यासीवर,
अतएव उठो, गाओ तुम, गाओ यह गान निरंतर।
ओम् तत् सत् ओम्।।

❁❁❁

चिर मुक्त विज्ञ आत्मा है, वह अद्वितीय, वह अतुलित,
अक्लेद अशोष्य निरामय, वह नाम-रूप-गुण-विरहित।
उसके आश्रय में बैठी संसार-मोहिनी माया,
देखा करती है अपने मादक स्वप्नों की छाया।
साक्षी स्वरूप माया का आत्मा सदैव है सुविदित,
जीवात्मा और प्रकृति के रूपों में वही प्रकाशित।
'तत् त्वमसि'—वही तो तुम हो, समझो हे संन्यासीवर,

उच्च स्वर से यह गाओ, यह तान अलापो सुंदर।
ओम् तत् सत् ओम्।।

❁❁❁

हे बंधु, मुक्ति पाने को तुम फिरते कहां भटकते?
इस जग या लोकांतर में तुम मुक्ति नहीं पा सकते।
अन्वेषण व्यर्थ तुम्हारा शास्त्रों, मंदिर मंदिर में;
जो तुमको खींचा करती वह रज्जु तुम्हारे कर में।
दुख-शोक त्याग दो सारा, तुम वीतशोक बस हो लो,
वह रज्जु हाथ से छोड़ो, बोलो संन्यासी, बोलो।
ओम् तत् सत् ओम्।।

❁❁❁

दो अभयदान सबको तुम–हों सभी शांतिमय सुखमय,
है प्राणिमात्र को मुझसे कुछ भी न कहीं कोई भय।
पृथ्वी-पाताल-गगन में मैं ही आत्मा चिर-संस्थित,
आशा भय स्वर्ग-नरक को मैंने तज दिया अशंकित।
काटो-काटो-काटो तुम इस विधि माया के बंधन,
निःशंक प्राणपण से तुम गाओ, गाओ यह गायन।
ओम् तत् सत् ओम्।।

❁❁❁

चिंता मत करो तनिक भी नश्वर शरीर की गति पर,
यह देह रहे या जाए, छोड़ो तुम इसे नियति पर।
जब कार्य शेष है इसका, तब जाता है तो जाए;
प्रारब्ध कर्म फिर इसको अब चाहे जहां बहाए।
कोई आदर से इसको मालाएं पहनाएगा,
कोई निज घृणा जताकर पैरों से ठुकराएगा।
तुम चित्त-शांति मत तजना, आनंद-निरत नित रहना;
यश कहां, कहां अपयश है–इस धारा में मत बहना।
जब निंदक और प्रशंसक, जब निंदित और प्रशंसित,
एकात्म एक ही हैं सब, तब कौन प्रशंसित, निंदित?
यह ऐक्य ज्ञान हृदयंगम करके हे संन्यासीवार,
निर्भर आनंदित उर से गाओ यह गान मनोहर।
ओम् तत् सत् ओम्।।

❁❁❁

करते निवास जिस उर में मद-काम-लोभ औ' मत्सर,
उनमें न कभी हो सकता आलोकित सत्य-प्रभाकर।
भार्यत्व कामिनी में जो देखा करता कामुक बन,
वह पूर्ण नहीं हो सकता, उसका न छूटता बंधन।
लोलुपता है जिस नर की स्वल्पातिस्वल्प भी धन में,
वह मुक्त नहीं हो सकता, रहता अपार बंधन में।
जंजीर क्रोध की जिसको रखती है सदा जकड़कर,
वह पार नहीं कर सकता दुस्तर माया का सागर।
इन सभी वासनाओं का अतएव त्याग तुम कर दो,
सानंद वायुमंडल को बस एक गूंज से भर दो।
ओम् तत् सत् ओम्।।

❁❁❁

सुख हेत न गृह बनाओ, किस घर में समा सकोगे?
तुम हो महान, फिर कैसे पिंजरे के विहग बनोगे?
आकाश अनंत चंदोया, शैया धरती तृण-शोभित,
रहने के लिए तुम्हारे यह विश्वगेह है निर्मित।
जैसा भोजन मिल जाए, संतोष उसी पर करना;
सुस्वादु स्वाद-विरहित में कुछ भी मत भेद समझना।
शुद्धात्मरूप का जिसमें सद् ज्ञानालोक चमकता,
कुछ खाद्य-पेस क्या उसको अपवित्र कहीं कर सकता?
उन्मुक्त स्वतंत्र प्रवाहित तुम नदी-तुल्य बन जाओ,
छेड़ो यह तान अनूठी, सानंद गीत यह गाओ।
ओम् तत् सत् ओम्।।

❁❁❁

ज्ञानी विरले, अज्ञानी कर घृणा हंसेंगे तुम पर;
हे हे महान, तुम उनको मत लखना आंख उठाकर।
स्वाधीन मुक्त तुम, जाओ, पर्यटन करो पृथ्वी पर,
अज्ञान-गर्त-पतितों का उद्धार करो तुम सत्त्वर।
माया-आवरण-तिमिर में जो पड़े वेदना सहते,
तुम उन्हें उबारो जाकर, जो मोह-नदी में बहते।
विचरो जन-हित-साधन को स्वच्छंद मुक्त तुम अविजित,
दुख की पीड़ा से निर्भय, सुख-अन्वेषण से विरहित।

सुख-दुख के द्वंद्व-स्थल के तुम परे महात्मन्, जाओ;
गाओ-गाओ संन्यासी, उच्च स्वर से तुम गाओ।
ओम् तत् सत् ओम्।।

❁❁❁

इस विधि छीज दिनोदिन, है कर्म स्वयं बल खोता,
बंधन छुटना आत्मा का फिर उसका जन्म न होता।
फिर कहां रह गया मैं-तू मेरा-तेरा नर ईश्वर?
मैं हूं सब में, मुझमें सब आनंद परम लोकोत्तर।
आनंद परम वह हो तुम, आनंदसहित अब गाओ,
हे बंधुवर संन्यासी, यह तान पुनीत उठाओ।
ओम् तत् सत् ओम्।।

6

रक्षा करो दयामयी मां

सन् 1895 के वसंतकाल में विश्वगुरु विवेकानंद ने गहन चिंतन-मनन करते हुए इस कविता की रचना की। अमेरिका प्रवास के समय लिखी गई इस लंबी कविता में विश्वगुरु जीवन की क्षणभंगुरता पर प्रकाश डालते हैं। इन पंक्तियों में वे धन-दौलत और नाम-यश की निरर्थकता को प्रकट करते हैं। उनका विचार है कि इन माया-मोह के बंधनों के पार ही वास्तविक सत्य और ज्ञान का प्रकाश है–

समय की लहरों के साथ,
निरंतर उठते और गिरते
मैं चला जा रहा हूं।
जिंदगी के ज्वारभाटे के साथ-साथ
ये क्षणिक दृश्य एक पर एक आते-जाते हैं।

आह! इस अप्रतिहत प्रवाह से
कितनी थकान हो आई है मुझे।
ये दृश्य बिलकुल नहीं भाते,

यह अनवरत बहाव और पहुंचना कभी नहीं,
यहां तक कि तट की दूरी की झलक भी नहीं मिलती।

जन्म-जन्मांतरों में, उन द्वारों पर व्याकुल प्रतीक्षा की,
किंतु हाय! वे नहीं खुले।
प्रकाश की एक किरण भी पाने में,
असफल ये आंखें पथरा गईं।
जीवन के ऊंचे और संकरे पुल पर पर खड़े हो,
नीचे झांकता हूं और देखता हूं-
संघर्षरत, क्रंदन करते और अट्टाहास करते लोगों को।

किसलिए? कोई नहीं जानता।
वह देखो सामने,
अंधकार त्योरी चढ़ाए अड़ा है और कहता है-
आगे कदम न रखो, यही सीमा है,
भाग्य को ललचाओ मत,
सहन करो, जितना कर सको।

जाओ, उन्हीं में मिल जाओ!
और यह जीवन का प्याला पीकर,
उन जैसे ही पागल बन जाओ।
जो जानने का साहस करता है,
दुख भोगता है।
तब रुको और उन्हीं के साथ ठहरो,
आह! मुझे विश्राम भी नहीं।

यह बुलबुले-सी भटकती धरती,
इसका खोखला रूप, खोखला नाम।
इसके खोखले जन्म-मरण,
सब निरर्थक हैं मेरे लिए।

पता नहीं नाम-रूप की,
परतों के पास कब पहुंचूंगा?

खोलो, द्वारा खोलो,
मेरे लिए उन्हें खोलना ही होगा।
ओ मां, प्रकाश के द्वार खोलो।

मां! तुम्हारा थका हुआ बालक हूं मैं।
मैं घर आना चाहता हूं मां!
घर आना चाहता हूं।
अब मेरा खेल समाप्त हो चुका।
तुमने मुझे अंधियारे में खेलने को भेज दिया,
और भयानक आवरण ओढ़ लिया,
तभी आशा ने संग छोड़ दिया।
भय ने आतंकित किया,
और यह खेल एक कठिन कर्म बन गया।

इधर से उधर, लहरों के थपेड़े झेलना,
उद्दाम लालसाओं और गहन पीड़ाओं के उफनते हुए।
उत्ताल तरंगों से पूर्ण महासमुद्र में,
सुखों की आशा में,
जहां जीवन मृत्यु-सा भयानक है।
और जहां मृत्यु फिर नया जीवन देकर,
उसी समुद्र की लहरों में,
सुख-दुख के थपेड़े सहने को धकेल देती है।

जहां बच्चे सुंदर, सुनहले, चमकीले स्वप्न देखते हैं,
और जो धूल में ही मिलते हैं।
जरा पीछे मुड़कर देखो-
खोया हुआ जीवन, जैसे जंग की ढेरी।
बहुत देर से उम्र को ज्ञान मिलता है,
जब पहिया हमें दूर पटक देता है।

नए स्फूर्त जीवन अपनी शक्तियां इस चक्र को पिला देते हैं,
जो चलता रहता है अनवरत, दिन-पर-दिन, वर्ष-पर-वर्ष।
यह केवल है माया एक खिलौना!

झूठी आशाओं, इच्छाओं और सुख-दुख के,
अरों से बना यह पहिया!

मैं भटका हूं, पता नहीं, किधर चला जाऊं,
मुझे इस आग से बचाओ!
रक्षा करो दयामयी मां!
इन इच्छाओं में बहने से बचाओ।

अपना भयावना रौद्र मुख न दिखाओ मां!
यह मेरे लिए असह्य है,
मुझ पर कृपा करो, दया करो,
मां, मेरे अपराधों को सहन करो।

मां, मुझे उस तट पर पहुंचाओ,
जहां संघर्ष न हो।
इन पीड़ाओं, इन आंसुओं और भौतिक सुखों के परे,
जिस तट की महिमा को,
ये रवि, शशि, उडुगन और विद्युत भी अभिव्यक्ति नहीं देते।
महज उसके प्रकाश का प्रतिबिंब लिये फिरते हैं।

ओ मां! मृग-पिपासा, मेरे स्वप्नों के आवरण,
तुम्हें देखने से मुझे न रोक सकें।
मेरा खेल अब खत्म हो रहा है मां!
ये श्रृंखला की कड़ियां तोड़ो,
मुक्त करो मुझे!

7

देव चलते ही चलो

4 जुलाई अमेरिका का राष्ट्रीय पर्व है। इसी दिन अमेरिका को स्वाधीनता मिली थी। विश्वगुरु विवेकानंद देश, समाज और व्यक्तिगत स्वाधीनता के प्रबल समर्थक थे। 4 जुलाई 1898 को स्वाधीनता दिवस के अवसर पर उन्होंने अपने अमेरिकी शिष्यों को समर्पित करते हुए इस कविता की रचना की थी–

काले बादल फट गए आकाश से,
रात को बांधे हुए थे जो समा।
पृथ्वी पर तानी थी चादर इस तरह,
आंख खोली, जादू की लकड़ी फिरी।

चिड़ियां चहकीं, साथ फूलों के उठे,
सर, सितारे जैसे चमके ताज के।
ओस के मोती लगे, स्वागत किया,
क्या तुम्हारा झुककर झूमकर?

❁ देव चलते ही चलो ❁

खुली और फैली दूर तक झीलें,
खुश जैसे, आंखे कमल के फाड़े हुए,
दर्शन कराती हैं तुम्हारा हृदय से।

कुछ निछावर, ज्योति के जीवन,
क्या आज अभिनंदन तुम्हारा, धन्य है।
आज, रवि, स्वाधीनता की फूटी कली,
राह देखी विश्व ने, जैसे खिली।

देशकालिक खोज की, तुमसे मिले,
छोड़ा है घर, मित्र, छोड़ी मित्रता।
खोजा तुमको, आवारा मारा-फिरा,
गुजरा दहशत के समंदर से,
कभी सघन पेड़ों के गहन वन से,
लड़ा हर कदम पर प्राणों की बाजी लिये।

वक्त वह, हासिल निकाला काम का,
प्यार का, पूजा का, जीवनदान का।
हाथ उठाया, संवारकर पूरा किया,
फिर तुम्हीं ने स्वस्ति की बांधी कमर,
जन-गणों पर मुक्ति की डाली किरण।

देव चलते ही चलो बेरोके-टोक,
विश्व को दुपहर न जब तक घेर ले।
कर तुम्हारा रहजमी जब तक न दे,
स्त्री पुरुष जब तक न देखें चाव से।
बेड़ियां उनकी कटीं, उल्लास की,
जो नई जब तक समझें आ गईं।

8

उठ रहे हैं कृष्ण

विश्वगुरू विवेकानंद ने कश्मीर में झेलम नदी के सुरम्य तट पर एक संस्कृत विद्यापीठ खोलने की योजना बनाई थी। कश्मीर के महाराजा से मिलकर इस योजना को क्रियान्वित करने की स्वीकृति भी उन्हें मिल गई थी, किंतु एकाएक सितंबर, 1898 में भारत सरकार ने उसे अस्वीकृत कर दिया। इससे उन्हें गहरा आघात लगा। इसी दौरान उन्होंने 'मां काली' शीर्षक से जो कविता लिखी, उसका संक्षिप्त सार रूप यहां प्रस्तुत है–

छिप गए तारे गगन के,
बादलों पर चढ़े बादल।
कांपकर ठहरा अंधेरा,
गरजते तूफान में।

शत लक्ष्य पागल,
प्राण छूटे जल्द कारागार से।
जड़ समेत उखाड़कर हर

बला पथ की साफ करके,
तट से आ मिला सागर।

शिखर लहरों के पलटते,
उठ रहे हैं कृष्ण,
नभ का स्पर्श करने के लिए द्रुत।

किरण जैसे अमंगल की
हर तरफ से खोलती है,
मृत्यु-छायाएं,
सहस्रों देह वाली,
घनी काली।
आधि-व्याधि बिखेरती,
नाचती, पागल हुलस कर।

आ जननि,
आ जननि, आ-आ!
नाम है आतंक तेरा,
मृत्यु तेरे श्वास में है।
चरण उठकर सर्वदा को,
विश्व एक मिटा रहा है।

समय,
तू है सर्वनाशिनी।
आ जननि,
आ जननि, आ-आ!
साहसी, जो चाहता है दुख,
मिल जाना मरण से।
नाश की गति नाचता है,
मां उसी के पास आई।

9

जागो फिर एक बार

मद्रास से प्रकाशित विश्वगुरु विवेकानंद की सुप्रसिद्ध पत्रिका 'प्रबुद्ध भारत' के युवा संपादक श्री अय्यर का असामयिक निधन हो गया था। इससे विश्वगुरु को गहरा मानसिक आघात लगा था। इसी की प्रतिक्रिया में उन्होंने 'प्रबुद्ध भारत के प्रति' नामक कविता की रचना की थी। उसी कविता का संक्षिप्त सार रूप प्रस्तुत है–

जागो फिर एक बार!
यह तो केवल निद्रा थी,
मृत्यु नहीं थी।
नवजीवन पाने के लिए,
कमलनयनों के विराम के लिए,
उन्मुक्त साक्षात्कार के लिए,
एक बार फिर जागो!
आकुल विश्व तुम्हें निहार रहा है,
हे सत्य! तुम अमर हो।

❀❀❀

तेरा घर छूट गया,
जहां प्यार भरे हृदयों ने तुम्हारा पोषण किया!
और सुख से तुम्हारा विकास देखा।
किंतु भाग्य प्रबल है,
यही नियम है।
सभी वस्तुएं उद्गम को लौटती हैं,
जहां से निकली थीं;
और नवशक्ति लेकर,
फिर निकल पड़ती हैं।

परिशिष्ट

विश्वगुरु विवेकानंद से संबंधित महत्त्वपूर्ण कालक्रम

यद्यपि विश्वगुरु विवेकानंद के जीवन का प्रत्येक क्षण महत्त्वपूर्ण है, तथापि श्रीरामकृष्ण परमहंस से भेंट करने के पश्चात् वास्तव में उनके जीवन को सही दिशा और सत्प्रेरणा प्राप्त हुई। विश्वगुरु के उन्हीं क्षणों में से कुछेक को सरलतम् ढंग से स्मृतिबद्ध करने के लिए इस परिशिष्ट को पुस्तक में संलग्न किया गया है–

♦ कलकत्ता में जन्म	12 जनवरी, 1863
♦ प्रेसीडेंसी कॉलेज कलकत्ता में प्रवेश	सन् 1879
♦ जनरल असेंबली इंस्टीट्यूशन में प्रवेश	सन् 1880
♦ श्रीरामकृष्ण परमहंस से प्रथम भेंट	नवंबर, 1881
♦ श्रीरामकृष्ण परमहंस से संबद्ध	सन् 1882–86
♦ स्नातक परीक्षा उत्तीर्ण और पिता का स्वर्गवास	सन् 1884
♦ श्रीरामकृष्ण परमहंस की गंभीर बीमारी	सन् 1885
♦ श्रीरामकृष्ण परमहंस का निधन	16 अगस्त, 1886
♦ वराहनगर मठ की स्थापना	सन् 1886
♦ वराहनगर मठ में संन्यास की औपचारिक प्रतिज्ञा	जनवरी, 1887

♦ परिव्राजक के रूप में भारत-भ्रमण	सन् 1890-93
♦ कन्याकुमारी में चिंतन-प्रवास	25 दिसंबर, 1892
♦ बंबई (मुंबई) से अमेरिका रवाना	31 मई, 1893
♦ बैंकुवर, कनाडा पहुंचे	25 जुलाई, 1893
♦ शिकागो आगमन	30 जुलाई, 1893
♦ हॉर्वर्ड विश्वविद्यालय के प्रोफेसर जॉन राइट से भेंट	अगस्त, 1893
♦ विश्व-धर्म सम्मेलन, शिकागो में प्रथम व्याख्यान	11 सितंबर, 1893
♦ विश्व-धर्म सम्मेलन, शिकागो में अंतिम व्याख्यान	27 सितंबर, 1893
♦ हॉर्वर्ड विश्वविद्यालय में संभाषण	16 मई, 1894
♦ न्यूयॉर्क में वेदांत समिति की स्थापना	नवंबर, 1894
♦ न्यूयॉर्क में धार्मिक कक्षाओं का संचालन आरंभ	जनवरी, 1895
♦ पेरिस में व्याख्यान	अगस्त, 1895
♦ लंदन में व्याख्यान	अक्तूबर, 1895
♦ वापस न्यूयॉर्क प्रस्थान	6 दिसंबर, 1895
♦ पुनः लंदन प्रवास	22-25 मार्च, 1896
♦ हॉर्वर्ड विश्वविद्यालय में व्याख्यान	मई-जुलाई, 1896
♦ पुनः लंदन प्रस्थान	15 अप्रैल, 1896
♦ लंदन में धार्मिक कक्षाएं	मई-जुलाई, 1896
♦ ऑक्सफोर्ड में मैक्समूलर से भेंट	28 मई, 1896
♦ नेपाल से भारत की ओर रवाना	30 दिसंबर, 1896
♦ कोलंबो, श्रीलंका प्रस्थान	15 जनवरी, 1897
♦ रामेश्वरम में शानदार स्वागत एवं भाषण	जनवरी, 1897
♦ मद्रास (चेन्नई) में व्याख्यान	6-15 फरवरी, 1897
♦ कलकत्ता आगमन	19 फरवरी, 1897
♦ रामकृष्ण मिशन की स्थापना	1 मई, 1897